当代人力资源管理系列教材

现代劳动经济学

主　编　董志强
副主编　何亦名

科学出版社
北　京

内 容 简 介

本书借鉴当代劳动经济学研究新成果，结合中国实际，针对国内大学经管类本科学生的学习需求，介绍劳动经济学的原理与应用。当代劳动经济学内容体系已经十分庞大，本书不求面面俱到，而是突出重点并体现中国特色，集中笔墨介绍了劳动力供给行为、劳动力需求行为、劳动力市场运行、人力资本投资、工资与收入、内部组织、工会和党组织、失业及其治理等应用性较强的内容。

本书适合经济学、公共管理、工商管理等学科专业的本科生和自考学生用作教材，也可供企业管理人员、人力资源和社会保障部门的行政管理人员等各类人士学习参考。

图书在版编目(CIP)数据

现代劳动经济学/董志强主编. —北京：科学出版社，2016.1
当代人力资源管理系列教材
ISBN 978-7-03-043565-1

Ⅰ.①现… Ⅱ.①董… Ⅲ.①劳动经济学—教材 Ⅳ.①F240

中国版本图书馆 CIP 数据核字（2015）第 044872 号

责任编辑：张 宁 / 责任校对：胡小洁
责任印制：张 伟 / 封面设计：蓝正设计

科 学 出 版 社 出版
北京东黄城根北街 16 号
邮政编码：100717
http://www.sciencep.com

北京中石油彩色印刷有限责任公司 印刷
科学出版社发行 各地新华书店经销
*

2016 年 1 月第 一 版　开本：787×1092 1/16
2018 年 8 月第三次印刷　印张：15 1/4
字数：361 000

定价：36.00 元
（如有印装质量问题，我社负责调换）

丛书序

人力资源管理是企业管理的重要职能。与财务管理等其他职能管理相比，人力资源管理的效果会更多地受到雇员主观能动性的影响，因而具有更大的不确定性。这需要人力资源管理者充分理解雇员个性的多样性，根据雇员不同的需求特点，设立具有针对性的激励制度和约束机制，最大限度地激发雇员的工作热情和工作潜能，以实现雇员利益目标和组织绩效目标的一致。人力资源管理者绝不仅仅是企业绩效的追求者，同时也一定是雇员利益的守护者。

与土地、资本、技术等企业生产要素相比，知识的重要性越来越突出，知识管理已成为人力资源管理的重要内容。设计知识创新机制、实现企业知识编码、构建知识共享平台是人力资源管理者面临的重要任务。这需要将人力资源管理的重点从绩效管理拓展到创新管理、从雇员的工作技能管理拓展到雇员的学习能力培养。人力资源管理者不仅是监督者，同时也应该是教育者。

与作业管理等需要严格的时间控制和空间界限的管理活动相比，人力资源管理具有长期性和渗透性。价值观、行为模式、道德规范等企业文化要素对人力资源管理制度的设计和人力资源管理活动的效果发挥着关键的作用。企业文化的设计与修炼、传承与发展是人力资源管理者的重要责任。只有升华雇员的社会责任、提高企业的信用资本，人力资源管理才能达到维持企业持续经营的长远目的，才能实现企业提高社会福利的使命和愿景。

人力资源管理是华南师范大学经济与管理学院重要的教学和科研领域，长期以来，一批年富力强的中青年教师在该领域辛勤耕耘，取得了可喜的成果。在科学出版社的精心组织下，学院组织力量撰写了这套丛书，试图反映人力资源管理的主要内容以及人力资源管理的新趋势，并就教于同行专家和社会各界人士。

彭璧玉
2016年1月19日于广州

目 录

丛书序

第一章　导论 ··· 1

　　第一节　劳动力市场 ··· 2

　　第二节　劳动经济学的基本概念 ·· 3

　　第三节　劳动经济学可以带给你什么 ··· 5

　　第四节　本书结构 ·· 6

第二章　劳动力供给行为 ·· 8

　　第一节　消费-闲暇选择模型 ··· 9

　　第二节　个人劳动力供给曲线 ··· 24

　　第三节　市场劳动力供给 ·· 25

　　第四节　生命周期中的劳动力供给 ··· 34

第三章　劳动力需求行为 ·· 42

　　第一节　企业的生产函数 ·· 43

　　第二节　短期生产中的雇佣决策 ·· 47

　　第三节　长期生产中的雇佣决策 ·· 50

　　第四节　从企业需求到市场需求 ·· 58

第四章　劳动力市场运行 ... 67

第一节　竞争性劳动力市场均衡 ... 68

第二节　供给、需求变动与均衡 ... 74

第三节　理论的应用 ... 79

第四节　非竞争性劳动力市场：买方垄断 ... 86

第五章　人力资本投资 ... 93

第一节　人力资本理论的提出 ... 94

第二节　人力资本投资 ... 99

第三节　学校教育 ... 103

第四节　在职培训 ... 107

第五节　作为信号传递手段的教育 ... 112

第六章　工资差别、歧视与收入不平等 ... 124

第一节　完全竞争与补偿性工资差别 ... 125

第二节　劳动力市场歧视 ... 128

第三节　收入分布与收入不平等的测度 ... 136

第四节　收入不平等加剧的原因 ... 143

第七章　工资激励与内部组织 ... 151

第一节　计件工资制与计时工资制 ... 152

第二节　激励报酬设计原理 ... 157

第三节　承包制、锦标赛和职位晋升 ... 166

第四节　吸引和保留员工 ... 175

第八章　工会与党组织 ... 185

第一节　工会的行为 ... 186

  第二节 集体谈判 ··· 192

  第三节 罢工行为 ··· 199

  第四节 中国企业的工会和党组织 ··· 202

第九章 失业及其治理 ·· 209

  第一节 失业：概念、事实和趋势 ·· 210

  第二节 失业类型及其成因 ·· 217

  第三节 工作搜寻与失业 ··· 222

  第四节 失业补偿和失业治理 ··· 226

参考文献 ··· 231

后记 ·· 233

HAPTER 1
第一章 导 论

【内容提要】

本章介绍劳动力市场基本概念，讨论劳动力市场交易与其他市场交易的不同之处，明确劳动力市场的独特性质。劳动经济学研究的对象和内容，就是劳动力市场运行及其结果。劳动力供求分析，是分析劳动力市场的最简单、最基本的分析框架。

【学习要点】

1. 劳动力市场基本概念。
2. 劳动经济学基本概念、研究对象。
3. 实证经济学和规范经济学的区别。
4. 学习劳动经济学的重要意义。

经济学与人们的日常生活息息相关。如果要在众多的经济学分支中，列出与日常生活最为密切的学科，劳动经济学无疑是排在首位的。因为，绝大多数人漫长一生的大部分时间都配置在劳动力市场之中。

从孩提时代的健康和早期教育，到择校、就业，再到与谁交往、跟谁结婚、何时生孩子以及生几个孩子，是否要搬迁到另外的城市，在什么时候退休等，这些都是可以用劳动经济学分析的话题。

不过，经济学家对劳动力市场的兴趣并不局限于个人感受。他们更关注的是整体的福利。换言之，经济学家研究劳动力市场时，很少关心某个人会怎么样，他们更关心所有的人或者特定的人群福利有什么变化。因为对于群体福利的权衡影响着社会政策的制定。"劳动经济学"这门课程，自始至终试图通过经济分析去解释劳动力市场的运行及其结果，为此需要深入探析企业、工人等经济主体的行为——包括基于逻辑演绎的理论分析，以及基于科学检验的实证研究。因此，这门课程将带给大家的，并不是一些反映个人生活经验的只言片语，而是分析劳动经济问题的系统方法。

第一节 劳动力市场

"市"，就是交易。市场，顾名思义就是"交易的场所"。交易的场所可以是一个具体的地理空间，如城市或乡村的各种集市；也可以没有地理空间，而仅仅是汇集供给与需求的平台，如股票市场、期货市场、网络交易平台等。

经济理论中有许许多多的市场，但经济学将它们极度简化为两类：产品市场和要素市场。产品市场交易的是消费品，包括产品（如啤酒）和服务（如理发）；要素市场交易的是生产要素，包括资本（货币资本与实物资本）和劳务。通常，要素交易比产品交易的制度安排要复杂得多。当你去买一瓶啤酒时，并不需要签署任何协议，但是购买一台机器、租赁一个厂房，或者雇佣一个劳动力，常常需要订立比较复杂的合同。

劳动力市场是要素市场的一种。这个市场上交易的就是劳动力要素。劳动力要素有一个非常特殊的性质，就是它只可以租让，而不能买卖。在现代社会，人口买卖是非法的，甚至一个人要卖掉自己也是不被允许的。诚然，在奴隶社会的确有人口的买卖，并且奴隶被法律界定为奴隶主的私人财富，但即便如此，劳动力所有权转移也只是名义上的——奴隶的劳动力实际所有权（或者控制权）仍然在他自己手中，在极端的情况下，奴隶可以选择自杀来使自己的劳动力永久地灭失，这是享有对奴隶名义所有权的奴隶主所无法控制的。

美国经济学家巴泽尔（Barzel）曾经基于个人对自身劳动力的绝对控制权解释奴隶社会的崩溃[1]。他的逻辑是这样的：奴隶虽然名义上归奴隶主所有，但其劳动力的实际控制者还是奴隶自己，这种实际控制权使得奴隶可以获得自己的财产，因为奴隶主要让奴隶努力工作就必须让其分享部分剩余产品。最终，奴隶可以凭借对自身劳动力的实际控制权逐步积累财富，甚至可以为自己赎身成为自由民。

---

[1] Barzel Y. 1997. An economic analysis of slavery. Journal of Law and Economics, 20: 87-110.

正是由于劳动力的绝对控制权不可转移这一特性，决定了劳动力只可以租让而无法买卖。因此，劳动力市场交易比其他的产品市场和要素市场的制度安排要复杂得多。这些制度安排既包括法律，也包括雇佣合同，甚至包括企业文化等。这导致劳动力市场，通常包括如下一些内容。

首先，存在许多的市场机构，来促进劳动力交易双方的联系。例如，职业介绍机构、劳动力市场服务部门、企业人力资源部、就业安置办公室等，这些机构会发布招聘广告、就业信息，汇集劳动力供给和需求的信息。

其次，劳动力交易双方需要交换品质信息，并自由选择是否匹配。在一个产品市场上，交易可以匿名进行，如你去买一件衣服，卖家既不会要求你出示身份证，也不关心你的个人品质。但劳动力市场交易不同，这个市场的交易不允许匿名，因为交易双方的品质信息对于交易非常重要，而且需要双向匹配。

最后，达成交易意向的双方，需要订立某种合同。合同不仅要求双方遵循有关的法律条款，而且会约定一些重要的事项，如报酬水平、支付方式、工作条件、职业保障、合同期限、工作义务等。难以明确书面描述的内容，也会以心理默契的形式存在。所有这些复杂的安排，根本上都是为了尽可能地对由于劳动力实际控制权不能转移而可能引发的机会主义行为进行约束或对雇主希望的行为提供恰当的激励。

劳动力市场交易的最终结果是以一定工资率水平将劳动力配置到工作岗位上。由于这种市场配置机制以双方自由选择为前提，不仅满足了个人意愿，也满足了社会的需要，实现了国家最重要的资源——劳动力的最优配置。

劳动力市场虽然复杂，但经济分析却可以将其简化。最简单的劳动力市场模型，是把劳动力市场交易双方分别贴上"供给方"和"需求方"标签，求职者就是劳动力供给方，企业就是劳动力需求方。现实中也有不同层次的劳动力市场，如全国劳动力市场、区域劳动力市场，这是根据市场汇集的信息所覆盖的范围来划分的；也有不同专业技能的市场，如制造业工人的市场、会计师市场等，这是根据市场汇集的信息所覆盖的专业技能来划分的。对于劳动力市场按照何种维度划分，取决于人们关注的问题和对象。

第二节 劳动经济学的基本概念

劳动经济学研究劳动力市场运行及其结果。前面已经讲过，劳动力市场就是劳动力供给和需求的汇集之地。劳动力交易非常特殊，只可以租让而无法买卖。一定时期内"租用"劳动力的价格，被称为"工资率"。现实中，工资率有很多种形式，如小时工资、日薪、周薪、月薪、年薪。可见，工资率是一个与时期相联系的概念，准确地说，它是单位时间获得的报酬金额。

现实中大多数报酬是按照时间来支付的，即人们领取月工资或年薪等。的确，也有些工作并不按照工作时间来支付报酬，而是按照产出多寡来支付报酬，如计件工资等，它们的工资率则按照单位时间内的产出及其对应的报酬金额来核定。

工资率是调节劳动力市场交易的重要工具。劳动力交易双方都会把工资率视为自己决策的信号。对于劳动力供给方，工资率是其收益，因此工资率增加一般会刺激他供给更多劳动力[①]；对于劳动力需求方，工资率是其成本，因此工资率增加会刺激它压缩劳动力需求量。在整个市场上，当工资率增加，市场的劳动力供给数量就会增加，而劳动力需求数量就会下降；当工资率下降，市场的劳动力供给数量就会减少，而劳动力需求数量就会增加。市场上供给量和需求量的变化，本身又会对工资率形成涨落的压力，导致工资率或升或降。最后，在某个工资率水平上，市场的供给量和需求量相等，导致工资率或升或降的压力也消失了，工资率不再变化，而市场也稳定在供求相等的状态。这就是劳动力市场均衡状态，对应的工资率称为均衡工资率。

但是，劳动力市场供求均衡分析，只是一套非常简化的分析工具。更深入的分析需要涉及劳动力市场上各主体的行为。劳动力供给曲线（或供给法则）和劳动力需求曲线（或需求法则），其背后是供给主体和需求主体的决策行为。因此，劳动力市场的深入分析需要建立在劳动力市场主体行为分析的基础上。这就是为什么劳动经济学要探讨个体劳动力在收入-闲暇之间进行决策，而企业则在寻求用最佳的资本-劳动组合进行生产，甚至还需要讨论劳动力与企业如何互动博弈的重要原因。只有在理解供求主体的行为基础上，才能推测特定事件冲击或政策变化将会如何影响劳动力市场的供求变化以及最终结果。

除了供给方和需求方之外，现代劳动力市场还有一个重要的主体：政府。政府可以直接干预工资率（如规定最低工资率），也可以间接干预工资率（如征收工薪税），还可以直接或间接影响市场的供求数量（如限制人口流动或强制移民）、质量（如投资于人民的教育和健康等）、改变供求双方谈判能力（如提高社会保障水平或直接的劳工保护条款等）和匹配效率（如提供就业信息服务）。在现代社会中，政府对劳动力市场的影响可谓至关重要、非常深刻。

一旦涉及讨论政府干预劳动力市场的政策，就需要区分两种不同立场的经济学：实证经济学和规范经济学。实证经济学是一种行为理论，主要阐明经济行为是什么样的，会导致什么结果。至于结果合理不合理、公平不公平等价值判断，不是实证经济学所关心的问题。规范经济学则是基于一定的价值观，对经济行为应该怎么样，什么样的结果更符合公平正义等作出判断，它关注的是"应该怎么样"的问题。例如，"提高最低工资率，会导致部分底层的工人受到损害"、"相比发放食品券，发放货币补贴将更能提高贫困家庭的福利"，这些是实证经济学命题，因为它们陈述了事实或作出客观预测，并不评价这样的结果好坏或者应不应该；"当前的最低工资率太低了，不足以保护工人，因此应提高最低工资率"、"政策设计应当让贫困家庭将食品补助的确用于食品消费，为了达到这个目标应该采取食品券而不是现金补贴"，这些陈述是规范经济学命题，因为它们显示了价值判断和人们的好恶。

劳动经济学，主要是一门实证经济学。换言之，人们大部分时间是在研究劳动力市场行为是怎样的，会产生什么后果。至于这些后果好不好、该不该等规范经济学的内容主要出现在政策设计的争议中。尽管每个人有不同的价值取向和偏好，对同一个问题的看法也不尽相

---

① 严格来说，工资率上升对劳动力供给会同时产生替代效应和收入效应，只有替代效应大于收入效应时，工资率增加才会导致劳动力供给数量增加。但考虑到企业从来不愿在支付更高的工资时只获得更少的劳动力供给量，所以工资率一般不会支付到令收入效应大于替代效应那么高，至少针对劳动力市场供给群体是如此。关于工资率变化的收入效应和替代效应的相关介绍，参阅本书第二章。

同，但实证经济学的结论可以为政策辩论提供依据。

第三节　劳动经济学可以带给你什么

　　学习一门新的课程不需要理由，正如亚里士多德在其名著《形而上学》开篇所指出的：求知是人的本性。但是，可能有些人是带着某种功利性的目的在读书和学习，对于这部分人，也应该学习一点劳动经济学知识。

　　首先，一个最浅薄的理由，也许就是"炫耀"。"有知识"本身就是一件值得炫耀的事。但是，炫耀行为中也是大有学问的，本质上它是一个信号传递（signaling）问题。在这门课程中，你会懂得什么是信号传递理论。当然，你也会懂得在生活中，炫耀需要技巧，举个例子[①]：

　　"年轻的富豪炫耀其财富，但是年老的富豪却鄙视这种炫耀；下级官员通过弄权来证明自己的地位，而真正有权利的人通过高雅的姿态来表现自己的实力；接受普通教育的人炫耀他们刻意写得工工整整的字迹，但受过良好教育的人却常常字迹潦草难以辨认；成绩一般的学生会回答老师提出的简单问题，而拔尖的学生却窘于证明自己对琐碎知识点的了解；熟人通过有礼貌地忽视对方的缺点以表示其善意，而密友则通过嘲弄般地强调这些缺点以示亲密……"

　　其次，有一个更好的理由，那就是明智地作出决策。劳动经济学的研究内容与人们的生活息息相关，无论是收入与闲暇，还是就业与教育，抑或结婚与生育……都是劳动经济学研究的领域。对于企业的人力资源管理，劳动经济学也提供了独特的视角，帮助管理者作出明智的决策。举例来说，旷工缺勤一直被视为员工的职业道德问题，常用的解决办法之一是加强员工思想教育。当然，职业道德的确是一个需要认真对待的问题。但是经济学中并不完全把旷工缺勤归咎于员工的职业道德，在经济学看来，员工是在从事两种生产：家庭生产和企业生产。企业生产给员工带来的价值，就是他的工资。一般情况下，企业生产的价值会高于家庭生产价值，所以员工会选择上班。但有些时候，家庭生产的价值会高于企业生产的价值，如员工的孩子生病需要送去医院，此时该员工就会"理性地"选择旷工缺勤。从经济学视角出发，解决旷工缺勤的思路并不限于思想教育，也包括要提高员工参与企业生产的价值。提高工资固然是一个办法，但提高工资之外的价值或许对企业来说更为可行。例如，在有些企业，对于连续出勤达到一定天数的员工给予特别奖励，或者安排抽奖活动，为员工家属提供旅行机票等，这样的一些创新实践正在形成"新旷工缺勤管理理念"，而它似乎确实有不错的效果。

　　再次，有助于人们更理性地融入社会。在复杂的社会中，要时刻保持理性并不是一件容易的事。许多人支持最低工资立法，保护女职工、提升工人福利等，但是他们可能忽略了这种种政策背后都需要付出相应的代价。简言之，有好的政策动机，并不一定能设计出好的政策。例如，某城市的市政府决定对高消费场所征收高消费调节费，初衷是向富人征收高消费调节费，用以补贴穷人。这个政策出台之后，很多经济学家提出反对意见。事实证明该政策

[①] 奈尔巴夫，迪克斯特. 2009. 妙趣横生博弈论. 北京：机械工业出版社.

并不成功：富人们要么减少了高消费，要么选择到附近的城市去消费，结果本地娱乐场所的生意变得冷冷清清，有的甚至关门大吉。娱乐场所关门导致高消费调节费实际上已经征收不到，而本来在娱乐场所就业的工人却失去了工作，城市贫困人口增加了。类似现象还有：最低工资保障制度，维护了工人的权益，却导致部分低收入者失业；保护女职工的规定，导致女性就业门槛被提高，等等。笔者并不想告诉大家应该或不应该出台类似法规，而是想说明，在设计政策时需要更仔细地权衡和考量多种因素，并且应当重视事后效果的预测和评估，而不只是依赖事前的良好动机。

最后一点意义，可能在很多人的意料之外。劳动经济学作为一门研究劳动力市场运行及其结果的学问，在根本上，是为了尽可能透彻地理解劳动力市场的功能、运行机制、市场缺陷，从而营造出更加和谐的社会氛围。

第四节 本书结构

本书是面向低年级本科生的教材。因此，在内容上力求全面、新颖，但并不追求技术性。

第二章分析个体的劳动力供给行为，从个体收入-闲暇的最优化决策中推导出个体的劳动力供给曲线，刻画影响个体最优决策（或劳动力供给行为）的影响因素。

第三章分析企业的劳动力需求行为，企业为实现最大利润而选择特定的生产组合，在这个过程中劳动力需求曲线被描绘出来。劳动力个体供给曲线加总可以推导市场供给曲线；同样地，企业劳动力需求曲线的加总可以推导出市场需求曲线。这样就为第四章劳动力市场供求模型提供了最基本的元素。

第四章直接将劳动力供给和需求简化成两条曲线，提出最简单的供求分析模型，引入均衡工资率、均衡就业量等概念。"均衡"的意义在于，它代表着市场动态发展的方向。换言之，均衡分析有助于人们预测，一旦发生外生冲击，市场将朝着什么方向变化和调整。劳动力市场干预政策可以视为外生冲击，那么基于同样的道理，可以基于供求均衡分析预测政策冲击产生的后果。

前面四章都局限于数量分析，劳动力质量被假设为是没有差别的。第五章为劳动力质量的维度分析，介绍最近半个多世纪发展起来的人力资本投资理论。人力资本的差异是导致工资差异的重要原因之一，当然不是唯一的原因。第六章进一步探讨工资差别及其成因，也探讨劳动力市场歧视这样一些社会敏感话题。另外，颇受社会关注的收入不平等问题，也在本章得到讨论。

第七章开始进一步深入企业内部，讨论如何设计报酬和晋升制度来激励、吸引和保留员工。这一部分内容属于最近三十多年发展起来的内部组织和人事经济学（internal organization and personnel economics），是劳动经济学的分支内容，也可视为劳动经济学原理在人力资源管理中的应用。

第八章继续考察企业内部组织，重点放在与维护职工权益有关的两个组织：工会和党组织。中国的工会与西方工会并不相同。西方工会是比较单一的维权组织，中国工会的角色则丰富得多，它们既要充当维权的角色，也要充当维稳的角色，同时还可能成为企业主的朋友，以便在企业中更好地开展工作。企业党组织更是中国企业制度的特色安排。近年来，一些学术研究关注了企业党组织和工会的作用，大多数研究认为它们对于企业经营和员工福利具有正面的、积极的影响。

第九章是本书最后一章，专门讨论了失业及其治理。失业是一个综合性的问题，它与劳动力供求数量、质量、企业的制度安排等多种因素有密切关系，放在最后一章讨论是合适的。关于失业，经济学中已经发展出许多成熟的理论，但作为一本初级教材，本书仅对失业经济学的基本内容作出简要介绍。

[复习思考题]

1. 劳动力市场是什么？
2. 劳动经济学的研究对象是什么？
3. 为什么说劳动力只可以租让而不能买卖？
4. 劳动力市场通常包括哪些内容？
5. 为什么劳动力交易不能匿名进行？
6. 什么是工资率？工资率变化如何影响市场的劳动力供给量和劳动力需求量？
7. 什么是均衡工资率？
8. 实证经济学命题和规范经济学命题有何区别？请分别列举两个实证经济学命题和两个规范经济学命题。
9. 有人认为，政策设计者一定要有良好的动机，只要动机是好的，政策就会是好政策。对上述认识，你有何看法？

HAPTER 2
第二章　劳动力供给行为

【内容提要】

　　劳动力供给理论是现代劳动经济学中实证研究最多的领域之一。基于消费者选择理论的消费（收入）-闲暇选择模型生动地阐述了劳动力供给行为的性质，该模型经过适当扩展后可广泛用于解释家庭生产和劳动力供给决策的生命周期等问题。

【学习要点】

1. 了解劳动力供给、收入效应、替代效应的概念。
2. 掌握消费（收入）-闲暇选择模型的基本内容。
3. 理解个人劳动供给曲线。
4. 理解市场劳动力供给曲线。
5. 理解生命周期中的劳动力供给。
6. 掌握劳动力供给弹性的含义及其运用。

在劳动经济学家眼中，劳动力供给行为是指劳动力在一个时间段内提供劳动给劳动力市场的工时供给行为，通常也称为劳动供给。劳动力供给理论是建立在消费需求理论之上的，将消费需求理论应用于劳动经济学，可以揭示许多基本的劳动现象。消费-闲暇选择模型描述了劳动者进行劳动供给决策的情形，该模型将劳动者视为闲暇和商品的消费者，由于商品来自于劳动收入，从而劳动者对个人既定时间资源的分配问题就转换成了消费者对闲暇和劳动收入的选择问题，其决策遵循效用最大化原则。

工资率的变化会同时产生收入效应和替代效应，使得个人劳动力供给曲线呈现"向后弯曲"。市场劳动力供给曲线虽然在理论上是个人劳动力供给曲线的加总，但市场劳动力供给曲线一般是向右上方倾斜的。人们在生命周期中如何进行劳动力供给决策，究竟何时接受学校教育是划算的，又应该在什么时候选择退休？本章将运用劳动力供给理论探讨这些与每个劳动者都息息相关的、有趣的工作决策问题及其内在的经济逻辑。

第一节　消费-闲暇选择模型

一、消费与闲暇

从劳动者个人的角度来说，广义的劳动供给决策包含两类：一是是否参加工作，以及每天或每周工作多少个小时；二是从事何种职业，选择到什么地区就业。其中，第一种决策就是狭义上的劳动力供给决策，也是在这一节需要讨论的单个劳动者的劳动力供给行为。在劳动经济学里，消费-闲暇模型是一个简单的劳动力供给模型，它刻画了单个劳动者的劳动供给行为及其经济学机理。从理论上说，一个人对时间的安排通常包括三个方面：一是用于从事劳动力市场工作并从中获得相应的收入；二是用于从事愉快的闲暇活动并从中获得快乐和满足；三是用于从事既具有生产活动性质又具有消费活动性质的家务劳动。但为了简化分析，在消费-闲暇选择模型中，只是假设劳动者的可支配时间只能被用于工作和闲暇两个方面。

消费-闲暇选择模型通常也被称为收入-闲暇选择模型、劳动-闲暇选择模型或工作-闲暇选择模型。消费与闲暇选择模型首先假定，每个劳动者都是消费者，需要在商品消费与闲暇消费之间进行选择。

这里的商品消费是一个抽象的概念，泛指人们对各种产品和服务的消费。在消费-闲暇选择模型中，由于商品（C）的货币价值在数量上等于人们的货币收入（Y），即$C=Y$，因此商品消费和收入之间存在着一一对应的关系，劳动经济学家常常直接用收入的货币价值来衡量消费，本章的分析同样将两者等同视之。如果没有遗产、捐赠、政府补贴、政府救济等非劳动收入，人们的收入就等于个人的劳动收入。如果除了劳动收入之外，还有其他非劳动收入，则总收入就是劳动收入与各种非劳动收入之和。尽管劳动并不能总是直接给劳动者带来心理上的满足，但通过劳动获得的工资收入通常可以给劳动者带来相应的满足。同时，假设劳动者以一个不变的小时工资率从事市场工作，即无论工作多少个小时，这个小时工资率都是不变的。

这里的闲暇也是一个广泛而抽象的概念，是指各种无报酬的活动，如阅读、社交、旅游、逛街、体育运动、休息疗养等。劳动经济学家往往把人们每天用于闲暇的时间用来衡量闲暇的数量。

本书把消费者从某种商品消费中所获得的满足程度称为效用。显然，商品消费和闲暇消费都能给人们带来快乐和满足，即都具有正的效用。在进行劳动力供给决策时，闲暇本身的消费可以给人直接带来效用，虽然货币收入不是效用的直接来源，但货币收入在商品（或服务）价格一定的条件下，实际上代表了可以购买到的各种商品（或服务）的组合，劳动者可以通过消费这些商品（或服务）来获得效用。在不考虑多种收入来源的条件下，由于货币收入唯一来自于通过市场劳动所获得的工资性收入，在数量上就等于市场工资率与工时数的乘积。

由于每个人一天都只有固定的 24 个小时，除去吃饭、睡眠以及其他维持生命的生理活动所需要的时间，大致有 16 个小时可供分配于劳动和闲暇。由于用于闲暇的时间不能用于劳动，用于劳动的时间也不能用于闲暇，所以人们的闲暇需求就可以看成是劳动力供给的反面——从总的可支配时间中减去闲暇时间也就得到了劳动力供给时间。因而，人们在劳动时间和闲暇时间两者之间所进行的选择，其实质就是对劳动收入（或该收入所对应的商品）与闲暇这两种特殊"商品"的选择。

用 C 表示商品消费，用 H 表示劳动者每日闲暇时间，用 L 来表示每日的劳动时间，则他每日的工作小时数为 $L=16-H$，对应的效用水平为 U，不妨设：

$$U = f(C, H) \tag{2-1}$$

为了进一步探讨人们如何在商品消费与闲暇消费之间进行选择的问题，有必要引入机会成本这一概念。在经济学中，机会成本是把一种资源（如时间）投入某一特定用途之后，所放弃的在其他用途中所能得到的最大利益。因而，在这里，闲暇的机会成本就是因闲暇而失去的劳动收入，一小时闲暇时间的机会成本就等于小时工资率。

某种物品的消费量每增加一单位所增加的满足程度被称为其边际效用。随着消费者对某种商品消费量的增加，消费者从该商品连续增加的每一消费单位中所得到的效用增量即边际效用是递减的，这就是著名的边际效用递减规律。之所以会出现边际效用递减，首先是因为受人类生理与心理等因素的限制。虽然人类的欲望可以是无穷的，但由于生理等因素的限制，就每个具体的欲望满足来说则是有限的。最初的欲望最大，因而消费第一单位商品时得到的满足也最大，随着商品消费次数的增加，欲望也随之减小，从而满足程度递减。如果在欲望消失后还继续增加消费，那么反而会引来厌恶。同时，每种物品具有多种用途，且各种用途的重要程度不同，人们总会把它先用于效用最大的地方，故后一单位的物品给消费者带来的满足或提供的效用一定小于前一单位。

在这里，闲暇的边际效用就可以定义为在消费的物品的数量保持不变的条件下，每增加一小时闲暇活动所带来的效用的改变程度。劳动者在享受闲暇和消费用货币收入购买来的商品的过程中，随着任何闲暇或商品消费量的不断增加，新增加消费一个单位的闲暇或商品所能够产生的边际效用也都是趋于递减的。

由消费需求理论可知，人们对特定商品和服务的需求受到商品和服务的价格、个人收入以及消费者对商品和服务偏好的影响。假定商品均为正常品，在保持所有其他情况不变的条件下，某种商品的价格越高，则消费者对该商品的需求就越低；消费者的收入增加，消费者对该商品的需求也随之增加。在消费-闲暇模型中，人们对消费和闲暇的选择同样具有这些特征。

二、偏好与无差异曲线

偏好代表了消费者对某种商品相对其他商品的心理愿望强度，是一种主观感受，受到许多因素（如过往经历、社会经济地位、职业、个人性格，甚至性别、种族、地理位置等）的影响。虽然不同的人有不同的偏好，但同样一个人的偏好却是相对稳定的，研究表明，人们在某段时间内可以对所需要的商品的偏好程度进行排序，并且能够在保持总效用不变的情况下用尽量少的某种商品去交换其他的商品。

在这里，假定消费者必须在普通的商品 C（等同于收入 Y）和闲暇 H 这种特殊的商品之间进行排序和选择。

在进行消费（或收入）-闲暇决策时，无差异曲线（indifference curve）表示给消费者带来某一同等效用水平的商品消费（或实际收入）和闲暇时间的组合。在坐标图中，则指能够给消费者带来相同满足程度或效用水平的所有商品消费 C（等同于货币收入 Y）和闲暇 H 的各种不同组合的点的轨迹所形成的曲线。在图 2.1 中的曲线就是一条无差异曲线。用纵轴表示消费的商品 C（或每天的货币收入 Y），横轴表示闲暇时间 H（或非市场活动的时间）。由于一天中能够供自由支配的时间只有 16 个小时，可以从左到右表示闲暇时间，从右向左则表示工时数。根据无差异曲线的定义，曲线上任何一点的商品（收入）和闲暇的组合都具有相等的满足感，曲线上的每一点对个人都产生相同水平的效用。

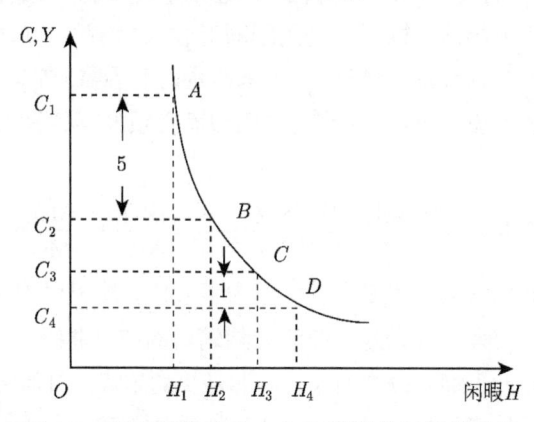

图 2.1 商品消费（收入）和闲暇的无差异曲线

无差异曲线具有下列四个显著特征：

（1）斜率为负。

无差异曲线向下倾斜，说明无差异曲线的斜率为负。如果商品（收入）或闲暇时间当中的一项增加了，那么为了保持效用水平不变，另一项就必须减少，即两者的变动方向是相反的，此消彼长。

具体来说,对于每一条无差异曲线，商品 C（等同于货币收入 Y）和闲暇 H 的既定组合代表着消费者既定的满足程度,当减少一定量的商品 C(或货币收入 Y)时,工人作为消费者,其效用水平会下降,为保持原有效用水平,就必须增加一定量的闲暇 H。

(2)凸向原点。

图 2.1 中的无差异曲线是凸向原点的(向内弯曲),左边比右边更为陡峭。换句话说,当沿着曲线向右下方移动时,该曲线斜率的绝对值是递减的。

无差异曲线的斜率反映了个人对收入和闲暇时间互相替代的主观意愿。个人以闲暇替代收入或以收入替代闲暇的意愿是随着开始拥有的收入和闲暇量的变化而变化的:在货币收入水平相对较高(拥有较多的商品)时,闲暇时间相对较少,这时,劳动者就会更看重闲暇,为了换取一部分闲暇,劳动者可能愿意放弃相对较多的货币收入。换言之,如果要让劳动者放弃一单位的闲暇时间而增加一单位的工作时间,可能需要更多的货币收入(或商品)来进行替代;相反,当劳动者货币收入水平较低(拥有的商品较少)而闲暇时间相对较多时,劳动者可能会为了获得货币收入的少量增加而放弃相对较多的闲暇时间,或者说,要让劳动者放弃一单位的闲暇时间而增加工作时间,只需要用较少的货币收入(或商品)进行替代即可。

无差异曲线凸向原点且左边比右边更为陡峭,实际上反映了边际效用递减规律,即当一种物品变得越来越稀缺时,人们越发不愿意放弃它。考虑无差异曲线上的 AB 段,此时,个人拥有相对多的收入(商品)和非常少的闲暇。此时,增加 1 小时的闲暇所增加的效用完全能抵消减少 4 单位收入(商品)所带来的效用损失。而在 CD 段,此人的情况就有所不同了,这时收入(商品)相对稀缺,而闲暇比较充足,他将只愿意以少量的收入(商品)(1 单位)换取 1 单位的额外闲暇。随着获得闲暇的增多,个人为获得更多的闲暇而愿意放弃的收入(商品)越来越少。这样,无差异曲线变得越来越平坦,最终呈现出凸向原点的特征。

理论上的解释是,无差异曲线的斜率是用闲暇对收入(商品)的边际替代率(marginal rate of substitution of leisure of income,$MRS_{H,Y}$)来衡量的。闲暇对收入(消费品)的边际替代率 $MRS_{H,Y}$ 是指用于补偿增加 1 单位(1 小时)闲暇而必须放弃的收入量(或消费品的货币价值)。

$$MRS_{H,Y} = \frac{闲暇的边际效用}{收入(商品)的边际效用} = \frac{MU_H}{MU_Y} = \frac{MU_H}{MU_C} \quad (2\text{-}2)$$

尽管图 2.1 中无差异曲线的斜率是负值,但为了方便,这里以绝对值来考察 $MRS_{H,Y}$。在曲线的左上部分 $MRS_{H,Y}$ 较大,即无差异曲线较陡峭。例如,曲线上 AB 段,其 $MRS_{L,Y}$ 是 5,之所以如此,是因为现在此人拥有较多的收入和非常少的闲暇,对他来讲,收入的边际价值量相对较小,而闲暇的边际价值量相对较大,因此,他愿意放弃一个较大量的收入(5 单位)以换取 1 单位的额外闲暇。

沿着无差异曲线向右下方移动,个人拥有的收入越来越少而闲暇则越来越多。这一事实意味着,此时相对充裕的闲暇具有较小的边际价值,而相对稀缺的收入具有较大的边际价值。因此,在无差异曲线上的 CD 段,个人只愿意放弃一个较小的收入量(1 单位)来换取 1 小时的额外闲暇,该段曲线的斜率或 $MRS_{H,Y}$ 仅为 1/1。斜率 $MRS_{L,Y}$ 沿曲线向右下方移动而减少的事实说明,无差异曲线一定是凸向原点的。

(3)离开原点越远的无差异曲线具有越高的效用,且任意两条无差异曲线之间不会相交。

图 2.2 绘制了同一位劳动者的两条无差异曲线，但事实上，可以画出无数条类似的无差异曲线。每一条无差异曲线所代表的都是能给这位劳动者带来某种效用水平的闲暇时间和货币收入（商品）的组合，不同的曲线表示不同的总效用，这与地形图上反映不同海拔高度的等高线非常相似。

每一组收入和闲暇的组合都可以通过无差异曲线表示出来，离原点越远的曲线表示越高的效用水平，这可以通过作一条经过原点的45°线来说明，这条线与逐渐上移的各条无差异曲线的交点表明，离原点越远，收入（商品）和闲暇的量也就越大，即越是位于右上方的无差异曲线所代表的效用水平越高。

从图 2.2 中可以看出，B 点和 A 点是分别位于无差异曲线 U_1 和 U_2 上的两个点，它们分别代表着 U_1 和 U_2 的总效用水平。由于 A、B 每天的闲暇时间同样为 8 小时，但 A 所对应的货币收入（Y_2）或商品数量（C_2）比 B 所对应的货币收入（Y_1）或商品数量（C_1）更多，因而，A 所代表的效用水平显然要高于 B 所代表的效用水平。同样，在对应的货币收入（或商品数量）相同的情况下，U_2 上的点所对应的闲暇时间也会比 U_1 上的点所对应的闲暇时间更长，从而效用水平更高。

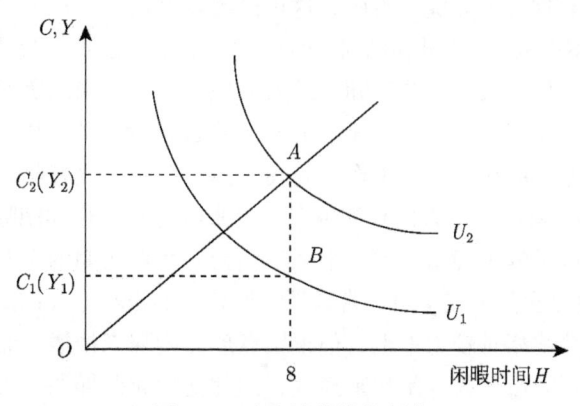

图 2.2　无差异曲线的斜率

同一位劳动者的若干条无差异曲线之间是相互平行的，任意两条无差异曲线均不会相交。这是因为，如果两条代表不同效用水平的无差异曲线相交，那么就意味着，这个交点所代表的同样一个货币收入（商品）和闲暇组合即产生了两种不同的效用水平，这对于同一个人来说，显然是矛盾的。

（4）针对不同的消费者来说，无差异曲线具有不同的形状。

图 2.1 和图 2.2 所示的是同一个人的无差异曲线，换一个人就会有另一组形状完全不同的曲线，正如不同的消费者对特定物品和服务的偏好差距很大一样，个人对工作和闲暇的偏好也是如此。对于工作和闲暇的不同偏好可通过个人无差异曲线的形状表现出来，即无差异曲线的形状与人的偏好相关：对于偏好闲暇的人来说，无差异曲线显得较为陡峭，如图 2.3(a) 所示；而不太重视闲暇的人，其无差异曲线则要平坦得多，如图 2.3(b) 所示。

图 2.3(a) 表示的是那些重视生活质量的"闲暇爱好者"的无差异曲线，这类人看重闲暇而轻视工作（收入），其无差异曲线较为陡峭，意味着使其放弃 1 小时闲暇必须增加相对较多的

收入；图 2.3(b)表示的是现实生活中那些"工作狂"的无差异曲线，这类人轻视闲暇而看重工作（收入），其无差异曲线较为平坦，表明使其放弃 1 小时闲暇只需要非常少量的收入即可。在每一种情况下，无差异曲线都是凸向原点的，且"闲暇爱好者"的边际替代率 $\text{MRS}_{H,Y}$ 的递减速率要比"工作狂"的大得多。

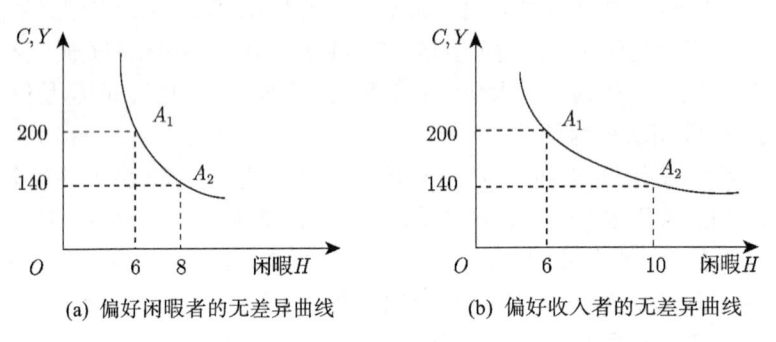

图 2.3　偏好闲暇者与偏好收入者的无差异曲线对比

(a) 偏好闲暇者的无差异曲线　　(b) 偏好收入者的无差异曲线

那么，为什么会有这些差异呢？首先，这可能纯粹是由于个性或爱好引起的。其次，与第一个原因相联系，不同的个人所从事的职业存在差别。图 2.3(b)较为平坦的曲线属于有创造性或挑战性职业的人，如画家、陶艺家和音乐家，他们工作带来的负效用很少，因此只需增加很少的收入，就愿意放弃 1 小时的闲暇；相反，令人不愉快的煤矿工作或流水线工作可能会导致较为陡峭的无差异曲线，这类工作涉及较大的负效用，只有收入的大量增加才会使工作者放弃 1 小时闲暇。最后，个人的具体情况也会影响他对工作和闲暇的相对评价。例如，一个有两三个学龄前孩子的年轻母亲或一个大学生会有相对陡峭的无差异曲线，是因为"闲暇"（非市场时间）对照看孩子或学习非常重要。同样，假设小李要结婚，面临的经济负担较重，因而他的无差异曲线相对较为平坦，他很愿意放弃闲暇来挣钱；而小王是单身，经济负担不太重，他很可能不太愿意放弃闲暇来挣钱，因此他的无差异曲线相对较为陡峭。总之，性格、工作类型和工作环境等因素都会影响无差异曲线的形状。

三、预算约束与预算线

（一）不存在非劳动收入时的预算约束

个人要通过努力达到尽可能高的无差异曲线来实现其效用最大化，这意味着个人对曲线的选择是受约束的，尤其受到其可获得的货币收入量的约束。

假设：①个人只能通过工作来获得货币收入，换言之，假设个人没有非劳动收入，没有积蓄且不可能通过借贷来融资。②劳动力市场上个人面临的工资率是既定的，个人不可能通过改变工作时间来改变他或她提供服务所得到的每小时工资数。既定的工资率意味着劳动者的小时工资率与工作时间无关，无论工作多少小时，每一小时都获得同样的工资。需要指出的是，在现实生活中，这可能是不完全准确的，劳动者的边际工资率（即从最后一小时工作中获得的工资）一般与其工作时间是相关联的。例如，根据各国的劳动法，超时工作往往都需要向工人支付额外的加班费，而兼职工作的小时工资率也往往低于全职工作的工资率。但在这里，忽略工资率的这种变化，而一般性地假定工资率是不随工作时间发生变化的。

假设每小时的工资（即工资率）为 W。工人要决定将总的可支配时间分配多少给工作与闲暇。如果总的可支配时间为 T，闲暇时间为 H，工作时间为 L，其预算约束可写成：

$$C = W(T - L) \tag{2-3}$$

在这里，预算约束指在既定工资率条件下，个人可能实际获得的收入（物品）和闲暇的所有最大组合。可以将预算约束用图 2.4 中的预算约束线来表示。D 点为劳动者决定不工作或者工作时间为 0 时的情况，此时，所有的可支配时间（16 个小时）都用于闲暇，劳动收入为 0，因而能够买到的商品的价值也为 0。纵轴上的 E、F、G 分别表示在不同工资率下，劳动者决定将所有可支配时间都用于工作，而闲暇时间为 0 时的情况，此时的劳动收入最大，为 $16W$，他能够购买到价值相当于 $16W$ 的商品。那么，联结 DE、DF、DG，就得到三条不同的预算约束线。

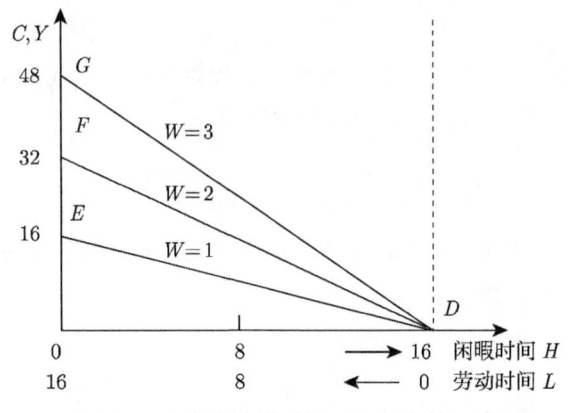

图 2.4　不存在非劳动收入时的预算约束

显然，预算约束线是个人在时间和工资率的约束下，所能消费的闲暇 H 和商品 C（等于收入 Y）的最大组合线。在预算约束线以外（预算线右上方）的任何一点所示的闲暇和收入的组合，均是无法实现的；而在预算线以内（预算线左下方）的任何一点所示的组合，虽然是可以实现的，但这种组合实现的并非最大效用；只有在预算线上，闲暇和收入的组合才能给劳动者带来最大效用。

预算约束线的斜率等于工资率的相反数，即等于 $-W$，这一斜率可以看成是闲暇的机会成本。

假设现行工资率为 1 元，可以在图 2.4 中作出横轴截距为 16 小时的闲暇，纵轴截距为 16 元实际收入的预算线。给定 1 元的工资率，在预算线两端个人可获得：① 16 小时闲暇而无实际收入；② 16 元实际收入而无闲暇。连接这两点的直线 DE 揭示了所有可能的选择。例如，8 元实际收入和 8 小时闲暇；12 元实际收入和 4 小时闲暇等。应注意到，该预算线斜率的绝对值是 1，沿曲线向左上方移动，每增加 1 元的实际收入必须放弃 1 小时闲暇。这种转换之所以成立，是因为工资率是 1 元。

同样，如果工资率是 2 元，预算线就将在 16 小时闲暇和 32 元实际收入这两点固定下来，该曲线 DF 的斜率相应地变为 2。图 2.4 中同时也画出了工资率为 3 元时的预算线 DG。随着工资率的提高，预算线就会以右下角为基点，沿顺时针方向旋转；在每一种情况下，工资率（预算线的斜率）都反映了收入和闲暇的市场交换率。如果工资率是 1 元，个人能以 1 小时闲暇（或工作）来获得 1 元的实际收入；如果工资率是 2 元，则 1 小时闲暇在劳动力市场上可用来换取 2 元的实际收入等。

（二）存在非劳动收入时的预算约束

如果一个人不但拥有劳动收入，也拥有非劳动收入，如财产性收入、红利收入、彩票收入、赠与收入、政府津贴等时的预算约束。这些非劳动收入与他的工作时间没有任何关联，假设其金额为 V，劳动者以 W 的小时工资率在劳动力市场中工作 L 小时。同样假设工资率是既定的，那么此人的预算约束可表示为

$$C = WL + V \tag{2-4}$$

也就是说，他所消费的商品的货币价值必须等于劳动收入（WL）与非劳动收入（V）之和。

考虑到闲暇和工作时间之间的关系，也可以将预算约束改写成如下形式：

$$C = W(T - H) + V \tag{2-5}$$

或者

$$C = (WT + V) - WH \tag{2-6}$$

最后这个方程式代表的就是一条直线，其斜率就是工资率的相反数。此时的预算约束线可以用图 2.5 中的线段 de 来表示。

图 2.5　存在非劳动收入时的预算约束

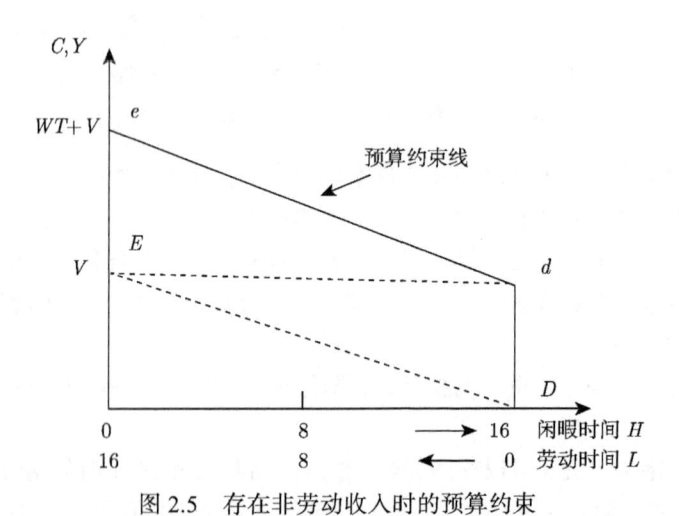

图 2.5 中，虚线 DE 是不存在非劳动收入时的预算约束线，而 de 是存在非劳动收入 V 时的预算约束线。显然，当存在非劳动收入时，预算线将沿着 Y 轴平行向上移动，移动的距离 Dd 就等于非劳动收入。在 d 点，此人决定完全不工作，仍能以其非劳动收入来源购买价值为 V 的消费品。

同样，在该预算线下面的消费（收入）和闲暇的组合都是可以实现的，而在预算线上方

的组合点均无法达成,因而,预算线实际上描述了工人"机会集"(opportunity set)的边界,即某一特定劳动者有能力购买的所有消费篮子的组合。

四、工作时间决策

至此,本书已经用无差异曲线描述了有关个人对工作-闲暇偏好的信息,用预算线反映了有关预算约束的市场信息,接下来将两者结合起来就可以确定个人关于工作和闲暇的时间分配是否最优了。

根据消费需求理论,个人最优化或效用最大化的组合点可以由无差异曲线表示的主观偏好和预算线含有的客观市场信息两方面来决定,把一位具有代表性的工人的无差异曲线与其预算线合并在一张图上,得到图2.6。

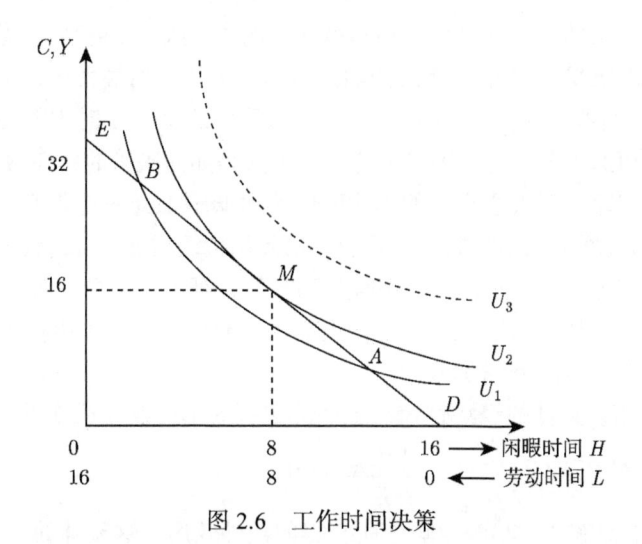

图 2.6 工作时间决策

假设预算线 DE 对应的小时工资率是 2 元。可以画出无数条无差异曲线,按照相对于预算线的位置,这些无差异曲线可以分为三类:第一类是与预算约束线相切的无差异曲线,用 U_2 表示;第二类是低于预算约束线的无差异曲线,用 U_1 表示;第三类是高于预算约束线的无差异曲线,用 U_3 表示。该工人的最优工作-闲暇决策点是无差异曲线和预算线相切的那一点,即图中的 M 点。

由于无差异曲线离原点越远,个人总效用越大,因而个人通过达到尽可能高的无差异曲线来使其效用最大化。给定 2 元的工资率,任何闲暇与实际收入的组合点不会出现在预算约束线 DE 之外,即不会在其右上方,因为那种效用水平超出了劳动者所拥有的资源范围。能令劳动者达到最大效用水平的组合一定是能最充分利用其所拥有的闲暇和收入(消费品)的组合,即一定会在其预算线上。而预算线上的 M 点能使工人达到最高效用水平,在该点预算线刚好相切于无差异曲线 U_2,因为在无差异曲线上所有可能达到的组合点中,M 点所在的无差异曲线离原点最远,因而能获得最高的总效用水平。

B 点和 A 点这两点虽然都在预算约束线上,但是,由于这两点所在的无差异曲线 U_1 所代表的效用水平显然要低于 M 点所在的无差异曲线 U_2 所代表的效用水平,追求个人效用最大化的劳动者一定会在资源允许的范围内去选择尽可能高的效用水平,所以,工人劳动力供给的最优决策点就是 M 点,在该点均衡的工作时数为 8 小时,收入为 16 元(可购买到对应 16 元的消费品),享受 8 小时的闲暇。

在最优组合点,个人和市场就闲暇和实际收入的价值评价达成一致。在 M 点,无差异曲线 U_2 的斜率与预算线的斜率相等,这意味着工人实现了对收入(商品)和闲暇的个人偏好,即他在主观上愿意以收入(商品)替代闲暇的比例恰好与劳动力市场客观信息要求的交换比率一样。所以,在消费(收入)–闲暇的最优组合点上,$\text{MRS}_{H,Y}$(无差异曲线的斜率)等于工资率(预算线的斜率),即:

$$\text{MRS}_{H,Y} = \frac{\text{MU}_H}{\text{MU}_Y} = \frac{\text{MU}_H}{\text{MU}_C} = W \tag{2-7}$$

预算线的斜率衡量的是额外工作 1 小时所获得的货币收入(商品),无差异曲线的斜率衡量的是工人从心理上感受到的每 1 小时闲暇的价值。为使效用最大化,工人的决策规则是只要额外工作 1 小时的收入(商品)超过从心理上感受到的每 1 小时闲暇的价值就继续工作;当两者相等时,效用达到最大化。可以描述一下工人是如何决策的:在 A 点,无差异曲线的斜率小于预算线的斜率,工人心理上的闲暇时间价值低于工资率(即工人劳动时间的市场价值),因而,可以通过增加工作时数增加效用;当效用持续增加到 M 点时,无差异曲线的斜率与预算线的斜率相等,工人心理上的闲暇时间价值就等于工资率;而在 B 点上,由于无差异曲线的斜率大于预算线的斜率,工人心理上的闲暇时间价值大于市场工作的时间价值,这时候就能通过减少工作时数来增加效用。

为进一步理解相切条件的经济逻辑,上面的方程式不妨改写成如下形式:

$$\frac{\text{MU}_H}{W} = \text{MU}_C \tag{2-8}$$

MU_H 表示从消费额外一小时闲暇中所获得的额外效用,这额外的一小时的成本等于 W 元。因而,方程左边表示花费在闲暇上的 1 元钱使工人获得的效用的数量。由于 C 被定义为花费在消费品上的货币价值,MU_C 就表示花费额外一元钱于商品消费中所得效用的数量。在 M 点上的切线解决方案意味着,花在闲暇活动中的最后 1 元钱可以购买到与把这一元钱花在商品消费中所获效用相等的效用。如果这个等式不成立,即如果最后 1 元钱花在消费品中购买到的效用数量大于将这 1 元钱花在闲暇上所能获得的效用,工人将无法实现效用的最大化,他就会重新配置其消费方案,购买更多的商品,以便从最后 1 元钱中获得更大的效用。

图 2.6 只是描绘了具有一种偏好的劳动者所作出的工作时间决策情况,由于不同的工人极有可能具有不同的偏好,因此即便工作在面对相同的预算约束线的情况下,不同工人的无差异曲线与这条预算约束线的切点也会有所不同。如图 2.7 所示,U_X、U_Y、U_Z 是三个不同工人的无差异曲线,其中,U_Y 和 U_Z 比 U_X 更陡峭,意味着工人 Y 和工人 Z 更偏重闲暇。工人 Z 对闲暇的过度偏重,使得他的无差异曲线非常陡峭,以至于与预算约束线 ED 在端点 D 处就相交了,此时他的效用达到最大。也就是说,他每天一个小时也不工作,完全享受 16 个小时的闲暇而没有任何货币收入(商品),他的满足程度最高。对于 Y 工人来说,他对闲暇也很偏好,但偏好程度毕竟不如 Z 那样过分,他会选择每天享受 12 小时的闲暇,获得 8 元的货币收

入（或价值等于 8 元的商品）。

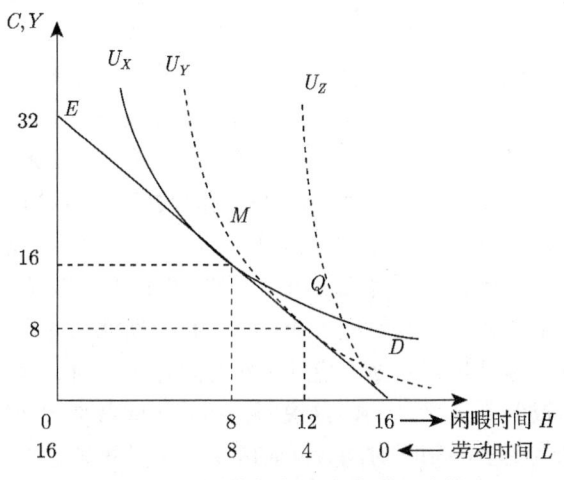

图 2.7 不同偏好者的工作时间决策

正是由于在面对相同工资率水平的情况下，不同偏好的工人的理想劳动力供给是不同的，因而统一规定每天工作 8 小时的工时制度未必符合所有劳动者的意愿，那些只愿意工作较少时间的工人可能没有机会实现个人效用的最大化。为了激发不同类型的工人参与劳动，并提高工人的创造性，越来越多的企业开始设计弹性工作制度，为员工提供相对灵活的工作时间安排，而互联网技术及网络经济的快速发展，也为越来越多的劳动者提供了这种可能。

五、收入效应、替代效应及其对工作决策的影响

劳动者的工作-闲暇决策也会受一些内外部因素的影响。例如，个人偏好变化会导致最佳决策点的变动，非劳动收入的变化也会影响工作-闲暇决策，市场工资率的变化同样会改变劳动者的最佳决策点。由于本书假定劳动者的偏好在短期内是稳定的，所以经济理论重点考查非劳动收入和市场工资率这两个因素对劳动力供给产生的影响。经济学家在对这种影响进行分析之后发现两种重要的效应，即收入效应和替代效应。

（一）收入效应

收入效应（income effect）是指在工资率保持不变的情况下，由于收入的变化引起的劳动时间的变化。

经济学家发现，如果一个人的收入增加，但是市场工资率却保持不变，则他对闲暇时间的需求将会增加。相反，如果一个人的收入下降，而市场工资率保持不变，则他的闲暇时间需求会随之下降，相应地，工时数量则随之上升。这种在工资率保持不变的情况下，由于收入变化所导致的对闲暇时间（或劳动时间）的需求变化称为收入效应。

收入效应产生的经济逻辑是，由于假定市场工资率不变，即闲暇的机会成本不变，因而当收入增加的时候，人们会选择消费更多的闲暇时间，从而减少工作时间。

为了更直接地反映收入等因素对劳动力供给的影响，不妨用劳动力供给条件来定义收入

效应，即在工资率保持不变的情况下（$\overline{W}$），收入变化(ΔY)所引起的工时数量变化(ΔH)：

$$收入效应 = \frac{\Delta H}{\Delta Y}\bigg|_{\overline{W}} < 0 \tag{2-9}$$

因为在工资率不变的情况下，收入提高会导致工时减少，而收入下降会导致工时增加，工时的变化方向恰好与工资率的变化方向相反，所以，收入效应的符号为负。

假设在图 2.8 中，工人得到了一笔与工作无关的收入来源，如政府发放的最低生活保障费、彩票中奖或者亲友的馈赠。假设这种非劳动收入的数量大约相当于每天给此人带来 8 元的收入，那么，他每天消费的商品的价值 C 或总收入 Y 等于 8 元再加上额外挣到的工资收入。由于工资率不变，$W=2$ 元，此人的预算线将由 DE 向上平移 8 个单位到 de，新的预算线将与更高的无差异曲线相切于 P 点，P 点对应 5 小时的工作时间就是此人的最优决策。而初始的预算线 DE 与无差异曲线的切点 N 点所对应的工作时间为 8 小时，显然，由于非劳动收入的增加，此人的工作时间减少了 3 个小时。这说明，在收入或财富增加但工资率保持不变的情况下，劳动者将愿意消费更多的闲暇时间，同时减少工作时间。这种因为非劳动收入的增加而产生的收入效应通常又被称为"纯收入效应"。

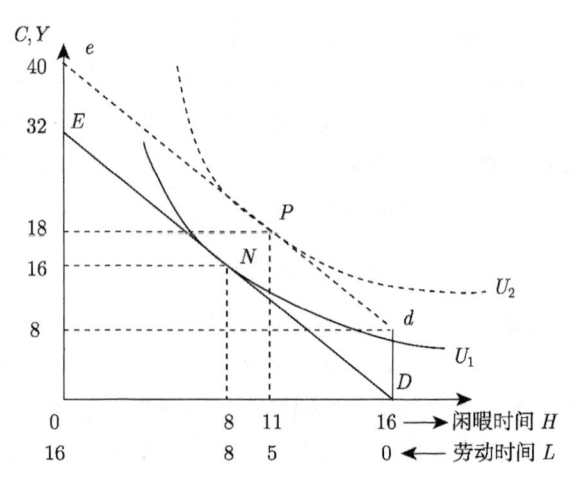

图 2.8 非劳动收入的收入效应（纯收入效应）

如果细心观察，会发现确实存在许多收入效应的例子。例如，当人们获得大笔遗产或投中巨额彩票之后，往往不再继续工作。在我国城镇化进程中，一些居民因为家里的土地、房屋被政府或房地产开发商征用而获得可观的拆迁补偿费，其中一些人因此而不再愿意从事辛苦的工作，甚至完全从劳动力市场中退出。此外，在广州等大城市存在一些经济实力雄厚的城中村，村民（居民）每年都能从集体经济中获得一得笔数额不菲的红利,不少家庭每月还有大量房租或店租收入，这使得一些城中村的年轻人变得好逸恶劳。此外，在美国，经济学家研究了彩票中奖者工作时间的变化情况，发现了类似的规律：中奖额度在 50 万美元以上的 1000 名彩民中，大约 25%的中奖者（及其配偶）在一年之内脱离了劳动力市场，9%的人减少了他们的工作小时数，或者辞去了第二职业。特别是在那些中奖额度为 100 万美元的人当中，有 40%退出劳动力市场，退出比率远远高于中奖额度较小的人——在中奖额度为 5 万～20 万美元的人当中,退出劳动力市场的人仅有4%。

非劳动收入对劳动力供给的抑制作用很早就被人们所认识。钢铁大王、慈善家卡耐基就曾断言:留给子女财富的父母一般来说会扼杀子女的才智和能力,并且诱使他们过一种缺乏效率的生活,这就是著名的卡耐基猜想。卡耐基显然很早就认识到巨额遗产会产生很大的纯收入效应,不利于激励人们参与劳动的积极性与创造性。有意思的是,微软公司的总裁比尔·盖茨和伯克希尔-哈撒韦公司董事长暨首席执行官沃伦·巴菲特均表示要将自己数百亿美元的个人财产捐给慈善事业。从这个意义上讲,国家开征高额的遗产税,使得在现代税收制度下"富不过三代",不但是社会公平的需要,也是提高人们劳动力供给的积极性与创造性的需要。

(二)替代效应

替代效应(substitution effect)是指在保持实际收入不变的情况下,由于工资率的变化而引起闲暇时间和工作时间之间出现相互替代,由此导致的工作时间的变化。

经济学家发现,在工人实际收入保持不变的情况下,市场工资率的上升将导致闲暇的价格或闲暇的机会成本上升,从而降低对闲暇的需求,增加劳动供给时间;相反,在实际收入保持不变的情况下,市场工资率的下降将会导致闲暇的机会成本下降,从而导致人们愿意增加闲暇消费,减少工作时间。

$$替代效应=\frac{\Delta H}{\Delta W}\Big|_{\bar{Y}} > 0 \qquad (2-10)$$

当工资率变化时,闲暇的相对价格随之改变。工资率的提高会使闲暇的相对价格或闲暇的机会成本上升,因为工资率提高了,意味着为消费每小时的闲暇,人们必须放弃更多的劳动收入;由于假定闲暇是一种正常物品,当人们面对变得相对昂贵的闲暇时,自然会减少对闲暇的消费,而相应增加工作时间。相反,工资率的下降会使闲暇的相对价格或机会成本下降,人们为消费每小时的闲暇需要放弃的劳动收入(及对应价值的商品)也减少了;面对相对廉价的闲暇,人们会增加对闲暇的消费,而减少工作时间。

在图2.9中,工资率 W 为2元时,预算约束线为 DE,它与无差异曲线 U_1 相切于 N 点,此

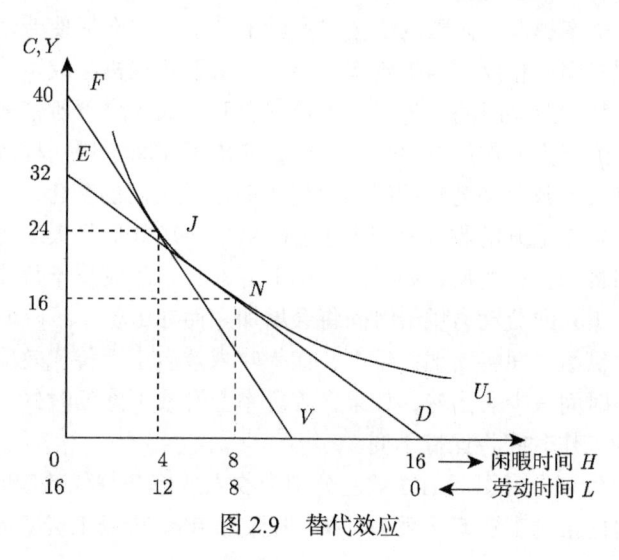

图 2.9 替代效应

时的闲暇时间与劳动时间均为 8 小时，并以 8 小时的劳动获得 16 元的工资收入。当工资率发生变化时，如工资率由 2 元增加到 4 元，此时原有的预算线将内推，与无差异曲线 U_1 相切于 J 点，即均衡点由 N 点移动到 J 点，J 点对应的劳动力供给时间为 12 个小时，增加了 4 小时。由此可见，在其他条件不变的情况下，工资率提高，劳动力供给时间增加，而闲暇时间减少。需要指出的是，在纯替代效应下，市场工资率的变化使劳动者的消费（收入）-闲暇均衡点在同样一条无差异曲线上移动。

在现实经济生活中，可也以观察到替代效应的例子。例如，在大致保持总体税负不变的前提下，提高汽油税，但同时降低个人所得税与社会保障税（均以劳动者的工资性报酬为基数征收）。由于汽油税的增加与个人所得税和社会保障税的减少相互抵消，人们的总体可支配收入保持不变，但个人所得税和社会保障税的下降实际上意味着工资率的上升。这样一来，税收改革就会对劳动力供给带来纯的替代效应，即在收入不变的情况下，工资率上升了，将诱使人们工作更长的时间。

（三）工资率变化与收入效用和替代效应的共同作用

单独产生的、纯粹的收入效应和替代效应是比较少见的，许多经济政策往往会同时产生两种效应，此时，必须深入分析总效应（或者称净效应）究竟是以替代效应为主还是以收入效应为主，才能分析劳动者在这样的经济政策的刺激下到底会增加劳动时间还是会减少劳动时间。

事实上，从工资率的变化来看，也具有这样的性质。一方面，工资率的提高具有收入效应，如果仅考虑收入效应，工资率的提高意味着在特定的工作时间内所能获得的货币收入将增加，由于货币收入增加，个人会将增加的收入的一部分用于购买商品（如购买小汽车、音乐会门票）和服务（如聘请家庭保姆）进行消费，甚至包括闲暇这种特殊的商品。如此一来，预期增加的那一部分收入也将提高对闲暇的消费水平。在这种情况下，工资率变化的收入效应就意味着：当工资率提高并且闲暇是一种正常商品时，收入效应将使人们的工作时间减少；而当工资率下降时，收入效应将使人们的工作时间增加。另一方面，工资率的提高显然也具有替代效应，由于工资率提高，闲暇的机会成本就上升了，这会促使劳动者趋向于用更多的工作时间来替代闲暇时间；相反，当工资率下降时，由于闲暇机会成本的下降，会促使劳动者愿意用闲暇时间来替代劳动时间。显然，工资率上升（或下降）所带来的收入效应和替代效应对劳动者劳动供给行为的作用方向恰好相反，如果不能断定哪一种效应更强，也就无法预测工资率提高最终会导致劳动力供给时间发生正向还是负向的变化。

事实上，如果工资率上升的收入效应大于替代效应，净效应将表现为收入效应占优，工人的劳动力供给时间将减少；相反，如果工资率上升的收入效应小于替代效应，净效应将表现为替代效应占优，工人的劳动力供给时间将会增加。而在工资率下降时，如果收入效应大于替代效应，劳动力供给时间将增加；反之，如果收入效应小于替代效应，工资率下降将促使工人的劳动力供给时间减少。当然，如果在工资率上升或下降的时候，引起的收入效应等于替代效应，工人的工作时间将保持不变。

不妨讨论一下工资率上升引起的净效应分别为收入效应与替代效应时的情况。

假设工人能获得的市场工资率从每小时 W_1 上涨为 W_2。市场工资率的变化将使预算约束发生相应的变化，在消费（收入）-闲暇决策的图形中表现为预算约束线绕端点做顺时针方向的旋转，新的预算线的斜率将增大，其绝对值等于 W_2。在图 2.10 和图 2.11 中，工资率为 W_1 时的初始预算约束线为 DE，新的预算约束线为 DF。两条约束线在横轴有共同的端点，但在纵轴的端点不相同。

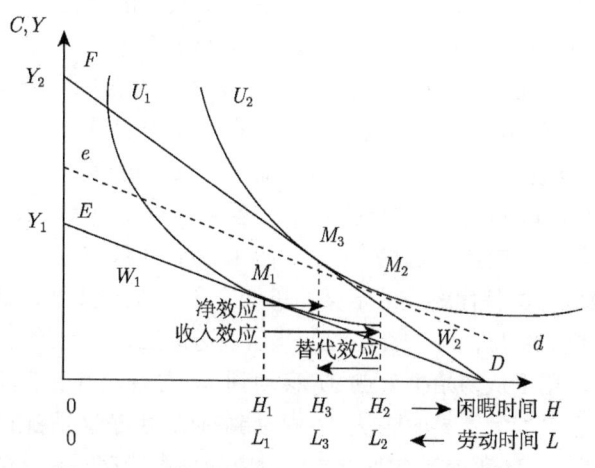

图 2.10　工资率提高的收入效应大于替代效应

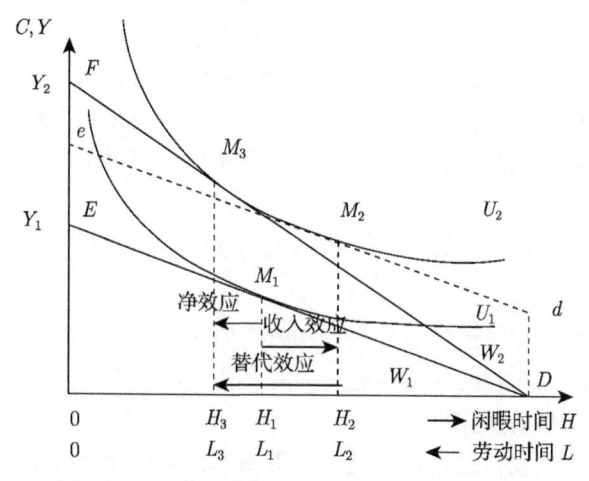

图 2.11　工资率提高的收入效应小于替代效应

工人的最佳劳动力供给决策点取决于无差异曲线和预算约束线的切点，由于预算约束线的位置发生了变化，所以最佳决策点的位置一定会发生变化。图 2.10 描绘了工资率提高使劳动者的收入效应大于替代效应的劳动力供给情况，更高的工资率产生的净效应将使工人的劳动时间减少。而图 2.11 则描绘了工资率提高劳动者的收入效应小于替代效应的劳动供给情况，更高的工资率产生的净效应将使工人的劳动时间增加。

那么，如何将工资率上涨对劳动力供给的影响过程分解出收入效应和替代效应呢？

以图 2.10 为例，初始的预算约束线 DE 与无差异曲线 U_1 相切，切点为 M_1，M_1 所对应的闲暇时间和劳动时间分别为 H_1、L_1，工资率的提高将使预算约束线变为 DF，并与新的无差异

曲线 U_2 相切于 M_3，新的均衡点所对应的闲暇时间和劳动时间分别为 H_3、L_3，显然，新的均衡劳动时间减少了（$L_3<L_1$）。在劳动时间的变化过程中，收入效应和替代效应都发挥了作用。首先来考察收入效应。由于收入效应是指在工资率保持不变的情况下，收入或财富的增加所引起的工作时间的变化，因而，不妨假设工人之所以放弃较低效用水平的无差异曲线 U_1 转而选择较高效用水平的无差异曲线 U_2，是因为非劳动收入的变化，而不是因为工资率的变化。于是，很容易在图 2.10 中画出一条平行于原预算约束线 DE 的曲线 de，使得这条平行线 de 恰好与无差异曲线 U_2 相切，切点为 M_2，该点对应的闲暇时间和劳动时间分别为 H_2、L_2。在这里，de 就是一条新的虚拟的预算线，是建立在刚才的假设之上的，表示随着收入的增加，此人能够支配的闲暇时间和物品比之前增加了，从而能够达到更高的效用水平。由于预算线在平行向右上方移动时，斜率保持不变，就意味着工资率不变，劳动时间之所以能从 L_1 减少到 L_2 是由收入效应所引起的，（L_2-L_1）即为收入效应。

现在考察替代效应。由替代效应的定义，可知它是在收入保持不变的情况下，仅仅因为物品和闲暇的相对价格的变化，即工资率的变化所引起的工作时间的变化。在图 2.10 中，当工人在纯收入效应的作用下从初始决策点 M_1 移动到 M_2 之后，由于工资率的增加，闲暇的相对价格更高了，工人会沿着无差异曲线从 M_2 移动到 M_3，由于这是新的预算约束线 DF 与新的无差异曲线 U_2 的切点，M_3 就是新的均衡点，对应的均衡劳动时间就是 L_3。显然，M_2 向 M_3 的移动是由于工资率的增加而引起工人用工作时间（对应的货币收入或商品）来替代闲暇时间，而这正是工资率上升所带来的替代效应，在这里，替代效应等于(L_2-L_3)。由于$|(L_2-L_1)|$大于(L_2-L_3)，收入效应大于替代效应，净效应表现为收入效应占优，工人的劳动供给时间减少。

沿用刚才的分析思路，同样可以对图 2.11 中的替代效应和收入效应进行分离。收入效应小于替代效应，其净效应表现为替代效应，故工资率增加使得工人的劳动供给时间增加。

第二节　个人劳动力供给曲线

既然工资率的变化会同时产生替代效应和收入效应，那么，如果工资率由低向高持续增加，劳动者愿意提供的工作时间究竟会有怎样的变化？可以用个人劳动供给曲线揭示劳动者的劳动供给时数随工资率的变化规律。

所谓个人劳动供给曲线，是指在不同的工资率下，劳动者所愿意提供的劳动时间。工资率变化引起的替代效应和收入效应的总效应决定了个人劳动供给的变化，其具体变化情况如图 2.12 所示。

假设工资率为 W_1 时，此人在初始的预算约束线为 DY_1，随着工资率的不断提高，预算线将绕着端 D 点做顺时针方向的旋转，当工资率为 W_2 和 W_3 时，各自对应的预算约束线分别为 DY_2 和 DY_3。此人的预算约束线与其无差异曲线的切点依次为 A、B、C，它们就是不同工资率下对应的均衡决策点。显然，随着工资率的不断上升，其闲暇时间呈现了先减少后增加的变化规律，相应地，其劳动力供给时间则呈现了先增加后减少的变化规律，具体来说：

（1）在工资率较低的阶段（当 $W<W_2$ 时），由于工资率提高引起的替代效应大于收入效应，因而当工资率提高时，闲暇时间随之减少，但个人劳动力供给时间则随工资率的提高而

增加。

（2）在工资率较高的阶段（当 $W > W_2$ 时），由于工资率提高引起的收入效应大于替代效应，因而当工资率提高时，闲暇时间随之反而增加，劳动力供给时间则随工资率的提高而减少。

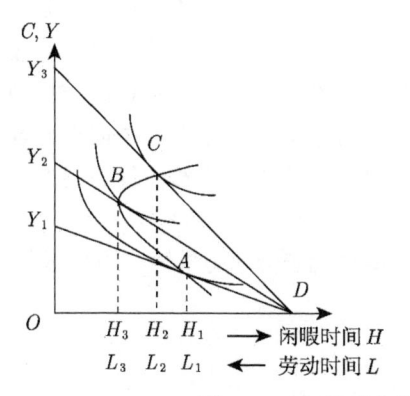

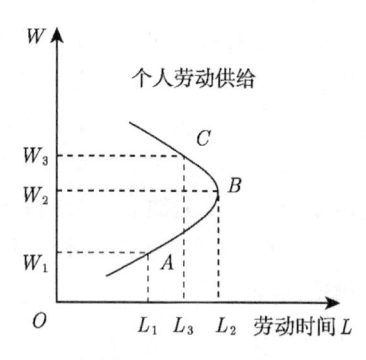

图 2.12　向后弯曲的个人劳动供给曲线的推导

将图 2.12 中左侧的那张图映射到右侧的工资与劳动时间坐标图中，得到了不同工资率下工人的劳动力供给时间，将工资率与劳动力供给时间的各组合点 A、B、C 等依次联结起来，就得到了个人劳动力供给曲线。

可见，随着工资水平的上升，总效应由以收入效应为主变为以替代效应为主，因而随着工资水平的上升，劳动力供给时间先增加后减少，从而使个人劳动供给曲线呈现向后弯曲（backward-bending）的形状。

当然，对于不同的人来说，个人劳动供给曲线向内弯曲的拐点所对应的工资水平很可能是不同的。正因为如此，在特定的市场工资率下，人们的劳动力供给行为可能各不相同：有人只从事一份工作，有人则拥有多个兼职工作；有人喜欢加班，而有人则不愿意牺牲休息时间；有人在工资率提高时会乐于增加工作时间，而有人则希望减少工作时间。

第三节　市场劳动力供给

一、市场劳动力供给曲线

个人劳动供给曲线揭示了个人劳动力供给量与工资率之间的关系，这从经济学的角度反映了个人的劳动供给行为。而市场劳动供给是以个人劳动供给为基础的，将所有单个劳动者的劳动供给曲线横向加总，即得到整个市场的劳动供给曲线，但市场劳动供给曲线形状又不同于个人劳动供给曲线。

个人劳动力供给曲线一般是向后弯曲的，但是，市场劳动力供给曲线是从左下方向右上方倾斜。后者之所以不同于前者，主要是因为在完全竞争的市场条件下，劳动者可以自由进出劳动市场，一个行业或地区工资率的上升将吸引其他行业或其他地区的劳动者加入，使得该行业或该地区的市场劳动供给呈现上升之势，即便原有工人在收入效应的作用下提供的劳动减少，因为高工资吸引了新的工人进入，使得劳动力群体加总后的收入效应仍然小于替代效应，市场劳动供给曲线会向右上方倾斜。同时，因为工资率变化的替代效应在每个劳动者身上都会发生，但收入效应在一些收入水平较低或家庭负担重的劳动者身上可能不起任何作用。例如，近年来，伴随最低工资水平的提高，我国农民工的名义工资也有了显著的增加，富士康等企业也较大幅度地提高了工人的小时工资等待遇，但许多农民工仍然有强烈的加班愿望，一些工厂甚至出现了工人为了争取加班机会进行罢工"维权"的现象。对这些人来说，只要提高工资率，他们就愿意增加工作时间。特别是在收入水平偏低、中低收入者所占比例较大的社会，替代效应会明显大于收入效应，远未达到个人劳动供给曲线的拐点，这也使得加总后的市场劳动供给曲线表现为向右上方倾斜。

在图 2.13 中，纵轴代表工资率，用 W 表示，横轴代表劳动力供给，用 L 表示，S_m 代表市场劳动供给曲线。

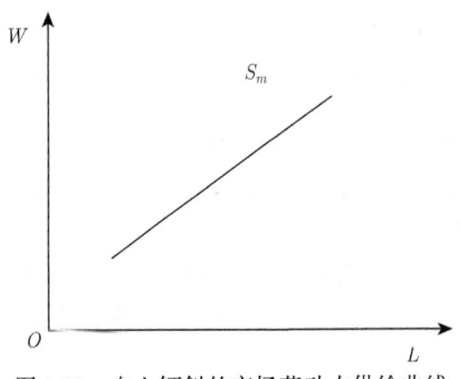

图 2.13 向上倾斜的市场劳动力供给曲线

二、市场劳动力供给弹性

（一）劳动力供给弹性的含义

由于劳动力供给同市场工资率之间对应的数量关系会因人而异，劳动力供给曲线的形状也会因人而异，为了分析工资率变化对劳动力供给变化的影响程度，需要用到劳动力供给弹性的概念。

劳动力供给弹性（labor supply elasticity）全称为劳动力供给的工资弹性（wage elasticity of labor supply），是指劳动力供给数量变动对工资率变动的反应程度，一般用劳动力工时变动的百分比与工资率变动的百分比这两者的比值来表示。其计算公式为

$$\text{劳动力供给弹性} = \frac{\text{劳动力供给量变动百分比}}{\text{工资率变动百分比}}$$

用 E_S 表示劳动力供给弹性，用 $\Delta S/S$ 表示劳动力供给量变动的百分比，$\Delta W/W$ 表示工资率变动的百分比，则有

$$E_S = \frac{\Delta S/S}{\Delta W/W} \tag{2-11}$$

（二）劳动力供给弹性的主要类型

经济学家对市场劳动力供给的分析表明，劳动力供给弹性的值分布在零到无穷大之间，并将其分为以下五种类型。

1. 劳动力供给无弹性（$E_S = 0$）

当劳动力供给弹性等于 0 时，无论工资率如何变动，劳动力供给量均保持固定不变。无弹性的劳动力供给曲线是一条与横轴垂直的线，如图 2.14 所示。在现实生活中，某些具有特殊天赋的人，像姚明和奥尼尔那样的超级篮球明星，或者像程开甲、周光召和于敏那样的最顶尖的核物理学家，他们的劳动力供给就近乎无弹性。

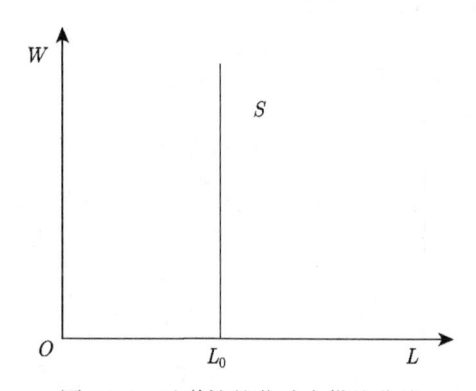

图 2.14　无弹性的劳动力供给曲线

2. 劳动力供给具有无限弹性（$E_S \to \infty$）

如果在某一工资率下，劳动力供给趋向无穷大，企业等劳动力需求方可获得任意数量的劳动力，此时的劳动力供给就具有无限弹性。此时的劳动力供给曲线是一条与横轴平行的直线，如图 2.15 所示。

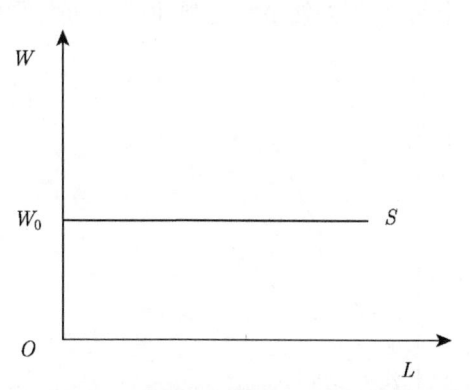

图 2.15　无限弹性的劳动力供给曲线

我国农村在过去几十年间存在大量剩余劳动力，他们源源不断地由农村向城镇转移，由农业向工业和服务业转移，并形成了庞大的"农民工"队伍，但他们的实际工资水平却一度没有明显提升，我国农村剩余劳动力的供给在过去几十年间就具有无限弹性的性质。

著名的发展经济学家、1979 年的诺贝尔经济学奖得主刘易斯（Lewis）在他的论文《劳动力无限供给条件下的经济发展》中描述了这种既定工资率下劳动力无限供给的情形：发展中国家人口众多，但主要集中在传统农业部门，劳动力的边际生产率很低，一部分劳动力的边际生产率甚至为零，农业劳动者的收入水平极低，一般只能维持自己和家庭最低限度的生活水平。在此情形下，只要工业部门能提供就业机会，并且工资水平略高于农村的生存收入，就可以按现行的工资水平雇佣到所需要的任何数量的劳动力。从而，在发展中国家工业化的初期，农业部门的剩余劳动力对现代工业部门的劳动力供给就可看成是无限的。

3. 劳动力供给具有单位弹性（$E_S=1$）

当劳动力供给变动百分比与工资率变动的百分比相等时，劳动力供给弹性为1（图2.16），则称劳动力供给曲线具有单位弹性或单元弹性。

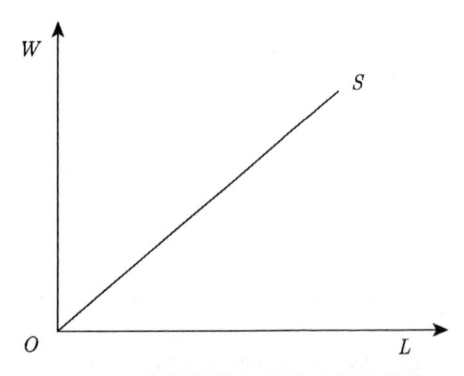

图 2.16 单位弹性的劳动力供给曲线

4. 劳动力供给富有弹性（$E_S>1$）

当劳动力供给变动百分比大于工资率变动百分比时，劳动力供给弹性大于1，劳动经济学家把这种情形称为劳动力供给富有弹性，此时的劳动供给曲线是一条向右上方倾斜且较为平坦的曲线。图2.17中的直线S_a就是富有弹性的劳动力供给曲线，它在45°线的右下方。

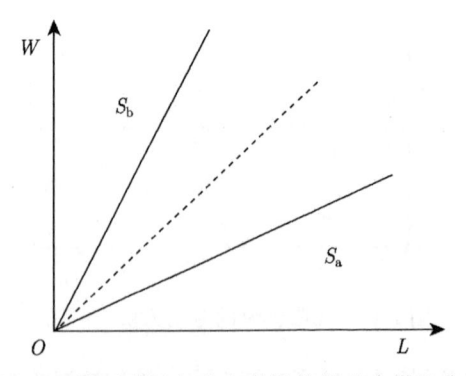

图 2.17 缺乏弹性与富有弹性的劳动力供给曲线

显然，供给弹性越大，为吸引一定数量的劳动力进入或退出某一行业或职业所需的工资率变动就越小：只要工资率略有增加，就会有很多人愿意提供劳动；相反，只要工资率稍微降低，愿意工作的人就会更少。

5. 劳动力供给缺乏弹性（$E_S<1$）

当劳动力供给变动百分比小于工资率变动百分比时，劳动力供给弹性小于 1，这种情形称为劳动力供给缺乏弹性。图 2.17 中的直线 S_b 就是缺乏弹性的劳动力供给曲线，它在 45° 线的左上方。

经济学家豪斯曼（Hausman）研究发现，劳动供给对税率改变的弹性为正。男性劳动供给弹性大约为 0.1，即如果工资上升 10%，平均而言，工时将下降 1%。从而，1%的工时下降实际上是 2%的收入效应造成的工时降低与 1%的替代效应的工时上升的总合。这种收入效应大于替代效应的实证证据可以解释为何美国在 20 世纪前半叶劳动工时会下降。尼瑟、科尔曼和潘卡维的研究认为，劳动供给的下降是由于真实工资上升所引发的收入效应。此外，由于大部分男子为整年的全职劳动者，所以男性劳动供给可能会缺乏弹性。而对于妇女，公认的劳动供给弹性大致为 0.2，这表明替代效应大于收入效应。这是合乎常理的，尤其是对于原来的非劳动力妇女而言，工资上升可能诱使她们加入劳动力市场，因为工资的收入效应在进入劳动力市场之前对她们而言为零，即收入效应不存在。

（三）刘易斯拐点：劳动供给由无限弹性向富有弹性的转变

正如前文所述，发展经济学家刘易斯认为在一国发展初期存在二元经济结构，即以传统生产方式生产的"维持生计"部门（以传统农业部门为代表）和以现代生产方式生产的"资本主义"部门（以工业部门和城市为代表）。农业部门人口多、增长快，受边际生产率递减规律影响，其边际生产率非常低甚至为零（隐性失业），农业部门出现大量劳动力剩余。此时，只要工业部门能够提供稍大于维持农村人口最低生活水平的既定工资，农业部门就将涌入大量劳动力至工业部门，为工业部门的扩张提供无限的劳动力供给。

可以用图 2.18 来表示这一情形，在 AC 阶段，存在"无限的劳动力供给"，劳动力供给曲线在既定工资水平 W_0 下具有无限弹性。

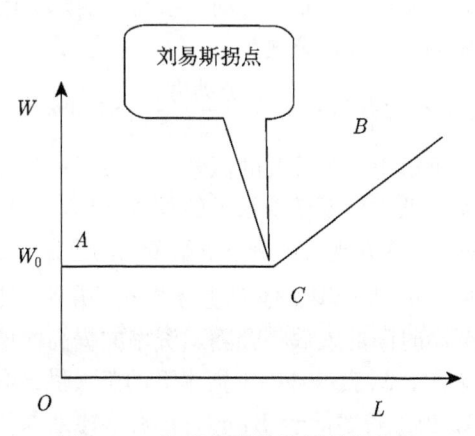

图 2.18 劳动力供给的刘易斯拐点

但这种劳动力无限供给的状况并非一成不变，发展中国家经济发展的事实表明：随着农村剩余劳动力的转移，工业和服务业部门不断扩张。由于在既定工资水平上，劳动力的供给是无限的，工业部门就能在实际工资不变的情况下将所获得利润转化为再投资，将生产规模不断扩大，直到将农村剩余劳动力全部吸收完毕。此时，要吸引更多的工人由农业部门转移到工业和服务业部门，就必须提高工资，于是，工资便出现了由水平运动到陡峭上升的转变，即 CB 段，C 点即为"刘易斯拐点"。

事实上，我国从 2004 年开始就已进入刘易斯拐点，普通劳动力出现短缺，农民工等普通劳动者的工资出现较大幅度的持续上涨。之后，"民工荒"由过去的局部偶发现象演变成近年来的普遍化现象。

三、劳动供给规模的度量

（一）劳动供给规模的度量维度

从短期来看，可以从三个维度来度量市场中劳动供给规模的变动：劳动力参与率、每人向劳动力市场供给的工时数量，以及与每个"人·时"相联系的努力程度。

当然，从长期来看，除了以上三个维度外，还需要考虑另外两个维度：

（1）由人口因素（出生、老龄化、死亡、迁入和迁出等）引起的人口规模和结构的变动对供给劳动人数的影响。

（2）包括边干边学（它能够影响每个人提供的技能水平和特征）、教育、培训和经验等在内的人力资本存量水平。

为简化分析，本章并不考虑人们在工作努力程度上的差异，而是假定人们具有同样的努力程度，即劳动力是同质的。本书将在后面章节讨论有关工资制度、雇佣关系与激励问题时，再考虑人们在努力程度上的差异。

（二）劳动力参与率

劳动力参与率（labor force participation rate, LFPR）也称劳动参与率，是指在一定时期内，一个国家或地区的劳动力人口占劳动年龄人口的比例。由于劳动力人口又称经济活动人口，既包括就业人口，也包括失业人口，因而，劳动力参与率实际上就是就业人口与失业人口之和占相应劳动年龄人口的比例。其计算公式为

$$劳动力参与率 = \frac{劳动力}{劳动年龄人口} \times 100\% \tag{2-12}$$

劳动力参与率是劳动力供给中一个重要的概念，反映了一个国家或地区从事经济活动的人口的相对规模，也是反映劳动力市场活动水平的重要指标。

劳动参与决策所涉及的是个人在现行工资下供给劳动的意愿。在任何既定的工资率 W 下，只要人们愿意提供的劳动时间 H^* 大于零，他们就会参与到劳动力市场中去。如图 2.19 所示，一般来说，愿意供给正的劳动时间的人数将会随工资率的提高而增加。

在图 2.19 中，E 表示人数，S_E 表示各种工资率下的工人供给数量（即各种工资率下愿意提供正的劳动时间的人数）。当工资率低于 W_0 时，没有人愿意参与劳动市场。工人的供给数量会随工资率提高而增加。

可通过该曲线的移动，进行各种比较静态的分析。除了工资以外，任何影响人员供给曲线的因素出现变动，都将引起该曲线的移动。例如，当工作变得更为肮脏或更加危险，或者

人们对工作和闲暇的偏好发生了变化，都将引起该供给曲线的移动。如果此类变动对劳动供给产生逆向效应，即各种工资率下愿意参与劳动市场的人数减少，那么，图2.19中的劳动供给曲线会由 S 移到 S' 的位置。这样，劳动供给所需要的最低工资率由 W_0 上升到 W_1；在可能存在的 W_2 的工资率下，愿意提供其劳动服务的工人数量也相应地由 E_0 移到 E_1。

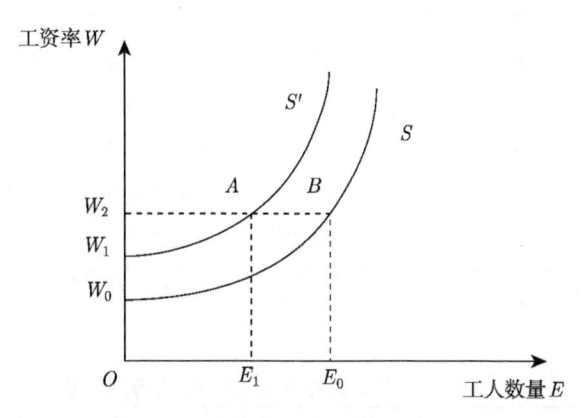

图2.19　愿意提供正的劳动时间的人数

事实上，许多国家的劳动力统计资料都包含有关总体人口的劳动力参与率以及各人口群体的劳动力参与率方面的信息。例如，男性劳动力参与率、女性劳动力参与率、青年劳动力参与率、老年劳动力参与率，等等。尽管各国由于统计指标的差异，对 LFPR 的定义存在细微的差异，但都大致反映了一个经济体中愿意就业者在适龄人口中所占的比例。以总人口计算的劳动力参与率称为总人口劳动力参与率；以法定年龄人口计算的劳动力参与率称为法定劳动年龄人口劳动力参与率；以某一年龄（性别）计算的劳动力参与率称为年龄（性别）劳动力参与率。具体的计算公式分别为

$$总人口劳动力参与率 = \frac{劳动力}{总人口} \times 100\% \qquad (2\text{-}13)$$

$$年龄(性别)劳动力参与率 = \frac{某年龄(性别)劳动力}{该年龄(性别)人口} \times 100\% \qquad (2\text{-}14)$$

（三）劳动力参与率的影响因素

劳动力参与率是衡量那些愿意在家庭之外工作的人口的一个重要而明确的指标。

我国的劳动力参与率一直较高，女性劳动力参与率在世界上更是名列前茅。近年来，中国劳动力供给格局开始发生转变。由于生育持续保持较低水平、老龄化速度加快，15～59岁劳动年龄人口的比例从2012年开始出现下降趋势。2012年，我国15～59岁劳动年龄人口为93 727万人，比2011年减少345万人，占总人口的比例为69.2%，我国劳动年龄人口在相当长的时期里第一次出现绝对下降。与此同时，我国劳动力参与率经历从20世纪80年代到90年代中期的上升之后，自20世纪90年代中后期开始呈现逐年下降的趋势，1995年的劳动力参与率为81.02%，2000年下降到77.99%，2010年已下降到70.96%，且这个趋势仍在延续，如表2.1所示。

表 2.1 我国部分年份劳动力参与率

项目	年份					
	1982	1990	1995	2000	2005	2010
劳动参与率（LFPR）/%	79.60	81.52	81.02	77.99	72.58	70.96

劳动参与率也存在性别差异。由表 2.2 可知，在 15~19 岁年龄段，我国女性劳动参与率普遍高于男性，但性别劳动参与率的差距随时间的推移在不断缩小，甚至逆转。由 1982 年的 7.55% 变化为 2000 年的 2.64%，到 2010 年出现了 15~19 岁年轻男性劳动参与率略高于同龄女性的情况。在 20~24 岁年龄段，男性劳动参与率高于女性。不论男性还是女性，低龄组劳动参与率均变小，且 15~19 岁年龄段的减小幅度远大于 20~24 岁年龄段。上述统计数据表明，教育改革和义务教育的普及使得进入劳动力市场的初始年龄逐渐增长，女性接受教育的时间也不断延长。

表 2.2 部分年份我国不同年龄段男性与女性的劳动力参与率（%）

年份	15~19 岁		20~24 岁		50~54 岁		55~59 岁		60~64 岁	
	男性	女性	男性	女性	男性	女性	男性	女性	男性	女性
1982	72.50	80.05	96.76	91.15	91.42	50.90	82.96	32.87	63.67	16.87
1990	62.99	69.74	93.61	90.68	96.91	67.72	92.30	50.18	76.74	29.71
2000	49.10	51.74	90.23	85.39	90.90	50.18	80.30	54.57	60.35	38.94
2010	34.80	32.04	72.22	69.34	89.77	29.71	80.40	53.80	58.26	40.58

从高龄组来看，50~54 岁和 60~64 岁的男性劳动参与率经历了先升后降的过程，1990 年是劳动参与率较高的年份，55~59 岁的男性劳动参与率从 1982 年的 82.96% 上升至 1990 年的 92.30%，在 2000 年后稳定在 80.3% 左右。然而，女性劳动参与率发生了较大的变化，50~54 岁年龄段女性，1982 年的劳动参与率为 50.90%，1990 年和 2000 年保持在 60% 左右，2010 年有小幅度的回落。55~59 岁和 60~64 岁女性的劳动参与率基本处于上升态势，60~64 岁女性劳动参与率由 1982 年的 16.87% 上升到 2010 年的 40.58%。

不同受教育程度人口的劳动力参与率也有明显差异。如表 2.3 所示，无论男性还是女性，未上过学的人的劳动参与率是最低的，随着受教育程度的提高，小学和初中学历者劳动力参与率显著提高，特别是初中学历层次的人的劳动力参与率是所有人中最高的，高中学历比初中学历的劳动力参与率有明显下降。在大专以上学历的人当中，大学专科学历组的劳动力参与率是最高的。

从国际范围来看，中国的劳动力参与率是比较高的。发达国家的劳动力参与率一般为 65%~70%（表 2.4）。2000 年美国的劳动力参与率为 67.2%，2009 年下降到 65.4%，2012 年进一步降到 63.7%。到 2014 年 12 月，美国的劳动力参与率已降到 62.7%，未来这一趋势可能延续。

表 2.3　2010 年分性别与教育程度的我国从业人员劳动力参与率（%）

受教育程度	总人口劳动力参与率	男性人口劳动力参与率	女性人口劳动力参与率
未上过学	37.18	44.72	34.50
小学	69.14	74.77	64.58
初中	81.48	87.94	74.02
高中	62.82	69.90	53.95
大学专科	68.67	71.94	64.93
大学本科	61.86	64.20	59
研究生	65.93	70.20	60.36
总计	70.96	78.16	63.73

表 2.4　2009～2012 年部分国家的劳动力参与率（%）

国家	2009 年 男性	2009 年 女性	2009 年 总计	2010 年 男性	2010 年 女性	2010 年 总计	2011 年 男性	2011 年 女性	2011 年 总计	2012 年 男性	2012 年 女性	2012 年 总计
美国	72.0	59.2	65.4	71.2	58.6	64.7	70.5	58.1	64.1	70.2	57.7	63.7
澳大利亚	73.3	60.1	66.7	73.2	59.8	66.4	73.1	60.0	66.5	72.6	59.9	66.2
加拿大	72.0	62.5	67.2	71.8	62.4	67.0	71.7	62.2	66.8	71.4	62.1	66.7
法国	61.1	50.9	55.8	61.0	51.0	55.8	60.7	50.9	55.6	61.1	51.2	55.9
德国	65.3	52.1	58.5	65.1	52.4	58.6	65.6	53.2	59.2	65.5	53.2	59.2
意大利	59.4	38.2	48.4	59.0	38.2	48.1	58.7	38.4	48.1	59.2	39.7	49.0
日本	71.3	48.1	59.3	70.9	48.1	59.1	70.5	47.7	58.7	69.8	47.7	58.4
韩国	73.1	49.2	60.8	73.0	49.4	61.0	73.1	49.7	61.1	73.3	49.9	61.3
墨西哥	76.7	41.1	57.9	b 76.5	b 40.7	b 57.6	76.4	41.2	57.8	76.7	42.0	58.4
荷兰	72.9	59.8	66.2	b 71.1	b 58.4	b 64.6	70.3	58.3	64.2	70.9	58.6	64.8
新西兰	74.6	62.2	68.2	74.4	62.1	68.1	74.6	62.5	68.4	74.0	62.6	68.2
南非	63.7	49.0	56.1	61.8	47.4	54.3	61.1	47.9	54.3	61.7	48.3	54.8
西班牙	68.4	51.4	59.7	67.8	52.1	59.8	67.2	52.8	59.8	66.7	53.2	59.8
瑞典	68.9	60.7	64.8	69.3	60.3	64.7	69.3	61.0	65.1	69.2	61.3	65.2
土耳其	69.1	24.1	46.2	69.6	25.6	47.2	70.6	26.7	48.3	70.0	27.0	48.3
英国	70.2	56.8	63.4	69.8	56.8	63.2	69.7	57.0	63.2	69.8	57.2	63.4

资料来源：美国劳工统计局

美国等国家劳动力市场的调查数据表明，尽管男性的劳动力参与率要高于女性，但女性劳动力参与率在过去几十年间呈现上升趋势，而男性的劳动力参与率却一直下降，青少年和老年人口的劳动力参与率下降趋势更为明显。那么，影响劳动力参与率的主要因素有哪些呢？

事实上，影响劳动力参与率的因素错综复杂，主要包括：

第一，教育事业的发展。教育事业的发展状况对年轻人口的劳动力参与率有重要影响，如果年轻人受教育年限普遍延长，那么16岁以上人口中将有不少人暂时不进入劳动力市场，由于在校学习的学生一般不计入劳动力——即便他们处于法定的劳动年龄范围内，因而劳动力参与率自然会降低。1998年以来,我国高等教育快速发展,高等教育的毛入学率不断提高,越来越多的年轻人选择进入大学深造,他们进入劳动力市场的年龄明显推迟,这是造成近年来我国劳动力参与率下降的一个重要原因。

第二,社会保障制度等相关制度的完善。尤其是养老保险制度的完善,对于老年人口的劳动力参与率有很大影响,"老有所养"将大大降低老年人口的劳动力参与率。而劳动制度关于退休年龄的规定,也会对老年人口的劳动力参与率产生重要影响。近年来,包括希腊在内的一些欧洲国家社会福利超速发展,导致了严重的劳动动机问题,人们的劳动参与率下降,坐等政府救济金的人数不断增加,出现了所谓的"福利病"。

第三,性别。由于女性的劳动参与率一般明显低于男性,因而随着世界各国女性劳动力参与率的提高,各国总和劳动力参与率也有所提高。当然,近半个多世纪以来妇女参与劳动力市场态度发生改变,其影响因素是多方面的,包括工资率的上升、家庭规模小型化、妇女保留工资的下降、家庭生产技术的改进(如洗碗机、洗衣机等的出现),以及文化和法律的演化促使社会对妇女参与劳动力市场的态度发生了变化,等等。

第四,宏观经济波动。如果经济处于长期衰退状态,失业者长期找不到工作,就有可能失去寻找工作的耐心和意愿,退出劳动力队伍,从而使劳动力参与率降低。

第五,人口的年龄构成。劳动力人口的变化,依存于人口总体年龄构成的变动,当一个经济体需要抚养的儿童人口与需要赡养的老年人口的总体比例提高时,势必降低处在劳动年龄阶段的人口比例;同时,不同年龄的人口往往有着不同的劳动偏好、不同的家庭责任与社会责任,从而导致不同年龄段人口的劳动力参与率各不相同,这种年龄结构上的差异最终会影响总体劳动力参与率。

第六,经济发展水平与产业结构的演进。著名的配第-克拉克定理指出,随着经济的发展和人均国民收入水平的提高,第一产业国民收入和劳动力的相对比例将逐渐下降,第二产业国民收入和劳动力的相对比例则先上升后下降,第三产业国民收入和劳动力的相对比例将不断增加,在产业结构的演进过程中,劳动力将随经济发展而首先由第一产业向第二产业移动,进而由第一产业和第二产业向第三产业移动。在现代社会,第三产业对于劳动力的需求最大,因此第三产业在国民经济结构中的比例在很大程度上决定了劳动力参与率的大小。第二次世界大战后,特别是在20世纪60年代和70年代,西方各国经济高速增长,第三产业的比例迅速提升,从而产生了大量的劳动力需求,带动了这些发达国家总体劳动力参与率的上升。

值得注意的是,造成我国劳动参与率偏高的主要原因至少包括以下两点:一是相对较低的经济发展水平和较低的工资水平,劳动者为了生活而必须加入劳动力市场中,以获取满足基本生活所需的收入;二是社会保障不完善,劳动者在年老、失业、生病、遭遇工伤等风险时难以得到有效的保障,促使他们纷纷加入劳动力市场,从而使劳动参与率保持在较高的水平上。近年来,教育的发展、人口结构的变化等因素正在降低我国的劳动力参与率。

第四节 生命周期中的劳动力供给

到目前为止,本书所讨论的劳动供给理论是从静态的一个时期的角度,或从比较静态的两个时期的角度来考察劳动供给决策的。从 20 世纪 70 年代以来，一些经济学家开始从动态角度，或者说从生命周期的角度来分析劳动供给决策。由于在生命的不同时期，人们的市场生产率（等于工资率）是不同的，因而人们在生命的不同时期对劳动力市场供给的时间也不同。成年人的早期与晚期相比，用于工作的时间少，而用于学习的时间多。在老年阶段，人们将选择在合适的年龄全部或部分退休。本节将从生命周期的角度去理解人们的劳动力供给行为。

一、生命周期中参与劳动力市场的决策

假设劳动者的市场生产率等于其能够从市场劳动中获得的工资率。当劳动者要作出一生中何时进入劳动力市场并主要从事市场工作的决策时，必须对整个生命周期中不同阶段的市场生产率和家庭生产率进行比较：当他或她得到工资报酬的能力高于家庭生产率的时候，会倾向于从事更多的市场工作；相反，当获得工资报酬的能力较低时，他将从事家庭生产。

生命周期劳动力供给理论发现：在人的整个工作生命中（即工资收入的生命周期），工资收入在成年的早期阶段呈上升的趋势，但在接近退休时将出现停滞甚至下降的情况。如果一个竞争性的劳动力市场能够有效保证每个劳动者都能根据自身市场劳动的生产率获得工资收入，那么劳动者的年龄-工资曲线或年龄-市场生产率曲线就会如图 2.20（a）所示，呈现倒 U 形。年龄-工资曲线揭示了劳动者工资与年龄之间的变化关系，相应地，人们向劳动力市场供给劳动的时间趋势是，青少年时期供给较少，中年时期供给较多，此后供给则再度变少。影响人们作出这种决策的因素是其生命周期中的生产率、利率及"时间偏好"程度（与未来相比，人们对当前消费带来的快乐会给予更高评价）。图 2.20（b）描绘了这样一种时间配置的生命周期变化。

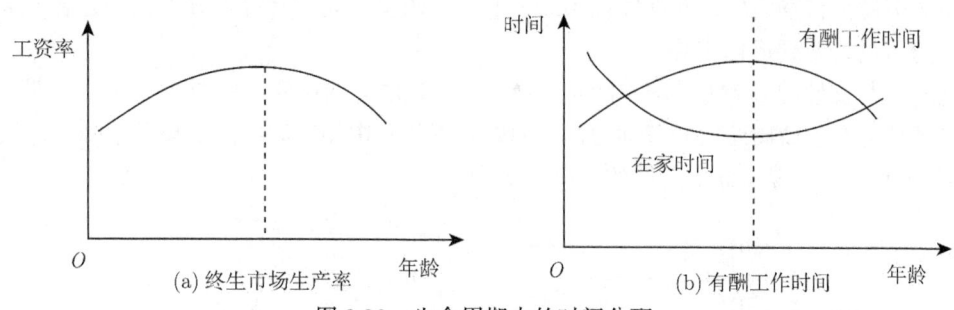

图 2.20 生命周期中的时间分配

由于人们实际工资率的生命周期模式呈现倒 U 形，实际工资率从生命周期的中期到后期迅速上升后下降，从而，在生命周期的中期市场工作报酬（即闲暇的机会成本）是最大的，而在生命周期的后期闲暇的机会成本最低。由此，增加闲暇的最优时间是一个人市场工作年限结束的时候，因为那时的机会成本是最低的。事实上，实际工资因为经济增长在长期是上升的，不妨假定工资增加的收入效应超过替代效应，那么，增加闲暇消费的最优时间当然是在一个人市场工作年限结束的时候。

在生命周期分析中，人们制定劳动供给决策的另一重要方面是接受多少培训和教育，它

们会影响不同年龄段的人的赚钱能力。在工资作为内生变量的生命周期劳动力供给模型中，劳动力供给、教育和培训的投资，以及终生的工资轨迹是共同起作用的。

值得注意的是，由于技术进步等因素的影响，劳动者的人力资本在其生命周期中存在一个折旧的问题。如果假设劳动者个人的工资率由其市场生产率决定，且市场生产率又完全取决于人力资本的高低，那么，生命周期中人力资本的增量水平和折旧情况将会影响工资率的变化。在年轻时，人们进行大量的人力资本投资，使得人力资本的折旧速度远低于人力资本的增加速度；但随着后期人力资本投资的减少，人力资本的增量下降，最终将会使人力资本折旧超过人力资本增量，总的人力资本存量减少。所以，人力资本存量是先上升后下降的，相应地，个人的市场生产率及其可能获得的工资率也呈现先上升后下降的倒 U 形状。

为什么人们大多选择在生命周期的早期接受教育和培训呢？这在很大程度上是由两方面的原因决定的。首先，个人在生命的早期，赚钱能力较弱，为了接受教育和培训而放弃的收入较少；随着年龄的增长，其市场工资率会提高，接受教育和培训的机会成本也会随之增加。其次，年轻时接受教育和培训，其投资回报期较长，教育和培训等人力资本投资的净收益现值较大；而如果在年龄变大之后才接受教育和培训，回报期会缩短，人力资本投资的净现值甚至有可能变成负值。

因为人们在中壮年时期的劳动生产率及市场工资率是最高的，完全脱产去接受教育和培训的机会成本就显得非常昂贵，因而那些已经进入劳动力市场，且处在职业生涯高峰期的人往往会选择在职培训与在职教育的形式进行后续的人力资本投资，避免因存量人力资本折旧导致个人生产率的降低。这是信息社会及后工业化时代 MBA（工商管理硕士）教育备受欢迎的一个重要原因。

当然，对于女性而言，她们在一生中的劳动供给行为与男性有所差异。在接受全日制教育和进入劳动力市场之后，女性往往中断就业，以承担生儿育女等家庭责任，之后才重新进入劳动力市场，直到退休年龄。

把男性与女性的劳动力参与率随年龄增长所呈现的周期性变动用图 2.21 进行对照，会发现女性劳动力在生命周期内的劳动力供给曲线在青年和中年以后相继出现两个峰值，呈驼峰状，或 M 形，这种现象称为女性的"M 形就业"。

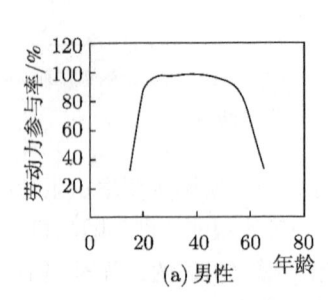

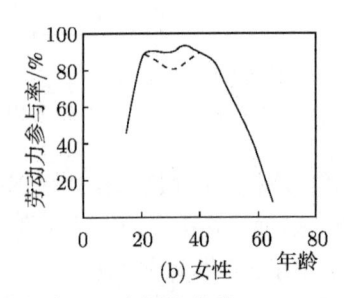

图 2.21 男女劳动力参与率的生命周期曲线

事实上，在许多发达国家已婚女性 20 多岁时的劳动力参与率下降，30～50 岁时又会上升。家庭生产理论对此的解释是：20～30 岁的已婚女性往往处于生育时期，而在孩子出生之后的几年中，妇女在家庭中的生产率不仅比男性高，而且往往也比她们在劳动力市场上的生产率要高,因此,在这一时期,许多妇女会选择留在家庭从事家庭生产活动(家务劳动)。而随着孩子逐渐长大,进入学校,妇女在家庭中的生产率就会有所降低,她们会重新进入劳动力市场去挣取工资收入,然后用所得到的收入来购买家庭所需的各种物品与服务。

二、退休决策

随着老龄化的发展与劳动参与率的下降,包括美国在内的一些国家取消了对退休年龄的强制性规定,那么,在取消了对劳动者的强制性退休年龄限制的情况下,为什么许多老年人并没有选择继续工作,而是选择了退出劳动力市场呢?

生命周期模型可以解释这一现象。劳动经济学家发现,决定退休年龄的主要因素至少包括工资率和养老金这两个方面。首先,根据生命周期劳动力供给模型,工资的上升将造成替代效应与收入效应之间的矛盾,因而可能影响其退休决定。就工资率而言,随着经济社会的发展,老年人的工资率与过去相比是在不断提高的,当工资率的上升带来的替代效应大于收入效应时,老年劳动者将选择延长退休年龄;反之,如果工资率上升所引起的替代效应小于收入效应,他们将选择提前退休。对于大多数老年人来说,收入效应通常会明显超过替代效应。此外,老年人健康状况的下降也会导致他们的无差异曲线变得更为陡峭,闲暇对他们的重要性会逐渐上升。如此一来,大部分老年人就会选择在适当的时间退休,而不是继续工作。

其次,养老金的变化对劳动者产生的纯收入效应及替代效应也会影响退休年龄的决策。一般而言,人们一旦退休就拥有了从社会保障部门领取养老金的资格,这就使得养老金本身具有纯收入效应。如果养老金上升,一方面会使得提前退休时的收入大大提高,相当于劳动者一旦退休便能获得一笔非劳动收入,从而对他们的劳动力供给产生一种纯收入效应;另一方面,养老金的上升,实际上降低了退休"成本"或闲暇的价格(即继续工作可能获得的工资率与退休金的差额),出现了以闲暇时间替代劳动时间的替代效应,因而会诱使劳动者提早退休。

显然,提高养老金会促进劳动者提前退休。随着社会福利的不断膨胀,以希腊为代表的一些国家出现了比较严重的"福利病",过高的养老金支付水平(即过高的养老金替代率)导致许多人提前退休,造成了严重的劳动动机问题。

相反,如果预期养老金的支付水平会下降,则有可能导致一部分人延迟退休,因为此时替代效应与收入效应的作用方向刚好相反,且替代效应有可能会超出收入效应。近年来,受人口结构变化的影响,我国人口老龄化程度不断加剧,有可能使未来养老金的支付面临重大挑战,如果没有相应的改革措施,必然导致未来养老金替代率的下降,这引发了关于我国是否应该延迟退休的大讨论。事实上,即使没有政府政策与法律上的强制性规定,养老金支付水平的下降也会对那些在职时工资水平很高的人们产生巨大的替代效应,他们退休的成本或闲暇的价格十分高昂,因而会有延迟退休的强烈愿望;而对于那些劳动力市场上的弱势群体,由于他们在职时的工资水平较低,养老金支付水平的下降对他们产生的替代效应很小,甚至远远小于养老金本身即将带来的收入效应,因而他们就不愿延迟退休。由于劳动生产率的大幅度下降,部分劳动者在劳动力市场中的竞争力和可能得到的工资率很低,他们当中的不少人,反而希望能够提前退休。显然,那些在公共部门担任领导干部职务的人,以及中高层管理人员和技术型人才更有可能欢迎延迟退休。例如，对于那些具有高级职称的老教授、老中医，他们的经验和资历在达到退休年龄的时候极有可能达到生命周期中的巅峰水平，其工资收入也处在人生最高的时期，退休会对他们产生巨大的替代效应。对于普通的体力劳动者、无固定职业者或灵活就业人员来说，则极有可能会反对延迟退休政策。显然，不同的劳动者对于延迟退休年龄的态度多种多样，好的退休政策必须兼顾各个群体的不同利益，给予劳动者在一定范围内可灵活选择的权利。

表 2.5 中列举了一位 62 岁工人在某个年龄退休（假定政府规定最高至 70 岁退休）的退休金、工资报酬及总收入的现值。如果 62 岁退休，预期余命可获得的收入现值为 140 914 元。如果他延迟到 63 岁退休，从预期余命中可获得的收入现值将增加 39 852 元，达到 180 766 元。所增加的收入现值增大部分来自于增加的工资收入（表 2.5 中第三栏），但要注意其终生养老金津贴的现值（表 2.5 中第四栏）因为延迟退休也有了轻微的上升，增加了 636 元。而如果将退休年龄延迟到 64 岁的话，那么，他未来终生收入的现值有了更大的增加，从 180 766 元增加到 222 999 元——因为其终生的养老金津贴的现值增加幅度更大，增加了 3 787 元。因为更晚退休意味着领取养老金的年限减少了，终生可领取到的养老金的现值究竟是随退休年龄增加还是减少，要看养老金津贴随退休年龄发生变化的时间有多早。在表 2.5 中第四栏所示的养老金津贴现值从 65 岁到 67 岁几乎保持不变，而在 67 岁之后退休的人，所得到的终生养老金津贴现值均在下降。这就意味着，推迟到 67 岁之后退休，隐含着减少终生养老金津贴的"惩罚"，虽然各年的养老金增加了，但不足以抵消之前年份放弃领取的养老金津贴。例如，退休年龄从 67 岁推迟到 68 岁，尽管养老金每年增加 1344 元，但养老金津贴的现值减少 1782 元，于是出现每年养老金增加，但养老金的终生现值减少的情况。

表 2.5　一位 62 岁男子的养老金津贴和工资报酬
（假设年工资 Wage=40 000 元，贴现率=2%，期望余命=17 年）

退休年龄	年养老金/元	余生的现值		
		工资/元	养老金/元	总收入/元
62	9 864	0	140 914	140 914
63	10 692	39 216	141 550	180 766
64	11 760	77 662	145 337	222 999
65	12 828	115 355	146 177	261 532
66	13 956	152 309	146 318	298 627
67	15 264	188 538	146 111	334 649
68	16 608	224 057	144 329	368 386
69	17 764	258 880	138 915	397 795
70	19 748	293 019	134 035	427 054

表 2.5 中的数据可用图 2.22 的预算线 *ABJ* 来描绘。*AB* 表示此人在 62 岁退休可获得的终生收入的现值。*BC* 段的斜率表示如果延迟到 63 岁退休，终生收入增加 39 852 元（终生收入达到 180 766 元），从 *B* 到 *J* 中其他各段的斜率分别反映在相应年龄上延迟一年退休时终生收入现值的增加额。因而，这些斜率实际上表示了年"有效工资"。

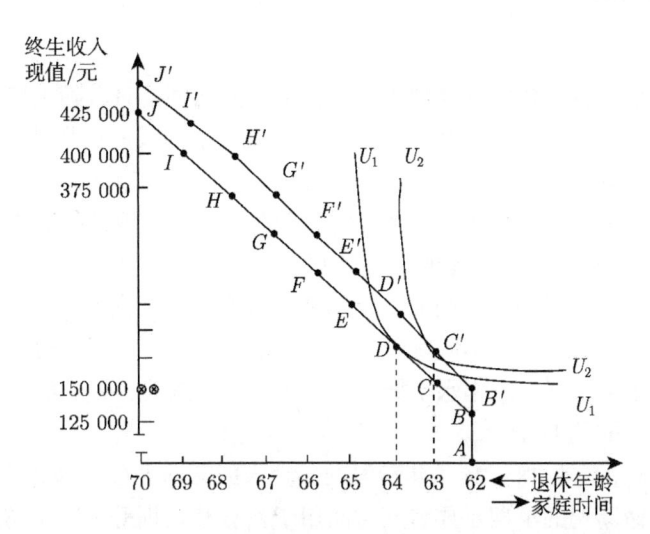

图 2.22 某男性工人最佳退休年龄的选择（基于表 2.5 中的数据）

U_1 表示偏好一定，该工人的最佳退休年龄是 64 岁。那么，如果养老金津贴增加，此人的退休年龄会有什么变化呢？这取决于养老金津贴是如何增加的——即增加的结构是怎样的。如果是以一个固定的数额增加，非预期地增加每个退休年龄的终生津贴，该工人的预算约束线将会向外移动到 $AB'J'$。$B'J'$段的斜率等于 BJ 段的斜率，因此，在这种情况下只存在收入效应，而无替代效应（即年有效工资未变），最佳退休年龄会下降到 C' 所对应的年龄 63 岁。

当然，如果取消对延迟退休的隐性惩罚而增加养老金，那么，从 B 到纵轴的线段将变得更为陡峭，会同时出现收入效应和替代效应。终生收入的增加会促使工人提前退休（收入效应），在工资率不变或工资率下降的情况下闲暇价格与退休成本的相对下降，也会促使工人提前退休（替代效应），最终，提高养老金会促使劳动者提前退休。但在工资率增加的情况下，则需要进一步考察替代效应是否足够大，如果替代效应占优势，工人也有可能选择延迟退休；如果收入效应占优，工人仍有可能提前退休。

[小结]

- 劳动者的消费（收入）-闲暇的最优决策点是无差异曲线和预算线相切的那一点，此时，消费（收入）-闲暇的边际替代率（无差异曲线的斜率）等于工资率（预算线的斜率）。
- 工资率的变动既会产生收入效应又会产生替代效应。工资率增加时，收入效应使工作时数减少，而替代效应使工作时数增加。工资率的增加究竟使工作时数增加还是减少，依赖于替代效应与收入效应的相对大小。
- 工资率变化引起的替代效应和收入效应的净效应，决定了个人劳动供给的变化方向。如果收入效应大于替代效应，净效应表现为收入效应占优，工资率提高将使劳动者愿意提供的工时数减少，意味着个人劳动供给减少；如果收入效应小于替代效应，净效应表现为替代效应占优，劳动者愿意提供的工时数增加，即个人劳动供给

- 将增加。
- 在收入效应和替代效应的共同作用下，个人劳动供给时数随工资率的提高会出现先增加后减少的变化规律，从而使得个人劳动供给曲线向后弯曲。
- 由于在完全竞争的市场结构下劳动者可自由进出劳动市场，一个行业或地区工资率的上升将吸引其他行业或其他地区的劳动者加入，使得该行业或该地区的市场劳动供给呈现上升之势，高工资吸引了新的工人进入，会使得劳动力群体加总后的收入效应仍然小于替代效应，因而，市场劳动供给曲线会向右上方倾斜。
- 劳动者在其生命周期的不同阶段，市场劳动供给也不相同。通常劳动者在青年阶段和老年阶段的市场生产率水平低于其中年阶段。因此，人们实际工资率的生命周期模式是典型的倒 U 形。
- 在现代社会，处在 18~24 岁年龄段的年轻人的劳动力参与率之所以较低，是因为年轻人在生命周期的早期主要将其时间用于教育和培训等人力资本投资。
- 因为人们在中壮年时期的劳动生产率及市场工资率是最高的，完全脱产去接受教育和培训的机会成本就显得非常昂贵，因而那些已经进入劳动力市场，且处在职业生涯高峰期的人们往往会选择在职培训与在职教育的形式进行后续的人力资本投资，避免因存量人力资本折旧导致个人生产率的降低。
- 当工资率的上升所带来的替代效应大于收入效应时，老年劳动者倾向于选择延长退休年龄；反之，如果工资率上升所引起的替代效应小于收入效应，他们将选择提前退休。当然，对于大多数老年人来说，收入效应通常会明显超过替代效应。
- 养老金的变化对劳动者产生的纯收入效应及替代效应也会影响退休年龄的决策。养老金的上升明显会诱使劳动者提早退休；而养老金支付水平的下降，产生的替代效应与收入效应的作用方向刚好相反，那些在职时工资水平很高的人将产生巨大的替代效应，因而会有延迟退休的强烈愿望；但是，对于那些在职时的工资水平较低的弱势劳动者而言，养老金支付水平的下降对他们产生的替代效应很小，甚至远远小于养老金本身即将带来的收入效应，因而他们不愿延迟退休。

[关键概念]

劳动力	边际替代率（MRS）
劳动	预算约束线
闲暇	机会成本
消费	个人劳动供给曲线
收入效应	市场劳动供给曲线
替代效应	刘易斯拐点
净效应	劳动力参与率
偏好	劳动力供给弹性
无差异曲线	生命周期劳动力供给

[复习思考题]

1. 在消费-闲暇模型中，劳动者是如何进行最佳的工作时间决策的？
2. 收入效应和替代效应如何影响劳动供给？
3. 个人劳动力供给曲线为什么是向后弯曲的？
4. 为什么市场劳动力供给曲线会向右上方倾斜呢？
5. 2004年前后，我国沿海地区开始出现局部的"民工荒"现象，这一现象在2009年之后频频发生，并逐渐蔓延到中部内陆地区，试用劳动供给理论分析我国为什么会出现"民工荒"？
6. 个人工作时间决策理论，对政府制定劳动力市场政策有何启示？
7. 试用图形表示，在给定个人偏好的情况下，劳动者如何确定其最佳工作时间（劳动力供给量）？
8. 什么是劳动参与率，它有何经济含义？试分析我国妇女劳动参与率呈现上升趋势的主要原因。
9. 劳动者如何作出退休决策，什么人偏好延迟退休？
10. 在劳动者的生命周期中，应该选择在什么阶段接受学校教育，为什么？
11. 试用生命周期劳动供给理论分析为什么在职培训比脱产培训更受欢迎？
12. 政府提供的失业补贴是否越高越好，为什么？
13. 材料分析：2004年，广东省遭遇了50年一遇的大旱，可粮食播种面积却比去年增长了0.6%，保证了粮食稳产，农民收入也实现了12年来的最大增幅。这一奇迹在很大程度上与政府实实在在地减轻农民负担有关，2004年，温家宝总理承诺5年内取消农业税，广东省政府下发了《关于深化农业税改革的决定》，珠江三角洲地区进行了免征农业税改革试点，粤东粤西地区及粤北山区的农业税税率由6%降低到3%。深化农业税改革后，当年全省减免农业税56 064万元，全省农民人均每年负担由改革前的106.93元减少为6.77元，农民人均减负100.16元，减负率达93.67%。

请运用劳动力供给理论分析农业税费改革对广东农民生产积极性的影响。

HAPTER 3

第三章　劳动力需求行为

【内容提要】

　　劳动力需求理论是生产要素需求理论的组成部分，在微观层面涉及企业短期生产与长期生产中的雇佣决策问题，与工资率变化相伴随的产出效应和替代效应使劳动力需求曲线向右下方倾斜，并使得企业的长期劳动力需求曲线比短期劳动力需求曲线更为平坦；将所有企业经过市场调整后的劳动力需求曲线横向加总可推导出市场劳动力需求曲线；著名的希克斯-马歇尔派生需求定理总结了影响劳动力需求的自身工资弹性的因素，分析劳动力需求的自身工资弹性和交叉工资弹性在经济管理实践中有重要的应用价值。

【学习要点】

1. 了解短期生产函数与长期生产函数。
2. 理解完全竞争情况下短期生产中的雇佣决策。
3. 了解替代效应、产出效应的含义。
4. 理解长期生产中的雇佣决策。
5. 掌握劳动力的市场需求曲线。
6. 理解并掌握劳动力需求弹性与希克斯-马歇尔派生需求定理。

劳动力需求是指在一定时期内，在某种工资率下雇主愿意并能够雇佣到的劳动力的数量。在产品市场上，需求来自消费者，对产品的需求是一种直接需求，是为了实现消费者效用的最大化。而在要素市场上，需求来自企业，主要是为了满足企业对利润最大化的需求，因而，企业对劳动力、资本和土地等生产要素的需求是从消费者对产品的直接需求中派生出来的，因此被称为派生需求（derived demand）或引致需求。

那么，企业对劳动力的需求究竟是如何形成的，企业的短期雇佣决策依循什么原则，在长期，企业又是如何作出其雇佣决策的呢？企业的劳动力需求与市场的劳动力需求之间有何联系和区别？到底哪些因素会影响劳动力需求的自身工资弹性？本章将深入分析这些问题。

第一节 企业的生产函数

劳动力需求是指一定时期内，在某一工资率下雇主愿意并能够雇佣到的劳动力的数量。马歇尔（Marshall）指出，劳动要素区别于其他要素的一个重要特点是"工人出售其劳动，但是保留自身拥有的资本"。也就是说，在有基本人权保障的前提下，工人能够凭借其所拥有的生产技能提供劳动服务，但是，在出卖劳动服务的时候，并未出售人体本身及其所蕴含的"人力资本（体力、脑力和技能）"。

在现代劳动经济学中，劳动需求和劳动力的需求是一对很接近的概念，在很多场合，两者可以通用。企业的劳动投入包含三个方面，即雇佣劳动力的人数、每个雇员的工作时间和每个雇员的努力程度。一般来说，在假定工人的努力程度相同的条件下，雇主劳动需求的大小和单个劳动力提供的平均工作时间将共同决定劳动力需求的大小。由于受到劳动者生理条件和劳动力市场中各种制度的制约，单个劳动力每天提供的平均工作时间相对稳定，因此，一定时期内雇主（或厂商）劳动需求的大小往往就直接决定了劳动力需求的大小。在这个意义上，确定了劳动需求，也就相应地确定了劳动力需求；同样，确定了劳动力的需求，也就确定了劳动需求。因而，现代劳动经济学的很多教材和研究文献并不对两者进行严格区分。

一、生产函数

为了解企业的劳动力需求是如何产生的，有必要深入分析企业的生产过程。众所周知，企业通过将劳动力、资本、土地等各种生产要素组合在一起，生产出符合市场需求的产品，并通过销售其产品追求自身利润的最大化。

生产函数是在一定的生产技术条件下企业的各种投入要素和产出之间的数量关系。它表明了厂商所受到的技术约束。生产函数的一般形式如下：

$$Q = F(X_1, X_2, X_3, \cdots, X_N) \tag{3-1}$$

其中，Q 表示企业在该生产技术条件下所能生产的最大产量，X_N 表示企业所投入的各种生产要素，如劳动、资本、土地、企业家才能等。

生产函数的具体形式取决于一定的技术水平，技术水平的变化将使生产函数也随之变动。同时，生产同样数量的产品，各生产要素投入量的比例或组合往往是可以变动的。

虽然有关劳动力需求的理论可以被总结为 N 种要素的投入，但为了简化分析，只考察资本和劳动两种要素投入。两要素的分析同样能得到很多有用的启示，很多引导出劳动需求函数的生产和成本的具体公式最初也都是为了两要素分析而发展出来的。用 L 代表劳动，用 K 代表资本，两要素下的生产函数可以表示为

$$Q = F(L, K) \tag{3-2}$$

1928年，由数学家柯布（Charles Cobb）和经济学家道格拉斯（Paul Dauglas）在生产函数的一般形式上进行改进，引入技术资源这一因素，提出著名的柯布-道格拉斯（Cobb-Dauglas）生产函数，他们用美国1899~1922年资本和劳动对生产的影响数据，导出了生产函数的具体形式。

柯布-道格拉斯生产函数的通常形式如下：

$$Q = AL^\alpha K^\beta \tag{3-3}$$

其中，A、α、β 为三个参数，$0<\alpha<1$、$0<\beta<1$。

α 和 β 分别表示劳动和资本在生产中的相对重要性。α 为劳动所得在总产量中所占的份额，β 为资本在总产量中所占的份额。

当 $\alpha+\beta>1$ 时，生产函数为报酬递增型，表明按现有技术用扩大生产规模来增加产出是有利的；当 $\alpha+\beta<1$ 时，生产函数为报酬递减型，表明按现有技术用扩大生产规模来增加产出是得不偿失的；当 $\alpha+\beta=1$ 时，生产函数为不变报酬型，表明生产效率并不会随着生产规模的扩大而提高，只有提高企业的技术水平，才能提高经济效益。

二、劳动力的边际产品与边际产出递减规律

所谓边际产出，又称为边际产品（marginal product, MP），是指在其他要素投入保持不变的情况下，增加一单位的要素投入所能带来的产出的增加量。

以简单的生产函数为例，假设只存在资本（K）和劳动力（L）两种生产要素，显然，劳动力的边际产出或劳动力的边际产品(marginal product of labor, MP_L)就可理解为单靠增加一单位劳动力投入量所增加的产量，或者说在资本数量保持不变的情况下，劳动力投入数量的变化（ΔL）所导致的企业产出量的变化（ΔQ），可用公式表示为

$$MP_L = \frac{\Delta Q}{\Delta L} \tag{3-4}$$

用一阶导数来表示，则为

$$MP_L = \frac{dQ}{dL} \tag{3-5}$$

类似地，将资本的边际产品（marginal product of capital, MP_K）定义为在劳动力数量一定的情况下，一单位资本存量变化（ΔK）所导致的企业产出量的变化（ΔQ）：

$$MP_K = \frac{\Delta Q}{\Delta K} \tag{3-6}$$

劳动力的总产出（total product of labor, TP_L）是指一定数量的劳动力与固定数量的资本相结合而生产出来的总的产品数量。劳动力的平均产出（average product of labor, AP_L）则是指在资本数量保持固定不变的情况下，所有劳动力的平均产出数量。可以将劳动力的边际产出、劳动力的总产出及劳动力平均产出的变化情况用图3.1来描绘。

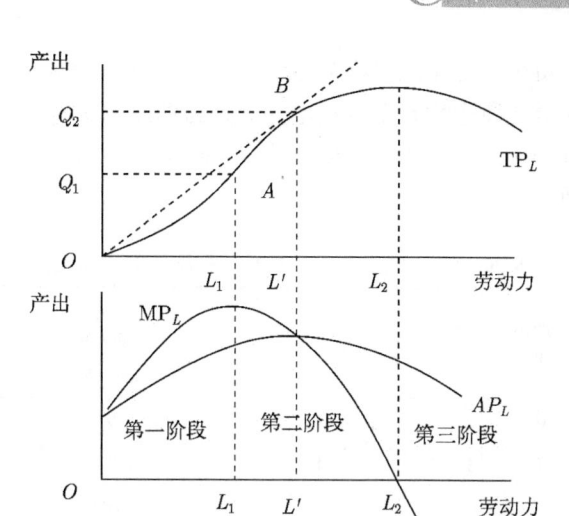

图 3.1 劳动力的边际产出、总产出及平均产出的变化

显然，在其他生产要素不变时，由劳动投入的增加所引起产量的变动可以分为三个阶段：

第一阶段：边际产量递增、总产出增加阶段。由于在开始阶段，那些不变的生产要素并未得到充分利用，随着劳动力投入的不断增加，可以使固定不变的生产要素得到充分利用，从而使边际产量递增。由于劳动力的边际产出不断增加，劳动力的总产出和平均产出也不断增加。

第二阶段：边际产量递减、总产出继续增加阶段。在这一阶段，那些不变的生产要素已接近充分利用，可变的劳动要素对不变的生产要素的利用趋向于极限。当边际产出达到最高点之后，如果继续增加劳动力投入会导致边际产出开始出现递减现象，但由于边际产出仍然大于零，因而总产出仍然不断递增。此时，平均产出会先增加后减少，在劳动力的边际产出曲线穿过劳动力的平均产出曲线的最高点之后，平均产出开始递减。

第三阶段：边际产出为负且总产出绝对减少阶段。在这一阶段，固定不变的生产要素已经得到充分利用，潜力用尽，再增加可变的劳动要素，只会降低生产效率，使总产出减少。当劳动力的边际产出降到零的时候，劳动力的总出产达到最大值，如果继续增加劳动力的投入，边际产出将为负数，新增加的劳动力反而会使总产出减少。

上述变化规律也可用表 3.1 中劳动力投入、总产出、劳动力的边际产出、劳动力的平均产出的数量关系来加以举例说明。假设资本 $K=20$，且保持不变。可知，当劳动力的投入从 0 单位增加到 3 单位时，劳动力的边际产出、劳动力的平均产出与总产出均呈现递增趋势；当继续增加劳动力投入时，劳动力的边际产出开始递减，但仍然为正，总产出继续随劳动力投入的增加而递增，并且当劳动力投入为 4 单位时，劳动力的边际产出为 12，此时劳动力的平均产出达到最大值 12；当劳动力投入为 7 时，劳动力的边际产出为 0，此时总产出达到最大值；如果继续增加劳动力，边际产出将变成负数，总产出非但没有增加，反而不断减少。

显然，在这里，生产的其他要素固定不变，唯一可变的生产要素是劳动力的投入，当把可变劳动力投入增加到其他生产要素上时，最初劳动力的增加会使产量增加，但是，当劳动力的增加超过一定量时，增加的产量会开始递减。将劳动力的边际产出随劳动力的投入先递增后递减，直至变为负数的变化规律称为劳动力的边际产出递减规律或劳动的边际生产力递减规律。边际产出递减规律意味着企业在增加劳动力的雇佣量时，劳动力的边际产品最初是正的，而且是上升的；但当劳动力的投入达到一定数量时，劳动力的边际产品将开始下降，最终会由正数变为负数。

表 3.1　劳动力的总产出、边际产出、平均产出与边际收益产品

劳动力数量（L）	总产出（TP_L）	劳动力的边际产出（MP_L）	劳动力的平均产出（AP_L）	劳动力的边际收益产品（MRP_L）
0	0	0	0	0
1	8	8	8	16
2	20	12	10	24
3	36	16	12	32
4	48	12	12	24
5	55	7	11	14
6	60	5	10	10
7	60	0	8.6	0
8	56	−4	7	−8

注：本表假设资本数量保持不变，单位产品的价格 $P=2$

三、劳动的边际收益及劳动的边际收益产品

产品的边际收益是指增加一单位产品的销售带来的收入的增加量（表示为 MR）。

边际收入则是指边际产品与产品的边际收益的乘积。

增加一单位的投入所产生的边际收入被称为该种投入的边际收益产品（MRP）。因此，劳动的边际收益产品就是劳动的边际产品与产品的边际收益的乘积，可表示为

$$MRP_L = MP_L \cdot MR \tag{3-7}$$

当产品市场是完全竞争的市场时，产品的边际收益就是产品的价格，因而，劳动的边际收益产品可进一步表示为

$$MRP_L = MP_L \cdot P \tag{3-8}$$

四、短期生产函数与长期生产函数

经济学家认为短期是指足以改变劳动但不足以调整资本投入的时期；长期是足以调整劳动和资本的时期。按照一定时期内，生产要素投入的变化情况，即在这一时期是否只有劳动投入发生变化，可将生产函数分短期生产函数和长期生产函数。

如果某一时期内只有劳动这一种要素的投入是可变的，资本等要素的投入保持不变，经济学家称这种生产函数为短期生产函数。

而如果在这一时期内，不但劳动的投入是可变的，而且资本等其他要素的投入也是可变的，即存在两种或两种以上的投入可以变动，甚至所有的投入都可以变动，则称这种生产函

数为长期生产函数。

显然，在分析劳动力市场时，劳动经济学中的短期与长期是一个抽象而非具体的概念，所谓的短期是指生产者来不及调整全部生产要素的数量，资本等其他要素的数量是固定不变的，而只有劳动力要素可变，所谓的长期则是指资本和劳动力等所有生产要素的数量均可调整。对于不同的企业而言，"短期"的时间长短是不同的，对于一些需要大量固定资产（或称为"重资产"）的企业而言，也许需要5年或10年甚至更多的时间才会更新其生产流程与设备。而对于一些固定资产比例较低的现代服务业企业（如会计师事务所、律师事务所）来说，可能只需要几个月的时间就可订购并安装新的计算机系统。

接下来将分别介绍企业在短期和长期生产经营中的雇佣决策问题。

第二节　短期生产中的雇佣决策

企业在生产经营中需要对劳动力和资本进行优化配置，短期内，企业的资本数量无法立即改变，唯一可以改变的是使用劳动力的数量。那么，在短期生产安排中，企业该如何作出其最佳的雇佣决策呢？要回答这个问题，首先需要考察产品市场与劳动力市场的基本情况。

一、产品市场与劳动力市场的基本假设条件

企业劳动力需求分析必须建立在一定的市场结构之上，假设企业所处的产品市场和劳动力市场均为完全竞争的市场结构。这一市场结构具有以下特征：

（1）产品市场与劳动力市场均有众多的供给者和需求者，两大市场上任何一个市场主体的供给量与需求量所占市场份额均很小，均不足以影响市场的价格。换言之，每一家企业都是价格的接受者（price taker），而不是价格的决定者（price maker），都无法影响产品价格、劳动力价格和资本价格。

（2）所有企业使用资本和劳动力两种要素组织生产，并且资本的投入在短期内保持不变。

（3）所有的劳动力都是同质的，即劳动力之间并没有质量上的差异。

（4）资源是自由流动的，企业和劳动者均可以自由进入或退出某个行业。

（5）信息是对称且完全的，所有市场主体都拥有关于市场供需与价格等方面的完全信息，且获得信息的成本为零。

二、完全竞争情况下企业的劳动力需求决策

尽管在现实生活中，企业可能存在多重目标。例如，有的国有企业可能以就业最大化为目标，有的企业甚至以规模最大化为目标，等等。但是，在完全竞争的市场结构下，假设企业以利润最大化为目标，这是劳动力需求理论的基本假设。这里所说的利润，是指企业的总收益减去总成本之后的差。因而，企业在利润最大化决策过程中所涉及的主要问题就是：是否增加或减少产出，以及如何才能增加或减少产出。

同时，在短期内，企业的资本投入是固定不变的（K_0），只有劳动的雇佣数量是可变的，因而其生产函数可表示为

$$Q = F(L) \tag{3-9}$$

假定市场上的名义工资水平为 W，产品市场上的价格为 P。

此时，企业的总收益为

$$TR = P \cdot F(L) \tag{3-10}$$

由于市场为完全竞争的市场，劳动力的价格即工资率为 W，资本的价格即利息率为 R，它们都不受企业行为的影响。此时，企业的生产成本为

$$C(L, K_0) = W \cdot L + RK_0 \tag{3-11}$$

由于企业以追求利润最大化为目标，因而其目标函数就可以写成如下形式：

$$\text{Max } \pi = P \cdot F(L) - W \cdot L - RK_0 \tag{3-12}$$

在短期，由于企业无法调整资本存量，资本是固定不变的，只有劳动的投入可变，因而，企业只能通过增加或减少它的劳动力的使用量来扩大或缩小它的产出规模，而且，新增加的每一单位产出的边际收益（MR）取决于厂商所处产品市场的特点。之前已经提到过，假设厂商在一个完全竞争的产品市场上从事经营活动，由于存在许多竞争对手，每一个厂商都是价格的接受者，而不能单独控制产品价格，因而产品的边际收益就等于产品价格（P）。而劳动的边际收益产品就等于劳动力的边际产品与价格的乘积，即

$$\text{MRP}_L = \text{MP}_L \cdot P$$

在这里，劳动的边际收益产品又可以称为劳动的边际产品价值（VMP）。

显然，边际收益产品是企业从新增一个劳动力中所能够获得的价值增值水平。然而，企业不仅仅关心劳动力的边际收益产品，在利润最大化目标的驱使下，企业同样关心新雇佣一个劳动力会给自己带来多少额外的成本或费用，这便是劳动力的边际成本或劳动力的边际费用（marginal expense of labor, ME_L）。

由于假设劳动力市场也是完全竞争性的市场，单个企业无法左右劳动力的价格，因而企业就是市场工资率的接受者，在这种情况下，每新增一个劳动力，企业需要增加的成本就是市场的工资率，也就是说，劳动力的边际费用等于市场工资率。

$$\text{ME}_L = W \tag{3-13}$$

根据经济学的一般原理，对于追求利润最大化的企业来说，只要它从新增一个单位的劳动力使用中能够获得的价值增值（即劳动的边际收益产品或劳动的边际产品价值）超过由于增加雇佣一个单位的劳动力所产生的成本（即劳动力的边际费用），那么，企业就是有利可图的，而且它就应该继续增加对劳动力的雇佣；而当劳动力的雇佣量增加到一定数量时，如果出现劳动力的边际收益产品已经变得低于劳动力的边际费用，那么企业就应该不再增加雇佣量，此时适当减少劳动力的使用量才更符合利润最大化的原则。

因此，只有当企业所雇佣的劳动力人数恰好使得劳动力的边际收益产品等于劳动力的边际费用时，再额外增加雇佣一个单位的劳动力便会出现劳动力的边际收益产品低于劳动力的边际费用的情况，此时，企业才达到了利润最大化目标，这时企业的劳动力使用量就是最优的雇佣量。可以用公式来表示在短期生产中，企业达到利润最大化的条件：

$$\text{MRP}_L = \text{ME}_L \tag{3-14}$$

由产品市场和劳动力市场的竞争性假设，有 $\text{MRP}_L = \text{MP}_L \cdot P$，$\text{ME}_L = W$，因此，可以将

能够达到利润最大化的劳动力雇佣水平表示为
$$\mathrm{MP}_L \cdot P = W \tag{3-15}$$

这一条件意味着，增加一单位的劳动力雇佣给企业带来的价值增值水平正好等于为雇佣这一单位劳动所需要支付的工资水平。

根据上式可以得到以下表达式：
$$\mathrm{MP}_L = \frac{W}{P} \tag{3-16}$$

即当劳动者所获得的工资能够购买到的产品数量恰好等于该劳动者所生产出来的产品数量时，企业在劳动力的使用上达到了利润最大化。

上述结论当然也可以根据企业目标函数式（3-12）的拉格朗日条件推导求得，只需要利用简单的微积分知识，求得函数对劳动力需求量 L 的一阶导数，令一阶导数为零，即可得到上述利润最大化目标下的条件。

目标函数式（3-12）最大化的一阶条件为
$$\frac{\mathrm{d}\pi(L)}{\mathrm{d}L} = \frac{\mathrm{d}F(L)}{\mathrm{d}L} \cdot P - W = 0$$

即
$$\frac{\mathrm{d}F(L)}{\mathrm{d}L} \cdot P = W \tag{3-17}$$

其中，生产函数对 L 的一阶导数就是劳动力的边际产品 MP_L，从而得到式（3-15）的表达式：
$$\mathrm{MP}_L \cdot P = W$$

当然，如果打破劳动力市场的完全竞争性假设，并重新假设企业在劳动力市场上是垄断者，企业就会对自己支付什么样的工资率具有一定的控制能力，这时候，劳动力的边际费用就不再等于市场工资率，企业本身的雇佣行为与薪酬标准反而决定了市场工资率。关于这种较为复杂的情形，将在第四章中进行专门的讨论。

回到之前关于企业在产品市场和劳动力市场中均为竞争者的假设，来推导企业的劳动力需求曲线。

如图 3.2 所示，由于 $\mathrm{MRP}_L = \mathrm{MP}_L \cdot P$，可以获得有关劳动量与边际产品价值的函数关系，每一个劳动量都有一个对应的边际产品价值，由此得到一条向右下方倾斜的边际产品价值曲线，在短期内，企业的劳动力需求曲线与其边际产品价值曲线完全重合。

同时，由于企业是劳动力市场上价格的接受者，在雇佣每一个工人时都支付相同的工资，因此，其劳动力的边际成本曲线就是一条平行于横轴的水平线，其在纵轴的截距等于工资率。根据式（3-15），有关利润最大化目标下劳动力要素的使用原则 $\mathrm{MRP}_L = W$，在图 3.2 中，得到边际产品价值曲线与边际成本曲线的交点 B，B 点所对应的需求量 L_0 就是当工资率为 W_0 时的均衡雇佣量。

如果工资率由 W_0 下降到 W_1，企业会扩大其雇佣量，在 C 点，新的劳动力需求量为 L_1。如果该企业所在行业出现了产品价格上涨的情况，这将导致该企业的边际产品价值曲线向右上方移动，从而也会促使企业增加劳动力的雇佣量。

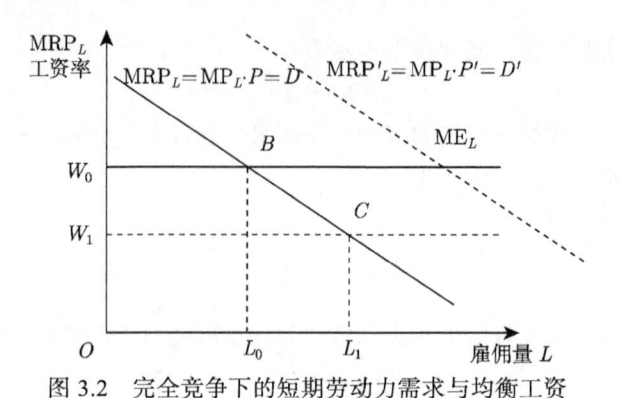

图 3.2　完全竞争下的短期劳动力需求与均衡工资

第三节　长期生产中的雇佣决策

在经济学所定义的长期中，劳动和资本两种生产要素的投入数量都是可变的，企业可通过调整劳动和资本的使用量来达到其长期均衡。

所谓长期劳动需求（long-run demand for labor），是指当劳动和资本都可变时，工资率与厂商雇佣的劳动数量之间的关系。长期劳动需求曲线也是向下倾斜的，这是因为工资率的变化在短期会产生产出效应，在长期则产生替代效应，两种效应共同改变劳动的最优雇佣水平（即长期的均衡雇佣量）。

一、成本最小化与利润最大化

（一）等产量线及其特征

在前面介绍生产函数时提到，企业通常可以采取不同的资本和劳动力数量的组合来生产出同一数量的产品。用等产量线（isoquant curve）描述这种情形，等产量线的形状如图 3.3 中的曲线 Q_1、Q_2、Q_3 所示。其中，横轴代表劳动力数量，纵轴代表资本数量，那么，等产量曲线便是指在技术水平不变的条件下，生产出一定数量产品所需的资本和劳动这两种生产要素投入量的各种不同组合所形成的曲线，它是表示某一固定数量的产品，可以用所需要的两种生产要素的不同数量的组合生产出来。

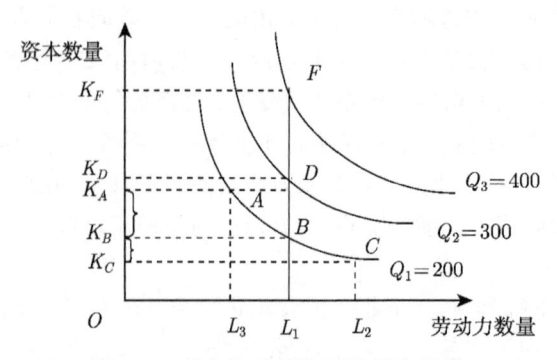

图 3.3　可变技术系数下的等产量线

显然，可以把生产函数看成一种技术关系，它决定着在生产既定数量和质量的产品或服务的前提下，劳动、资本等投入要素之间的组合方式。但它自身难以单独决定企业所需要的劳动类型和数量，而表现为在技术上对劳动需求可以选择的范围。技术系数的概念反映生产一单位产品所需要的各种投入之间的配合比例关系，它可以划分为固定技术系数和可变技术系数。可变技术系数的生产方法属于技术可变型，生产等量产出时，劳动和资本可以相互替代，其组合比例可以改变。在图形中，其等产量曲线是凸向原点的光滑曲线。图 3.3 中的曲线 Q_1、Q_2、Q_3 就是可变技术系数下的等产量线。而固定技术系数的生产方法其技术条件是固定的，劳动和资本投入之间不存在相互替代的关系，组合比例是给定的。

在可变技术系数下，等产量线的形状与第二章所介绍的无差异曲线很像。事实上，等产量线具有类似无差异曲线的一些特征：

第一，等产量线是一条向右下方倾斜的线，其斜率为负值。这表明，在企业的资源与生产要素价格既定的条件下，为了达到相同的产量，在增加一种生产要素时，必须减少另一种生产要素。两种生产要素的同时增加，是资源既定时无法实现的；两种生产要素的同时减少，不能保持相等的产量水平。

第二，在同一平面图上，可以有无数条等产量线，且离原点越远的等产量线所代表的产量水平越高。同一条等产量线代表相同的产量，不同的等产量线代表不同的产量水平。离原点越远的等产量线所代表的产量水平越高，离原点越近的等产量线所代表的产量水平越低。

第三，在同一平面图上，任意两条等产量线不能相交。因为假如存在交点，那么，在交点上两条等产量线代表了相同的产量水平，这与第二个特征相矛盾。

第四，等产量线是一条凸向原点的线。这是由边际技术替代率递减所决定的。

等产量线上每一点的斜率的绝对值在经济学上被称为劳动力对资本的边际技术替代率（marginal rate of technical substitution，MRTS）。边际技术替代率是指在技术水平保持不变的条件下，为了维持同等的产出水平，每增加一个单位的劳动力投入所能够替代的资本投入数量，可用公式表示为

$$\mathrm{MRTS} = \frac{\Delta K}{\Delta L}|\overline{Q} \tag{3-18}$$

或者表示为

$$\mathrm{MRTS}_{LK} = -\frac{\Delta K/\Delta Q}{\Delta L/\Delta Q} = -\Delta K/\Delta L \tag{3-19}$$

由于在同一条等产量线上劳动力数量和资本数量的变动方向是相反的，一方增加必然导致另外一方的减少，故边际技术替代率的符号为负。此外，在求极限的条件下，可分别得到劳动力和资本的边际产出：

$$\mathrm{MP}_L = \lim_{\Delta L \to 0} \Delta Q/\Delta L \tag{3-20}$$

$$\mathrm{MP}_K = \lim_{\Delta K \to 0} \Delta Q/\Delta K \tag{3-21}$$

从而，式（3-19）可重新表示为

$$\mathrm{MRTS}_{LK} = -\frac{\Delta Q/\Delta L}{\Delta Q/\Delta K} = -\frac{\mathrm{MP}_L}{\mathrm{MP}_K} \tag{3-22}$$

即劳动力对资本的边际技术替代率等于劳动力的边际产出与资本的边际产出之比。

认真观察等产量线的形状，可以进一步发现劳动对资本的边际技术替代率是递减的，即当劳动力沿着等产量曲线对资本进行替代时，每一单位劳动力所能够替代的资本的数量是在逐渐减少的。例如，图 3.3 中从 A 点到 B 点，再从 B 点到 C 点的替代过程中，分别增加的劳动力数量（L_1-L_3）、（L_2-L_1）是相等的，但前后所能替代的资本的数量却有明显减少，（K_C-K_B）<（K_B-K_A）。

等产量线上的边际技术替代率的下降速度反映了劳动与资本这两种投入要素之间的相互替代程度。如果两种要素是完全相互替代的，则等产量线将变成一条直线。如果是完全互补的，则等产量线会成为一条两边分别与横轴和纵轴平行的有转折的直角线——此时，就变成了固定技术系数的生产方法，技术条件是固定的，劳动和资本投入之间不存在任何相互替代的关系，组合比例完全固定，等产量曲线也就变成相互垂直的折线，如图 3.4 所示。

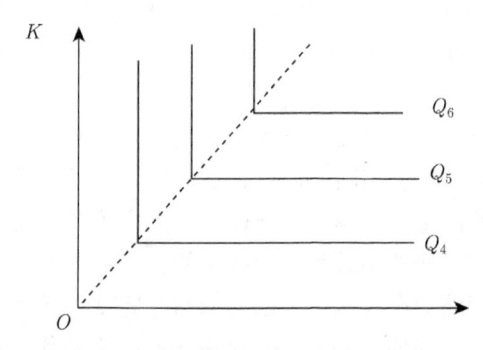

图 3.4　劳动与资本完全互补时的等产量线

除上述两种极为特殊的情况外，大部分的等产量线是像图 3.3 中 Q_1、Q_2、Q_3 那样有一定曲率（curvature）的曲线。在这里，曲率是指针对曲线上某个点的切线方向角对弧长的转动率，表明曲线偏离直线的程度，曲率越大，表示曲线的弯曲程度越大，边际技术替代率下降越慢，反之等产量线的弯曲程度越大，则劳动力对资本的边际技术替代率的下降速度越快。

（二）等成本线与预算约束

在资本和劳动力的价格一定的情况下，企业在某一总成本下所能够购买到的各种劳动力和资本数量的组合便是等成本线（isocost curve）。可以用下面的公式来表示等成本线：

$$C = W \cdot L + RK \tag{3-23}$$

其中，C 代表总成本，W 代表工资率，R 代表利率水平。显然，等成本线代表了企业在一定预算约束下所能够购买到的所有劳动力和资本的数量组合，它说明在同一条等成本线上的劳动力数量和资本数量的组合具有相同的成本。

将这个等式两边同时除以利息率 R，并进行移项处理，可得到下面的公式：

$$K = -\frac{W}{R} \times L + \frac{C}{R} \tag{3-24}$$

其中，系数 $\left(-\dfrac{W}{R}\right)$ 的含义是，等成本线的斜率等于资本和劳动力的价格之比。

等成本线的形状如图 3.5 所示，图中画出了两条向右下方倾斜的等成本曲线 C_0 和 C_1，其中，C_1 代表的总成本要高于 C_0。等成本线在横轴上的端点等于总成本除以单位劳动力的价格，在纵轴上的端点则等于总成本除以单位资本的价格。

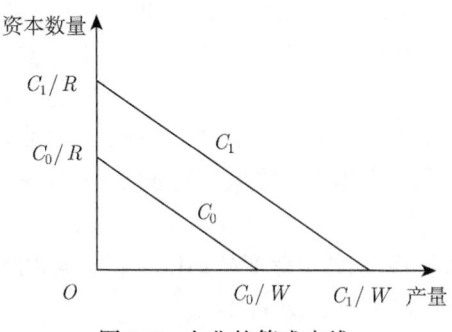

图 3.5　企业的等成本线

（三）成本最小化条件的雇佣决策

在等产量线和等成本线都已经清楚了之后，如果企业计划生产某一既定数量的产出，就可以通过将这两个条件结合起来，使得企业找到实现成本最小化的生产方式。

如图 3.6 所示，在等成本线 K_2L_2 与等产量线 Q_1 相切的那一点 M 就是能生产出 200 个单位产品的成本最低的点。而对于任何其他的点，要么劳动和资本的组合无法达到相应的产出水平，要么其对应的组合所形成的生产成本太高。

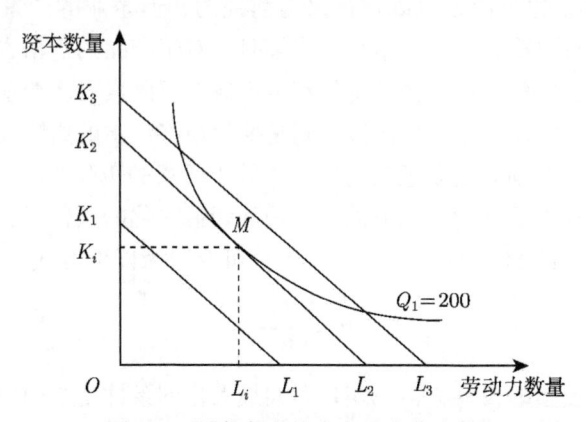

图 3.6　既定产出的成本最小化决策

等产量线与等成本线在 M 点相切，意味着两条曲线在该点的斜率是相等的，即

$$\mathrm{MRTS}_{LK} = W/R$$

其中，边际技术替代率 MRTS_{LK} 就是等产量线的斜率，而劳动力和资本两要素的价格之比 W/R 则为等成本线的斜率，又由式（3-22）可知 $\mathrm{MRTS}_{LK} = \mathrm{MP}_L/\mathrm{MP}_K$，于是，可得到如下关系：

$$\mathrm{MRTS} = -\frac{\mathrm{MP}_L}{\mathrm{MP}_K} = -\frac{W}{R} \tag{3-25}$$

对该式进行整理，可得

$$\frac{\mathrm{MP}_L}{W} = \frac{\mathrm{MP}_K}{R} \tag{3-26}$$

由此，可得出结论：在长期生产决策中，企业如果能做到花在劳动和资本等任何一种生产要素上的最后一个单位货币所带来的产出增量都是相同的，便能够实现生产成本的最小化。例如，假如在某竞争性企业，劳动力的边际产品是 20 个单位，工资率为 10 元，那么，花在劳动力上的最后一元钱所带来的产品为 2 个单位。同时，假如资本的边际产品为 40 个单位，资本的价格为 20 元，那么，花在资本上的最后一元钱所生产出来的产品也是 2 个单位。此时，该企业就实现了成本最小化。

当然，也可以将式（3-25）中劳动的边际产品 MP_L 和资本的边际产品 MP_K 分别用（$\Delta Q/\Delta L$）和（$\Delta Q/\Delta K$）来代替，根据式（3-22），可得

$$(\Delta L/\Delta Q) \cdot W = (\Delta K/\Delta Q) \cdot R \tag{3-27}$$

该等式说明，要想实现成本最小化，就必须确保仅用增加劳动力的方式来生产最后一个单位的额外产出时的成本，与仅用增加资本的方式来生产最后一个单位的额外产出时的成本相等。倘若两者不等，那么企业可以通过下列途径来降低总成本：增加能以较为便宜的方式提高产出的那种要素的使用量，同时减少另外一种要素的使用量。在总产出保持不变而成本仍然可以降低的任何一点，都不是成本最小化的生产方式。

（四）利润最大化条件下的雇佣决策

由于上述成本最小化决策是以既定产量为前提的，但企业的产量究竟定在哪个水平上呢？本书并未对此进行讨论。在做成本最小决策时，对于产品的价格也未加以考虑。显然，在综合考虑产品价格、要素的边际产品价值和生产成本等因素时，企业应该选择能够实现利润最大化的产出水平，因而，真实的决策原则是要使最终产出的边际成本等于边际收益，在劳动力和资本的使用上分别满足要素的边际成本等于要素的边际收益产品。

具体而言，在劳动力要素的投入方面，实现利润最大化的条件是：劳动力的边际成本等于劳动力的边际收益，即 $\mathrm{MP}_L \times P = W$，这一条件可改写为以下等式：

$$P = \frac{W}{\mathrm{MP}_L} \tag{3-28}$$

类似地，在资本要素的投入方面，实现利润最大化的条件是必须使资本的边际成本等于其边际收益，即 $\mathrm{MP}_K \times P = R$，并可将这一条件改写为

$$P = \frac{R}{\mathrm{MP}_K} \tag{3-29}$$

要实现利润最大化，同时满足最优劳动力条件和最优资本条件，结合式（3-28）和式（3-29），得到如下关系：

$$\frac{W}{\mathrm{MP}_L} = \frac{R}{\mathrm{MP}_K} = P \tag{3-30}$$

可以发现，利润最大化条件必然能够满足成本最小化条件，但成本最小化并不一定能够保证达到利润最大化，即成本最小化只是企业利润最大化的必要条件，而非充分条件。

事实上，在完全竞争性市场假设和企业利润最大化目标的假设下，可以将企业的最优规划表示为

$$\mathrm{Max}\, \pi = P \cdot F(L, K) - W \cdot L - R \cdot K \tag{3-31}$$

其中，R 表示资本的价格——利率，W 为工资率。

用 M 表示企业可用于购买生产要素的资金总量，此时的约束条件为：$WL + RK \leq M$，利用拉格朗日函数求极值的一阶偏导数条件，该最优规划的结果，是资本和劳动两种要素的边际产量之比（即边际技术替代率，MRTS_{LK}）等于两要素的价格之比 W/R，即：

$$\mathrm{MRTS}_{LK} = \frac{MP_L}{MP_K} = \frac{W}{R}$$

若考虑企业的预算约束 $W \cdot L + r \cdot K = M$，就可以确定企业最优的劳动力雇佣量和资本使用量。

二、替代效应、产出效应以及联合效应与长期劳动力需求曲线

工资率的变化显然会影响那些以利润最大化为目标的企业的产量。如图 3.7 所示，在一般情形下，工资率的下降将会使生产成本曲线向下移动，由 MC_1 移动到 MC_2。这就意味着每增加一单位产品的生产，厂商的成本支出比之前更小。这将使得在 Q_1 和 Q_2 之间的任意单位产品都变得有利可图。按照边际收益等于边际成本（MR = MC）的利润最大化原则，厂商将增加其劳动雇佣量，以便把产量由 Q_1 增至 Q_2。

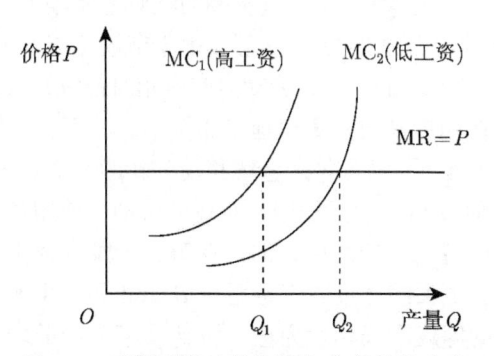

图 3.7 工资下降时竞争性企业产量的决定

那么，在长期，面对工资率的变化，完全竞争企业会如何对这种变化作出雇佣上的调整呢？换言之，企业的长期劳动力需求曲线是怎样的呢？下面对此问题进行讨论。

1. 替代效应

在长期，工资率的变化会对企业的劳动力需求产生替代效应。这里的替代效应（substitution

effect）是指在产出保持不变的条件下，因工资率的变动导致劳动力的相对价格发生变化并由此导致企业劳动需求量的变动。具体而言，在长期，当工资率下降而其他条件不变时，由于劳动力的相对价格变得更便宜了，企业会使用变得相对便宜的劳动来替代某些类型的资本，从而导致劳动力需求的上升。相反，在其他条件不变的情况下，当工资率上升时，劳动力相对于资本显得更昂贵了，企业会更多地依赖资本来进行生产，而更少地使用劳动力，出现资本替代劳动的现象。总之，工资率的上升或者下降将导致企业在资本和劳动力这两种要素之间相互替代，工资率上升时企业以相对便宜的资本替代劳动力会使企业的劳动力需求下降，工资率下降时企业以相对便宜的劳动力替代资本会使劳动力的需求上升。

2. 产出效应

工资率的变化也会导致产出效应的出现。所谓产出效应（output effect），也称规模效应（scale effect），是指工资率变动使得企业的总生产成本发生改变，企业的生产规模因此受到影响，产出规模的扩大或减少导致对劳动使用的需求发生相应的变化。具体来说，当工资率下降时，企业的劳工成本下降，边际成本亦随之降低，以原有的产出水平进行生产的总成本降低，因而，企业可以通过多雇佣劳动力的方式来扩大生产规模，这时候的规模效应为正。相反，当工资率上升时，企业使用劳动的边际成本上升，导致企业缩减产量，而产量的下降会导致使用劳动力数量的下降。简单说来，规模效应与工资率的变化方向相反，工资率的下降会导致企业规模的扩大并由此导致劳动力需求量的上升；工资率的上升会导致企业规模的缩减并由此导致劳动力需求量的下降。

3. 联合效应与长期劳动力需求

在长期，规模效应和替代效应将共同决定企业的劳动力需求，将两种效应相互叠加对企业长期劳动力需求的影响称为联合效应。通过图3.8可以非常直观地考察工资率下降对长期劳动力需求产生的影响，并由此可推导出企业的长期劳动力需求曲线。

在图3.8（a）中，假设劳动力市场中初始的工资率为W_0，某企业的等产量线为Q_0，该企业对应一条向右下方倾斜的等成本线KG，其斜率的绝对值就等于W_0，该企业最初的就业需求由初始均衡点C点所决定，其水平为L_C。假设由于市场工资率下降到W_1，新的等成本线KF将变得更加平坦。由于工资率的下降，劳动力变得相对便宜，该企业将会倾向于选择劳动力密集型的技术，更多地使用劳动力，更少地使用资本，因而，在第一阶段，该企业将会在维持原有产出水平不变的情况下，沿着等产量线移动到新的均衡点B，B点的切线平行于新的等成本线。显然，从C点向B点移动过程中，企业的劳动力使用量增加了（L_B-L_C），这部分劳动力需求量的变化就是由替代效应所引起的。在第二阶段，企业发现由于工资率的下降，自己所拥有的资源可以生产更大的产量，于是用与B点相同的生产技术选择扩大生产规模，一直到新的等产量线与新的等成本线相切为止，切点A就是新的均衡点，它所对应的劳动力需求量为L_A。从而，从B点向A点移动过程中，企业的劳动力使用量增加了（L_A-L_B），这部分劳动力需求量的增加则是由产出效应所引起的。如此一来，把工资率下降所带来的替代效应和产出效应进行了分解。工资率上升的情况当然也可以依照这样的思路进行分析，读者可以尝试分解工资率上升所引起的替代效应和产出效应。

相应地，把市场工资率变化前后企业决策的两个均衡点C和A所对应的工资率及劳动力的需求量映射到图3.8（b）中，得到工资率及劳动力的需求量的组合点C'、A'，将它们连接起来得到的直线 $C'A'$ 就是该企业的长期劳动力需求曲线。这条曲线显然也是向右下方倾斜的。

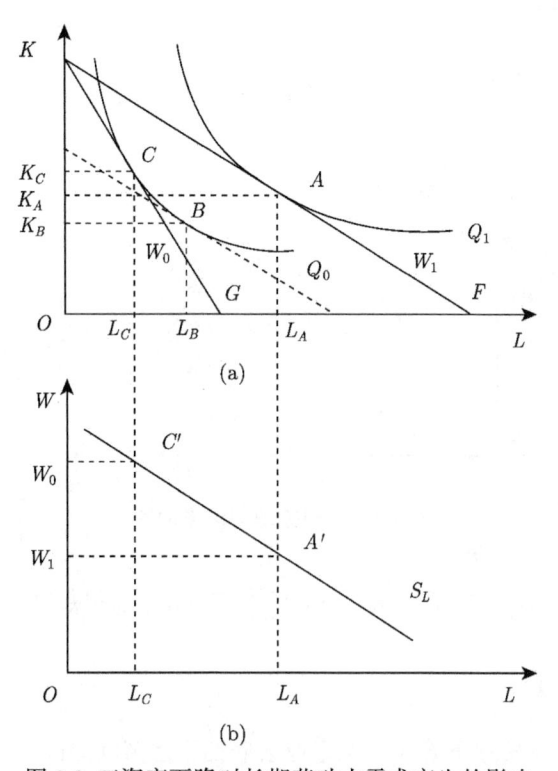

图 3.8 工资率下降对长期劳动力需求产生的影响

由上面的介绍，可以发现：在工资率变动时，规模效应和替代效应的作用方向都是相同的，两者与工资率的变动方向恰好相反，即工资率上升产生的规模效应和替代效应都导致劳动力的需求量下降，而工资率下降产生的规模效应和替代效应都导致劳动力的需求量上升。正因为如此，企业在长期中对工资率变化所作的劳动量的调整幅度要比在短期中的更大，换言之，长期劳动力需求要比短期劳动力需求表现得更加富有弹性，在图形中则表现为长期劳动力需求曲线要比短期劳动力需求曲线更为平坦。

可用图 3.9 来描述在产出效应和替代效应的联合作用下，长期劳动力需求曲线与短期劳动力需求曲线在形状上的差异。假设厂商最初的短期劳动需求曲线为 D_{S1}，最初的均衡工资和均衡劳动量分别为 W_0 和 L_0（如图中的 C 点）。现在工资水平由 W_0 降至 W_1，由此引起的产出效应使劳动使用量增加至 B 点的 L_1。同时，由于在长期中资本的投入是可变的，替代效应将发生作用，工资率的下降会诱使厂商增加劳动需求量，并达到 A 点的 L_2 水平。

这样一来，A 点和 C 点最终决定了长期劳动需求曲线的位置，而且，从图形来看，长期劳动需求曲线要比短期劳动需求曲线更为平坦，从而具有更大的弹性。类似地，当工资率由 W_0 上升到 W_2 时，企业将从短期需求曲线 D_{S1} 上的 C 点移动到 N 点，此时，企业将因产量规模的调整而相应地调整劳动使用量；同时，由于企业在长期内有充分的时间调整其资本的使用量，以代替变得相对昂贵的劳动力，企业会从短期需求曲线 D_{S1} 上的 N 点移到到 D_{S3} 上的 M 点。M 点与 C、A 点均在同一条长期需求曲线上，它显然比各自对应的短期需求曲线更为平坦，从而具有更大的弹性。

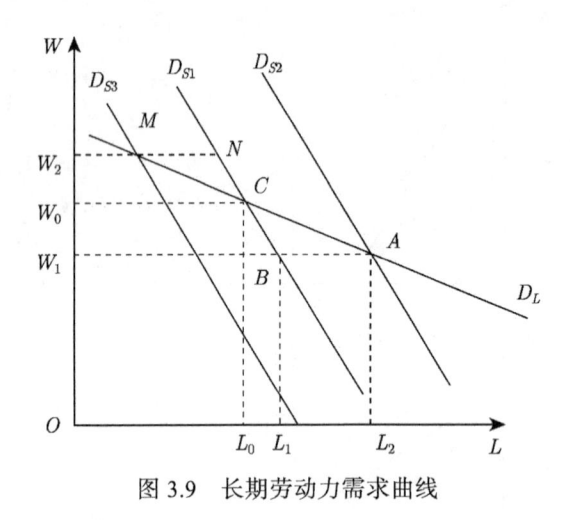

图 3.9　长期劳动力需求曲线

第四节　从企业需求到市场需求

一、劳动力的市场需求

就单个企业而言，工资率下降时，该企业会雇佣更多劳动力以扩大生产规模。但是，单个企业的调整对整个市场的产品供给的影响微不足道，产品的市场价格也不会发生什么变化。但如果考虑到该行业中所有企业有可能同时调整，如行业中所有企业都在行业市场工资率下降后增加对工人的使用，那么企业的劳动力需求和市场的劳动力需求会发生什么变化呢？

显然，在其他条件不变的情况下，由于产出效应和替代效应的联合作用，行业市场工资率的下降会诱使企业增加对工人的使用，企业会加大其产出规模。虽然在完全竞争的产品市场中，单个企业的产量不足以改变产品的价格。但是，如果其他企业也都在工资率下降信号的引导下作出增加产量的类似行为，结果将导致整个行业中同类产品供给的大量增加，但产品的市场需求不变，这意味着在产品的市场需求曲线不变的情况下产品的供给曲线向右移动，产品价格下降。产品价格的下降导致行业中每个企业的边际产品价值下降，企业的边际产品价值曲线会向下移动。

如图 3.10 所示，某完全竞争市场中的第 J 家企业，面临的初始工资率为 W_0 产品价格为 P_0，该企业的边际产品价值曲线为 $MP_L \cdot P_0$。在该曲线上，W_0 对应的劳动力需求量为 L_0，故点 $H(W_0, L_0)$ 就是需求曲线上的一点。如果工资率下降到 W_1，其他其企业均不作出调整产量的反应，企业的需求曲线就与劳动力的边际产品价值曲线 $MP_L \cdot P_0$ 重合，那么，在 W_1 的工资水平下，企业预期的劳动力需求量将增加到 L_2。但在追求利润最大化目标的驱使下，所有其他企业也都会像 J 企业那样根据劳动力价格下降的信息扩大其产量和劳动力的需求量，从而导致产品价格的下降（假如产品价格由 P_0 下降到 P_1），这就使得 J 企业的边际产品价值曲线向左下方移动到了新的位置上，变成 $\mathrm{MP}_L \cdot P_1$。在该边际产品价值曲线上，工资率 W_1 对应的劳动力需求量为 L_1，很明显，L_1 的实际劳动力需求量要小于企业预期的劳动力需求量 L_2。点 $I(W_1, L_1)$ 也是该企业需求曲线上的一点。于是，J 企业经过市场或行业调整后的劳动力需求曲线就是直线 HI。它显然比该企业的边际产品价值曲线要陡峭一些。

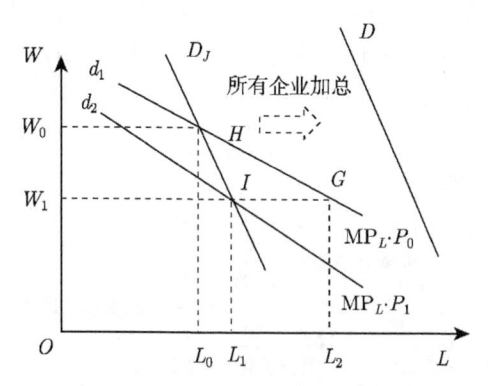

图 3.10　市场（行业）调整下的劳动力需求曲线

由于在某一行业中整个市场的劳动需求曲线可以看成是这一行业中所有企业的劳动需求曲线的简单水平加总，将行业中所有企业经过市场调整后的劳动力需求曲线横向加总，就得到市场需求曲线 D。显然，市场需求曲线是向右下方倾斜的。

二、劳动力的市场需求弹性

（一）劳动力需求的自身工资弹性

劳动力需求的自身工资弹性简称为劳动力需求的自身工资弹性，指某种劳动力工资变动的百分比所引起的劳动力需求量变化的百分比，可用公式表示为

$$E_d = -\frac{\frac{\Delta L}{L}}{\frac{\Delta W}{W}} = -\frac{\Delta L}{\Delta W} \cdot \frac{W}{L} \quad (3\text{-}32)$$

其中，E_d 为劳动力需求的工资弹性，ΔL 和 ΔW 分别是劳动需求数量（L）和工资率（W）的变动量。

由于劳动力需求曲线通常是向右下方倾斜的，即工资率的变动方向同劳动力需求变动方向是相反的，因而劳动力需求的自身工资弹性的值为负。经济学上通常重视劳动力需求的自身工资弹性的绝对值，以衡量劳动力需求变动对于工资率变动的反应敏感性。

当劳动力需求的变化率小于工资的变化率时，即 $0<|E_d|<1$ 时，劳动力需求曲线缺乏弹性；当劳动力需求的变化率大于工资的变化率时，即 $|E_d|>1$，劳动力需求曲线富有弹性；当劳动力需求的变化率等于工资的变化率时，即 $|E_d|=1$，劳动力需求曲线为单位弹性；当劳动力需求的变化率等于 0 时，即 $|E_d|=0$，劳动力需求曲线完全缺乏弹性；当劳动力需求的变化率趋向于无穷大时，即 $|E_d|=+\infty$，劳动力需求曲线完全富有弹性（表 3.2）。

表 3.2　劳动力需求的工资弹性的取值范围（绝对值）

项目	取值范围				
	$\|E_d\|=0$	$0<\|E_d\|<1$	$\|E_d\|=1$	$1<\|E_d\|<+\infty$	$\|E_d\|=+\infty$
劳动力需求曲线的特征	完全缺乏弹性	缺乏弹性	单位弹性	富有弹性	完全富有弹性

对于直线型的劳动力需求曲线而言，同一条直线型劳动力需求曲线上的所有的点的斜率都是相等的，不同的仅是图 3.11 中有一条斜率为 1 的直线型劳动力需求曲线，另有一条从原点出发的 45°线 OP，两条线的交点为 Q。

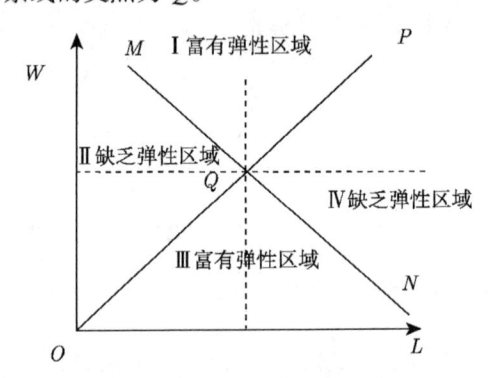

图 3.11　劳动力需求弹性的类型

显然，在 Q 点上，$W_Q=L_Q$，即 $W_Q/L_Q=1$，由于这条劳动需求曲线上的斜率也是 1，所以，Q 点的劳动力需求的自身工资弹性是 1。对于 Q 点左上方的直线型劳动力需求曲线上的所有的点，属于富有弹性的，其中，垂直于横轴的劳动力需求曲线属于完全富有弹性。对于 Q 点右下方的区域的劳动力需求曲线上的所有点，则是缺乏弹性的。左上端的那些点上的自身工资弹性要高于右下端的那些点上的弹性。

（二）希克斯-马歇尔派生需求定理

现在来讨论特定要素在产业层面上的自身需求价格弹性问题。经济学上把影响劳动力需求的自身工资弹性的因素总结为希克斯-马歇尔派生需求定理（Hicks-Marshall rules of derived demand），该定理是以英国经济学家约翰·希克斯和阿尔弗雷德·马歇尔的名字命名的，以表彰他们各自在这一领域所做的开创性研究。

1. 派生需求定理的主要内容

假定劳动力是两种要素投入（如劳动和资本）之一，且劳动者所供给的劳动服务是完全同质的。派生需求定理认为，若保持其他条件不变，劳动力需求在下述四种情形下会具有较高的自身工资弹性：一是很容易用其他生产要素来替代此类劳动力；二是消费者对此类劳动力所生产的最终产品的需求具有较高的价格弹性；三是其他生产要素的供给是富有弹性的；四是此类劳动力的成本占总生产成本的比例较高。下面将分别阐述影响劳动力需求的自身工资弹性的这四个方面的内容。

1）其他生产要素与劳动力之间的替代弹性

希克斯-马歇尔派生需求第一定律的内容是，在其他条件相同的情况下，获取特定投入的替代物越容易，则对该要素的需求越富有弹性。在前面已经提到，这是由等产量曲线的形状所决定的：在其他条件相同的情况下，等产量曲线的弯曲度越小，工资率的既定变动所引起的替代效应就越大。

当某种劳动力的工资率上升时，如果此类劳动力很容易被资本或者其他类型的劳动力所替代，替代效应将发挥作用，企业会倾向于用相对便宜的其他生产要素对其进行替代。但如果这类劳动力很难被替代，那么工资率上升的替代效应将很难发挥作用，企业要减少劳动力需求只能依靠产出效应，即通过削减生产规模来实现。篮球俱乐部里的顶级球星、天赋异禀的歌唱家、掌控企业关键部门的工程师、操作特种设备的技术能手等，这些掌握了某种极其特殊技能的劳动力在许多场合几乎是无可替代的。一般来说，非技能型工人的可替代性大于技能型工人。

2）最终产品的需求价格弹性

希克斯-马歇尔派生需求第二定律的内容是，使用某要素所生产出来的产品的需求价格弹性越大，则企业对该要素的需求弹性就越大。这一命题直接源自劳动需求是一种派生需求的事实，劳动量直接取决于生产市场上的产品需求量（其他条件相同的前提下）。第二定律强调的是产出效应，而不是替代效应。工资率的下降引起成本与价格下降，从而导致对该产品市场需求的增加。在其他条件相同的前提下，产品需求曲线越富有弹性，价格变动所引起的产品需求量的变动就越大。劳动需求曲线倾斜的大小，取决于产品价格的下降速度。如果最终产品的需求完全缺乏弹性，那么由于产出效应为零，工资的下降只能通过替代效应。显然，在其他条件相同的前提下，产品需求越富有弹性，既定的产品价格下降导致市场能够容纳的产品增量就会越多。在这种情况下，产量效应较大，从而产业劳动需求出现更显著的增加。

通过对经济活动的观察，可以发现，在长期，产品自身需求价格弹性大于短期，劳动需求弹性也是如此。同时，垄断企业比竞争性企业的劳动力需求弹性更小。这是因为垄断企业是特定市场上唯一的产品销售者，它们面临的产品需求曲线本身就是市场或行业需求曲线。

3）劳动力成本在生产成本中的比例

希克斯-马歇尔派生需求第三定律的内容是，要素在总生产成本中所占地位越重要，对该要素的需求就越富有弹性。在其他条件不变的情况下，如果劳动成本占总生产成本的比例越大，劳动需求弹性就越大。因此，这一条定律有时也被称为"缺乏位置的重要性"。

人们之所以广泛地接受该定律，是因为它十分类似于产品自身需求价格弹性情况：在消费者的收入中，用该产品的比例越小，则对该产品需求就越缺乏弹性；同样，对生产者而言，成本的大量增加最终会导致产品价格的大幅度提高，而产品价格的提高会使产品需求量大幅度减少，产品需求量的减少会使劳动需求下降。例如，假设某种劳动力最初占产品总成本份额的30%，如果工资率上升10%,企业总成本将上升3%(30%×10%)，但如果最初比例为70%，则工资率同样上升10%的情况下，总成本将上升7%，明显高于前者。在后一种情况下，企业会被迫更多地提高产品价格，而价格的上升会导致企业销售量更大规模地下降，产出量和劳动力需求量的下降幅度也会更大。在劳动力成本所占比例更高的情况下，工资率上升所导致的规模效应和替代效应都会更大，劳动力需求的自身工资弹性也就会更高。

当然，由于这一定律忽略了其他生产要素对当前劳动力进行替代的可能性，因而这一定律并非总是正确的，在有些情况下可能并不成立。尽管某类劳动力在成本中所占比例较大，但是，如果这类劳动力很难被其他劳动力或者资本品所替代，劳动力需求的工资弹性未必就比在总成本中所占比例较小时更大。反之，尽管劳动力在生产成本中所占比例较小，但是如果其他劳动力能够很好地对当前劳动力进行替代，则这类劳动力的工资率即使稍微上升，也会导致其需求量大幅度下降。

4）其他投入要素的供给价格弹性

马歇尔第一定律暗含着这样一个假设，即假定资本等非劳动投入要素的价格不受其需求的影响。但事实上，资本等要素的价格往往会因其需求的变动而变动，且变动的幅度取决于资本的供给弹性。

希克斯-马歇尔派生需求第四定律的内容是，其他生产要素的供给越富有弹性，对该特定投入的需求就越富有弹性。如果两种投入是替代品，那么在其他条件相同的前提下，工资率的下降会使企业在生产过程中用劳动替代资本。

暂时假定产量扩张效应是微不足道的，在这种情况下替代效应表现为减少对资本的需求。如果对该产业的资本供给有相当大的弹性，则资本租金大体不变，出现完全的替代效应。但是，如果资本供给是缺乏弹性的，那么同样的替代效应下资本租金会有较大幅度的下降，而等成本线斜率的变动则较小。对于产量扩张效应来说，也会出现这种情况。工资率下降所引起的劳动对资本的替代，在不同程度上被产量扩张引起的资本使用所抵消。如果劳动对资本的替代引起资本租金出现较大幅度的下降，那么企业扩张产量的压力加大，其净效应使得劳动需求更富有弹性。

综上所述，工资率变化对自身劳动力需求量变化的影响主要通过规模效应和替代效应这两个方面体现出来，希克斯-马歇尔的派生需求定理中的四条定律均是围绕这两种效应的作用展开的。

2. 希克斯-马歇尔派生需求定理的应用

由前面的讨论可知，派生需求定理可以解释为什么长期劳动力需求弹性比短期劳动力需求弹性大，行业劳动力需求弹性比单个企业的劳动力需求弹性大，事实上，这一定理也可用于解释劳动力市场中工会行为及其产生的后果。

在工会的各种目标中，努力提高工会会员的工资和增加工会会员的工作保障性是工会最重要的两个目标。但是，工会面临的劳动力需求曲线的自身工资弹性显然会影响和制约工会对其目标的实现。如果其他条件相同，劳动力需求的自身工资弹性越大，工会在尽可能保障其会员就业安全的情况下为他们争取到工资增长的能力就越差。这是因为，当劳动力需求曲线是富有弹性的时候，与工资率上升的百分比所对应的就业量下降的百分比会很大，这时如果工会强硬要求企业提高工资，其结果必然会使工会会员的就业量出现更大比例的下降。

（1）在劳动力需求无弹性的市场上，工会的讨价还价能力最强，工会能够为其成员争取到的工资增长幅度最大。也就是说，劳动力需求的自身工资弹性越小，工会越有机会为工会成员争取到工资增长。例如，美国 NBA 职业球员工会（NBPA）在为球员争取工资福利的劳资谈判中就具有很强的议价能力。

(2）选择在劳动力需求无弹性或弹性较低的劳动力市场建立工会组织，且在劳动力成本比例较小的情况下，工会在劳资谈判中取得成功的可能性较大。相反，对于那些所在行业劳动力需求弹性较大的行业工会而言，很难在与雇主的工资谈判中取得成功。例如，码头职业工会的工资谈判与罢工行为往往很难让雇主作出大幅度的让步，因为搬运工等工种的劳动力需求弹性较大。而对于电工工会、律师工会和球员工会这样一些以小群体劳动者为组织对象的同业工会就比较容易在工资谈判中取得成功。

（3）工会往往力图抵制那些可能会与工会化企业所生产的产品产生竞争关系的其他产品。通过限制消费者获得同类的其他产品，工会实际上降低了自己所生产相关产品的价格需求弹性。例如，美国汽车工人联合会在支持美国政府制定政策限制日本汽车进入美国市场中发挥了重要的作用。近年来欧美国家一些工会对中国的家用电器等出口产品也采取了类似的行为。

（4）工会将努力采取措施降低企业对工会成员的需求工资弹性，甚至抵制可能会导致工会会员需求弹性上升的技术变革，以防止资本对劳动力的替代。例如，排字工人工会就曾长期阻止计算机排字设备引入印刷行业，一些国家的传统零售行业工会对于网上店铺与电子商务的发展也忧心忡忡，甚至提出要限制其发展。

（5）工会还会尝试通过提高其他投入要素（如非工会劳动力）的价格来阻止雇主对工会会员进行替代。例如，工会支持立法要求雇主给所有工会成员和非工会成员支付由集体谈判所确定的工资率，以防止雇主用非工会成员来替代工会成员。例如，工会推动政府制定更高的最低工资标准，以阻止雇主将工厂转移到工资水平较低的地区。

显然，派生需求定理确实有助于指导工会的行为。此外，政府在制定许多公共政策的时候，也必须考虑到相关因素对劳动力需求可能造成的影响。

（三）劳动力需求的交叉工资弹性

如果企业在生产过程中同时使用两种或两种以上的生产要素，一种生产要素的价格的变化往往会引起另外一种生产要素的需求量发生变化。相对于生产过程中所使用的劳动力来说，另外一种生产要素可以是资本，也可以是其他类型的劳动力。资本价格或者另外一种劳动力价格的变化，都会对当前劳动力的需求产生影响。在这里，劳动力的价格变化对另外一类劳动力的需求量产生的影响就涉及劳动力需求的交叉工资弹性问题。

劳动力需求的交叉工资弹性（the cross elasticity of demand for labor），是指某一类劳动力的工资率变化一个百分比所导致的另外一种劳动力需求数量变化的百分比。假设劳动力（i）的工资率发生变动，变动幅度为 ΔW_i，由此引起另一种劳动力（j）需求量变动 ΔE_j，那么劳动力需求的交叉工资弹性就可用公式表示为

$$\eta_{ij} = \frac{\frac{\Delta E_j}{E_j} \times 100\%}{\frac{\Delta W_i}{W_i} \times 100\%} = \frac{\Delta E_j}{\Delta W_i} \times \frac{W_i}{E_j} \qquad (3\text{-}33)$$

劳动力需求的自身工资弹性的值为负，但劳动力需求的交叉工资弹性的值有可能为正，

也有可能为负。如果两种劳动力的交叉工资弹性为正，意味着一种劳动力的工资率提高反而会促使另一种劳动力的就业增加，此时，两者之间就是一种总替代关系（gross substitutes）。如果两种劳动力的交叉工资弹性值为负，则意味着一种劳动力的工资率提高会促使另一种劳动力的就业量减少，说明两者之间是一种总互补关系（gross complements）。

如果两种生产要素之间是互补关系，则它们一定是总互补关系。因为两种生产要素互补就意味着在生产过程中必须同时使用它们，增加一种要素的使用量也就意味着必须增加另外一种要素的使用量。这种情况下，只存在产出效应（规模效应），不存在替代效应。而如果两种生产要素之间是替代关系，则它们未必一定是总替代关系。因为替代效应和产出效应（规模效应）同时存在，如果产出效应（规模效应）更大，两者之间就是总互补关系；如果替代效应更大，两者之间就是总替代关系。

不同类型的劳动力之间究竟是总替代关系还是总互补关系，显然具有重要的经济学含义，对于制定有关的就业政策具有十分重要的指导意义。

例如，在技术工人同非技术工人的关系上，如果技术工人同非技术工人是互补性生产要素的关系，那么当技术工人的工资率下降时，企业将增加对技术工人的雇佣，因而，企业对非技术工人的需求数量也将增加，这会导致非技术工人工资率的上升。相反，如果技术工人同非技术工人是总替代关系，那么当技术工人的工资率下降时，企业将雇佣更多的技术工人，而相应减少对非技术工人的雇佣。此外，不同性别甚至不同年龄段的人们是存在总替代关系还是总互补关系也是值得深入研究的问题。以不同性别的劳动力为例，假如曾经退出劳动力市场的女性重新进入劳动力市场，那么女性进入劳动市场是否会对男性工资率产生影响呢？可以分成三种情况：首先，如果男女在不同的经济部门工作，男性劳动者和女性劳动者是独立的生产要素，那么女性对劳动力市场的参与就不会对男性的工资率造成任何影响。其次，如果男女劳动者都在同一经济部门工作，并假设男性劳动者与女性劳动者分别处于管理地位和被管理地位，即不同性别劳动者为互补性的生产要素（男医生与女护士、男工程师与女助理等的关系与此类似），那么，女性劳动者的进入将增加对男性劳动者的需求，会提高男性劳动者的工资率。最后，如果男性和女性之间是总替代关系，如在劳动力市场上妇女与男性非熟练工人之间就是一种总替代关系，那么，随着更多女性参与到劳动力市场中，将极有可能降低男性非熟练工人的工资率。

[小结]

- 劳动力需求是指在一定时期内，在某种工资率下雇主愿意并能够雇佣到的劳动力的数量。劳动力需求是一种派生需求，这种需求依赖于或派生于它所生产的产品或服务的需求状况。
- 在短期，当企业所雇佣的劳动力人数恰好使得劳动力的边际收益产品等于劳动力的边际费用时，企业实现了利润最大化目标，此时增加一单位的劳动力雇佣给企业带来的价值增值水平正好等于为雇佣这一单位劳动力所需要支付的工资水平，这时候的雇佣量就是最优雇佣量。在图形中表现为边际产品价值曲线与边际成本曲线的交点，交点所对应的劳动力需求量就是特定工资率下的最优雇佣量。

- 等产量线描述了能够生产同样产量水平的劳动和资本的各种可能组合，等产量线各点的斜率的绝对值就是劳动力对资本的边际技术替代率，等产量线上的边际技术替代率的下降速度反映了劳动与资本这两种投入要素之间的相互替代程度。在长期生产决策中，企业如果能做到花在劳动和资本等任何一种生产要素上的最后一个单位货币所带来的产出增量都是相同的，便能够实现生产成本的最小化。
- 产出效应又称规模效应，是指工资率变动使得企业的总生产成本发生改变，企业的生产规模因此受到影响，产出规模的扩大或缩小进而导致对劳动力的需求发生相应的变化。规模效应与工资率的变化方向相反，工资率的下降会导致企业规模的扩大并由此导致劳动力需求量的上升；工资率的上升会导致企业规模的缩减并由此导致劳动力需求量的下降。
- 替代效应是指在产出保持不变的条件下，因工资率的变动导致劳动力的相对价格发生变化并由此导致企业劳动需求量的变动。工资率的上升或者下降将导致企业在资本和劳动力这两种要素之间相互替代，工资率上升时企业以相对便宜的资本替代劳动力会使企业的劳动力需求下降，工资率下降时企业以相对便宜的劳动力替代资本会使劳动力的需求上升。
- 由于工资率的变动将同时引起产出效应和替代效应，两者的作用方向相同，因此工资率的变动会使企业对劳动的长期需求增加或减少得更多，从而使得企业的长期劳动需求曲线比短期劳动需求曲线更为平坦，更富有弹性。
- 不同类型的劳动力之间究竟是总替代关系还是总互补关系对于制定有关的就业政策具有重要的指导意义。

[关键概念]

生产函数	等产量线
短期生产函数	等成本线
边际收益	替代效应
派生需求	产出效应
边际产出	劳动力需求的自身工资弹性
劳动力的边际产出	劳动力需求的交叉工资弹性
劳动力的平均产出	总替代关系
劳动力的边际收益产品	总互补关系
边际技术替代率（$MRTS_{LK}$）	长期劳动力需求曲线
边际产出递减规律	派生需求定理

[复习思考题]
1. 结合劳动力需求理论分析工资率的变动在短期和在长期会怎样影响企业的劳动力需求？
2. 派生需求定理的基本内容有哪些？
3. 运用劳动力需求原理分析最低工资立法对劳动力市场的影响。
4. 你认为除工资以外还有哪些因素会对劳动力需求量产生影响？

5. 如何推导出完全竞争企业的劳动力需求曲线和市场需求曲线？

6. 不同类型的劳动力之间是总替代关系还是总互补关系对于政府制定就业政策有何启示？

7. 假设企业以利润最大化为目标来决定最优劳动力需求量，并假设单个产品的价格不变，$P=10$ 元，每个劳动力的工资也不变，$W=50$ 元/天。

要求：①通过计算，在表1空缺处填上适当数字。
②求出企业的最优劳动力需求量。

表1 企业的劳动需求与边际产品价值

劳动力数量	总产量	边际产量	劳动的边际产品价值	工资率
1	10	10	100	50
2	18			50
3	24			50
4	29			50
5	32			50
6	30			50

8. 假设某完全竞争企业的产量 Q 仅仅是劳动投入 L 的函数（即暂不考虑资本等要素；或者假定它们短期内是固定不变的），且生产函数为

$$Q(L) = 100 + 10L - \frac{1}{40}L^2$$

其中，Q 的单位为件；L 的单位为小时。

假设该市场是完全竞争市场，若工资率 $W=12$（元/小时），产品价格 P 为 2 元/件。试求出企业的最优劳动雇佣量是多少？此时的利润等于多少？

HAPTER 4

第四章 劳动力市场运行

【内容提要】

劳动力市场运行是劳动力供给和需求共同作用以达到均衡的动态过程,供求任何一方的变动均会对均衡产生影响。供求分析框架是分析劳动力市场运行的重要工具,可用于分析最低工资、工薪税、补贴、移民等政策的经济后果,也可用于分析买方垄断市场的工资和就业决定。

【学习要点】

1. 掌握劳动力市场均衡、竞争性市场、买方垄断市场的概念。
2. 掌握劳动力市场均衡的形成过程。
3. 运用供求分析框架分析供求变动对工资、就业的影响。
4. 运用供求分析框架分析最低工资、工薪税、补贴、移民的经济后果。
5. 了解买方垄断市场的工资和就业决定。

本书第二章和第三章，分别从劳动力供给方和需求方阐述市场劳动力供给和市场劳动力需求是如何形成的。然而，分析劳动力市场状况，却不能将两者分割开，因为劳动力市场的运行自始至终是供给和需求两者相互作用以达到均衡的动态过程，并由此呈现人们现实生活所见的劳动力短缺、过剩和均衡等变化着的市场状况。

在相对直观的市场状况下，"看不见的手"是如何发挥作用的？"看得见的手"又会产生哪些经济后果？本章将解答"劳动力市场如何运行"这一问题的来龙去脉，提供基于新古典经济学的、简洁的供求分析框架，并用它做若干政策应用的分析（如最低工资、工薪税或补贴、移民对市场产生的经济后果等）。在内容安排上还区分了竞争性劳动力市场和非竞争性劳动力市场（毕竟后者在一些局部市场中也很常见），特别分析了买方垄断劳动力市场的运行机制。

第一节　竞争性劳动力市场均衡

"竞争性"是从市场结构的维度提出的。在微观经济学里已经了解：厂商面临的产品市场根据市场结构可以划分为完全竞争市场、垄断竞争市场、寡头市场和垄断市场，不同的市场结构对应不同的均衡分析。同样，劳动力市场也存在不同的市场结构，了解劳动力市场均衡，可以从最简单的竞争性劳动力市场着手。

与竞争性产品市场类似，完全竞争的劳动力市场即竞争性劳动力市场，尽管它的假设十分严格，却是分析劳动力市场的一个极佳的切入点。竞争性劳动力市场，即假定劳动力市场上有不计其数的劳动者和企业，所有这些行为主体都掌握充分的信息，可以自由进入和退出市场，这种情况下市场将形成一个供给与需求相匹配的工资率，所有行为主体都只能是这一市场工资率的接受者和反应者，而无力影响这一工资率。换言之，任何一个劳动者是否接受某个岗位的决定，以及任何一家企业是否雇佣某个劳动者的决定，对整个市场的劳动力交易价格（工资率）的影响可以忽略不计。

垄断的劳动力市场则不然。这里的垄断有两种情况：一种情况是，有众多的待雇劳动者，却只有一家可以雇佣劳动者的企业，这被称为买方垄断；另一种情况是，有众多需求劳动力的企业，但待雇的劳动者却只有一个人或者一个统一行动的组织（如工会），这被称为卖方垄断。

在现实生活中，真正意义上的完全竞争的劳动力市场是不存在的，因为企业或者劳动者还是有一定的讨价还价能力的，特别是那些具有良好口碑的企业和具有较高技术水平的劳动者。但某些劳动力市场是近似于完全竞争的，如文员和秘书劳动力市场、汽车司机劳动力市场、建筑工人劳动力市场等。完全垄断的劳动力市场也是不存在的，毕竟并非所有的劳动力只能为一家企业服务，也没有哪个劳动者对于企业是必不可少的。不过，有些情形近似于垄断市场。例如，中国一些垄断行业的大型企业，由于它们在产品市场的垄断地位，其在劳动力市场也具有相当高的谈判力，在劳动力市场上更接近买方垄断；而一些具有特殊技能的劳动者，如体育健将、影视明星等，他们在劳动力市场也具有相当高的谈判力，使得他们在劳动力市场上更接近卖方垄断。

不管是竞争性劳动力市场，抑或垄断的劳动力市场，每一个特定的市场结构下的劳动力市场，都会形成一个特定的均衡。如果这个市场中的供给和需求都不发生变化，这一均衡也不会发生变化。当然，这样静态不发生变化的劳动力市场在现实生活中是不存在的，因为劳动力需求或供给每时每刻都有可能受到冲击。

无论如何，竞争性劳动力市场均衡是理解"劳动力市场如何运行"这一问题极为简单的范例，下面将具体论述这种市场结构下均衡是如何达成的。

一、劳动力市场均衡的达成

所谓均衡，是指各种力量达到平衡，进而形成的一种稳定状态。它在经济分析中常被广泛运用，这是因为它描述的是经济事物中有关变量在一定条件的相互作用下达到的一种相对静止的状态，在这种状态下经济事务各参与者的力量能相互制约和抵消，某种程度上也说明该经济事物的各方面愿望都能得到相对满足，达到平衡。正因为如此，经济学研究热衷于寻找经济事物变化中趋于静止之点的均衡状态，劳动经济学研究当然也要关心劳动力市场的均衡。

劳动力市场的均衡，就是劳动力市场供给和需求双方力量达到平衡的状态。因此考察劳动力市场的均衡，首先要将劳动力的市场供给曲线和市场需求曲线绘制在同一张图（图4.1）上，这样就能揭示出一些有意义的信息。从图形上看，市场的均衡点就是供给曲线和需求曲线的交点 E，对应均衡工资 W_E，均衡就业率 L_E。市场均衡是不是如画图般一下子就达成呢？显然不是，原因是：①劳动力市场供求双方的微观个体并不清楚市场供求曲线的函数，因为市场供求曲线是由这些微观个体行为加总形成的，它来源于个体却不受某一个体左右；②供求双方的行为基础是自身效用最大化，不管是雇主还是劳动者，他们关心的主要是工资率，并不关心市场是否均衡（这也许是政府关心的事，尽管很多经济学家认为政府也没必要关心）。这样看来，市场均衡的形成肯定是在无序之中逐步形成的。

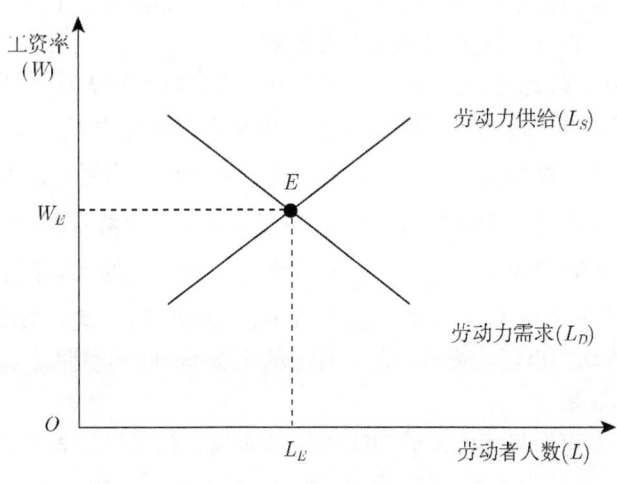

图4.1 市场劳动力供给与市场劳动力需求

在论述市场均衡是如何达成之前，不妨先从相对直观的市场状态入手，因为这往往是人们能观察到的。例如，在产业升级中某类普通工人短缺，在较低工资水平上企业长期招不到足够的劳动者（各类媒体经常会报道此类信息）；市场上某一职位的工资水平会在一定范围内上下波动（政府的薪酬白皮书会定期公布）等。

一般来说，任何一个劳动力市场都可能处于下列三种状态：

（1）劳动力供给量超过劳动力需求量，即供过于求或供给过剩；
（2）劳动力供给量不足以满足劳动力需求量，即供不应求或供给短缺；
（3）劳动力供给量刚好与劳动力需求量相等，即供求相等或供求平衡。

这三种状态中，显然，只有第三种状态平衡了劳动力供求双方的力量，因此第三种状态是劳动力市场均衡状态。

劳动力市场均衡状态是怎样形成的呢？一切市场均衡状态的形成都是交易双方讨价还价的结果。劳动力市场也不例外。劳动力供给（或需求）的量受到工资率的影响，因此工资率变化必是导致劳动力市场趋向平衡的关键力量。问题是，工资率如何变化又如何调整劳动力市场的供给和需求的量呢？这一问题难以回答。要回到一种直观的逻辑，也许比较简单：当劳动力供给过剩的时候，劳动者为了避免自己成为失业者，相互之间就会展开竞争，这种竞争最直接的手段就是价格竞争——接受一个更低的工资率；从而，供给过剩使得工资率具有向下的压力；反之，当劳动力供不应求，出现供给短缺，企业之间为了填补岗位就需要展开竞争，竞争的结果是企业不断提高自身的工资水平，可见供给短缺使得工资率上升。当劳动力供给量与需求量相等的时候，劳动者之间和企业之间都不再需要竞争，工资率便既没有上升压力也没有下降的压力，维持在一个平衡的水平，称此为劳动力市场的"均衡工资率"，而均衡工资率对应的劳动力供给量（也等于劳动力需求量）就是被企业雇佣的劳动力数量，称为劳动力市场的"均衡就业率"。由于市场状态是无数个微观个体的自由选择的结果，不是可控的"精密仪器"，所以均衡往往发生于瞬间，大多数时候市场都处在向均衡调整的状态。

在有些教材上，也把市场均衡称为市场出清（market clear），把均衡工资率称为出清工资率。这是一个相当形象的说法：当所有愿意工作的劳动力都找到了工作，企业设置的所有岗位也获得了雇员人选，市场上没人招募也没人求职。

上述过程可以用图形模型刻画出来。图4.2中，右上倾斜的L_S是劳动力供给曲线，右下倾斜的L_D是劳动力需求曲线。当工资率为W_1时，劳动力供给量为L_{S_1}，劳动力需求量为L_{D_1}，此时便出现了供给过剩，供给过剩的数量为$L_{S_1}-L_{D_1}$；此时，劳动力之间的就业竞争导致工资率有下降趋势。当工资率为W_2时，劳动力供给量为L_{S_2}，劳动力需求量为L_{D_2}，此时便出现了供给短缺，供给短缺的数量为$L_{D_2}-L_{S_2}$；此时，企业之间的就业竞争导致工资率有上升趋势。当工资率从W_1下降到W_E，或者工资率从W_2上升到W_E，此时劳动力供给量与需求量均为L_E，称E点为劳动力市场均衡点，E点对应的工资率W_E和雇佣量L_E分别为劳动力市场均衡工资率和均衡就业率。

如果描绘出劳动力市场具体的供给曲线和需求曲线，便可以计算出劳动力市场的均衡工资率和就业率。

例4.1：令$L_D=10-W$，$L_S=2W-2$，请问劳动力市场均衡工资率和均衡就业率各是多少？若政府规定最低工资率为5单位并严格实施,这会导致劳动力过剩还是短缺,过剩和短缺多少？

图 4.2 劳动力市场的三种状态

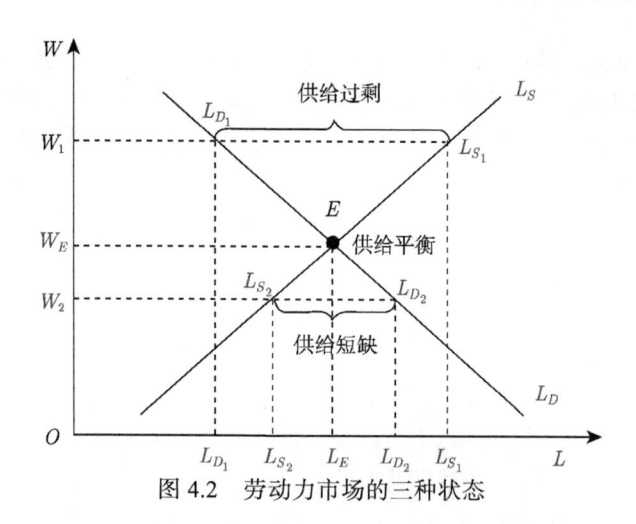

解：令 $L_S = L_D$，有 $2W - 2 = 10 - W$，解得 $W_E = 4$（单位），从而 $L_S = L_D = 6$（单位）。即均衡工资率为 4 单位，均衡就业率为 6 单位。

若政府规定最低工资为 5 单位，容易算出 $L_S = 8$，$L_D = 5$，因此出现了劳动力供给过剩，会过剩 8−5=3(单位)劳动力。

二、单一劳动力市场的竞争性市场均衡

本书已经简单论述劳动力市场均衡是如何达成的，以及在供给过剩或供给短缺的情况下，市场是如何运用其"看不见的手"通过交易价格（工资率）的调整而不断逼近和达成均衡的。现在进一步讨论单一和跨越各个劳动力市场的竞争性市场均衡。

为便于理解分析，前一小节仅仅在一个劳动力市场中考虑竞争性均衡的问题，属于单一竞争性劳动力市场的情况，如图 4.2 所示。这种市场具有如下特点：

（1）不存在失业。在均衡工资 W_E 下，想找工作的劳动者人数恰好等于所有企业想雇佣的人数。那些没有工作的人，是没有意愿在现行工资水平下寻找工作的，除非工资水平提高，他们才有可能进入市场。由于没有意愿，他们当然不能归列为"失业者"。

（2）单个企业雇佣劳动者数量为本企业劳动力的边际产品价值恰好等于竞争性工资时对应的雇佣量。在此点之前，劳动者的边际产出即边际产品价值会大于支付给这一劳动者的工资（即竞争性工资，因为完全竞争市场工资不是单个雇主或劳动者所能决定的），企业仍有利可图，因此会继续雇佣。

（3）竞争性均衡可以使劳动力资源得到有效配置。如果劳动力在各个企业中的配置能使劳动力市场中来自交易的收益最大化，那么称这一配置为有效配置。如何衡量国民经济中自然产生的来自于交易的收益呢？简单地说，生产者和劳动者在交易过程中得到的额外收益加总就是国民经济中的总收益。为了讲清楚这个问题，引入生产者剩余和劳动者剩余的概念。

理解这部分内容可能有些困难，学有余力的同学可以尝试理解。首先，生产者剩余如何测量？如图 4.3 所示，在竞争性市场中，所有企业自然加总的总收入，等于市场上成功被雇佣的第一位劳动者到第 L_E 位劳动者的边际产品价值的总和，也就是竞争性均衡中的所有劳动者

所生产出的边际产品价值加总。由于劳动力需求曲线表示边际产品价值，以第 L_E 位劳动者为例，线段 a 表示企业雇佣该名劳动者的边际产品价值减去其实际支付给该名劳动者的工资 W_E 之后的剩余，即该名劳动者为企业带来的利润。如此累加，需求曲线在竞争性工资 W_E 之上的三角形面积 P，就是企业在劳动力交易中自然产生的利润，称为生产者剩余。

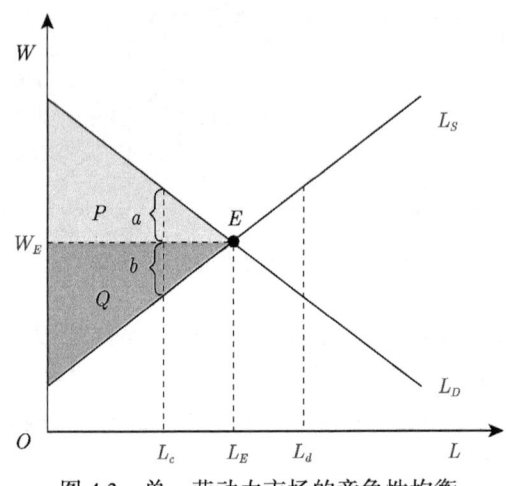

图 4.3　单一劳动力市场的竞争性均衡

再考察劳动者在交易中的收益。供给曲线表示企业为吸引新增劳动者进入该市场所提供的工资。仍以第 L_E 位劳动者为例，线段 b 度量的是他实际得到的竞争性工资 W_E 与理性人假设下企业只需对其支付的工资之差，这样他也获得了在竞争性市场中特有的收益，将这些劳动者的收益加总得到三角形面积 Q，称为劳动者剩余。关于劳动者剩余还可以这样理解：供给曲线代表边际劳动者的时间花费在可变换的其他用途上的价值（即本工作的机会成本），劳动者实际接受的工资与其在劳动力市场之外的时间价值之差，即可视为自然产生的收益——劳动者剩余。

将生产者剩余与劳动者剩余加总，即得到国民经济来自于交易的收益。

要想了解为什么在均衡点国民经济自然产生的来自交易的收益总额会最大化，不妨作如下分析。收益总额最大意味着，不管是劳动者还是企业，都没有其他更好的改进空间使总体收益更大。如果所有企业雇佣 L_d 名劳动者，则从 L_E 到 L_d 名劳动者并没有得到理性人假设下所应得到的工资，他们在其他地方的时间价值会更高，境遇会更好，换句话说，他们在该劳动力市场中并没有被有效利用。如果所有企业雇佣 L_c 名劳动者，情况又会怎样？企业本该雇佣却没有雇佣的 L_E-L_c 名劳动者，他们的边际产品价值均高于在其他地方的时间价值，他们在该劳动力市场中会得到更有效的利用。此时本该创造的生产者利润和劳动者收益并没有实现，说明此时市场还有改进空间，并非帕雷托最优，劳动力并未在该市场中得到有效配置。

三、跨越各个劳动力市场的竞争性均衡

多个竞争性劳动力市场是否也能达成单一的均衡工资？是否也能通过某种机制实现资源有效配置？这些问题的解答有助于理解更为真实的劳动力市场。

现实中某一经济体通常是由多个劳动力市场组成的，如可以根据行业划分为不同市场，有建筑业劳动力市场、酒店业劳动力市场、纺织业劳动力市场等；可以根据工作技能划分为不同市场，有飞行员市场、出租车司机市场、文员市场、工程师市场等；哪怕是工作技能相似，根据地域不同也可以划分为多个劳动力市场，有东部沿海劳动力市场、中部劳动力市场、西部劳动力市场等，用"孔雀东南飞"可以形象地描述中国始于20世纪70年代末人才从中西部地区流向经济发展较快的东南沿海地区的情形。下面就以跨越不同地区的劳动力市场为例考察竞争性均衡的情况。

假设经济体存在两个地区性的技术工人劳动力市场：东南沿海地区的劳动力市场和中西部地区的劳动力市场，这两大市场雇佣技能相似的劳动者，因此这两大市场的劳动者彼此完全替代，从一个劳动力市场流出的劳动者数量必然等于另一个劳动力市场增加的劳动者数量。图4.4中描绘了两个市场的供给曲线和需求曲线。为便于直观计算，将供给曲线描绘成垂直线条，这意味劳动力供给在本地区内是完全无弹性的，即不是因为本地具有合格技能的劳动者嫌工资低而不愿进入劳动力市场，而是因为本地确实缺乏该类人才，不论工资如何变化本地的劳动者数量是一定的。如图4.4所示，东南沿海由于经济快速发展，企业对技术工人的需求量大，而具有该技能的劳动者数量有限，初始的均衡工资W_1比中西部劳动力市场的均衡工资W_2高，这样初始状态下两个市场分别形成各自的均衡点。

那么，在完全竞争市场中，这种工资差异能否持续且两个市场是否分别存在两个均衡点？答案是否定的。竞争性市场存在的信息对称和要素自由流动的假设，必然导致一部分中西部地区的技术工人出于致富预期，到东南沿海寻找更高工资的工作机会。随着这一现象的出现，中西部市场的工资必然逐渐上升，而东南沿海市场的工资必然逐渐回落，两个市场的均衡工资逐渐朝同一工资水平反方向运动，直至工资水平一致，两个市场的劳动者再无流动的愿望。如图4.4所示，中西部地区的供给曲线从S_2移到S_2'，移动的距离恰好等于东南沿海的供给曲线S_1移到S_1'的距离，最终两个市场形成了统一的均衡工资W_E，即跨越了两个劳动力市场的竞争性均衡工资。

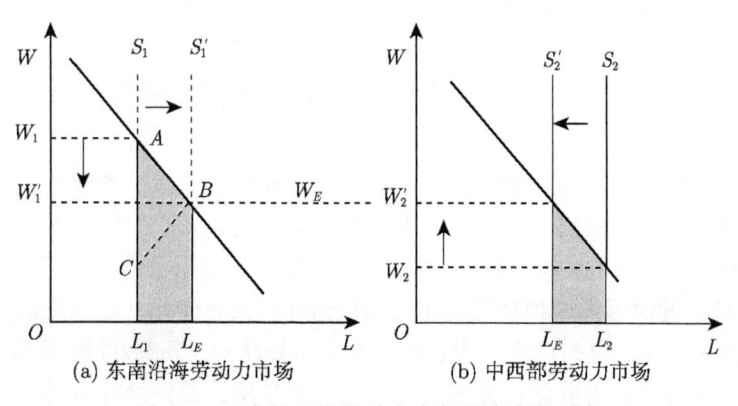

图4.4 两个地区性劳动力市场的竞争性均衡

将两个市场的分析拓展到多个劳动力市场，不难得出多个市场最终也会达成共同的均衡工资。

以上分析只是考虑了劳动者自由流动的情况，如果同时考虑到企业也可以自由流动，即东南沿海的雇主发现中西部劳动力工资偏低可以增加利润，于是转到中西部投资设厂，利用当地廉价劳动力，此时劳动力供给曲线和需求曲线将同时发生变动。但无论如何，各个市场都会产生向同一均衡工资靠近的压力，并最终形成跨越各个劳动力市场的竞争性均衡。

地区间的工资差异一直是劳动经济学领域极具研究价值的问题。按照以上的理论分析，随着时间的推移，这种工资差距会逐渐缩小，即存在着一种收敛的趋势。经验证据表明，工资水平的确会随着时间的推移而发生收敛，而且这种收敛并不局限于一个国家的劳动力市场中，一些研究也表明工资的国际差距也正在缩小。

细心的读者可能会问：跨越各个市场的竞争性均衡是否也能拥有单一竞争性市场所具有的一些属性？需要重新考察一下。

（1）"单一"工资属性。虽然在不同劳动力市场一开始存在工资差异，但随着劳动者的自由迁移，不同市场的供求逐渐趋于平衡，地区性工资差异也将消失，从而形成"单一"的均衡工资。

（2）不存在失业。这是竞争性劳动力市场均衡所共有的属性。

（3）各个市场给定技能的劳动力边际产品价值相同，即为均衡工资。

（4）跨越各个市场的竞争性均衡依然可以使劳动力资源得到有效配置。这需要通过直观的计算加以说明。为了便于考察，图4.4中的劳动力供给曲线为垂直线，意味着劳动者在劳动力市场外的时间价值为0，则交易的总收益等于坐标上均衡就业点之前、需求曲线以下的面积。中西部劳动力市场上劳动者的迁出，会导致该市场总收益的减少，减少部分等于图 4.4（b）的阴影面积。相反，东南沿海市场由于劳动力的迁入，会增加总收益即图 4.4（a）的阴影面积。在图 4.4（a）划出点 C 使 CBL_EL_1 的面积等于图 4.4（b）的阴影面积，直观比较可得：三角形面积 ABC 是迁移过程中，两个市场总收益增减抵消之后超出的部分，这就是迁移带来的国民总收益的增加部分。可见，哪怕跨越了不同的市场，通过劳动者和企业（上述的分析虽然假设企业未流动，但实际上企业流动也如劳动者流动一样，能带来供求变化从而调整价格）的自由流动，市场最终仍达到有效配置。

第二节　供给、需求变动与均衡

考虑劳动力供给、需求对均衡的影响之前，有必要先理清两组概念：供给量的变动和供给的变动、需求量的变动和需求的变动。因为供求量的变动无法引起均衡的变动，只有供求曲线的变动才会引起均衡的变动。例4.1中，通过计算得出该市场的均衡工资是4单位，均衡就业率是 6 单位。此时考虑两种情况：①如果供给曲线没有变化，而只是供给量发生变动，如从 6 单位变为 8 单位，这时就会发生供给过剩，市场状态（短缺/过剩/均衡）发生了变化，但均衡点本身的位置并没有变化；②如果供给发生了变动，如供给行为发生了变化，使得在工资为 3 单位时就已经有 6 单位供给量。这时，虽然供给量没有变，但均衡点肯定变化了。不难算出，市场的均衡工资变化为10/3 单位，较原先均衡工资 4 单位下降了 2/3 单位。

以上仅用例证给大家演示了这个问题。下面将详细为大家解释它们的区别以及引起这些变动的原因。

一、供求变动：量的变动还是曲线变动

现实劳动力市场瞬息万变，供给和需求每时每刻都在发生变动，从而带来市场状态的变化。现实观测到的供给量增加或减少，到底会不会带来市场均衡的变动？回答这个问题，首先要区分供求量的变动和供求曲线的变动。

（一）劳动力供给量的变动与劳动力供给曲线的变动

本书第二章介绍了工资等因素对市场劳动力供给的影响，有必要了解，在这些影响因素中哪些引起劳动力供给量的变动，哪些会引起劳动力供给的变动。

劳动力供给量变动是由工资变动所引起的。这种变化表现为在劳动供给曲线上的点的移动。以图 4.5 为例，从点 A 到点 B 的变动（即劳动力供给量从 L_1 变化到 L_2），是由工资率从 W_1 变化到 W_2 引起的，这就是劳动力供给量的变动。

劳动力供给变动，是由工资率之外的其他因素所引起的。例如，考虑一个地区突然涌入了不少新的移民，此时，给定原有的工资率不变，但由于人口的增加，也会导致该地区劳动力供给量增加。这样的变化在图形上表现出来，就是原有的劳动力供给曲线因为人口增加而发生了外移（向右移动），如图 4.5 所示。让供给曲线外移，即相同工资率 W_1 下，供给量从点 A 对应的 L_1 移动到点 C 对应的 L_2，因素可能还有很多。例如，劳动力的供给偏好发生了改变，原来由于认识偏见不愿意从事服务业的人们摒除偏见，投入服务业，同样工资水平能吸引到更多的服务业从业者；某些政策因素导致供给发生改变，西部大开发的各类引智计划和政策吸引了更多的人才转移到中西部，增加了这些地区的劳动力供给，哪怕是在同一工资水平下也能吸引更多人才；"生育潮"带来十几年后的年轻劳动人口的增加，也会使劳动力供给曲线外移。相反，有些因素，如自然灾害（瘟疫、地震、海啸、飓风等），会使人口锐减从而造成劳动力供给曲线左移；大规模的青壮年外出务工会使流出地劳动力供给曲线左移。

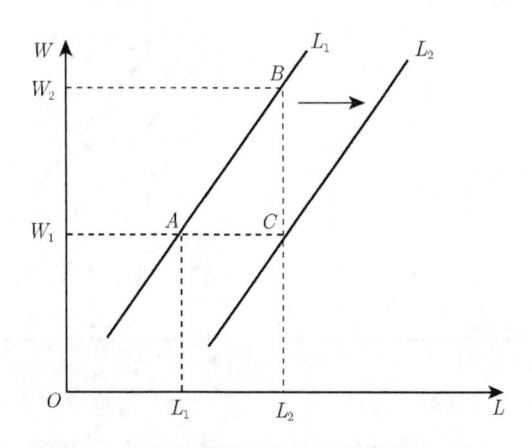

图 4.5 劳动力供给量的变动和供给的变动

因此，可以简单地这样总结，工资以外的其他因素，带来了劳动力供给曲线的移动，这就是劳动力供给变动。

从经济学的角度来说，区分量的变动和曲线的变动意义是很显著的。经济学注重比较静态分析——即保持其他因素不变，分析某一种因素变化的后果。上述区分可以说明哪些是工资率变动的后果，哪些是除工资率外其他因素（甚至是具体到某一种因素）变动的后果；另外，这种区分使得人们可以利用图形模型方便地分析工资率以及其他因素对劳动力市场供给产生的不同影响。

有简单的函数知识基础的同学不妨这样区分：在数学意义上，劳动力供给量可以写成如下函数：

$$L_S=S(W,X)$$

其中，L_S 代表劳动力供给量（注意，以后用 L_S 在图上来标记劳动力供给曲线）；W 代表工资率；X 代表除工资以外的所有影响因素；$S(\cdot)$ 表示函数关系。供给量的变动指的是自变量 W 取值不同从而带来的因变量 L_S 的变化，$S(\cdot)$ 本身不发生变化；而供给变动则指的是 X 的变动引起的 $S(\cdot)$ 的变化，从而引起 L_S 的变化。

（二）劳动力需求量的变动与劳动力需求的变动

与劳动力供给量的变动和劳动力供给变动一样，有必要区分劳动力需求量的变动与劳动力需求变动。仍然奉行一个简单的原则：工资率变化引起劳动力需求量的变动，而工资率之外的其他因素变化引起劳动力需求变动。

劳动力需求量的变动体现为沿需求曲线本身的点的移动，劳动力需求变动体现为需求曲线本身发生了移动。如图 4.6 所示，其中图（a）表示的是劳动力需求量的变动，当工资率从 W_1 下降到 W_2，劳动力需求量从 L_1 增加到 L_2；图（b）表示劳动力需求的变动，其中工资率仍保持在 W_1 没有变化，但劳动力需求增加了（需求曲线向右移动），结果在原来的工资率 W_1 水平上，劳动力需求量也变化为 L_2。对劳动力需求量变动和劳动力需求变动的划分，可以说明是工资率还是其他因素改变了劳动力的需求数量。大家不妨与前面讲过的劳动力供给量的变动和劳动供给变动结合起来加以理解。

(a) 劳动力需求量的变动　　(b) 劳动力需求的变动

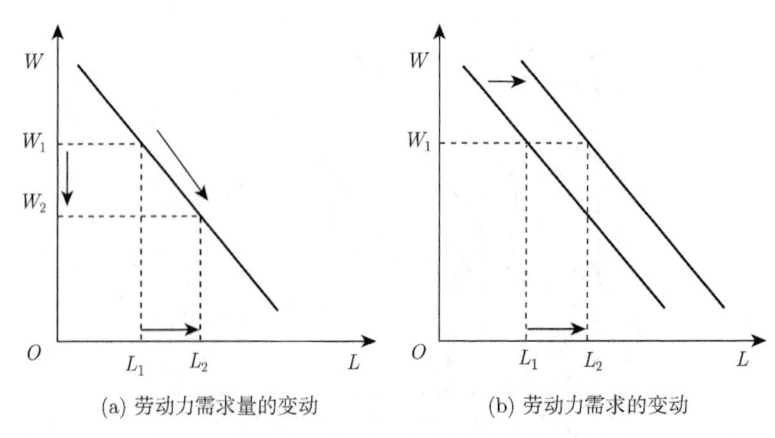

图 4.6　劳动力需求量变动和劳动力需求的变动

引起劳动力需求曲线变动的因素是很多的，如经济繁荣时期企业扩张带来的劳动力需求增加；政府对酒驾惩罚力度加强直接导致市场对"代驾"司机的需求增加；新幼儿教育理念的引入增加了对"引逗师"（简单地理解即与小儿玩乐逗其开心大笑）的需求；如各类金融衍生品的增加使市场对金融从业人员的需求增加。类似的因素还有很多，他们共同的特点是企业愿意在原先工资水平上雇佣更多的劳动者，或者企业不愿意在原先工资水平上雇佣那么多的劳动者。

二、供给、需求变动对均衡的影响

前面详细介绍量的变动与曲线变动的区别，是为了大家更好地理解本部分内容，因为下面阐述的供给、需求变动对均衡的影响，指的就是供给曲线和需求曲线的变动所产生的影响。

关注劳动力供给、需求变动对均衡的影响是有意义的。经济理论的任务主要有三个，解释现象、预测结果，以及评价和建议经济政策。就业水平是宏观经济学最关心的三个经济总量之一（其他两个分别是国民收入、价格水平），通过经济模型预测劳动力市场的均衡，以及各种因素对市场的冲击对均衡的影响，对经济政策的制定有应用价值。

现在来分析劳动力市场均衡模型如何预测经济结果。中国东南沿海城市自改革开放以来，吸引大量外商投资建厂，与此同时，大量农村剩余劳动力增加了这些地方的劳动力供给，降低了企业的用工成本，发展了当地经济。这会对东南沿海城市的工资率和就业产生什么影响？

借助劳动力市场均衡模型，可以像图 4.7 那样来分析。首先，要确认经济冲击影响的是劳动力供给还是劳动力需求。在这个例子中，经济政策带来大量获利机会，吸引大量雇主投资设厂，从而带来了劳动力需求的增加。需求曲线从最初的 L_{D_1} 外推（向右移动）到了 L_{D_2} 的位置；尽管不少国有企业员工私下里到这些民营企业赚点外快，但此时还未引起劳动力大规模的流动，劳动力供给暂时未明显变化。原来地区的均衡工资率和均衡就业率分别是 W_{E_1} 和 L_{E_1}；由于劳动力需求增加，原有的工资率 W_{E_1} 下出现了劳动力供给紧缺（紧缺的数量是 $L_3-L_{E_1}$）；供给紧缺导致工资向上的压力，最终升至新的均衡工资率 W_{E_2}，对应的新的均衡就业率是 L_{E_2}。将新的劳动力市场均衡点 E_2 与原有均衡点 E_1 比较，可以得出，改革开放之初，大量雇主投资设厂将提升沿海地区的工资率，这些地区的就业率会增加。

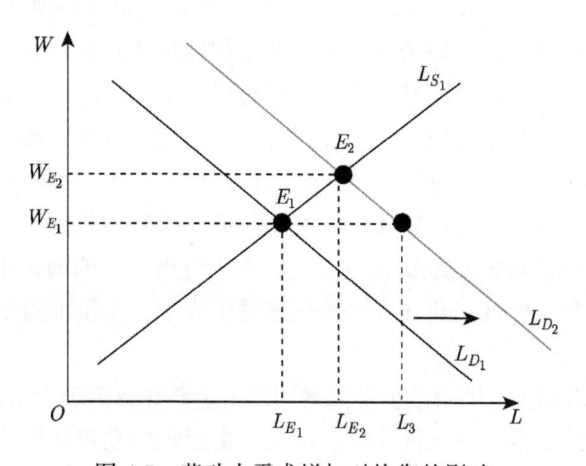

图 4.7 劳动力需求增加对均衡的影响

随着沿海地区工资率高的价格信号不断被周边及更远地区的劳动力获取，大量劳动力背井离乡到东南沿海城市打工，使这些地区的劳动力供给得以不断增加。如图4.8所示，劳动力供给曲线从 L_{S_1} 外推到 L_{S_2}，均衡点又从 E_2 移动到 E_3。此时市场均衡工资较 W_{E_2} 回落到 W_{E_3}。

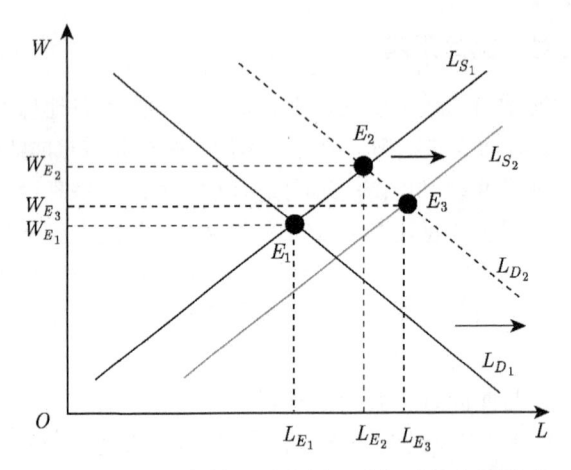

图 4.8 劳动力供给和需求同时增加对均衡的影响

无论需求增加还是供给增加，都对就业产生了正向影响；但是在工资率方面，劳动力需求增加产生的是正向影响，劳动力供给增加产生的是负向影响。劳动力需求对工资率的正向影响部分被劳动力供给的负向影响抵消了。至此，可以看到，改革开放带来的沿海经济发展导致劳动力流动，活跃了流入地劳动力市场，增加了劳动力就业，当地劳动力均衡工资随着供求变动而不断变动。实际上，劳动力需求和劳动力供给变动的就业效应和工资效应，须通过实证研究才能确切得知，仅仅由理论定性分析是得不出结论的。在此，只是用这一例子来说明经济外生冲击如何带来劳动力市场的供求变化以及它会对工资率和就业产生什么影响。

事实上，从2004年前后出现"民工荒"到2010年前后再次出现"用工荒"，东南沿海经济发展较快的城市近年来一直面临劳动力市场的结构性短缺问题。随着劳动力不断涌入，城市负荷不断加大，城市生活成本不断提高，与相对低的工资相比，劳动力不堪重负并逐渐回流，从而减少了流入地的劳动力供给。与此同时，能耗大、附加值低的劳动密集型产业面临转型升级压力，迫于政府环境治理压力和劳动力工资上升压力，一部分雇主关闭和转移工厂，向拥有更为廉价劳动力的内陆地区转移，甚至向印度、越南等其他发展中国家转移。另外，一部分雇主通过资金、技术投入改造现有工厂，产生对更高技能的技术工人的需求。

通过以上分析可知，劳动力市场在价格信号的引导下，在供求力量的相互作用下，不断形成新的均衡点。

当然，劳动力需求减少、供给减少等因素的冲击也会导致劳动力市场的均衡点发生变化，对这些因素进行分析的基本方法大同小异：确定冲击影响的究竟是供给还是需求，或者两者都受影响，在此基础上，确定冲击最终带来相对供给增加还是相对供给减少；将新的均衡点与原来的均衡点进行比较，从而得到相应结论。读者可以试着自己去分析。

第三节　理论的应用

供求分析虽然是非常简单的经济分析工具，但同样可以致力于分析复杂的问题并得到含义丰富的结论。在本节中，将运用劳动力供求分析工具来做若干政策应用的分析，考察最低工资、工薪税或补贴、移民对劳动力市场产生的影响。需要说明的是，仍在竞争性市场的框架下讨论这些现实问题，因为对市场结构的简化有助于将精力集中在主要问题上；对政策的讨论也不是为了得出一个定论，经济政策的争议远比经济理论的争议大得多，而且政策考虑的维度并不只是经济的，也含有社会的、政治的等多种因素，而经济分析仅仅是提供了一个独特的分析视角而已。

一、最低工资的经济后果

作为保护劳动力、提高劳动力谈判能力的一种常见政策手段，许多国家都有最低工资的立法。最低工资立法会带来什么经济后果？新古典劳动经济学也提供了一套理论。

（一）全部市场覆盖的最低工资法

假设经济中所有的部门都实行最低工资法，那么可以把整个经济中的劳动力市场作为对象加以分析。如图4.9所示，在实施最低工资之前，原有的市场均衡工资率是 W_E，原有的市场就业率是 L_E。实施最低工资率 W_C 之后，由于工资率的增加，劳动力供给量增加为 L_1，劳动力需求量减少为 L_2，市场的失业增加了 L_1-L_2。由此可以得出结论，全面覆盖经济的最低工资法会提高工资率、增加失业水平。

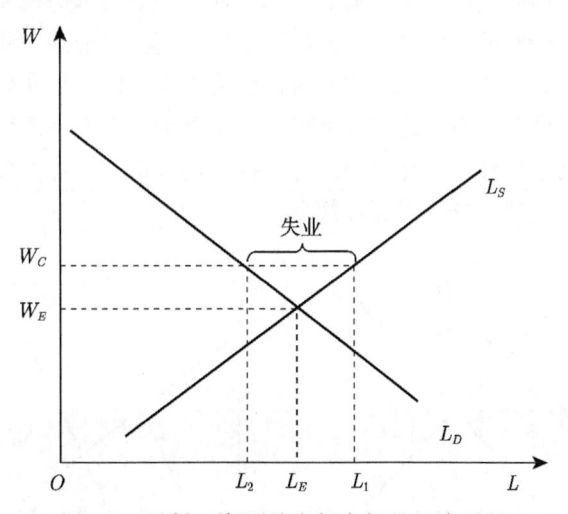

图4.9　最低工资覆盖全部市场的经济后果

请大家注意，政府制定的最低工资率，一定要高于市场均衡工资才有意义，这是因为市场均衡工资率是企业必须追随的工资率，低于这个工资率则不能雇佣到劳动力，因此企业不会给出低于市场均衡工资率的工资率。既然如此,规定一个低于市场均衡工资率的最低工资率,对于调控劳动力市场来说,是毫无意义的。

(二)部分市场覆盖的最低工资法

有时候,最低工资法可能只覆盖了某些经济部门,而另一些经济部门则没有被覆盖。在发展中国家的经济改革中,这也很常见,因为改革不是一蹴而就的,是有先有后、逐渐扩张的过程。中国的最低工资立法,也是先从国有企业开始实施,最后才逐渐扩展到私有企业的。而且,事实上,一些私有企业在执行最低工资法律方面并不那么有效。

尽管是全覆盖的最低工资法,但不同的劳动力市场(如不同地区的劳动力市场)所规定的最低工资水平不同,执行最低工资的力度也不同,这会导致与部分市场覆盖部分市场未覆盖类似的效果。

因此,这里只分析一个简单的模型:经济中有两个部门,A 部门严格实施了最低工资法;B 部门没有被最低工资法覆盖,或者有法律却未严格实施;A 部门和 B 部门之间劳动力可以自由流动。图 4.10 刻画了这个模型及其后果。在实施最低工资法之前,由于劳动力可以自由流动,因此 A 和 B 两个部门的市场工资率是相同的,均为 W_E,两个部门的就业率分别为 L_{E_A} 和 L_{E_B}。后来 A 部门引入了最低工资法,实施最低工资率 W_A,在第一阶段,这导致 A 部门的失业率增加 $L_{A1}-L_{A2}$;但在随后,A 部门的失业者将转向 B 部门寻找工作,由于 B 部门不受最低工资法的约束,结果是其市场工资率下降到 W_B,而就业率增加到 L_B。因此可以得出结论,部分市场覆盖的最低工资法,将提高覆盖部门的工资率和未覆盖部门的就业率,同时降低覆盖部门的就业率和未覆盖部门的工资率。实际上,这种部分市场覆盖的最低工资法,无异于给了覆盖部门劳动力一笔额外的经济补贴,而这笔补贴是以牺牲未覆盖部门劳动力的工资收入为代价的。这在某种程度上反映了政策的不均等所导致的收入分配不公正问题。

从新古典经济学分析所推出的结论,是反对最低工资立法的。一些自由主义经济学家也总是批判最低工资。然而,许多国家的政策实践恰恰是强化而不是弱化了最低工资立法,这种趋势难道真的是向着没有效率的地方迈进吗?在关于最低工资是否增加了失业的实证研究结果中,有一些支持上述分析,也有一些没有支持上述分析。这可能意味着,现实中最低工资的经济影响并不像此处理论分析得那样简单。

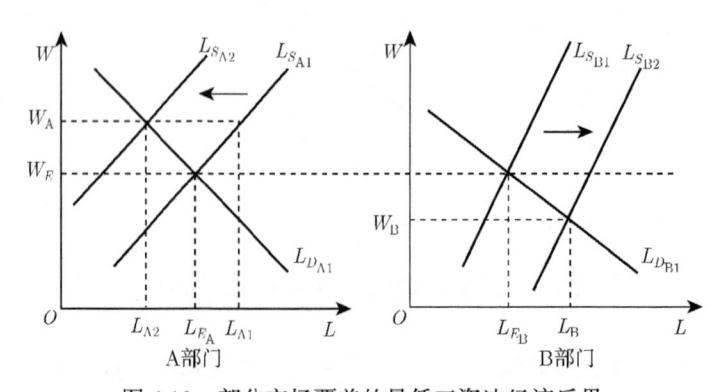

图 4.10 部分市场覆盖的最低工资法经济后果

的确，这里仍然要提醒大家注意，将经济理论运用于经济政策分析时，要注意理论成立的条件。上述新古典经济学分析，更适合成熟的市场经济国家。在包括中国在内的发展中国家，劳动力供给过剩和资本短缺使得劳动力市场均衡价格可能是过分扭曲的。如果真是这样，那么制定最低工资法并加以实施，很可能就是对扭曲的市场均衡价格的一种矫正。这种矫正的经济后果应该是正向的。事实上，当代行为劳动经济学对最低工资研究就提出了一种新的观点：最低工资可能会被理解为劳动力市场均衡工资不公平的信号。换言之，最低工资可以增加工人的公平感，这种公平感本身会促进劳动生产力的提高。请记住，劳动力的边际产出价值曲线便是企业的需求曲线，劳动生产力的提高便意味着企业劳动力需求的提高，其结果是，企业的雇佣会因此增加。从这一点来看，最低工资也许会增加就业。当然，上述行为劳动经济学的观点可以扩展到其他的劳动力保护政策，如果劳动力保护政策被理解为一种公平信号，那么这些就业保护政策就很可能会促进就业。不过，也需要指出，行为劳动经济学的这些理论主张也远未完善，仍需要更多的理论和实证研究来加以检验。

二、工薪税与补贴的经济后果

政府常常会通过税收和补贴来调控经济。如果政府把劳动力市场工资率和就业作为政策目标，也可以通过税收或补贴来调控劳动力市场。总的来说，增加税收（或减少补贴）会降低就业，而降低税收（或增加补贴）会增加就业。所以，在失业高涨或者需要大力促进就业的时期，政府常常会减免税收或增加补贴。

（一）对产品征税或补贴

有些行业，如烟酒行业，政府为了限制人们对这些产品的消费，对产品征收消费税。这将如何影响产业的劳动就业和工资率？有些产业，如一些新兴产业，政府为了刺激这些产业迅速发展，而对产品生产予以补贴，这些补贴又将如何影响该产业的就业和工资率？

要回答上述问题，首先要确认政府对某产业征税或补贴影响的是劳动力市场的需求方。产品征税导致劳动力需求下降，在劳动力供给不变的条件下，该产业就业率和工资率都将下降；产品补贴导致劳动力需求增加，在劳动力供给不变的情况下，该产业就业率和工资率都将增加。

（二）征收雇主税或提供雇佣补贴

通常，政府会要求雇主为员工缴纳社会保障税，这些向雇主征收的税就是雇主税。当然，政府也可以对雇主征收负的税收，那就成了向雇主发放的雇佣补贴了。例如，中国一些地方为了促进中小企业的发展，为中小企业员工提供一些免费培训，其实就等同于雇主补贴，这是因为雇主可因此而节约其培训费用。

不妨讨论一下征收雇主税的影响。图4.11中讨论了两种不同的情况。先看其中的图（a）：劳动力供给曲线是倾斜的，对雇主征税前，劳动力市场均衡时工资率为W_1，就业率为L_1；对雇主征税导致劳动力需求减少（劳动力需求曲线左移），在新的市场均衡下，就业率下降为L_2，企业支付劳动力工资率为W_2（因此工资率较征税前下降了），企业同时支付税收为W_3-W_2，故企业为单位劳动力支出的成本为W_3（较征税前增加了）。甚至还可以分解出企业和工人各自承担的税负：比征税前的情况，工人的工资率降低了 W_1-W_2，企业的单位劳动力成本增加了 W_3-W_1。显然，在政府针对雇主征收的税收 W_3-W_2 中，W_1-W_2 是由劳动者负担的，W_3-W_1 是由企业负担的。总之，向雇主征税，将导致劳动力市场就业率下降、工人工资率下降、企业支付的成本增加，工人和企业共同分担了税收。

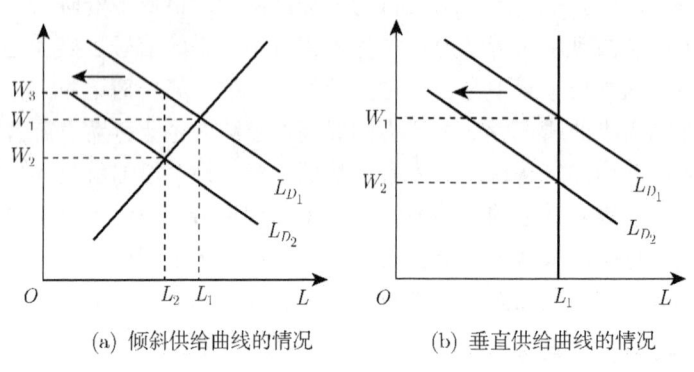

(a) 倾斜供给曲线的情况　　(b) 垂直供给曲线的情况

图 4.11　对雇主征税的劳动力市场后果

但是，究竟是工人会负担更多税收，还是雇主会负担更多税收？这取决于需求和供给的弹性，相比之下谁更缺乏弹性，谁就会负担更大部分的税收。需要注意的是，通常情况下，需求曲线上弹性处处不同，这里是怎么比较需求弹性和供给弹性的呢？因为供给曲线和需求曲线是放在同一坐标体系里的，而且都是线性的，因此可以通过它们的陡峭程度大致判断谁比谁更有弹性。在图 4.11（b）中，有一条无弹性的供给曲线 L_1，大家可以发现，因为劳动力供给无弹性，企业支付的单位劳动力雇佣成本在征税前后没有变化，但劳动力获得工资率从征税前的 W_1 降低到了 W_2，结果是工人承担了全部的税收——尽管税费是由雇主向国家缴纳的。

对雇主进行雇佣补贴的经济分析，留给读者去做。如果大家愿意动手画一画图就会发现，补贴提高了就业水平和工人的工资率，雇主和工人共同分享了补贴；同时，供求双方中，缺乏弹性的一方分享到的补贴更多。

（三）对雇员征税或补贴

对雇员的征税/补贴的分析与对雇主的征税/补贴的分析的不同之处在于，对雇员的这些政策影响的是供给方而不是需求方，但政策所导致的市场结果对于两者来说却是相同的。为了说明这一点，把图 4.11（a）拷贝到图 4.12（a），而图 4.12（b）则是对雇员征收同等价值的税。

图 4.12 中，（a）和（b）是同样的劳动力市场，前者是对雇主征税，单位雇佣征税价值为 W_3-W_2；后者是对雇员征税，单位雇佣征税的价值也为 W_3-W_2；尽管是对不同的征收对象征税，但无论哪种情况，就业率都因为征税下降了 L_1-L_2，而劳动力实际得到的工资率都从 W_1 降低到了 W_2，企业实际支出的单位雇佣成本（工资率与税收）为 W_3；不同在于，前者是企业缴税，后者是雇员缴税。但是无论哪种情况，实际的税收负担都是雇佣双方分担的，而且两种情况下的分担比例都是相同的。由此可以得出结论，对于社会保障税等税收的征收，无

论是向雇主开征,还是向雇员开征,其结果都是相同的。

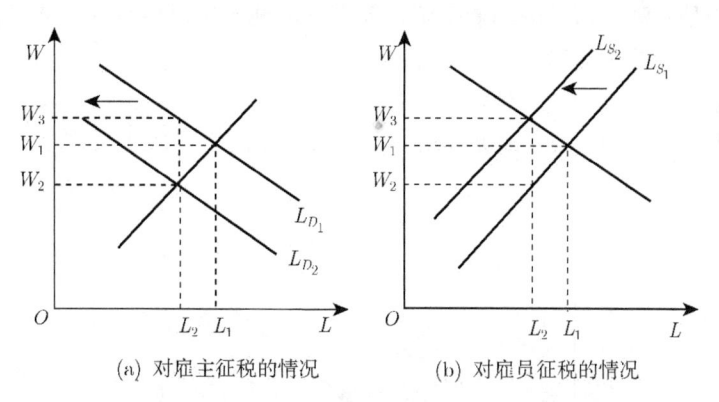

图 4.12 对雇主征税与对雇员征税之比较

(a) 对雇主征税的情况　　(b) 对雇员征税的情况

这里,依然没有讨论补贴的情况。大家可运用同样的工具自己尝试对补贴雇主或补贴雇员的情况加以分析。基本结论应是:无论对谁进行补贴,都有利于增加就业,而雇佣双方会对补贴进行分享。

三、移民的经济后果

世界上许多发达国家都经历过大规模的移民。根据联合国人口署 2013 年公布的移民数据,世界人口约有 3.2%(2.32 亿人)居住在出生地以外的国家。2000 年和 1990 年的世界移民人数分别是 1.75 亿人和 1.54 亿人。中国目前已成为世界第四大移民输出国。与此同时,由于经济的快速增长和人口结构的变化,中国正在成为越来越有吸引力的移民目的国,其国际移民总量在过去的十年间增长了 35%。移民议题近年来受到国内外研究者和研究机构越来越多的关注。

下面将考察大规模的移民会对劳动力市场产生什么影响,对这一问题的判断将极大地影响移入国政府对移民的态度(限制、鼓励抑或不加干预)。需要说明的是,这里讨论的是一定时期内大规模的移民,因为个体零散的移民在全球大多数国家之间几乎每时每刻都在发生(少数十分封闭的国家或地区除外)。

移民不可避免地会引发劳动力市场上供给曲线的变动,从而带来劳动力市场均衡的变动。因此,每个国家政府对移民都持有不同的态度,这可能缘于引进高技能人才或者保护本国居民有足够的工作岗位的政策目标。不管是迁入国的政府还是国民,都非常关心移民到底会对本地劳动力市场带来怎样的影响,会不会挤占本地居民的就业机会?

以下专门论述移民对迁入地劳动力市场均衡的影响。

考虑最简单的移民冲击劳动力市场模型,这一模型假定移民和本地居民在生产中是完全替代品,即他们有着相同类型的技能,且为同一类型的工作岗位而竞争。如图 4.13 所示,初始的劳动力供给曲线 L_{S_0} 描述的是本地居民在初始劳动力市场上的供给,此时均衡就业率为 N_0,全部为本地居民,均衡工资为 W_{E_0}。随着移民进入当地劳动力市场,市场供给曲线向外移动至 L_{S_1},均衡工资降低为 W_{E_1}。假设本地居民的供给行为并未改变,则在工资下降的情况下，本地居民的供给量变为 N_1，就业减少了 N_0-N_1，移民实际获取了 E_1-N_1 的就业。可见，移民通过降低当地劳动力市场的均衡工资，使部分本地居民退出市场，同时留在工作岗位上的当地居民的工资较之前也减少了。

所以，当移民与本地居民在劳动力市场上是完全替代品时，只要需求曲线向下倾斜且不发生变动，短期内移民对本地居民就业率和工资的负面影响就是肯定的。

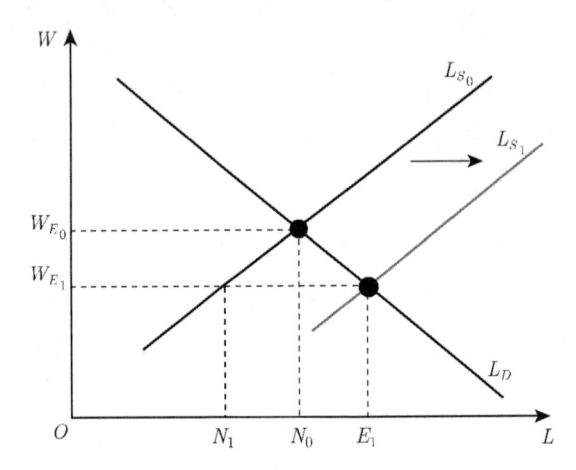

图 4.13　当移民与本地劳动力为完全替代品时移民的影响

不过，上面关于移民与本地居民是完全替代品的假定是不完全符合事实的。实际上，不同工作岗位类型对应不同的劳动力市场，外来者未必会与本地居民在同一个劳动力市场上竞争，相反他们之间可能存在生产上的互补关系。互补情况可能有两种：①移民获得本地居民原来的工作岗位，本地居民从事更高技能的工作。一个例证为，移民到迁入国从事劳动密集型农业，从而解放了当地具有更高技能的农业劳动力，使这一部分劳动力有机会从事与其技能相匹配的工作，提高了本地居民的劳动生产率。②移民带动了本地经济，从而带动了本地居民在其他不同工作岗位上的就业。一个明显的例证：移民活跃了当地经济，企业数量增多，对会计从业人员的需求量增加，极大地提高了本地具有会计从业资格者的就业水平。因为对于会计劳动力市场，雇主偏好于雇佣具有本地户口的从业人员，这主要出于信息对称及提高违约成本的考虑。

当移民与本地居民在劳动力市场上是互补品时，移民所在的劳动力市场与本地居民所在的劳动力市场可分开考察。图 4.14 描绘的是本地居民的劳动力市场，移民数量的增加会提高市场对本地居民的劳动力需求，使需求曲线 L_{D_0} 向右移动至 L_{D_1}，均衡工资由 W_{E_0} 提高到 W_{E_1}。于是本地居民的就业率从 N_0 增加到 N_1。

综合上述分析，移民降低了本地居民竞争性岗位的工资和就业率，增加了本地居民互补性岗位的工资和就业率。

为了验证上述分析并且得出较有说服力的结论，还需要借助于实证研究。实证研究通常如此设计：比较不同城市的本地劳动力工资水平，当然这些城市的移民在城市人口中的占比显著不同，并且假设短期内这些城市劳动力不相互流动。通过计量经济等技术手段，控制技能、教育、物价、国民收入等因素（不管该城市有无移民，城市之间往往会提及这些因素的差异，并且这些因素经常被作为影响城市之间工资差异的重要原因），估算主要变量"移民在城市人口中的占比"对因变量"城市本地居民的工资水平"的影响效应。这里所说的"控制这些因素"，是指将其他所有可能的影响因素引入模型和所要研究的因素一同估计，以剔除这些因素对被解释变量的其他影响，从而得到比较准确的估计量。

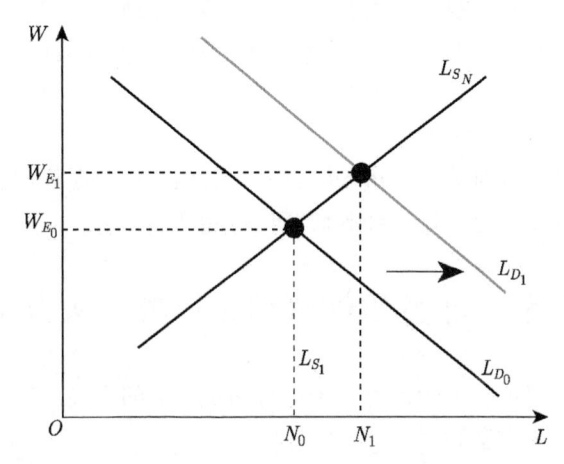

图 4.14　当移民与本地劳动力为互补品时移民的影响

许多研究估测了移民与本地劳动力在特定城市中的经济机会之间的关系，结果表明它们之间存在弱的负相关关系。这表明移民似乎对本地居民在劳动力市场上的经济机会影响不大，这与人们对移民存在的成见确实有所不同。

事实上，政府的移民政策不能仅仅关注移民对劳动力市场的影响，劳动力市场是以"工资"为价格信号的，而本地居民的收入实际上分为工资性收入和非工资性收入。来自一些经验研究的结果表明：移民虽然降低了本地居民的工资性收入，却增加了本地居民来自于房租等的非工资性收入。当然这还需要更多的经验研究加以证实。

对移民的经济分析意义的理解不应局限于国家间的人口迁移，还可以拓展为同一国家不同地区的劳动力迁移及人员流动，它们都属于劳动经济领域非常重要的劳动力流动问题。因为在市场经济中，市场的作用在于推动自愿交换的实现，而劳动力市场竞争性程度的差别，很大程度上缘于其对劳动力流动限制的多寡。劳动力市场的优化配置是依靠劳动者在企业之间的自由流动实现的，信息充分的劳动者为追求自身效用最大化，在各种就业机会之间进行自由选择，从而引发劳动力迁移。根据迁移的国别区分，可以简单地分为一国内的迁移和国际移民。

不管哪种劳动力迁移，对于劳动者个体而言都会产生迁移的成本。迁移成本至少包括以下几项：一是搜寻成本，劳动者必须花费一定的时间搜寻其他工作的信息，对于一部分劳动者而言，辞掉现有的工作从而有更多的搜寻投入时间，可能会带来更高的搜寻效率。这种情况下搜寻成本就更大，因为其机会成本是放弃了有价值的工作福利或能给未来带来更高收益的晋升机会。二是货币成本，不管迁移距离远近均需投入或多或少的货币，如路途花费或变换、安置新环境所需的金钱等,有些投资移民本身就要求迁移者对迁入地有一定的货币投资。三是心理成本,这几乎是迁移必然引发的一项成本,劳动者与熟悉的环境和朋友亲人圈子分离以及适应新环境,都会产生一定的心理成本。

劳动者迁移是劳动者权衡迁移的收益和成本最终作出的自由选择,它会引发一系列的经济后果。从微观层面来看,劳动者迁移会带来行为主体净收益的变化,它也是个人人力资本投资的途径之一。然而,从中观层面来看,某一市场上劳动力迁移带来的劳动者的增加或减少,必然会带来供给曲线的移动,而局部市场受到的冲击也会引发跨越各个市场的状况变动。从宏观层面来看,大规模的劳动者迁移会带来一个地区或国家的就业、价格、经济总量等指标的变动,对其经济发展有重要影响。

本节以移民为例分析其对劳动力市场的影响,其他劳动力迁移的经济后果可使用相似的理论框架加以分析,且需结合一定的经验研究进行判断。

第四节　非竞争性劳动力市场:买方垄断

为更加接近现实和保证有关劳动力市场运行知识结构的完整,还需关注垄断的劳动力市场的情况:卖方垄断和买方垄断。

劳动力市场卖方垄断相对比较少见。尽管工会等的存在在一定程度上可以增加劳动力的谈判能力,但仍难以称得上是劳动力供给的垄断者。即便在美国等工业化国家,工会的力量也并不强大。在中国,目前工会在劳动力市场谈判和工人维权等活动中发挥的作用也非常小,至少比人们期望的要小得多。不过,这样的市场终究不太现实,因此不必给予更多关注。

事实上,现实劳动力市场的买方垄断是比较常见的。例如,一些钢铁、煤炭、烟草等大型企业,在当地劳动力市场上就存在买方垄断的情况。这些规模较大的企业,特别是在区域劳动力市场上,这些企业与竞争性市场的企业不同,它们对劳动力的雇佣量往往会影响当地市场上的劳动力价格("工资")。接下来将分析这种特殊的劳动力市场结构——买方垄断下的劳动力市场。

一、完全歧视的买方独家垄断市场均衡

在某些特定的劳动力市场上,有可能出现买方独家垄断,即只有一家企业充当雇主的角色。有两种类型的买方独家垄断企业:完全歧视的买方独家垄断和非歧视的买方独家垄断。完全歧视的买方独家垄断是指垄断雇主可以在不同工资水平下雇佣不同的劳动力,对每位雇佣的劳动者支付各自的保留工资。因为该雇主是市场唯一的需求者,因此不管该雇主付酬如何低,根据市场的劳动力供给曲线可知,总会有少量劳动者接受该工资。

买方独家垄断市场的需求比较容易确定。既然垄断企业的劳动力需求就是市场的劳动力需求,因此也可以说企业的劳动力边际产出价值,就是市场的需求曲线。它也是一条向右下方倾斜的曲线。

买方独家垄断市场的供给曲线与竞争市场的供给曲线相同,也是向右上方倾斜的一条曲线。不同的是,企业雇佣的边际成本是递增的。在完全竞争的市场中,每个企业的工资率边

际成本可以视为是不变的，雇佣任何一个工人都是支付给定的市场工资率。因为在竞争市场上单个企业面临的劳动力供给可以认为是无穷的，因而企业面临的劳动力供给曲线是水平的。但是在买方垄断市场，垄断企业面临的是向斜上方倾斜的供给曲线，这意味着其工资率边际成本是递增的。

如图 4.15 所示，该企业面临向上倾斜的劳动力供给曲线。对于企业来说，如果它能根据劳动力供给曲线所示的保留工资，分别给第 1 位劳动者 W_1 的工资，第 2 位劳动者 W_2 的工资，依此类推，第 10 位劳动者 W_{10} 的工资…第 20 位劳动者 W_{20} 的工资，那么此时劳动力供给曲线其实就是企业的劳动力边际成本曲线。

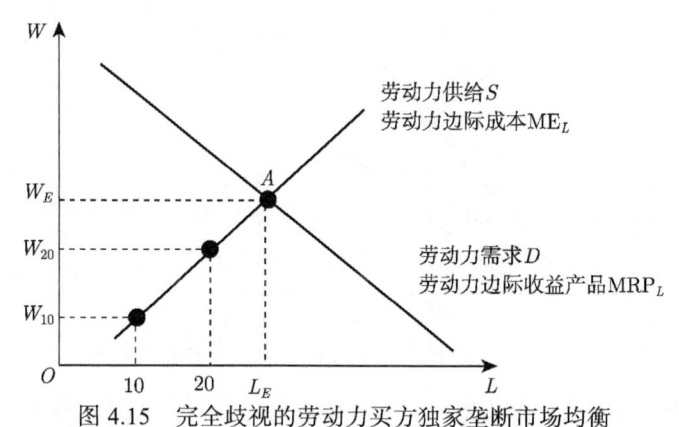

图 4.15 完全歧视的劳动力买方独家垄断市场均衡

企业的最佳雇佣量，就是其劳动力边际成本等于劳动力边际产出（即劳动力边际收益产品）时的雇佣量，如果前者小于后者，则说明继续雇佣还能为企业带来利润（利润=产出−成本），直到无利可图（利润=0），即边际产出=边际成本。如图 4.15 所示，该企业的最佳雇佣量 L_E 就是市场的均衡就业率，而 W_E 就是市场的均衡工资。

二、非歧视的买方独家垄断市场均衡

非歧视的买方独家垄断，是指垄断雇主必须向所有雇佣的劳动者支付相同的工资，不论该劳动者的保留工资是多少。

这种情况下的市场均衡分析也不困难。与前面的分析相似：一方面需要意识到，对于这样的情况，垄断企业的劳动力需求，便是整个市场的劳动力需求。另一方面应认识到，垄断企业有足够的能力来影响市场工资率，实际上市场工资率就是它"制定"出来的。所不同的是，垄断企业必须一视同仁地对劳动者付酬，所以它的边际成本曲线不再等于劳动力供给曲线，而是在其之上。

为了形象地理解这一点，不妨举个数字例子。假设劳动力市场买方垄断者面临的供给曲线是 $L_S = 2W - 1$，他雇佣 1 个工人的成本是多少？1 单位。大家很容易就计算出来了。他要雇佣 2 个工人的成本是多少？要先算雇两个工人的工资率是多少，容易算出 $W=1.5$ 单位，于是雇主支付的总成本就是 $2 \times 1.5 = 3$ 单位，相当于第 2 个工人的边际工资率代价实际上是 3−1=2 单位。如果他要雇佣 3 个人，就必须把工资提高到 $W=2$ 单位，总成本就是 6 单位，雇佣第 3 个工人的边际工资率代价为 6−3=3 单位，边际成本进一步增加了。依此类推，雇佣工人的边际工资率代价将一直递增下去，且一直在供给曲线之上。

买方垄断者作为一个企业，必然是像企业那样来决策，它会使得自己雇佣劳动力的边际收益和边际成本相等。结果，买方垄断者不会把雇佣量确定在需求曲线与供给曲线相等的地方（这个地方是完全竞争市场的均衡点），而是在这个点的左边就停止雇佣，其最优雇佣点确定在雇佣的边际工资率成本与其劳动边际产出价值相等的时候。

借助于几何图形，可以描述产品市场竞争的劳动力买方垄断市场均衡，如图4.16所示。

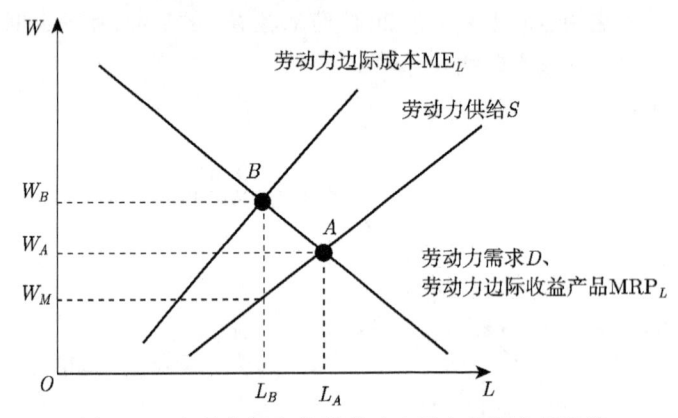

图4.16 产品市场竞争的劳动力买方垄断市场均衡

图4.16中，如果市场是完全竞争的，那么A点就是均衡点。但因为买方垄断，垄断买家按照企业劳动力边际收益产品（即劳动力需求曲线）与劳动力的边际成本（边际工资率成本）相等的原则，确定雇佣量为 L_B，支付的工资水平为 W_M，而企业得到劳动力边际产出价值却为 W_B。显然，在产品市场竞争的劳动力买方垄断市场，雇佣量和工资都低于完全竞争市场，而雇主得到的劳动边际产出价值却高于完全竞争市场，也高于支付的工资率。这说明买方垄断对劳动者的工资和就业都不利。

可用表4.1来说明一个在劳动市场上是垄断者而在产品市场上是完全竞争者的企业是如何进行决策的。第（1）列表示投入的劳动单位数，第（2）列表示平均工资（平均劳动成本），第（3）列表示总的劳动力成本，即总工资，第（4）列表示劳动边际成本，第（5）列表示劳

表4.1 一个买方独家垄断企业的劳动力投入与边际费用

（1）劳动力投入数（L）	（2）工资（W）	（3）总工资（TC_L）	（4）劳动边际成本（ME_L）	（5）劳动的边际收益产品（MRP_L）
1	1	1	1	7
2	2	4	3	6
3	3	9	5	5
4	4	16	7	4
5	5	25	9	3
6	6	36	11	2

注：本表假设供给曲线 $L_S=W$，需求曲线 $L_D=-W+8$，由于需求曲线与边际收益产品曲线重合，可算出每投入1单位劳动力的边际收益产品

动的边际收益产品。当劳动力投入数量为 3 时，企业的劳动力边际成本恰好等于劳动力的边际收益产品，从而该企业实现了均衡的雇佣量，此时均衡的工资水平 W 等于 3。

有兴趣的读者可以考虑买方垄断者在产品市场也是垄断者的情况。在图 4.16 上加上产品市场垄断情况的分析，如图 4.17 所示。可以看到，在产品市场也是垄断者的买方独家垄断企业，其劳动力边际产出收益曲线位于劳动力需求曲线之下。对于这部分内容，读者可以参考有关垄断厂商的知识。

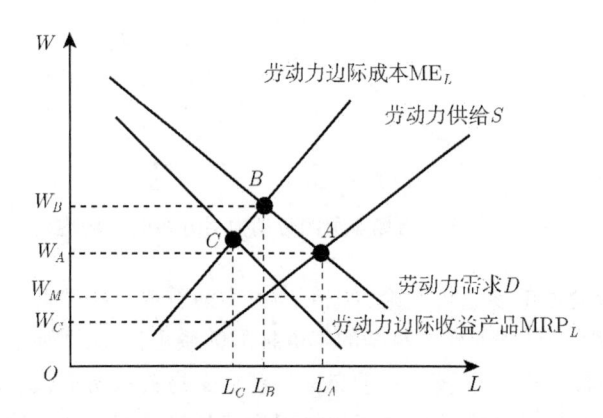

图 4.17 产品市场垄断的非歧视买方独家垄断市场均衡

企业仍然根据雇佣劳动力的边际成本和边际收益来确定最佳雇佣量，它的最优决策并不是根据需求曲线和供给曲线的交点来决定的。现在的市场均衡就业率为 L_C，而企业支付的工资率为 W_C，比产品市场完全竞争的劳动力买方垄断市场工资率还要低。这是因为工人不但会受到劳动力市场买方垄断剥削，也受到产品市场垄断的剥削。

当然，现实中纯粹的买方垄断是很难找到的。但在某些远离城市的乡村，有可能出现这种情况。例如，一个偏远的小镇只有一家医院，那么居住在这里的医护人员就只面临这样一个垄断性的雇主。不过，即便如此也不完全是垄断的，因为一旦小镇加深与外地的联系，这里的医护人员也可以把小镇以外的其他地方的医院作为就业岗位搜寻的对象。

三、非歧视买方独家垄断者与最低工资

买方独家垄断企业使得劳动力市场的资源配置缺乏效率，劳动力就业率和工资水平均低于竞争性市场。如果政府采用最低工资立法加以干预，市场结果将如何？

如图 4.18 所示，买方独家垄断企业初始的均衡点在点 B，边际成本等于边际产出价值，此时企业的雇佣量为 L_B。如果政府立法要求企业支付最低工资，则企业的雇佣量将达到 L_m，此时劳动力边际成本就等于最低工资。只要 W_m 小于 W_A，企业劳动力边际产出价值仍然大于劳动力边际成本，企业有利可图，仍愿意继续雇佣，直到雇佣量达到 L_A。可见市场的就业率和均衡工资均提高了。政府干预减少了企业对劳动者的"剥削"。

实际上，从图 4.18 中也可看出，政府可以做得更好。如果政府能通过细致调研和论证，获悉竞争性市场上的均衡点 A 的位置，从而将最低工资制定在 W_A 的水平，则可以完全阻止企业对劳动者的"剥削"，消除买方独家垄断者在劳动力市场上的垄断势力。这样，市场将达到

竞争性市场的就业率和均衡工资，劳动力将得到有效配置，市场将不存在失业。

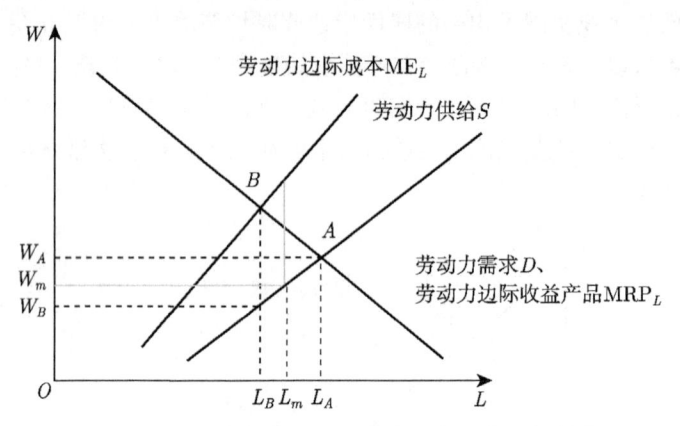

图 4.18 产品市场竞争的劳动力买方垄断市场均衡

本章所介绍的劳动力市场运行理论，把劳动力交易看成与一般商品的交易无异，省略了现实生活中复杂的劳动合约，现实中复杂的工资报酬体系也被简化为一个即时支付的工资率，长期的劳动合约关系被"一手交钱、一手交货"现货交易关系所取代。如果所考察的现实问题可以如此简化，那么这样高度抽象和简化的理论工具将是有用的（这些简单的理论模型可以解释某些复杂的现实）；但如果现实劳动力市场问题不能如此简化，便需要一些更为复杂的理论模型，对此，本书第七章将进行更深入的介绍。

[小结]
- 劳动力市场的均衡，就是劳动力市场供给和需求双方力量达到平衡的状态。
- 任何一个劳动力市场都可能处于下列三种状态之一：供给过剩、供给短缺、供求平衡。
- 当劳动力市场处于供给过剩或供给短缺状态中，都会通过劳动力交易价格"工资率"的机制作用，由工资产生向下或向上的压力，使市场供求自动调整以逼近均衡位置。
- 竞争性的劳动力市场是指存在不计其数的劳动者和企业，这些具有相同性质的劳动者和企业可以自由进入和退出劳动力市场，它们均是市场单一均衡工资的接受者和反应者。在竞争性劳动力市场上不存在失业，劳动力得到有效配置。
- 当市场的供给和需求发生变动时，市场均衡也将发生变动。供需变动是指供求曲线的变动，与供求量变动不同。前者是由工资率以外的因素引起的，而后者只由工资率引起。
- 无论需求增加还是供给增加，都会对就业产生正向影响；但是在工资率方面，劳动力需求增加产生的是正向影响，劳动力供给增加产生的是负向影响。
- 全面覆盖经济的最低工资法，会提高工资率，增加失业水平。部分市场覆盖的最低工资法，相当于给覆盖部门劳动力一笔额外的经济补贴，而这笔补贴是以牺牲未覆盖部门劳动力的工资收入为代价的。
- 增加税收（或减少补贴）会降低就业，而降低税收（或增加补贴）会增加就业。

- 政府对产品征税导致劳动力需求下降，在劳动力供给不变的条件下，该产业就业率和工资率都将下降；产品补贴导致劳动力需求增加，在劳动力供给不变的情况下，该产业就业率和工资率都将增加。
- 征收雇主税，导致劳动力市场就业率下降，劳动力工资率下降，企业支付的成本增加，劳动者和企业共同分担了税收。对于社会保障税等税收的征收，无论是向雇主开征，还是向雇员开征，其结果都是一样的。
- 移民降低了本地居民竞争性岗位的工资和就业率，增加了本地居民互补性岗位的工资和就业率。移民可能降低了本地居民的工资性收入，但可能对本地居民的其他非工资性收入有正向影响。
- 买方独家垄断企业使得劳动力市场的资源配置缺乏效率，劳动力就业率和工资水平均低于竞争性市场。
- 如果政府采用最低工资立法加以干预，可以消除买方独家垄断者在劳动力市场上的垄断势力。

[关键概念]

市场均衡	劳动力供给量变动
市场工资率	劳动力需求量变动
供给过剩	劳动力需求变动
供给短缺	竞争性劳动力市场
供求平衡	垄断劳动力市场
生产者剩余	卖方垄断
劳动者剩余	买方独家垄断
有效配置	完全歧视的买方独家垄断
劳动力供给变动	非歧视的买方独家垄断

[复习思考题]

1. 请区分竞争性劳动力市场与非竞争性劳动力市场。
2. 劳动力市场的均衡是如何达成的？
3. 单一劳动力市场的竞争性均衡具有什么属性？
4. 单一劳动力市场的竞争性均衡能使劳动力资源得到有效配置吗？
5. 跨越各个劳动力市场的竞争性均衡具有什么属性？
6. 跨越各个劳动力市场的竞争性均衡能使劳动力资源得到有效配置吗？
7. 引起供求量变动的因素是什么？
8. 引起供给曲线、需求曲线变动的因素分别有哪些？
9. 供给增加（减少）、需求增加（减少）分别对均衡就业率和均衡工资产生什么影响？
10. 运用供求分析框架，解释某些经济发展较快地区在产业转型升级过程中发生的用工短缺现象。

11. 一个地方发生地震，带来了大量的人员伤亡，设备损坏。请问这对震后当地的工资率和就业会产生什么影响？尝试用供求模型分析。

12. 政府的最低工资会对劳动力市场均衡产生哪些影响？运用供求模型进行分析。

13. 工资税会对劳动力市场均衡产生哪些影响？运用供求模型进行分析。

14. 补贴会对劳动力市场均衡产生哪些影响？运用供求模型进行分析。

15. 移民会对劳动力市场均衡产生哪些影响？运用供求模型进行分析。

16. 完全歧视的买方垄断市场的工资和就业是如何决定的？

17. 非完全歧视的买方垄断市场的工资和就业是如何决定的？

18. 最低工资会对非歧视的买方独家垄断者产生什么影响？

HAPTER 5

第五章 人力资本投资

【内容提要】

人力资本投资是劳动经济学的重要内容之一，本章从劳动力质量的角度介绍人力资本理论，主要阐述人力资本投资理论的产生与发展，人力资本投资的四种形式及其决策过程，以及这些决策所带来的劳动力市场后果等内容。通过学习，应该掌握人力资本投资的基本理论模型，了解人力资本投资的主要途径和渠道，掌握学校教育决策、在职培训决策，以及能够应用信号传递理论等理论观点对人力资本发展的挑战及其某些现象进行解释。

【学习要点】

1. 了解人力资本（投资）的概念和特征。
2. 了解人力资本投资的类型和途径。
3. 了解人力资本投资基本模型的内容。
4. 掌握人力资本投资分析方法的内容。
5. 掌握教育决策和培训决策的决策过程。
6. 掌握和运用教育信号功能的原理和方法。

前面的章节假定劳动力是同质的，彼此不存在知识、技能和经验等方面的差异，换言之，每个人的劳动生产率都相同，因而主要分析劳动力供给和需求的数量问题。但是，现实中劳动者在获取知识、技能和能力等方面存在差异，这种差别在很大程度上会带来人与人之间收入的差别。

本章将从劳动力质量的角度介绍人力资本理论，主要讲授人力资本投资理论的产生与发展、人力资本投资的四种形式及其决策过程，以及这些决策所带来的劳动力市场后果等内容。通过本章的学习，大家应了解人力资本的基本含义与特征、人力资本投资的概念及其投资形式、学校教育投资的决策过程、企业培训投资的决策过程和教育的信号传递机制等内容。

第一节　人力资本理论的提出

20世纪初，西方经济学家在寻求经济增长源泉之时，发现西方发达国家（如美国）出现了经济增长率高于资本增长率和劳动力增长率之和的现象。而且，在第二次世界大战中物质资本受到严重破坏的国家(如德国、日本)却奇迹般地迅速恢复和发展。另外一些资源条件很差的国家或地区（如"亚洲四小龙"）的经济也获得了迅猛增长。但由于当时占支配地位的传统经济理论上只承认土地、资本和劳动力是最重要的生产要素，使这些现象得不到解释。直到20世纪五六十年代，人力资本理论的问世为解决这些难题提供了新的依据，它把这些无法解释的现象认定为人力资本，并提出在经济增长过程中人力资本比物质资本更重要，使经济理论的许多领域发生了深刻的变化。

一、人力资本理论的形成与发展

人力资本理论的形成与发展是与经济增长理论的发展息息相关的。早在古典经济增长理论时期就出现了人力资本思想的萌芽，从威廉·配第（William Petty）开始，亚当·斯密（Adam Smith）、大卫·李嘉图（David Ricardo）、托马斯·罗伯特·马尔萨斯（Thomas Robert Malthus）等都在各自的学说中阐述过人力资本的思想。但由于受到了时代的局限和各自研究目的的影响，当时主流的经济理论并没有真正把人力资本看成一种资本。

到了20世纪50年代末的新古典经济增长理论时期，特别是在第二次世界大战以后，宏观经济学的兴起和经济增长理论的逐渐成熟，使人们对总量关系的探讨日益深入，并在其中发现了对于不同的国家和地区，相同的物质资本投入量会带来异常悬殊的经济增长。此时，罗伯特·默顿·索洛（Robert Meton Solow）、西奥多·舒尔茨（Theodore Schultz）、加里·贝尔克（Gary S. Becker）和雅各布·明塞尔（Jacob Mincer）等的研究结果揭示了引起这些差别的主要原因在于人力资本的差异，从而使人力资本在经济增长中的地位受到前所未有的重视。

从20世纪80年代开始，以罗默（Pall M. Romer）和卢卡斯（Robert Lucas）为代表的新增长理论学派继续为人力资本理论的发展添砖加瓦。他们修改了古典模型中的生产函数，并在其中引入人力资本投入变量，进一步说明人力资本是经济永恒的增长源泉。人力资本也日益受到各国政府和社会的重视。下面选取其中的代表，逐一阐述他们的人力资本思想。

（一）威廉·配第

威廉·配第是近现代经济学中明确地将人视为资产，并试图估计其经济价值的第一人。他有一句名言："土地为财富之母，而劳动则为财富之父和能动要素。"[1]配第重视人口实力对一国经济实力的影响，并试图运用这种人是资产的思想去解释当时英格兰的实力和移民的经济后果。他把战争中武器和其他军械的损失与军人的损失进行比较，这通常被认为是首次严肃地运用了人力资本的概念。

（二）亚当·斯密

亚当·斯密是第一个明确提出人力资本概念的经济学家。他在《国民财富的性质与原因》中曾写道，固定资产的第四项内容是"社会上一切人民学到的有用才能。"他指出"学习是一种才能，需受教育，需进学校，需做学徒，所费不少。这样费去的资本，好像已经实现并且固定在学习者的身上。这些才能，对于他个人自然是财产的一部分，对于他所属的社会，也是财产的一部分。工人增进熟练的程度，可和便利劳动、节省劳动的机器和工具同样看成是社会上的固定资本。学习的时候，固然要花一笔费用，但这种费用可以得到偿还，同时也可以取得利润。"

从这些论述可以看出，斯密认为人的能力及差别主要是在教育和生产实践中形成的，他实际上还指出这种提高能力的过程是一种人力资本投资，既要付出成本，也会获得收益并且两者都会影响劳动者的个人收入。

（三）西奥多·舒尔茨

早在20世纪30年代，西奥多·舒尔茨就从事有关农业经济问题的研究，20世纪50年代末期，他开始致力于人力资本理论的研究，并被认为是人力资本理论的创始者之一。20世纪60年代后，他把农业经济问题与人力资本理论的研究结合起来，研究发展中国家的农业问题，从而对发展经济学作出开创性的贡献。西奥多·舒尔茨是从人力资本与经济增长的角度展开其分析的，其主要观点包括：有技能的人是所有资源中最为主要的资源；人力资本投资的收益大于物质资本投资的收益；教育投资是人力资本投资的主要部分；人力资本问题是经济学的重大问题。

（四）雅各布·明塞尔和加里·贝尔克

1957年，雅各布·明塞尔在其博士论文《人力资本投资与个人收入分配》中便把人力资本的概念与人力资本投资的方法正式引入收入分配当中，解释个体收入的差别。所以严格来说，雅各布·明塞尔对人力资本的研究要早于西奥多·舒尔茨和加里·贝尔克。他对人力资本理论的贡献主要表现在以下四个方面：① 他借鉴亚当·斯密的"补偿原理"，率先建立人力资本的投资收益率模型；② 最先提出人力资本的工资挣得函数；③ 提出"赶超"期的概念，并用于考察企业培训对终生收入的影响；④ 将人力资本理论与分析方法应用于劳动力市场行为与家庭决策。

---

[1] 王亚南. 1979. 资产阶级古典经济学选辑. 北京：商务印书馆：46.

加里·贝尔克对现代人力资本理论的贡献是最具综合性的,他的代表作《人力资本》被誉为"经济思想史中人力投资革命的起点"。其人力资本的观点主要表现为:①人力资本投资既要考虑将来的收益,也要考虑现在的收益;②企业培训是人力资本的一项重要内容;③提出人力资本投资收益率的计算公式及年龄-收入曲线;④说明高等教育收益率,并比较不同教育等级之间的收益率差别;⑤他还认为信息的搜集也是人力资本的内容,同样具有经济价值。然而,加里·贝尔克的最大贡献还在于把人力资本研究框架扩展到"家庭经济学",把家庭的许多行为诸如父母养育孩子、婚姻以及家庭内部分工看成与人力资本相关。

二、人力资本的概念与内涵

(一)人力资本的概念

综合上述观点,所谓人力资本,是指通过在教育、培训、保健等方面的投资而形成的,体现在劳动者身上的知识、技能、健康、劳动熟练程度等无形资本的总和,是能够为劳动者带来持久收入的资本。

人力资本是"能够提供一种有经济价值的生产性服务",也就是说,任何个人对自身进行的知识、技能、智力和健康的投入,如果能够给投入者带来超过投入价值的价值,并因由其占有和支配这部分价值而产生更大的投入积极性,那么这种投入所形成的价值就是人力资本。

(二)人力资本的内涵

从上述人力资本的概念,可以得出人力资本的内涵包括以下四个方面:

(1)范畴:人力资本是一种凝结在人身上的无形资本,它不同于有形资本,不具有实物形态。

(2)形成途径:人力资本是人力资本投资的结果,包括在教育、培训、保健等方面的投资。

(3)内容:人力资本包括人的知识、技能、健康等素质,是一个质的概念,而不是一个量的概念,在这一点上,它是有别于人力资源的。

(4)功效:人力资本能够提供有经济价值的生产性服务,促进社会生产率的提高和社会财富的增加。

三、人力资本与物质资本的关系

人力资本与物质资本既有相似性,也有相互区别的地方。要理解它们之间的关系,可以从以下两个方面着手。

(一)人力资本与物质资本的相似之处

(1)生产性。人力资本与物质资本都是生产过程中不可或缺的生产要素,是重要的经济资源,能够促进国民经济的增长。

(2)稀缺性。人力资本与物质资本一样,都是一种稀缺性资源。尽管它们中都存在着先天的因素,但关键的问题仍在于如何生产、再生产以及配置这两种资本,以达到效用的最大化。

(3)可变性。无论是人力资本还是物质资本,通过对它们进行投资,都可以在数量上甚至质量上发生变化。

（4）可获利性。任何理性的投资都是以获利为前提的，人力资本和物质资本既然是人们通过投资形成的，说明它们本身具有能够给投资者带来经济效益的功能，即它们具有可获利性。

（5）折旧性。物质资本存在折旧问题，人力资本的价值同样具有很强的时效性，一些知识和技能也会随着时间的推移而贬损，甚至在技术变革下出现加速折旧的情况，一些人可能因此而成为失业者。正因为人力资本具有折旧性，所以人们需要不断补充知识和技能，才能弥补人力资本折旧带来的消极影响。

（二）人力资本与物质资本的区别

（1）依附性。人力资本存在于人的身体，并与其承载者不可分离，人的生命消亡，人力资本也随之消失。依附性是人力资本与其他资本最根本的区别。

（2）不可转让性。这是由依附性派生出来的特点。在奴隶社会以外的所有时期，人本身是不能买卖或转让的，所以依附于人身体上的人力资本也就具有不可转让性。

（3）自增性。自增性表现为当初始人力资本形成后，将在以后的生产活动中不断被使用，并随着经验的积累和对已有知识运用熟练程度的提高，人力资本的水平也将得到提高。也就是说，人力资本通过使用，自身水平得到提高，这便是它的自增性。

（4）创造性。人力资本具有无限的潜在创造性。劳动者探索世界、发现财富、创造财富，都是对人力资本的运用。从这个意义上说，人们通常所说的创造性就是寄寓在人体中的人力资本的特性。因此，人力资本是最具活力的资本，对社会的发展具有无限的推动作用。

（5）收益的迟效性。人力资本收益的迟效性，是指人力资本投资不是当时投资当时获益，而是要通过一定时期的学习，使劳动者的知识、技能、工作经验等得到不断的提高和积累，并达到一定的水平或标准后，才能发挥生产性作用，产生收益。

（6）收益的递增性。所谓递增性，是指随着人力资本的积累和提高，它所带来的收益呈不断增加的趋势，这是由人力资本的自增性和创造性所决定的。

（7）长期性。长期性，是指人力资本一旦发生效用，可以在相当长的时间内为劳动者不断带来收益，甚至是终生受益。

（8）生命周期性。人力资本的价值与人的生命周期密切相关，难以隔代储存，不可"保鲜"。一般来说，当人的生命结束之时，其所拥有的人力资本也会随之消失——当然，通过基因形式遗传给下一代的天赋能力另当别论。同时，在个人生命周期的不同阶段，人们进行人力资本投资的主要途径也有很大的差异。例如，在早期儿童阶段，主要由父母和家庭对儿童进行人力资本投资，这一时期家庭教育、家庭氛围、社会环境、营养卫生等对儿童语言、计算、基本推理等能力的形成具有重要意义，对儿童的体质、预期寿命也有重要影响，对后续的人力资本投资状况也会产生影响，并极有可能会影响他们未来在劳动力市场上的收益水平。在青少年时期，主要通过学校教育进行人力资本投资，在小学、中学和大学期间不断获取知识和技能，这一时期的人力资本投资对未来进入劳动力市场获取人力资本投资收益具有十分明显且直接的影响。在进入劳动力市场之后，人们主要通过在职培训、成人教育或其他特定的培训与进修项目来实现人力资本投资，当然，对每个人来说，在工作中边干边学（简称"干中学"）也是重要的人力资本投资形式。

四、人力资本特性与价值计量方法

人力资本具有不同于非人力资本的特性,而正是这些特性使得人力资本的价值计量与非人力资本的价值计量存在根本性区别。人力资本价值计量方法的设计和选择需充分考虑人力资本的特性。

(一)隐性知识与产出法计量

人力资本价值创造能力的高低主要取决于人力资本载体所拥有的知识和能力。人力资本掌握的知识分为显性知识和隐性知识。

显性知识指可以用语言、文字或图形等有形的东西进行系统化处理和传播的各种传统和现代化知识,这一类知识可以用计算机进行编码和加工处理,因而也称为"可编码的知识"。人力资本载体的显性知识可借助于人力资本载体的受教育程度、工作阅历、技术技能等级等信号进行传递。

隐性知识指深藏于人的头脑内部,属于经验、诀窍、灵感、创意等的那一部分知识,是一种只可意会不可言传的知识,这一部分知识不可能用计算机进行编码和加工处理,因而称为"不可编码的知识"。隐性知识具有隐藏性,其信息通常不能借助于一些表象特征来传递,因而人力资本的隐性知识往往难以观察和度量。但也正因为它的隐藏性、不可言传性和不易模仿性,隐性知识构成企业核心竞争力的重要来源,在企业价值创造中发挥着不可替代的作用。也就是说,隐性知识作用的发挥往往表现为人力资本载体产出价值的增加,对于隐性知识人们必须借助于人力资本的产出价值来度量。

(二)协作劳动与团队计量

现代社会专业化分工的细化使得企业团队生产的特征越来越显著。在高度分工的专业化组织中,几乎任何一件产品,都是集体劳动的成果和集体智慧的结晶。离开了团队整体,个人的作用则无法实现。

阿尔钦和德姆塞茨认为,企业的实质是团队生产,是投入的一种联合使用,它得到一个比投入的分别使用所得出的产出总和更大的产出。团队生产的基本特点是:①使用多种资源;②产出不是每种合作资源分别产出的简单相加;③团队生产所有的资源不属于一个人。企业中根据不同层级、不同职能部门、不同工序或工种、不同流水线等形成了不同的团队,团队提供的是联合产品,并不是团队每个成员的边际产品,团队生产中参与合作的成员的边际产品无法直接、独立地观察和测度。由此,人力资本价值计量应充分体现团队生产的特点,首先以团队为对象计量团队人力资本价值,在此基础上再分别测定团队成员的个体人力资本价值。

(三)异质性与分层计量

人力资本不同于财务资本,它是异质性资本。人力资本的异质性决定了不同人力资本的专用性程度、风险承担情况及边际报酬的差异,其投资成本不同,对企业价值创造的贡献也不同,最终表现在人力资本的价值量上也就不同。

贝克尔指出,由于生产中投入的劳动力并非同质,较高质量的劳动力具有更强的生产能力和更高的生产效率。人力资本的异质性要求对企业不同层次的人力资本进行分层计量。李忠民将企业的人力资本分为一般型人力资本、技能型人力资本、管理型人力资本和企业家型人力资本四个层次。一般型人力资本具有社会平均的知识量和一般能力水平，在社会分工中为一般劳动者；技能型人力资本具有某种特殊技能，在社会分工中为专业技术人员；管理型人力资本具有组织管理能力，在社会分工中为各级各类管理人员；企业家型人力资本具有决策和资源配置能力。

不同类型人力资本的社会分工不同，人力资本对企业价值的作用机理有别。尤其是企业家人力资本在企业价值创造中的关键作用是其他任何类型人力资本所不能替代的。由此，人力资本的分层计量将体现不同类型人力资本价值的差异性。只有对人力资本价值分层计量才能体现人力资本自身的特性，也才能使人力资本的价值衡量更具有客观性。

（四）过程性与动态计量

非人力资本价值计量表现出明显的事前性，即在其投入企业时就能相对准确地对其价值加以评估和确认。但是，人力资本价值必须在其使用过程中通过绩效评价加以确定。只有在人力资本投入运营后，其真实价值才会以一定的形式表露出来。人力资本价值具有明显的过程性和事后性。

人力资本载体所具备的知识和能力信息并非都是可观测的公开信息，某些信息具有隐藏性，有时人力资本主体还会向企业释放虚假信息。人力资本的真实信息更多的是在人力资本运用过程中体现出来的，通过人力资本的运用，隐藏信息会逐渐暴露，虚假信息也会得到澄清。由此，人力资本价值计量需结合人力资本的运营效果（经营业绩）进行动态调整。

人力资本价值是人力资本主体与财务资本主体相互之间重复博弈的结果，合约缔结之初的谈判并非集体谈判，而是人力资本个体与财务资本所有者之间的个别谈判。人力资本所有者在进入企业之初还没有成为团队的成员，他只能凭借个人的力量与财务资本所有者进行博弈。而在进入企业一定阶段后，随着企业内外部环境的变迁以及人力资本素质的提高、团队组合的形成，人力资本所有者会要求与财务资本所有者进行新的谈判，对"事前无法全部讲清楚的合约"进行修正。由于合约的不完全性，人力资本价值需根据合约内容的调整而进行动态计量。

第二节　人力资本投资

一、人力资本投资的概念

第一节中多次提到人力资本投资的概念，那么究竟什么是人力资本投资？贝尔克在其代表作《人力资本》一书中是这样描述的："本书所研究的是关于通过增加人的资源影响未来货币与心理收入的活动。这些活动被称为人力资本投资。"[1] 由此可以得出，一切有利于形成与改善劳动者素质结构、提高人力资本利用率的活动、费用和时间等，都可称为人力资本投资。

---

[1] 加里·S.贝尔克.1987.人力资本.梁小民译.北京：北京大学出版社：1.

二、人力资本投资的形式

一般认为,人力资本投资主要包括以下五种形式。

(一)学校教育

学校教育支出是对人力资本的长期投资,包括学前教育、小学、初中、高中、大学、职业技术学校等各级教育的费用支出。相对应地,它的投资主体可以是个人、政府或者社会团体。学校教育是人力资本投资中最重要的形式,它通过提高受教育程度来增加人力资本中的知识存量,并以学历的形式向社会传递这种教育的信息。

舒尔茨在解释美国经济增长的时候认为,1929~1956年,美国国民收入增长的21%~40%应归功于为增加人力资本存量而进行的教育投资。各国的实践都证明,经济发达程度与其教育支出呈现出明显的正相关关系。据世界银行的研究,增加教育投资,从而使劳动力受教育的平均时间每增加一年,GDP就会增加9%。这是指前三年的教育,即受三年教育与不受三年教育相比,能使GDP提高27%。尔后增加的学年收益衰减为每年使GDP增加4%,或者说,其后三年的教育总共可使GDP提高12%[①]。

(二)在职培训

在职培训也称为非正规教育,是企业或者其他培训机构为提高其员工从事某种职业的知识和技能所发生的投资支出。它的投资主体主要是企业。企业培训以专业技术等级来反映人力资本中的技能存量。

第二次世界大战结束后,日本能够实现经济的起飞,重要的一条经验就是重视企业培训。实践经验表明,哪个企业注重企业培训,哪个企业的劳动生产率就高、产品竞争力就强、在市场竞争中就处于有利位置。单个企业如此,一个组织、一个产业集群如此,整个社会更是如此。全社会范围内对企业职工进行培训,提高职工的业务素质、实操能力、劳动技能以及对新技术的接受能力,将实现全社会生产率的大提高。

(三)健康投资

健康投资是用于健康保健、增进体质的花费,也是人力资本投资的一种形式。社会实践表明,劳动者健康状况的改善和平均寿命的提高意味着劳动者生产力的提高,从而也对国民经济的发展起着不可估量的促进作用,因此,健康投资受到了各国政府、社会、企业乃至个人本身的高度重视。这种投资的效果主要表现为人口平均寿命的提高和死亡率的降低。

(四)劳动力迁移

劳动力迁移本身并不能直接形成或者增加人力资本存量,但是,通过劳动力在不同国家和地区间的合理流动,从宏观上可以实现人力资本的优化配置,从微观上可以实现个体人力资本的效用最大化,是实现人力资本价值和增值的必要条件。因此,本书也把劳动力迁移作为人力资本投资的一种形式。

---

① 世界银行.1991.1991年世界发展报告:发展面临的挑战.北京:中国财政经济出版社:45.

（五）边干边学

人们在生产过程中，会不断地思考、探索、尝试各种方法去改进生产过程，提高劳动生产率，因而，劳动者在生产过程中就可以积累相应的知识和技能。这意味着有些知识和技能并非人们有意学习的结果，而是传统经济活动的副产品。这种效应就是边干边学（learning by doing），简称为"干中学"。简单地说，人们在生产实践中会产生新的知识和技能。阿罗等经济学家认为，一个经济体从积累资本的生产活动中会提高资本的生产率，从而使得资本表现出两种推动经济增长的效应：一方面增加资本能提高产出，另一方面生产中的资本通过"干中学"会产生新的知识与技术进步，这将进一步提高产出水平。

三、人力资本投资的主体

从上述分析中，可以知道人力资本投资的主体包括个人、企业、政府以及社会团体。他们各自以不同的目的进行人力资本投资。

（一）个人

个人投资者是人力资本最主要的投资者。作为经济学中的理性人，个人进行人力资本投资的最终目的是实现自身效益的最大化。这种效益主要包括两个方面，即经济效益与非经济效益。经济效益包括货币收入、健康保障、职业升迁等，而非经济效益则包括个人社会地位的提高、生活环境的改善、生活质量的提高带来的心理满足等。

（二）企业

企业既是人力资本的投资者，也是人力资本的需求者，它的投资范围集中表现在企业培训上。与个人投资者不同，企业进行人力资本投资的目的是实现利润的最大化。通过提高劳动者的职业技能，促进劳动生产率的提高，降低企业的生产成本，从而为企业带来更多的利润。

（三）政府及社会团体

政府在人力资本投资中发挥着相当大的作用，是人力资本的重要投资者之一，其对人力资本进行投资的领域也是相当广泛的。政府进行人力资本投资，可以提高国民的素质，更大限度地开发人力资源，改善个人收入的分配状况，并且引起一系列积极的经济和社会效果。

近年来，社会团体尤其是慈善组织的发展越来越受到人们的关注。社会团体一般不以盈利为目的，尤其在教育与健康投资上进行了大量的投资，是人力资本投资中一个特殊的投资主体。

四、人力资本投资的基本模型

（一）宏观内生增长模型的人力资本投资要素

继明塞尔、舒尔茨、贝克尔、丹尼森对人力资本理论作出重大贡献后，卢卡斯、罗默、斯宾塞等都在不同程度上进一步发展了人力资本理论，特别是在20世纪80年代以后，以"知识经济"为背景的"新经济增长理论"在西方国家兴起，与20世纪60年代的舒尔茨采用新古典统计分析法不同,"新增长理论"采用了数学的方法,建立了以人力资本为核心的经济增长模型,克服了60年代人力资本理论的一些缺陷。卢卡斯和罗默被公认为"新经济增长理论"的代表,他们构建的模型是以在生产中累积的资本来代表当时的知识水平,将技术进步内生化。这一类模型可称为知识积累模型,简称AK(accumulation of knowledge)模型。新经济增长理论在人力资本理论研究方面的主要贡献表现在将人力资本纳入了增长模型。在20世纪60年代,舒尔茨和贝克尔提出的人力资本理论中尽管也涉及经济增长问题,但没有把人力资本和教育作为内生变量,而是作为外生变量;在罗默和卢卡斯的模型中不仅将人力资本纳入其中,并且使其内生化,同时也克服了经济均衡增长取决于劳动力增长率这一外生变量的缺陷。另外,新经济增长模型从经济增长模型中阐发其人力资本理论,将对一般的技术进步和人力资源的强调变成了对特殊的知识即生产所需要的"专业化的人力资本"的强调,从而使人力资本的研究更加具体化和数量化,极大地发展了人力资本理论,也使人们在实践中正确认识人力资本在经济增长中的作用。

新增长理论是经济学的一个分支,它全力解决经济科学中一个重要且令他人困惑的主题:增长的根本原因。它的出现标志着新古典经济增长理论向经济发展理论的融合。这一融合的显著特点是,强调经济增长不是外部力量(如外生技术变化),而是经济体系的内部力量(如内生技术变化)作用的产物,重视对知识外溢、人力资本投资、研究和开发、收益递增、劳动分工和专业化、边干边学、开放经济和垄断化等新问题的研究,重新阐释了经济增长率和人均收入的广泛的跨国差异,为长期经济增长提供了一幅全新的图景。

近半个世纪以来,现代经济增长理论走出了一条由外生增长到内生增长的演进道路。在20世纪80年代中期,以罗默、卢卡斯等为代表的一批经济学家,在对新古典增长理论重新思考的基础上,提出一系列以"内生技术变化"为核心的论文,探讨长期增长的可能前景,重新引起人们对经济增长理论的兴趣,掀起一股"新增长理论"的研究潮流。这一理论自20世纪80年代产生以来,迅速成为理论关注的焦点,对世界经济增长,尤其对发展中国家经济产生了重要的影响。新增长理论最重要的突破是将知识、人力资本等内生技术变化因素引入经济增长模式中,提出要素收益递增假定,其结果是资本收益率可以不变或增长,人均产出可以无限增长,并且增长在长期内可以单独递增。技术内生化的引入,说明技术不再是外生的、人类无法控制的东西,而是人类出于自身利益而进行投资的产物。

宏观内生增长模型强调知识和人力资本是"增长的发动机"。因为知识和人力资本本身就是一个生产投入要素:一方面它是投资的副产品,即每一个厂商的资本增加会导致其知识存量的相应提高;另一方面知识和人力资本具有"外溢效应",即一个厂商的新资本积累对其他厂商的资本生产率有贡献。这意味着,每一个厂商的知识水平是和整个经济中的技术积累与全行业积累的总投资成比例的。通过这种知识外溢的作用,资本的边际产出率会持久地高于贴现率,使生产出现递增收益。也就是说,任一给定厂商的生产力是全行业积累的总投资的递增函数,随着投资和生产的进行,新知识将被发现,并由此形成递增收益。因此,通过产生正的外在效应的投入(知识和人力资本)的不断积累,增长就可以持续。

(二)企业人力资本投资模型

人们进行任何一项投资,都要进行决策,即把当期付出的成本与未来的收益进行比较,当且仅当未来的收益大于当期付出的成本时，才会进行投资。人力资本的投资也不例外。考虑到货币的时间价值，传统人力资本理论通常以净现值法与内部收益率法来评估人力资本投资决策。

1. 净现值法

（1）基本原理。净现值法的基本原理就是要把未来收益与成本按预定的贴现率进行折现后，求出两者差额并进行比较。如果差额为非负值，则进行投资；如果差额为负值，则终止投资。

（2）数学表示。假设某项人力资本投资，在未来 t 年内每年为投资者带来的收益分别为 $B_1, B_2, \cdots, B_t$，贴现率为 r，t 年内折现的收益为 PV。同时假设该项人力资本投资的成本为 C，在 n 年之内完成，每年的投资成本分别为 $C_1, C_2, \cdots, C_n$，n 年内投资成本的现值为 PVC。在以上收益与成本现值的基础上，求出两者的差额也就是净现值。假设净现值为 Q，则：

$$Q = \sum_{i=1}^{t} \frac{B_i}{(1+r)^i} - \sum_{j=1}^{n} \frac{C_n}{(1+r)^j} = \text{PV} - \text{PVC}$$

根据基本原理，当 $Q \geq 0$ 时，进行人力资本投资；否则，应终止投资。

2. 内部收益率法

（1）基本原理。所谓内部收益率，就是个人所能接受的最低的利息率；或者说是使得投资有利可图的最低贴现率。把内部收益率 r 与其他投资的收益率 s 进行比较，如果人力资本投资的内部收益率 r 大于或者等于其他投资的收益率 s，那么进行人力资本投资；反之亦然。

（2）数学表示。在计算中，首先可以通过使收益的现值与成本相等，令 PV = PVC，即 $\sum_{i=1}^{t} \frac{B_i}{(1+r)^i} = \sum_{j=1}^{n} \frac{C_n}{(1+r)^j}$，从而求出内部收益率 r，将内部收益率 r 与其他投资的收益率 s 进行比较，若人力资本投资的内部收益率高于其他投资的收益率，则应进行该项人力资本投资，否则，就不应该进行该投资，因为该项人力资本投资并不划算。

第三节 学校教育

一、学校教育投资的成本

如果把学校比做一个工厂，投入的各种人力、物力、财力是它的成本，具有一定科学技术知识的人才是它的产出。从这个角度说，学校教育也遵循从投入到产出的成本-收益核算方式。例如，一部分完成了某一层次教育的毕业生选择继续深造，而另外一部分毕业生则选择进入劳动力市场参加工作，原因就在于他们各自有不同的成本-收益分析。

一般认为，学校教育的成本包括货币成本与非货币成本，其中货币成本又包括直接成本与间接成本。

（一）货币成本

1. 直接成本

直接成本包括上学期间所支付的学费、在书籍和其他物品上的支出以及任何超出不上大学的生活费用。但并不包括全部生活费用，原因是即使参加工作的人也要在生活上有所花费。

2. 间接成本

间接成本又称为机会成本，是因上学不能参加工作而放弃的工资报酬。间接成本是学校教育成本中最重要的部分。

（二）非货币成本

非货币成本即心理成本或心理损失，表现为在上学期间承受的压力、紧张等，给上学者带来了非常大的负效用。当然，并不排除有些人也会视这些压力和紧张为一种享受，并在获得新知识中得到满足。所以，学校教育的非货币成本很大程度上取决于个人的主观评价，很难进行量化。因此，本书将在后面的分析中省去对非货币成本的分析。

二、学校教育投资的收益

（一）货币收益

学校教育所带来的货币收益主要表现在预期上大学后能够带来的更高的工资收入。从终生收入的角度看，上大学的人一生得到的收入总量高于没有上大学的人一生得到的收入总量。但是，这个超出部分只是一个预期值，必须以现实为基础，对其进行折现。

（二）非货币收益

学校教育也会给人带来心理上的满足感，如个人社会地位的提高、就业能力的提高、生活质量的提高、精神生活的充实等。由于非货币收益在数学上难以确定与量化，同样地，本书也将在后面的分析中省去对它的分析。

三、学校教育投资的决策模型

以18岁高中毕业生是否继续求学为例，结合第二节的净现值法与内部收益率法，建立学校教育的决策模型，并进行相关的决策。

（一）净现值法

前面已经提到，大学教育的货币收益是以高收入形式表现的，并在投资于大学教育后取得，因此要对增加值进行折现。

假设大学教育的学制为4年，劳动者从22岁毕业后参加工作一直到60岁才退休，并且假设大学学历每年都可使投资者获得收益。根据净现值法的基本原理，当且仅当大学生比高中生多获得的收益的现值 PV 大于大学教育的投资成本的现值 PVC 时，个人才会选择进行大学教育投资；当 PV=PVC 时，教育投资不必要；当 PV < PVC 时，个人将会选择其他投资。

（二）内部收益率法

根据内部收益率法的基本原理，令收益现值与成本现值相等（PV=PVC），即可求出大学教育的内部收益率 r。设其他投资的收益率为 s，当 $r>s$，个人选择大学教育投资；$r=s$，教育投资不必要；$r<s$，个人将选择其他投资。

（三）模型分析

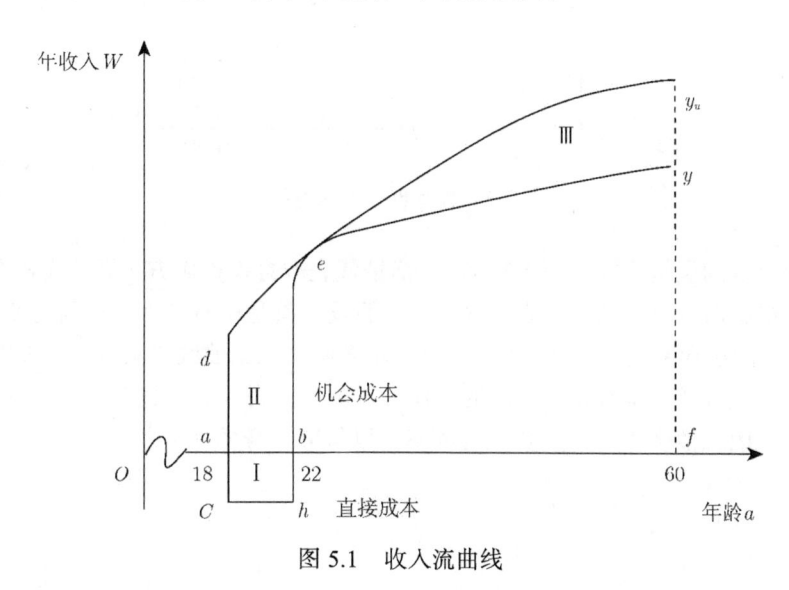

如图 5.1 所示，横轴为年龄 a，纵轴为年收入 W。对于 18 岁高中毕业后立即参加工作的人来说，ady 表示其收入流曲线，$adyf$ 表示其终生收入流。对于 18 岁高中毕业后上大学的人而言，$achb$（即Ⅰ）表示其上大学的直接成本，$adeb$（即Ⅱ）表示其上大学所放弃的收入，也就是机会成本；bey_u 是大学毕业生的收入流曲线，bey_uf 相当于大学毕业生的终生收入，ey_uy（即Ⅲ）就是进行大学投资的收入流增量。给定某一折现率 r，根据净现值法，只有当Ⅲ ≥ Ⅰ+Ⅱ时，人们才会选择大学教育投资；若 s 给定，根据内部收益率法，当Ⅲ=Ⅰ+Ⅱ时，r 为内部收益率，只有当 $r \geqslant s$ 时，人们才会进行大学教育投资。

图 5.1　收入流曲线

四、学校教育投资的均衡

（一）学校教育投资的需求

学校教育投资的需求曲线如图 5.2 所示，横轴代表教育投资额 H，纵轴代表边际收益 r（或边际成本 i）。当人们对教育的投资额是 h_1 时，对应的边际收益是 r_1；当投资额为 h_2 时，对应的收益是 r_2。需求曲线向右下方倾斜，表明其斜率为负，意味着随着教育投资额的增加，边际收益是递减的，符合经济学上的边际收益递减规律。

该教育投资需求曲线还表示了教育投资的决策规则，即当教育投资的边际收益大于边际成本时，追加投资是有利可图的，因此要延长教育年限；当教育投资的边际收益小于边际成本时，追加投资是无利可图的，因此要缩短教育年限。在图 5.2 中，当边际成本为 i_1 时，最佳的投资额为 h_1，因为这时边际收益等于边际成本（$i_1=r_1$）；当边际成本从 i_1 下降到 i_2 时，最佳投资额也应该从 h_1 提高到 h_2。

（二）学校教育投资的供给

随着边际收益的增加，提高教育投资额，延长教育年限，这样的需求分析在理论上是可行的。但在实际中，并不是每个学生都能承担不断增加的教育投入，特别是对于家庭经济困难的学生，因此，有必要分析学校教育投资的实际供给。

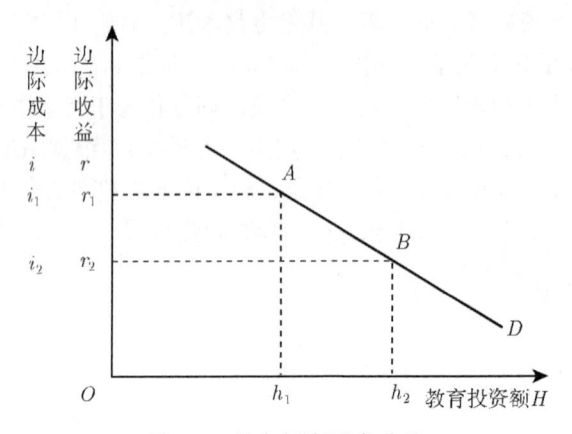

图 5.2　教育投资需求曲线

学校教育投资的供给曲线如图 5.3 所示，横轴代表教育投资额 H，纵轴代表边际成本 i。供给曲线呈阶梯状向右上方倾斜，它隐含了一个假设，就是所有学生可以固定的利率借到所需要的资金，从而达到期望的教育水平。但这并不意味着供给曲线是具有完全弹性的水平线。因为在实际中，教育投资本身是有风险的。作为贷款者，贷款数量越多，所面临的收回贷款的风险就越高，因此他会不断提高贷款的利率，以保障自身的利益。

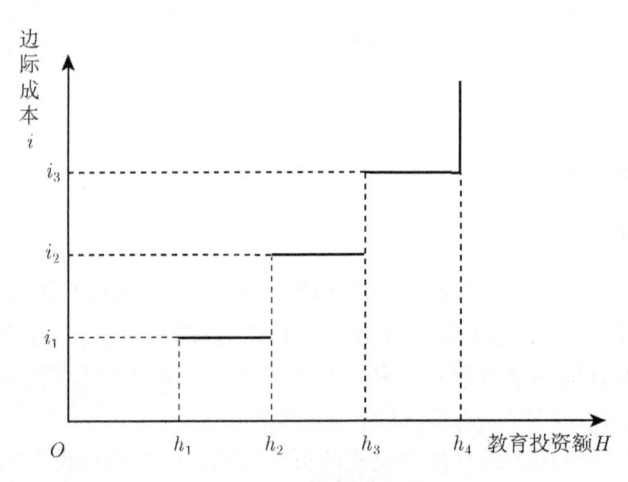

图 5.3　教育投资供给曲线

当教育投资额为 h_1 时，全部的教育费用由家庭负担，但是对于家庭经济困难的学生而言，其家庭所能承担的教育费用毕竟是有限的，当教育投资额达到一定的水平后，大部分的教育费用就要通过学生贷款来解决了。假设边际成本（即利率水平）为 i_1 时，学生所能获得的贷款是 h_2-h_1。当这笔贷款被用完后，为了到达更高的教育水平，学生就要进行额外的贷款。图 5.3 中，学生的贷款额分别增加至（h_3-h_2）、（h_4-h_3），利率水平也分别增至 i_2、i_3。这样的状况一直持续下去,直到由于贷款的利率过高,许多学生无法获得贷款。最后,供给曲线的弹性为零,成为一条垂线。

(三) 学校教育投资的均衡

为了简化说明,暂时把教育投资的供给曲线表示为一条向右上方倾斜的直线。如图 5.4 所示,教育投资的需求曲线与供给曲线相交于 A 点。A 点是教育投资的均衡点,它所对应的 h_2 是最佳的教育投资水平,这时边际收益等于边际成本。除此之外的投资水平都不是最佳的投资状态。投资水平为 h_1,它所对应的边际收益是 r_1,边际成本是 i_3,因为 $r_1 > i_3$,即边际收益大于边际成本,这时追加投资仍然是有利的。

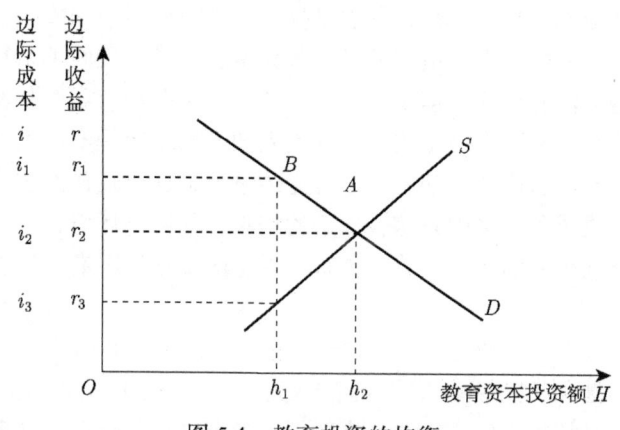

图 5.4 教育投资的均衡

综合上述的分析,可以归纳出几条关于大学教育需求的结论:

(1)在其他条件相同的情况下,目光短浅者比目光远大者上大学的可能性更小。

(2)与老年人相比,年轻人对大学教育的需求更大。

(3)在其他条件相同的情况下,大学教育的成本上升,会使大学的入学人数下降。

(4)在其他条件相同的条件下,随着大学毕业生的工资报酬与高中毕业生的工资报酬的差距的正向扩大,大学的入学人数会增加。

第四节 在 职 培 训

离校后的人力资本投资主要是企业培训角度的人力资本投资。人力资本投资并不会随着学校教育的完成而结束,在职培训与学校教育一样,也是人力资本投资的重要途径。这两种主要的投资形式不仅可以认为是前后连续的阶段,而且可以看成是相互替代的过程。如今,为了适应越来越复杂的全球商业环境,越来越多的企业组织为其员工提供更为复杂和系统的培训,以提高员工的职业素质和能力。

一、传统人力资本理论下企业人力资本投资的困境

现在,重视人力资本投资已成为世界性的共识。对作为微观经济主体的企业来说,人力

资本的存量毫无疑问是构成其核心竞争力最主要的因素。也就是说，人力资本投资理应是企业一项重要的投资，也是最具增值回报的投资。但经济学角度的人力资本理论研究并没有将企业作为人力资本投资的主体，管理学视角的人力资本理论研究又主要侧重于人力资本和人力资本投资的重要性，对企业如何进行人力资本投资或者说如何有效并持续地提升人力资本存量并没有给予应有的关注和足够的重视。企业一般来说并不是教育投资的主体，所以，企业人力资本存量的增加要么通过录用人力资本含量高的人才，要么投资于雇员的培训。

直接在人才市场上招聘和录用人力资本含量高的人才无疑是迅速提高企业人力资本存量最有效、理论上成本也最低的方法，问题是并非总能如愿。那么，对企业而言，人力资本投资在很大程度上意味着对员工培训的投入，但培训也并不一定能解决问题。一方面，既然是投资，就意味着需要成本；另一方面，既然是投资，就要有回报和收益，学习本身甚至学到的东西都不代表组织投入的产出，员工的学习行为本身只是手段而不是目的。虽然有许多计算培训投资回报率的方法和公式，但是实际上，通过以企业经营业绩和经营成果的回报率来计算培训投资的收益往往并不准确。因为培训投入的产出一般是不可以量化的经济指标，培训与组织的经营业绩或经营成果之间有一个转化的过程，这个转化的过程相当复杂，而且企业的经营业绩或经营成果是许多因素综合作用的结果，如经济环境、政治环境、国家的相关政策、行业竞争状况、企业的相关政策、消费者观念的变化等因素，培训只是其中一个因素而已。

一般认为，构成人力资本的是劳动者的知识存量、技能水平和健康状况，但"劳动者的知识存量、技能水平和健康状况"并不能等同于"人力资本"，正如"货币"也不能等同于"资本"。它们要成为资本，就必须投入生产中并带来增值。换言之，凝聚在劳动者身上的知识、技能及其表现出来的能力只表明其主体具有将这些知识、技能和能力运用于为企业或社会创造财富的潜能，但这种潜能的发挥还要取决于许多主客观的因素。主观上，具有这种潜能的个体有没有尽其所能地运用其潜能为社会或者说为企业服务的意愿和行动；客观上，环境（包括社会大环境，但主要是个体所在组织的小环境）是否鼓励、支持以及奖赏这种潜能的运用和发挥。因此，从企业的角度来说，人力资本投资不仅是要尽可能吸收、招聘、录用优秀的人才，也不仅是要尽可能加大员工培训的力度，更重要的是要创造条件和营造氛围改变人力资本的构成和激发人力资本的运用和发挥，包括制度、政策、环境、文化和氛围等，而这一切归根到底都属于"激励"的范畴。管理能够出效益甚至能够创造奇迹，主要就是因为有效的管理能够最大限度地激发组织成员的积极性，能够激发组织成员主动提升自己的人力资本，并积极甚至超常地发挥自己的潜能，从而实现组织与个人的双赢。

二、在职培训及其决策

传统的厂商理论把企业定义为一个生产单位，它可以将若干投入要素转换成可供消费或进一步生产投入的物质产品或服务。这意味着，企业的产出只包括物质产品和服务。但人力资本理论认为，企业也是一种人才工厂，它的产出还应包括人力资本。与学校教育不同的是，学校是专业化生产人力资本的工厂，其内容更偏重于基础性、通用性的知识；而人力资本是作为一种副产品在企业出现的，其内容更偏重于应用性与实践性。

企业人力资本开发活动包括很多种形式，如在职培训、离职培训、干中学、师徒制等。

这些活动基本上可以分成两类：第一类是从干中学或者积累经验；第二类是企业培训，主要是在职培训。前者是一个自发学习的过程，在这个过程中，随着工作年龄的延长和经验的积累，员工的劳动技能、熟练程度和工作技巧会不断地提高，而且这类培训的最大特点是它一般不耗费成本。但是后者的情况则不同，企业培训是一个有组织、有计划的学习过程，不论是在职培训还是离职培训，都具有一定的独立性，与企业的生产活动相分离，因此需要专门的组织与安排，并耗费一定的成本，同时获得相应的收益。

（一）企业培训的成本

1. 直接成本

企业培训的成本因培训的性质、内容、种类的不同而出现差异。一般来说，企业培训的直接成本包括培训期间支付给受训员工的工资、因准备培训活动所需物质条件而花费的成本，如聘请培训师、租用场地和设备等。

2. 间接成本

从企业的角度，间接成本主要包括受训员工在培训期间由于生产率下降而给企业带来的损失，以及因利用有经验的员工及其他生产设备从事培训活动而给企业正常经营所造成的损失。

（二）企业培训的收益

企业培训的直接影响是使受训员工的技术更加熟练，增加劳动知识和劳动技能等人力资本存量，提高员工的劳动生产率，其最终收益是使企业获得更多的利润，并在竞争中处于有利的地位。

（三）企业培训投资的决策

在展开分析之前，先假设劳动的边际产品价值（VMP）等于工资率（W）。已知企业培训是要付出直接成本与间接成本的，这可能会降低当期的收益，并增加当期的成本支出。但同时，由于培训提高了员工的生产力，又会使未来时期的收益增加，并降低未来时期的支出。在这种情况下，如果未来时期的收益足以弥补企业当期的支出，PV>PVC，那么进行企业培训是有利可图的；否则，PV<PVC，企业培训是无利可图的。

为了分析的方便，常常假设企业培训只发生在最初的一个时期，随后的各期均因受训员工投入生产使用而获得收益。在前面假设的基础上，可以知道，当企业培训的总收益等于总成本时，企业培训投资达到均衡状态，并且在均衡的培训投资条件下，员工在初期的边际产品价值与随后各期的净收益之和，应当等于初期的工资支出与随后各期的培训成本之和。

三、普通培训与特殊培训

企业在决定进行企业培训投资后，还必须考虑两个问题：一是投资多少用于培训；二是如果投资于培训，该如何设计培训期间与培训后员工的工资，从而收回投资。根据培训的成本与收益的不同类型，可以把企业培训分为两类：普通培训与特殊培训。

（一）普通培训

1. 概念

普通培训是指员工在培训期间获得的知识与技能具有普遍性，可以适用于多个企业，且在不同的企业均具有同样的价值。

2. 普通培训分析

根据贝尔克的人力资本投资理论，在完全竞争的劳动力市场和产品市场中，企业不会是一般培训的提供者，一般培训的投资者和受益者只能是员工。但为何在现实中，企业向员工提供一般培训的现象依然普遍存在呢？在不完全竞争的劳动力市场中，员工的报酬将低于实际生产率，而且，员工实际生产率与报酬之间的缺口，将随着员工技能水平的增加而增加，形成了压缩的工资结构，从而一般性技能具有事实上的企业专用的特点，因此企业具有投资员工一般性技能的激励。同时，在不完全竞争的劳动力市场中，压缩的工资结构是企业向员工提供一般性人力资本投资的必要条件。

更为一般的分析是，假设在一般培训前，一个员工的劳动边际产品价值为 VMP_1，其工资为 W_1。经过一段时间的培训后，该员工的劳动边际产品价值提高到 VMP_3，与此相对应，他的工资应为 W_3。如果在培训期间，企业支付的工资为 W_1，培训后企业按照提高的 VMP_3 支付 W_3 的工资，那么培训成本由谁来承担呢？企业有两种选择：

第一种选择是在培训后，企业支付的工资低于 W_3，即低于员工的劳动边际产品价值 VMP_3，以此来补偿培训成本。但这样做的结果是员工很可能会辞职，并且被其他企业雇佣。因为普通培训具有普遍性，这些企业不需要支付任何成本即可享受到原来企业的培训成果，他们也就愿意支付与受训员工边际产品价值相等的工资 W_3。显然，这是提供培训的企业所不愿意看到的外部性，因为他们付出了成本却毫无收益。所以，在实际中，很多企业都不愿意向员工提供普通培训，而把这个任务交给社会上的培训学校，因为此时培训的大部分成本是由员工自己支付的。

第二种选择是为了留住受训后的员工，提供培训的企业给予受训员工不低于 W_3 的工资，结果是其培训成本仍然无法收回，而企业也在竞争中处于不利的位置。显然，提供培训的企业是不会这样做的。

基于上述理由，对于提供培训的企业而言，比较可行的方法是让员工在受训期间接受一个低于本来能获得的工资(W_1)更低的起点工资（W_2）。

如图 5.5 所示，W_1 为员工没有接受培训前的工资率。在培训期间 $0\sim t$ 内，员工的劳动边际产品价值为 VMP_2，此时企业支付的工资为 W_2，W_1-W_2 的差额部分为员工承担的培训成本。在培训后的服务期（$t\sim T$）内，企业支付给员工的工资率为 W_3，此时员工的劳动边际产品价值为 VMP_3，W_3-W_2 的差额部分为培训的收益。

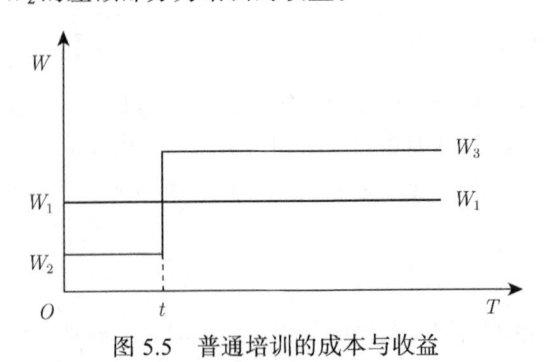

图 5.5 普通培训的成本与收益

（二）特殊培训

1. 概念

特殊培训是与普通培训相对应的概念，它指的是在培训期间获得的知识与技能具有专用性，只对本企业有用。

2. 特殊培训分析

特殊培训的专用性决定了它只能在本企业内发挥作用，一旦员工在培训后辞职而去其他企业任职，那么他的工资水平就恢复到接受培训前的 W_1。所以，员工是不愿意为特殊培训付费的。此时企业的态度则恰恰相反，只要员工培训后留在企业的时间足够长，使企业有足够的时间收回投资并有所收益，它是愿意为这笔费用"埋单"的。

如图 5.5 所示，在培训期间 $0 \sim t$ 内，企业支付给员工 W_1 的工资，高于受训员工的 VPM_2，W_1-W_2 的差额相当于特殊培训的成本；在培训后的服务期（$t \sim T$）内，企业支付给员工的工资率仍为 W_1，低于受训后员工的 VPM_3，W_3-W_1 的差额补偿了培训成本。在这种情况下，实际上是提供培训的企业既承担了全部培训成本，也享受了全部培训收益。

但是，如果员工在培训后出现流动状况，或者培训后只为企业服务很短的时间就辞职，情况就变得不一样了。因为此时员工没有任何损失，但企业却得不到任何收益，并且无法收回培训成本。要解决这一困境，企业通常会采取两种办法：一是劳动关系双方达成共识，签订长期劳动合同；二是重新制定成本与收益的承担机制。

显然，第一种方法并不能保证投资收益的实现，而且受到众多因素的干扰。第二种方法是可行的，即在培训期间，让企业与员工共同承担培训成本，在培训后的服务期间，也让双方共同享受培训收益。这种解决途径可以通过图 5.6 说明。

在培训期间 $0 \sim t$ 内，企业向员工支付 W_2 的工资，尽管按照 VMP=W 的原则，员工只能得到 W_3 的工资。此时，W_2-W_3 的差额为企业承担的培训成本，W_1-W_2 的差额为员工个人承担的培训成本。同时，在培训后的服务期间（$t \sim T$），企业向员工支付 W_4 的工资，尽管受训后员工应该得到 W_5 的工资。此时，W_4-W_1 的差额为员工个人预期的培训收益，而 W_5-W_4 为企业预期的培训收益。在这样一种"共担风险，共享收益"的机制下，受训后的员工辞职率一般比较低，因为他们承担了一部分的成本，而且由此获得的特殊技能还不被辞职后的企业所接受。同样地，企业也不会轻易解雇接受过特殊培训的员工，因为这样做会给企业带来损失。

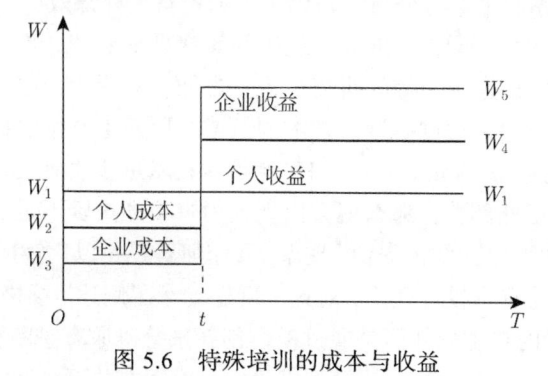

图 5.6 特殊培训的成本与收益

总结以上的分析，可以得出有关企业培训的几条规律：

（1）普通培训与特殊培训都涉及成本和收益，但是负担和分享的主体有所不同：在普通培训中，受训员工既负担成本又享受收益；在特殊培训中，成本与收益由提供培训的企业和受训员工共同承担。

（2）无论普通培训还是特殊培训，在培训期间，受训员工都要接受一个比市场均衡工资低的工资，这种成本是接受培训的机会成本。

（3）在普通培训中，W总是等于VMP。在特殊培训中，在培训期间，W大于VMP，在培训之后，W小于VMP。

（4）企业培训的收益是存在风险的，如果培训后受训员工因为技术改变等各种原因未从事与其所学相关的工作，人力资本投资的收益就会降低。

第五节 作为信号传递手段的教育

一、作为人力资本投资的教育

20世纪60年代，随着教育的经济作用在世界范围内引起广泛重视，教育得到空前发展，由此萌发人力资本的思想，产生了人力资本投资理论。首先使用"人力资本"这一概念的学者，是哈佛大学的沃尔什。随后，著名经济学家舒尔茨系统地阐述了人力资本投资理论。他认为，教育的经济价值在于"人们通过对自身的投资来提高其作为生产者和消费者的能力，而学校教育则是对人力资本最大的投资"。人力资本概念的产生，使人们在经济增长、工资结构变化以及收入分配等方面长期困扰的疑惑得到了较好的阐释。这意味着，教育经济学家们需要从新的视角来看待人力资本的内涵，重新分析人力资本在学校教育与培训中的形成过程，以及在经济增长和劳动力市场中的价值。诺贝尔经济学奖获得者贝克尔，在《人力资本》的著作中就教育收益率问题进行探讨；明塞尔在《个人收入分配的研究》中指出教育程度的提高与经济收益增长的关系。由此看来，舒尔茨、贝克尔和明塞尔早期所作的重要贡献，在于证明了劳动边际生产率与投资教育方面存在直接联系。人力资本理论体系得以形成，对教育经济学的产生、经济增长分析方面产生了极其深刻的影响。如今人力资本投资理论的研究思路，不再是通过收益率的直接计算来分析个人的投资行为，而是在动态最优化框架内将个人投资行为与宏观经济增长联系起来进行分析，强调了人力资本正外部效应（external effect）。人力资本对经济增长产生的途径不同，一方面，表现为直接外部效应，把人力资本作为技术进步的替代物引入增长模型，如卢卡斯等的研究；另一方面，表现为间接外部效应，将人力资本看成技术进步引入增长模型，通过模型将技术创新或全要素生产率的提高视为教育水平或人力资本的函数，如索洛残值（Solow residual）就是对技术进步贡献的度量。

既然人力资本产生正外部性，那么就会出现人力资本的投资不足。问题在于现实经济社会中发生的教育投资过度以及"知识失业"现象，又作何解释？以"偷生意效应"（steal business effect）为基础的现代人力资本投资理论，对这一问题给予了阐述。杨格（Young）认为，当"偷生意效应"不是通过质量的自主创新而是通过模仿创新来分割原有垄断租金时，人力资本将会出现投资过度（而不是供给不足）。从该模型推论：人力资本并不是经济增长的充分条件。如果人力资本投资的"偷生意效应"过强，产品市场的需求将约束人力资本市场的需求，从而使得人力资本市场均衡投资超过社会投资的帕雷托最优水平。可见，以"偷生意效应"为基础的人力资本投资理论，揭示了市场需求对人力资本投资的影响及其互动配置关系，标志着如何度量人力资本投资收益的"新范式"即将出现。在人力资本投资理论的推动下，发展中国家认识到，发展的障碍不仅来自物质资本稀缺，而且来自技术和管理人才的匮乏，于是纷纷按照人力资本投资的模式规划国家的教育事业，紧随西方发达国家先后跨入大众化高等教育时代。遗憾的是，人力资本投资理论并未实现教育普及可以相应提高劳动生产率的目标；教育的迅猛扩展并未导致不同教育水平群体收入的均等化和失业率的下降。相反，却出现了美国高通货膨胀、高失业率、低经济增长的"滞胀"现象，以及一些发展中国家的收入差距日益扩大的问题。

总的看来，人力资本投资理论招致了诸多批评。批评大多集中在教育是否能够提高劳动生产率或仅用作劳动者能力的甄别工具这两个方面。而教育是作为一种必须顺应经济增长过程的框架，而不是一种对于经济过程不可缺少的投入来促进经济增长的。人力资本在社会经济发展中的表现并没有产生预期的社会效率，风靡一时的人力资本投资理论遇到了严峻挑战。从汉纳谢克（Hanushek）的研究成果中可以看到，当前低效率的学校教育体制，导致资源在以一种无生产效率（unproductive）的方式被使用——对提高学生成绩和表现贡献不大。要改变教育投资的这种低效率并不是一个简单的问题。相反，如果要提高教育投资效率，必须求助于新的教育与经济机制，以调和教育与经济的交互关系。在理论需求的拉动下，教育与市场信号筛选理论在20世纪70年代应运而生。

二、教育的信号传递功能

关于教育的社会功能，一般有以下两种观点。第一种观点从人力资本理论的角度出发，认为教育投资能提高人们的生产效率，所以高学历的人能够获得更高的报酬。另一种观点则认为，教育投资会引起生产率的提高并不是对工资报酬与学校教育之间所存在的这种积极关系的唯一的可能解释。他们认为，教育只是为社会提供了一种根据个人的能力来对人进行分类的信号，即教育只是发现哪些人具有较高生产率的手段，而不是提高劳动者生产率的手段。

（一）作为信号的教育

信号传递理论由美国哈佛大学经济学家迈克尔·斯宾塞在20世纪70年代提出，并将其思想引进到教育选择问题上。该理论认为，受教育是有成本的,而且具有不同生产能力的人获得教育的成本是不同的，高能力的人获得相同教育水平的成本要低于低能力的人。因此，虽然雇主不能完全识别求职者的能力，但可以通过其教育程度和水平来识别，只要按照受教育程度来制定一个工资差，就会自动促使高生产能力的人去获得较高教育水平以显示自身的能力，从而获得较高的工资报酬，而低能力的人则只能接受较低教育获得较低工资。

在"看不见的手"的引导下，市场参与者的信息是不完备的，即使是轻微的信息不对称，也会对经济效率的帕雷托最优产生影响。可见，不确定性具有经济成本，而信号的功能就在于辨别（discriminatory）和降低经济行为的不确定性。人们花费财力和精力恰好是为了获取信号以改变经济领域所面临的不确定性，可见，不确定性的减少是一项收益。信息经济学作为研究不确定性的最优选择与激励机制设计的理论，主要包括阿罗（Arrow）的过滤理论、斯蒂格利茨（Stiglitz）的筛选理论和斯彭斯（Spence）的信号理论。因此，2001年诺贝尔经济学奖授予阿克洛夫、斯彭斯和斯蒂格利茨，表彰他们在柠檬市场、信号传递和信号甄别等领域的开创性贡献。

市场信号筛选理论利用教育信号的发送成本与其生产能力呈负相关性的分离条件，在给定教育学年制的成本范围内（the appropriate cost range），认为只要存在足够的教育信号元素，就可有效地、清晰地、充分地发挥信号筛选作用，将高生产能力者与低生产能力者区分开。简言之，教育信号高的人，具备高生产率、低信号发送成本的特征，他们通过获得的教育文凭、授予学位的大学声誉以及个人的平均成绩、奖学金等各种教育信号元素，使自己从低能力的群体中脱颖而出。透视教育信号的筛选功能，文凭是劳动生产率的确定信号，教育能够提供有用的信息以判断个人的预期生产能力。信号理论和筛选理论之间的差异，源于信息博弈双方谁先行动的策略。

信号理论是指信息优势方（求职者）主动选择教育水平来发送生产能力信号的一种行动；筛选理论是指信息劣势方（招聘者）先提供工资表，知情者根据工资表来选择教育水平的一种策略。"发信号"作为"筛选"这块硬币的另一面，威斯（Weiss）把"信号论"与"筛选论"结合起来，提出教育功能性的分类（sorting）理论，认为获得更高教育的劳动者并不是随机的，其特质属性与教育水平有正相关性。不论是技工学校、职业学校还是普通高等学校的教育（使命）都力图培养学生守时（punctuality）、出勤（attendance）、服从领导（acceptance of authority）的品质，而且还通过课程规划熏陶出可靠性（reliability）、职业道德（a strong work ethic）、工作耐心（tolerance for repetitive work）、协作能力（ability to work in teams）、解决问题能力（problem-solving capacity）等多种劳动力素质。美国一家公司的经验显示，他们公司里成功的管理者都是成绩较好，并在大学里从事过某种社会活动的大学毕业生。学校教育影响着受教育者的工作态度，作为一种分流机制向劳动力市场输送养成这些特质的劳动者，可以降低成本、提高劳动生产率，不具备这些品质的人被视为"低档的"劳动者。

斯彭斯在1973年建立的信号筛选模型假定：①劳动者是异质的，生产率因人而异，分为高生产能力者与低生产能力者；②高生产能力者天生比低生产能力者有更高的生产率（more productive）；③投资更多的教育必然有更高的成本，高生产能力者比低生产能力者接受教育的成本低；④劳动者知道自己的生产率，但雇主事先不知道；⑤教育不影响劳动生产率，但教育资历可以无成本地免费观测到。信号筛选理论在"教育的信号发送成本与其生产能力负相关"的前提下，分析了教育信号是如何经过一系列的信息反馈从而达到信号均衡状态。雇主通过建立教育水平与生产能力之间关系的信念（belief），然后根据不同的教育水平给定工资表（wage schedule）。雇员依教育等级设置的工资水准，理性选择教育信号的等级来进行投资。高生产能力、低教育信号成本者，投资教育是经济的；低生产能力、高教育信号成本者，投资教育是不经济的。可见，教育信号能有效地将生产能力不同的人予以区分。雇主关于教育与劳动生产率的相关性判断，就是从雇员的自我抉择信息那里得到信念的自我肯定（self-confirming）。斯彭斯还认为，信号传递的竞争可以减少非效率。若雇主仅依据过去的市场经验对信号产生被动反应，就会导致信号的过度投资和非效率；若雇主能够对信号投资的预期产生主动反应，就可能会改进效率。通过分析信号传递模型、混同均衡与分离均衡并存等模型，验证了信号传递均衡的基本特征。斯蒂格利茨认为，有才能的人不论对于哪一类工作都有绝对的优势，即教育过程揭示出生产能力呈现高低不同的层次，依据自我选择的教育等级确定了个人的生产性特征，将此称为"等级筛选"。雇员的生产性特征是通过教育的筛选来实现对人（求职者）的甄选，尤其是自我选择方式的显示为市场提供了交易的信息，阿克洛夫的柠檬市场理论恰好论证了这种机制。教育成本不因能力而异，对所有的个人都是一致的，但是教育信号的收益却因能力潜质的差别而不同。对于更有能力的人来讲，筛选收益可看成"个人在获取他的能力租金，在没有筛选机制的情况下，这一能力租金就会被他人分享"。对于整个社会收益而言，筛选的作用并不能带来更高的总产出，仅因教育的筛选对收入的影响而使总产出重新分配。

市场信号筛选理论对人力资本理论提出的质疑，主要集中表现在：一是教育对劳动生产率并没有增强作用，教育的作用是为雇主和社会提供信息以确定哪些劳动者具备更高生产能力或更好的培训成效；二是接受教育可能只是让学习者获得了进入某些职业或部门的"门票"。劳动者工资是由其受教育年限的文凭所确定，而并非由边际劳动生产率所决定。事实上，教育不仅具有人力资本理论所宣称的，"事后"提高生产率的作用，还有市场信号筛选理论所宣称的，在信息不对称时，"事前"对人才筛选与匹配的功能。明塞尔认为："在信息不完全的世界里，只要能力是教育的过程中的一种投入，教育促进劳动生产率的作用和筛选作用就不是相互排斥的"。美国经济学家弗格（Fang）曾估算大学教育能使受教育者的平均收入提高58%，其中教育提高劳动生产率的作用，解释了这部分增加收入的2/3，其余1/3则归功于教育信号传递作用。由此判断，教育的生产性与信息性功能深刻影响着社会经济发展。当然，从实证方面衡量教育的人力资本作用和信号筛选作用是困难的。经济学家设计了各种方法验证信号筛选假说的两个推论，即威尔斯检验（Wiles test）和羊皮效应（sheepskin effects）。这两个推论都是由信号筛选假说的"文凭主义"（credentialism）演化而来的。下面依次进行说明。

威尔斯检验是威尔斯在1974年提出的，又称为威尔斯假说——若假设学校教育不能事前提高劳动生产率是正确的，那么劳动生产率完全不受所学专业与所从事职业是否"匹配对口"的影响，不应该存在着工资收入的差别。米勒和沃尔克（Miller & Volker）考察了澳大利亚接受科技（science）教育和经济学（economics）教育专业的毕业生起薪数据，发现经济学专业的毕业生，不管从事职业是否与经济学相关，两者之间的起薪并没有显著的差异，从而验证了威尔斯假说。沃尔平（Wolpin）比较自我雇佣（self-employed worker）与被雇佣者（nonprofessional salaried worker），发现教育对被雇佣者收入的影响更大；萨卡洛普洛斯（Psacharopoulos）比较政府部门与私人部门，认为信号发送作用在非竞争性部门体现得更强一些，工资更倾向于按在校教育年限来确定。埃里（Riley）对美国113种不同职业按照工资收入与教育年限进行分组研究，发现教育年限（信号）很好地解释了高学历者与其工资收入的正相关性，以及教育对特定职业人才所发挥出的强信号作用。波尔曼（Perlman）通过实际失业率与预期失业率的研究，将学历高低不同的群体进行比较，教育的筛选、导向与分流作用往往导致教育水平较低的人群更容易失业。从中国高校大学毕业生的月起薪数据看，无论是"学以致用"还是"学非所用"，大多不对毕业生的起薪造成显著的影响。

从羊皮效应的分析看，教育的作用在于文凭信号，从而取得进入更好就业环境的门票，即文凭是高薪工作的"敲门砖",拥有毕业文凭的人与没有学历证书的人相比,能够获得更高的薪酬。美国的一些学者对羊皮效应进行了检验。萨卡洛普洛斯和莱娅(Psacharopoulous and Layard)以教育水平为标准,对美国两位分别为 33 岁和 47 岁的劳动者的工资进行比较,发现随着教育水平的上升,两人的相对工资差别有所加大。

阿尔伯瑞特(Albrecht)通过沃尔沃公司招聘新员工很注重教育背景的现象,验证了文凭的信号价值。亨杰福德和梭伦(Hungerford and Solon)的研究发现,大学第一年和最后一年的教育收益率明显高于中间年份的教育收益率,说明进入大学读书的行为本身就属于"过滤"(filter),能带来额外收益,验证大学教育在获得证书的那一年传送了"羊皮"的信号作用。维特和温登(Wit and Winden)的研究也支持羊皮效应,证实了学历证书能为工薪族带来额外收益。杰罗和佩基(Jaeger and Page)认为,使用学历证书的信息比使用教育年限的信息探讨羊皮效应更为科学;帕克(Park)使用教育年限和获得的学位信息,验证大学教育有显著的羊皮效应。怀茨(Wise)验证在校成绩与工作表现存在着正相关性。总的来看,把教育作为筛选工具,一方面可阻止教育水平低的劳动者从事高薪职业,另一方面解释了高学历的人尽管不一定比低学历的人更具高生产能力,但却更容易被雇主"相中"而获得高工资。随后,羊皮效应的验证逐渐从美国转移到其他发达国家,如新西兰、瑞典、日本等。而对发展中国家教育的信号筛选机制研究明显欠缺。观察中国的现实状况,政府部门、教育机构和企业在招纳新人时非常看重教育文凭,高等教育的经济价值通过文凭信号作用得以体现,说明教育信号筛选理论开始在中国流行起来。虽说教育的"强筛选论"难以使人完全信服,但就"弱筛选论"来讲,使其精确也非易事。种种迹象表明,人力资本研究将逐渐失去光彩,被新的教育信号筛选理论所替代。教育与市场信号筛选理论的确立,开辟了探讨劳动力市场信息结构及其相关现象的新途径,将成为"经济思想上人力投资革命的转折点"。

(二)信号是如何起作用的

假设在劳动力供给市场上有两类求职者,一类求职者的生产率为 1,另一类求职者的生产率为 2。同时,在劳动力需求市场上的雇主有两种工作,一种工作要求高技能人员,另一种工作需要低技能人员。由于在招聘时,雇主并不能完全了解求职人员的实际生产率,他们只能随机地将两类求职者分配到两种工作上,并且假定所有求职者的平均生产率为 1.5 (50%×2+50%×1=1.5)。根据 W=VMP 的原则,所有求职者的工资率 W 也是 1.5。显然,这样做的结果对高生产率的求职者和企业而言都是不公平的:它导致了企业错误地配置了劳动者与工作,把高生产率的劳动者配置在低技能要求的工作上,而把低生产率的劳动者配置在高技能要求的工作上;它还导致了高生产率的劳动者获得的工资低于其生产率,低生产率的劳动者获得的工资却高于其生产率。在这种情况下,高生产率者就有动力将自己与低生产率者区分开来。而这种甄别的手段就是教育,因为按照教育的信号传递功能,求职者的受教育水平对雇主的决策有重要的影响。

使用教育水平作为区分的信号,假设雇主认为教育水平至少要达到 e^* 年才是高生产率者,低于 e^* 年为低生产率者,同时如果假设获得 e^* 年教育不需要任何成本,那么每个理性的求职者都会这样做,教育也就失去了其甄别的功能。但是,教育是需要成本的,而且对于不同的个人成本是不相同的:低生产率者获得 e^* 年教育成本可能是 C,高生产率者获得 e^* 年教育成

本是 $C/2$（图 5.7）。这时，如果要获得 e^* 年的教育，低生产率者的净收益是 $2-C$（图中 BD 部分），高生产率者的净收益是 $2-C/2$（图 5.7 中 BF 部分）；如果没有获得 e^* 年教育，净收益为 1（图 5.7 中的 AO 部分）。最后，因为 $BD < AO$，所以对于低生产率者而言，其信号获得的最优决策是不获得 e^* 年的教育；相反，因为 $BF > AO$，所以对于高生产率者，其信号获得的最优决策时获得 e^* 年的教育。e^* 也就成为劳动力市场上进行甄别劳动力的信号标志。

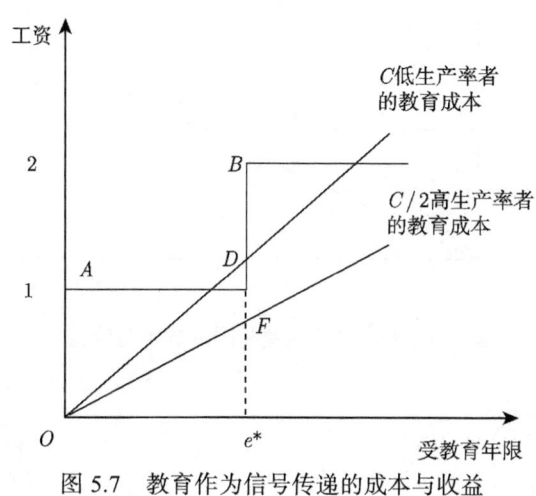

图 5.7　教育作为信号传递的成本与收益

三、教育作为信号传递的无效率

情况一：在决定是否上大学时，家庭背景对决策结果起着重要的影响。前面的分析证明了即使教育不能提高人们的劳动生产率，它仍然具有一种信号传递的价值，但前提是人们的生产率与教育成本是负相关的。也就是说，较高的成本是与较低的学习能力联系在一起的，在任何一种工作中，较高的成本都是低生产率的指示器。然而，它忽视了一种特殊的情况，如果那些成本为 C 的人仅仅是因为家庭经济比较困难并得不到相应的援助而没有继续求学，那么他们的生产率就不一定比成本为 $C/2$ 的人低。在这种情况下，教育的信号传递功能是失效的，因为它仅仅反映了哪些人的家庭富裕，哪些人的家庭经济困难，而没有反映出哪些人具有较高的生产率，哪些人具有较低的生产率。

情况二：信号传递的无效率还会导致受教育过度的问题。如图 5.8 所示，假设雇主现在想要把进入工资为 2 的工作岗位的工人的受教育年限从 e^* 年提高到 e' 年，情况又会如何呢？显然，对于受教育成本为 C 的人来说，保持原来的受教育年限是明智的，这时他们仍然能接受 AO 的最大净收益。对于受教育成本为 $C/2$ 的那部分人而言，投资于所需要的受教育年限 e' 年是有利可图的，因为这时净收益 $B'F'$ 仍然大于距离 AO。然而，此时的"有利可图"是值得商榷的。e' 年与 e^* 年的受教育年限所要求的信号是同样有效的（都能获得工资 2），但是 e' 年的受教育年限所付出的成本更高，导致了 e' 年的受教育年限的净收益比 e^* 年的净收益更低（$B'F' < BF$）。换句话说，雇主所要求的 e' 年的受教育年限是低效率的。如果继续要求那些从事工资为 2 的工作岗位的人具有更高的受教育年限，只会为他们以及整个社会带来更高

的成本，造成受教育过度，同时也浪费了社会的资源。

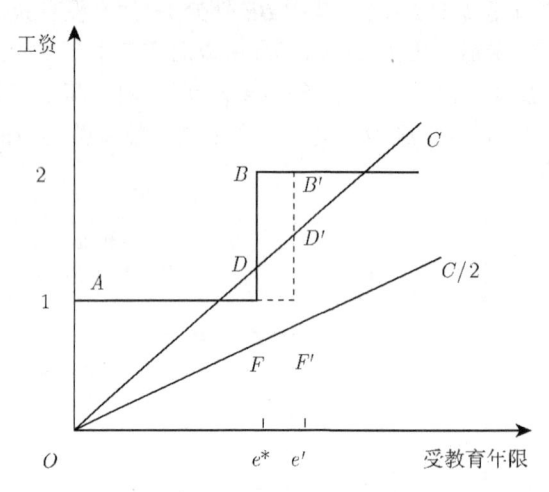

图 5.8　要求过高教育年限的成本与收益

四、是信号还是人力资本

信号模型和人力资本明显都预测更高的受教育程度带来更高的收入，但是在研究中很难区分出是哪一种因素导致收入和受教育程度的正相关关系，所以，关于教育是信号还是人力资本的辩论一直没有停止过。以大学辍学者与大学毕业生为例，持信号观点的人认为，大学毕业生比大学辍学者获得更高的收入足以证明学校教育是一种信号系统。在大学里面所学到的东西与在大学里所花费的时间是成比例的，对某一教育文凭所支付的额外收益就是信号假设的有力证据。持人力资本观点的人则认为，辍学者可能是能力较差的学生，他们一开始高估了上大学能给自己带来的收益，但后来发现这种投资是不划算的，所以选择辍学。

关于这两种模型的辩论还引申出两种截然相反的政策含义。例如，人力资本模型认为政府通过补贴教育可以解决贫困问题，因为教育通过提高劳动生产率而使劳动者获得更高的收入。但是，信号模型认为，教育仅仅是一种信号，它不能提高劳动者的劳动生产率，所以政府补贴教育的支出对生产率没有影响，是一种浪费。

实际上，这种辩论是不必要的，因为在信号发送模型中，教育仍然是有作用的，它可以帮助雇主把劳动者分配到适合的工作岗位上。即使教育不能提高劳动者的劳动生产率，但是在两种情况下，教育都获得了正的收益率说明：教育确实产生了社会效益。

五、教育与市场职位匹配理论

作为分析教育的功能的另外一种著名理论就是市场职位匹配理论。盖尔和沙普利（Gale and Shapley）从大学录取和婚姻稳定的角度把匹配模型引入经济分析，提出著名的"Gale-Shapley 算法"。随后，匹配理论处于沉默期，直到诺斯（Roth）分析了美国医学院学生被派往医院见习的实践，匹配理论的研究才进入发展期，其触角涉及劳动力市场的职位派遣、婚姻市场配对等领域。基于教育在市场匹配中的经济导向，主要阐述教育、职位匹配与收入的关系。

由于人们不满足人力资本投资理论对工作与收入、职位与职位调动关系的解释，因此产生了"称职论"（job matching）。按照称职论的观点，那些胜任当前工作的劳动者收入与工作年限成正比例关系；那些不称职的劳动者调换工作岗位，收入却很难见涨。市场职位匹配理论（occupation matching）是称职论的延伸和发展，强调了劳动力的供给特征与需求特征在劳动力市场中的匹配质量，提供了教育对收入分配产生影响的新解释。而人力资本投资理论没有揭示教育和职业对收入分配的影响，其理论对教育与职位之间关系的解释是：正规学校教育、在职培训和工作经验提高了劳动者的生产率，而这种较高的劳动生产率又是通过较高的工资报酬体现在劳动力市场中。在韦尔奇（Welch）看来，教育与劳动生产率的关系表现为，一方面教育创造了工人效应，即教育通过提高工人的知识存量，培养工人的劳动技能，增加了完成特定任务的能力，提高了工人的生产速度和产品质量，促进劳动生产率的提高；另一方面教育能够提高配置能力，即教育水平高的劳动者具有对成本和生产率的信息进行配置处理的决策能力。市场职位匹配理论强调了生产性信息质量的形成，在舒尔茨（Schultz）看来，教育能够提高"处理不均衡状态的能力"，或者说采用均衡性行动以使不均衡复归为均衡的能力。除了这两种直接作用之外，更多的教育使人从接受更先进的培训和职业安排中获益，这些都有助于提高劳动者的生产效率。

总的来看，市场职位匹配理论强调的是劳动者生产能力与工作特征的交互作用。不同的职位对人力资本的要求各不相同，如果职位与人力资本拥有者能够进行有机匹配，对整个社会来讲能促进劳动生产率。因此，劳动生产率是个人能力与工作岗位特性联合作用的结果。在个人能力既定的情况下，一些人更适合某些职位，对另外一些人，情况可能刚好相反。如果劳动力市场运行机制健康，配置人力资源的过程就能够确保每个人都会按照其最佳能力得以雇佣，发挥每个人职位配对的比较优势，从而实现人力资源的帕雷托最优。汉斯和米柯（Hans and Mieke）认为，某种类型的专业教育（如飞行员、医生、律师等技能教育）在其职业中拥有比较优势，接受该类教育的人在这些职业中有更好的职业岗位匹配机会，在工作中会获得更高的工资待遇。市场职位匹配理论突出了不同类型的教育与特定职业域（occupational domain）之间的匹配联结，以及这种匹配对于受教育的劳动者收入和生产率的显著相关性。由此看来，只有当某种类型或层次的教育与某个岗位域的特征相匹配时，接受教育的劳动者才能获得职位的比较优势。丁小浩针对我国专科生与本科生在劳动力市场上的相对位置和比较优势进行实证分析发现，教育层次对毕业生在不同岗位域中的工作机会和起薪有显著的影响，如果不存在某种类型的教育在某些职业域的比较优势，那么高等教育规模扩张的后果可能会导致"职位排挤效应"。因此，市场职位匹配理论要求教育系统按照发挥某类型教育在某些职业域中的比较优势来运行，强调学校教育应更加关注劳动力市场的需求，主动寻找培养人才适销对路的市场路径，针对该类职业域的特征调整专业设置、培养目标、能力要求等，追求并保持在这个位置的比较优势。

当前，教育与市场职位匹配理论还未得到全面研究，该理论与工资收入分配的关系有待进一步探讨。一些批评人力资本投资理论的学者，如柯林斯和多伦（Collins and Dore）认为收入与教育的相互关系是受教育的筛选功能影响的。教育的信号筛选作用在一定程度上确实为社会经济组织提供了生产配置的经济信息。如果没有教育系统的存在，劳动力市场很难将各行各业的专业人才"配对"到不同的经济组织中。教育促使潜在的求职者根据自己的天赋与偏好去投资不同类别、不同专业的教育，从而将具有不同能力与潜质的劳动者"配对"到劳动力市场，使劳动者能够在"各尽所能、自由分配"的市场机制中，形成最优职位匹配的劳动生产率。总而言之，市场职位匹配理论为人们提供了诠释劳动生产率与收入分配关系的新工具。

职位竞争理论的基本假设，对教育投资能提高人力资本，继而增进劳动生产率的观点提出质疑。认为教育系统仅仅是一种筛选装置，对具有不同智力水平和主动性的人加以区分，而不是改进人的这些基本素质。教育文凭市场供给的增加——使越来越多的有机会进入大学的青年人，由于就业岗位供给不足而被更高一级文凭的持有者排挤下来，要么处于失业状态，要么只能从事只需中学学历就能胜任的工作。因此，通过教育扩展来解决收入不平等的机制受到质疑，教育机会的增多放大了这种"挤出效应"，并使受过高等教育的工人不能充分发挥潜能作用。无论劳动力市场如何划分，总是与劳动者的教育水平密切相关的。教育程度的高低既是不同劳动力市场的重要标志，又是划分不同劳动力市场的依据。教育对个人的经济效益，主要取决于人们如何跻身劳动力市场来谋求何种职位。教育对整个国民经济增长的作用，主要不在于提高劳动生产率，而在于将人们分配到不同层次的劳动力市场，从而形成一个合理匹配、较为稳定的经济运行系统。劳动力市场分割理论与信号筛选理论对教育文凭市场功能的认知，基本上是一致的。

六、人力资本投资不仅在于经济收益

对可计量的经济收益方法的强调，且当计算得到的收益率表明当前的社会是一个"教育过度"的社会时，教育就处于极易受攻击的状态。弗雷曼对于高等教育的否定没有正当的理由，因为高等教育的收益除了可计量的以外，还存在不可计量的。如果充分考虑多种因素，高等教育仍然是社会投资非常令人满意的形式。

鲍恩在《投资于学习》一书中，抨击了高等教育过度投资的说法。鲍恩提供了大量的有助于所有人受益的、用金钱不可计量的"客观存在"的研究，指出来自高等教育的重要的非金钱私人消费收益。同时，他为美国20世纪60年代的高等教育的扩张的支持者大部分来自那些被可测量的经济收益所深深打动的人而感到悲哀。他认为当高等教育的其他收益加到可测量的收益上，收益率就足以证明投资是正当的。新的研究推动力还包括个人收入分配，年龄-收入剖面，年龄、种族和性别歧视等。人力资本理论与工资、劳动力市场理论的结合，能使两者相得益彰。

世界银行在20世纪90年代以前比较多地将注意力集中在基础教育和职业教育上，但自20世纪90年代以来，由于全球知识经济对高等教育提出的挑战，世界银行开始将其注意力较多地转向高等教育，2000年发表了《发展中国家的高等教育：危机与出路》报告，全球经济正在发生改变，知识代替物质资本成为目前和未来财富的资源。现代技术，如信息技术、生物技术以及其他变革给人们的生活和工作方式带来了巨大变化。由于知识变得越来越重要，高等教育也就备受关注。各国需要把越来越多的年轻人的教育水平提高到一个更高的规格，本科教育目前正成为许多高技能工作的基本资格。由高等院校创造的知识质量以及这些知识对经济的广泛应用，对提高国家竞争力变得日益重要。这对发展中国家来说是一项严峻的挑战。

20 世纪 80 年代以来，许多发展中国家的政府和国际捐助者都把高等教育置于一个较低的地位，狭隘的和误导的经济分析促成了这样一种行为。它们认为对于大学和学院的公共投资所带来的收益较小，并且高等教育加剧了收入的不平等。结果是，发展中国家的高等教育系统处于巨大的压力之下，虽然这些国家高等教育的需求在不断扩大，但资助经费却日渐缩水，导致高等教育水平较低、教师缺乏工作动力、毕业生能力差等问题。

高等教育具有公益性——既具有很高的私人收益，也具有巨大的社会收益，而且后者要远远高于前者。在高等教育的收益继续增长的同时，发展中国家被抛在后面的代价也在增长。如果这些国家不能大力发展高等教育，就不可能实现可持续的脱贫，仅追求初等教育的发展会导致有关国家在未来世界中的生存危机。因此，"高等教育不再是一种奢侈品：它是国家、社会和经济发展的必需品"。

2002 年出版的《建构知识社会：高等教育的新挑战》研究报告中，也持相同的观点：①社会进步和经济发展，主要是通过发展知识和应用知识而实现的；②高等教育对于知识的有效创新、传播和应用，以及对于技术和专业的能力建设来说十分必要；③在高度竞争的世界经济中，发展中国家和经济转型国家正处于被进一步边缘化的危险之中，因为它们的高等教育未能为知识的创造和应用的资本化作充分的准备；④国家有责任建立一种激励机制，以鼓励高等教育机构对全球化的竞争性知识经济产生需求，以及激励变化着的劳动力市场对高级人力资本的要求作出相关的回应；⑤世界银行可以在吸取国际经验和动员资源方面为其客户国家提供支持，尤其是全球经济的竞争及其对知识资本化的需求，使得高等教育再一次成为各国注目的焦点。高等教育正在发生第二次学术革命，即把促进经济发展看成大学的又一主要使命。高等教育这一人力资本的重要组成部分日益成为经济政策制定者和经济学者需要考虑的极其重要的因素。

[小结]

- 早在古典经济增长理论提出时就出现了人力资本思想。从配第开始，斯密、李嘉图、马尔萨斯等都在各自的学说中阐述过人力资本的思想。到了 20 世纪 50 年代末的新古典经济增长理论时期，特别是在第二次世界大战以后，索洛、舒尔茨、明塞尔和贝尔克等的研究结果揭示了引起这些差别的主要原因在于人力资本的差异，从而使人力资本的地位发生了很大的变化。
- 从 20 世纪 80 年代开始，以罗默和卢卡斯为代表的新增长理论学派继续为人力资本理论的发展添砖加瓦。他们修改了古典模型中的生产函数，并在其中引入了人力资本投入，进一步说明人力资本是经济增长持续和永恒的增长源泉。人力资本也日益受到各国政府的重视。
- 亚当·斯密是第一个明确提出人力资本概念的经济学家。舒尔茨是从人力资本与经济增长的角度展开分析的，其主要观点包括：①有技能的人是所有资源中最为主要的资源；②人力资本投资的收益大于物质资本投资的收益；③教育投资是人力资本投资的主要部分；④人力资本理论是经济学的重大问题。
- 所谓人力资本，是指通过在教育、培训、保健等方面的投资而形成的，体现在劳动者身上的知识、技能、健康等无形资本的总和，它"能够提供一种有经济价值的生产性服务"。

- 人力资本的内涵包括以下四个方面：①范畴：人力资本是一种凝结在人身上的无形资本，它不同于有形资本，不具有实物形态。②形成途径：人力资本是人力资本投资的结果，包括在教育、培训、保健、迁移、干中学等方面的投资。③内容：人力资本包括人的知识、技能、健康等素质，是一个质的概念，而不是一个量的概念，在这一点上，它是有别于人力资源的。④功效：人力资本能够提供有经济价值的生产性服务，促进社会生产率的提高和社会财富的增加。⑤人力资本与物质资本具有相似性，主要表现为生产性、稀缺性、可变性、可获利性和折旧性。⑥人力资本与物质资本的区别主要体现为依附性、不可转让性、自增性、创造性、收益的迟效性、收益的递增性、长期性、生命周期性。⑦人力资本具有不同于非人力资本的特性，而正是这些特性使得人力资本的价值计量与非人力资本的价值计量存在根本性区别。人力资本价值计量方法的设计和选择需充分考虑人力资本的特性，即隐性知识与产出法计量、协作劳动与团队计量、异质性与分层计量、过程性与动态计量。⑧人力资本投资是指一切有利于形成与改善劳动者素质结构、提高人力资本利用率的活动、费用和时间等。一般认为，人力资本投资包括以下五种形式：学校教育、企业培训、健康投资、劳动力迁移和干中学。人力资本投资的主体包括个人、企业、政府以及社会团体。⑨学校教育投资的收益包括货币收益和非货币收益。企业培训的成本包括直接成本和间接成本。⑩关于教育的社会功能，一般有两种观点。一种观点从人力资本理论的角度出发，认为教育投资能提高人们的生产效率，所以高学历的人能够获得更高的报酬。另一种观点则认为，教育只是为社会提供了一种根据个人的能力来对人进行分类的信号，即教育只是发现哪些人具有较高生产率的手段，而不是提高劳动者生产率的手段。⑪市场信号筛选理论利用教育信号的发送成本与其生产能力呈负相关性的分离条件，在给定教育学年制的成本范围内，认为只要存在足够的教育信号元素，就可有效、清晰、充分地发挥信号筛选作用，将高生产能力者与低生产能力者区分开。市场信号筛选理论对人力资本理论提出质疑。分析教育的功能的另外一种著名理论是市场职位匹配理论。⑫高等教育的收益除了可计量的以外，还存在不可计量的。如果充分考虑多种因素，高等教育仍然是社会投资非常令人满意的形式。

[关键概念]

人力资本	学校教育投资的直接成本
物质资本	学校教育投资的间接成本
显性知识	学校教育投资的非货币成本
隐性知识	市场信号筛选理论
人力资本投资	普通培训
企业培训	特殊培训
净现值法	威尔斯检验

[复习思考题]

1. 简述明塞尔对人力资本理论的贡献。
2. 简述贝克尔对人力资本理论的贡献。
3. 简述人力资本的概念和内涵。
4. 简述人力资本和物质资本的相似之处。
5. 简述人力资本和物质资本的区别。
6. 简述团队生产的基本特点。
7. 简述人力资本投资的形式。
8. 简述企业培训的性质。
9. 简述斯彭斯在1973年建立的信号筛选模型假定。
10. 简述市场信号筛选理论对人力资本理论提出质疑的主要表现。
11. 试述人力资本理论的形成与发展。
12. 试述人力资本和物质资本的关系。
13. 试述人力资本的特性。
14. 试述人力资本的价值计量。
15. 试述企业人力资本投资模型。
16. 试述学校教育投资的成本。
17. 试述学校教育投资的决策模型。
18. 试述传统人力资本理论下企业人力资本投资的困境。
19. 试述企业培训投资及其决策。
20. 试述教育的信号传递功能。
21. 随着国家对高等教育投入力度的加大，高等教育受到的补贴越来越多，大学生并不承担全部的教育成本。你认为这种政策存在哪些好处与隐患？试从教育的社会功能的角度进行解释。

HAPTER 6

第六章 工资差别、歧视与收入不平等

[内容提要]

　　收入不平等加剧是一个世界性的问题，从劳动力市场的角度来看，收入不平等的来源主要有工资差别与劳动力市场歧视。由于劳动者自身技能以及劳动条件、工作环境等方面的差异，即使在完全竞争的劳动力市场上，也会出现不同程度的工资水平的差别。当工资差别甚至工作机会依据劳动者的种族、性别、户籍等自然特征而非技能、素质等特征时，就出现了劳动力市场歧视，歧视进一步加剧了收入不平等。

[学习要点]

1. 了解均衡工资率的概念。
2. 掌握补偿性工资差别的含义与形成原因。
3. 了解劳动力市场歧视的概念及劳动力市场歧视的类型和模型。
4. 掌握收入分布的特点及不平等的测度。
5. 了解收入不平等加剧的原因和变化趋势。
6. 了解加剧我国收入不平等的影响因素。

在完全竞争性劳动力市场中，劳动供给与劳动需求在供求均衡点达到均衡，将出现单一的工资水平。但是，由于劳动者自身技能以及劳动条件、工作环境等方面的差异，劳动力市场往往出现不同程度的工资水平差别。例如，受过专业技能培训的劳动者将比没有相关培训经历的劳动者获得更高的工资收入，枯燥、危险的工作环境也需要提供较高的工资作为补偿。当工资依据劳动者的种族、性别、户籍等自然特征而非技能、素质等特征制定时，就出现了劳动力市场歧视，歧视导致收入不平等。工资差别和劳动力市场歧视是引起收入不平等的重要原因，虽然工资性报酬仅是总收入的一部分，但它反映了个人的边际生产率及各种机会选择。

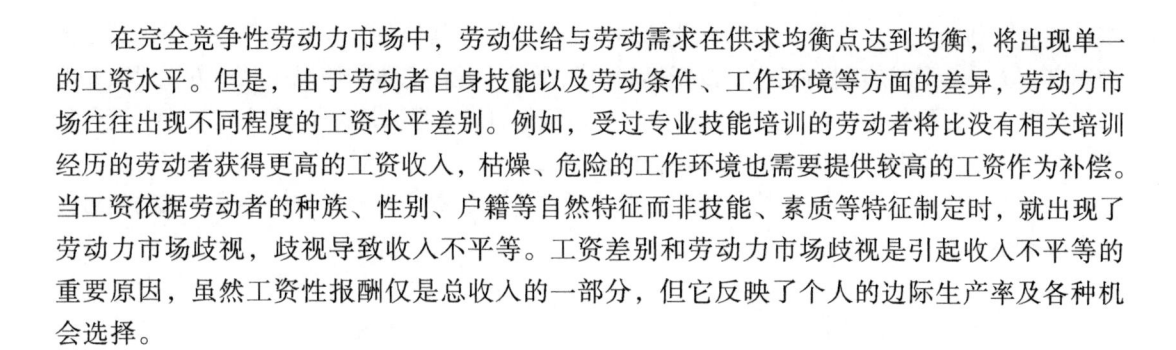

第一节　完全竞争与补偿性工资差别

完全竞争的市场，是指不存在买方垄断或者卖方垄断的市场。在完全竞争劳动力市场中，劳动被看成是一种普通的商品，劳动力就是劳动的供给者，而劳动力的雇佣者则是劳动的消费者。在这个市场中，劳动力数量众多，供给的劳动被视为是同质的，劳动力的雇佣者数量也很多，任何一个劳动的供给者或者雇主都没有形成垄断，因此任何单个的供给者和雇主都不影响工资率。

一、均衡工资率

工资率是指单位时间内的劳动价格，即 $W=Y/L$。因为劳动的投入一般只用时间来度量，所以工资率也就是单位时间的报酬。根据单位时间的不同，可以分为小时工资率、日工资率等。均衡工资率又称为市场出清工资率，指在某一市场工资率下，劳动力需求正好等于劳动力供给，劳动力市场达到均衡，此时的工资率即为均衡工资率。

均衡工资率在图形上表现为供给曲线和需求曲线的交点决定的工资率。参见图 6.1，在劳动力供给曲线和需求曲线的交点，劳动力供给与需求达到均衡，此时的工资率就是均衡工资率 W_e，就业数量就是均衡就业水平 E_e。在一个完全竞争条件下的劳动力市场，如果工资率低于均衡工资率 W_e，如处于 W_1 的水平上，就会有劳动力退出市场，劳动力供应将减少到 S_{L1}，而企业对劳动力的需求将增加到 D_{L1}。此时，劳动力供给小于劳动力需求，D_{L1} 与 S_{L1} 之间的差距表示在 W_1 工资率时的失业劳动力数量。岗位空缺的存在使企业面临争取劳动力的竞争，这种压力迫使企业提高工资率，而劳动者也发现可以索取更高的工资，市场工资率将上升，直到整个市场工资率恢复到均衡工资率 W_e 水平点上。如果工资率高于均衡工资水平，市场的力量同样会使其恢复均衡，只是作用方向相反。

二、补偿性工资差别

（一）补偿性工资差别的含义

亚当·斯密最早注意到补偿性工资差别的存在，他在《国富论》中阐述道："不同的劳动和资本职业的利害，总的来说，在同一地方内，必然完全相等，或不断趋于相等。在同一地方内，若某一职业明显比其他职业更有利或更不利，就会有许多人辞去比较不利的职业，而挤进比较有利的职业。这样，这种职业的利益不久便再和其他各种职业相等……考虑到个人的利害，人必会寻求有利的职业，避开不利的职业。""五种主要的情况……一方面对某些职业用微薄货币报酬给予补偿，另一方面又对一些职业的优厚报酬加以抵消。"这五种情况分别为：第一，职业本身有愉快的，有不愉快的；第二，职业学习有难有易，学费有多有少；第三，工作有安定的，有不安定的；第四，职业所须担负的责任有轻有重；第五，成功的可能性有大有小。

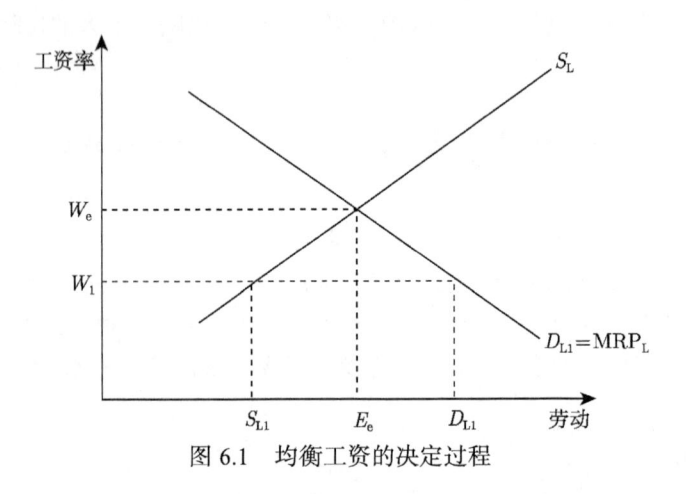

图 6.1 均衡工资的决定过程

麦克南定义补偿性工资差别是由于某些工作可能具有一些令人厌恶的特征，雇主通常需要向劳动者支付工资补偿。伊兰伯格认为补偿性工资差别是指付给那些接受艰苦的工作条件的劳动者的一种个人奖励。综上所述，补偿性工资差别是指当具有相同劳动生产率的劳动者从事的工作存在差异特性时，为弥补某些职业具有的令人厌恶的非货币特性，支付较高工资补偿而导致的工资差别。

在完全竞争劳动力市场中，具有相同生产率的劳动者在从事任何职业时都应获得相同的工资。但是，由于不同工作的非货币特征不同，如有的工作安全、有趣、体面，而有的工作可能比较危险、枯燥乏味、不太体面，这些非货币特征会导致工资差别。对非货币特征差的工作必须支付更高的工资，以补偿劳动者的非货币损失，即通过补偿性工资差别抵消因工作的非货币特征导致的不平等。在非货币特征不相同时，相同的工资率实际上是不平等的或不合理的。

补偿性工资差别形成的原因主要有：一是恶劣的劳动或工作条件，如脏、累、苦、险、单调、枯燥、高温、低温、潮湿和噪声等；二是较低的职业的社会声望和社会评价；三是较差的职业和收入稳定性。凡是具有工作环境差、风险责任大、工作乐趣少、精神紧张、缺乏自主性、需要经常加班、工作地点不方便、社会地位低以及不稳定等特征的工作，都在某种程度上需要提供补偿性工资差别，以抵消由此原因导致的对工作的规避及厌恶情绪。

经济学家对19世纪时的英国工业城镇及其企业的研究发现存在补偿性工资差别。如果劳动者掌握了各个城镇的卫生条件信息，并且可以在想要工作的地方找到合适的工作，他们必然倾向于卫生条件好和更适宜居住的城镇，而卫生条件差的城镇的工厂需要提供较高的工资才能吸引劳动者迁移到该城镇。考虑到生活费用和地区的工资差别，在婴儿死亡率高于平均水平 10%的地区，非技术劳动者工资高于平均水平 2%～3%，而使用体罚的工厂的男性童工的工资比不使用体罚的工厂的相同年龄、经历、文化水平的童工高 16%～18%。

但是，补偿性工资差别只是从劳动力需求的角度说明了其存在的合理性，而没有说明劳动者进行劳动供给时的考虑。一部分劳动者比其他劳动者更不在乎从事某些具有工作环境差、风险责任大、工作乐趣少、精神紧张、缺乏自主性、需要经常加班、工作地点不方便、社会地位低以及不稳定等特征的工作，这些劳动者更可能忍受较差的工作条件而获得较高的薪酬；而另一部分劳动者则对较差工作条件的忍受力低于平均水平，他们就更愿意为了在一个令人愉快的环境中工作而接受较低的工资。因此，具体到不同的企业和不同的劳动者，在面对相同的不利工作条件时，企业所需要支付的补偿性工资差别也可以是不同的。

美国的一篇新闻报道了圣塔佛铁路公司全部雇佣那伐鹤人维修从洛杉矶到芝加哥的约 14484 千米铁路。这种工作是加固道钉和钢轨，检查铁路的安全性，基本上是在干燥酷热的环境下进行的，而且必须远离家园。圣塔佛公司的招募者试了很多人，只有那伐鹤人是唯一愿意做这些工作并且做好工作的人。而从事这个工作的那伐鹤人则认为这是一个好工作，因为可以和其他那伐鹤人相处与相互理解，而且可以获得更高的工资。

（二）补偿性工资差别分析

下面应用图形分析补偿性工资差别。参见图 6.2，假设各个企业对从事舒适与非舒适工作的劳动需求是相同的，因而可用同一条劳动需求曲线 D 来表示。为了简便，假定劳动者之间不存在导致不同边际产品价值（VMP）的劳动技能上的差别。但在供给方，由于工作舒适与非舒适的区别，存在两条劳动供给曲线，即舒适工作的劳动供给曲线 S_1，和非舒适工作的劳动供给曲线 S_2。对于两条不同的劳动供给曲线的均衡工资率分别为 W_1 和 W_2。当工资率为 W_2 时，非舒适行业中的企业将需求 L_2 单位的劳动，而这也正是劳动者所愿意供给的。舒适行业的劳动供给曲线 S_1 位于非舒适行业的劳动供给曲线 S_2 的右边，体现职业或工作性质在吸引力上的差异。如果不存在工资差别，那么当统一的工资率为 W_1 时，舒适行业的劳动将出现供大于求。供求均衡时的舒适行业工资率为 W_1 与非舒适行业工资率 W_2 之差代表的就是补偿非舒适工作的工资差别。

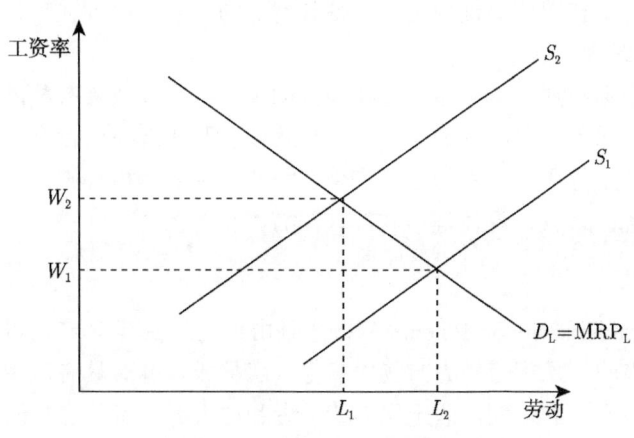

图 6.2 补偿性工资差别分析

第二节　劳动力市场歧视

　　劳动经济学家最早对歧视问题产生兴趣缘于美国黑人在劳动力市场中的状况及妇女在劳动力市场中的地位问题。歧视的经济分析可以追溯到 1922 年英国经济学家弗朗西斯·埃奇沃思。20 世纪 60 年代初，欧美的民权运动兴起，种族歧视问题引起了人们空前的兴趣。进入 20 世纪 70 年代以后，歧视问题更是成为世界各国公众和学者纷纷关注和讨论的重要问题。诺贝尔经济学奖得主加里·贝克尔于 1957 年开创性地应用新古典经济学范式分析歧视现象。劳动力市场歧视问题研究，已成为西方劳动经济学重要的研究领域之一。

一、劳动力市场歧视的含义

（一）劳动力市场歧视的概念

　　歧视就是不平等地对待他人。歧视他人的行为普遍存在，不过在不同的领域里，表现程度也都各不相同。

　　在完全竞争的劳动力市场中，劳动者所获得的工资是他们的生产率特征以及他们的每一种生产率特征在劳动市场上供求力量决定的"价格"这两种要素的函数，理论上不应受其他与生产率特征无关的因素影响。但是，现实劳动力市场中存在着因非生产率因素影响的工资与就业机会等方面的差别。

　　伊兰伯格认为在劳动力市场中，如果说具有相同生产率特征的工人仅仅因为他们所属不同的人口群体而受到系统性的差别化对待，那么就可以说存在劳动力市场歧视。国际劳工组织对此有更加严格的定义，在 1958 年通过的《就业与职业歧视公约》（第 111 号公约）对劳动力市场歧视的界定是："基于种族、肤色、性别、宗教、政治见解、民族、血统或社会出身的任何区别、排斥或特惠，其效果为取消或损害就业或职业方面的机会平等或待遇平等。"另外，"有关成员在同雇主代表组织或工人代表组织——如果这种组织存在——以及其他有关机关磋商后可能确定其效果为取消或损害就业或职业方面的机会平等或待遇平等的其他区别、排斥或特惠"，"包含得到职业培训的机会、得到就业的机会、得到在特殊职业就业的机会以及就业条件"，就是歧视。

　　因此，劳动力市场歧视，就是指一些非经济的个人特征导致具有相同能力、教育、培训和经历并且表现出相同劳动生产率的劳动者，在就业、职业选择、晋升、工资水平、接受培训等方面受到的不公正待遇。这里的非经济个人特征，主要是指种族、性别、肤色、年龄、家庭背景、民族传统、宗教、身体健康状况和原有国籍等。

（二）歧视系数

　　歧视系数（discrimination coefficient）的概念是由贝克尔在其 1957 年出版的博士论文《歧视经济学》中提出来的，是指劳动力市场中雇主、雇员或顾客对具有某种特征的劳动者的偏见所带来的额外心理成本的强度。假定黑人劳动者和白人劳动者具有相同的劳动生产率，非歧视雇主把他们看成完全可替代的，而有偏见的雇主具有"歧视偏好"，认为黑人给他们带来了额外的心理成本，这种心理成本的强度用歧视系数 d 来表示（d 为一个正数）。假设白人劳动者的工资率用 W_W 美元表示，黑人劳动者的工作率用 W_B 美元表示，对于一个歧视性雇主来说，雇佣黑人的成本就是黑人工资水平 W_B 加上歧视系数的货币价值，即 $W_B(1+d)$ 美元。偏见越大，来自雇佣黑人的心理成本也就越大，歧视系数就越大。

可以将贝克尔的歧视偏好定义应用到其他类型的经济互动中。例如，当白人劳动者和黑人劳动者一起工作时，他会认为自己获得的实际报酬为 $W_W(1-d)$ 美元，而不是 W_W 美元。同样，白人顾客可能也不太喜欢由黑人生产或销售的商品，当白人顾客购买了一件黑人销售的商品，那么他会认为自己付出的高于商品的销售价格 p 美元，视商品的实际价格为 $p(1+d)$ 美元。因此，不论偏见是来自雇主（导致雇主歧视）、雇员（导致雇员歧视）还是顾客（导致顾客歧视），歧视系数都使得偏见货币化了。

（三）劳动力市场歧视的常见类型

一般来说，劳动力市场歧视通常可以分为以下四种主要类型：工资歧视、就业歧视、职业歧视和人力资本投资歧视，如果按照时间先后，又可以分为前市场歧视和后市场歧视。人力资本投资歧视属于前市场歧视，是劳动者进入劳动力市场之前遇到的歧视；工资歧视、就业歧视和职业歧视属于后市场歧视，是劳动者进入劳动力市场之后遇到的歧视。

1. 工资歧视

美国劳动经济学家发现，雇主有时支付给女性雇员的工资比其支付给那些与这些女性雇员具有任职于同一职业、相同工作经验、相同工作条件等个人特征的男性雇员的工资要低，这是工资歧视。因此，工资歧视是指从事相同工作的一部分劳动者由于非个人生产率特征而导致所获得的工资收入低于另一部分劳动者。

2. 就业歧视

在其他条件相同的情况下，一部分劳动者具有相同或者更好的劳动力供给条件，但是由于非生产率特征而难以获得想要的工作，就存在着就业歧视。这里影响就业的非生产率特征包括种族、肤色、宗教、政治见解、民族、社会出身、性别、户籍、身体健康状况、年龄、身高、语言等。

《1958 年就业和职业歧视公约》定义就业歧视为："基于种族、肤色、性别、宗教、政治见解、民族血统或社会出身等原因，具有取消或损害就业或职业机会均等或待遇平等作用的任何区别、排斥或优惠视为歧视。"就业歧视这一概念包含三个方面的含义：第一，用人单位不得采取法律禁止的差别对待，从而对当事人就业的机会平等造成损害；第二，法律禁止歧视的主要领域有种族、民族、宗教、性别、社会出身等；第三，如果用人单位出于工作职业本身的内在需要作出的区别或优惠就不是歧视。

因此，就业歧视是指基于种族、肤色、性别、宗教、政治见解、民族血统或社会出身等非个人生产率特征的因素而导致劳动者无法获得平等就业机会等权利的行为。

3. 职业歧视

在劳动力市场上，某些劳动力即使完全有能力胜任某些职业或某一层次的工作岗位，却因非个人生产率特征而被限制或禁止进入这些职业，或者被排挤到同一职业中的较低层次的工作岗位上。雇主故意将一部分具有相同教育水平和生产率潜力的雇员安排到低工资报酬的职业上或负较低责任水平的工作岗位上,而把高工资报酬的工作留给另一部分雇员,这种形式的歧视就是职业歧视。

4. 人力资本投资歧视

人力资本投资歧视指一部分劳动者因非经济个人特征导致较少获得能够提高劳动生产率的正规教育、在职培训以及较好的健康照顾等的机会。

二、劳动力市场歧视模型

贝克尔的歧视偏好理论认为歧视是歧视者的一种偏好,愿意放弃部分产出和利润作为歧视的代价。通常情况下,劳动力市场歧视有三种可能的来源,劳动经济学对每一种歧视是如何产生的以及它的后果是怎样的都有相关的模型来描述。

歧视的第一种来源是个人偏见,这种情况主要是由于雇主、作为同事的雇员以及顾客不喜欢与具有某些特定标志的雇员接触而造成的。这种模型首先假设存在一种竞争性的劳动力市场,单个厂商被看成是"工资接受者",然后再来分析这些偏好对工资和就业的影响。

第二种常见的歧视来源是先入为主的统计性歧视,这种情况主要是由雇主将某种先入为主的群体特征强加在个人身上所引起的。

第三种来源是非竞争性劳动力市场力量,有一些歧视模型是建立在存在某些非竞争性劳动力市场力量的假设基础之上的,即单个厂商对它们支付给劳动者的工资具有某种影响力,而这种影响力可能来自串谋,也可能来自某种买方的垄断力量。

(一)个人偏见模型

1. 雇主歧视

雇主歧视是指雇主具有歧视的偏好,其为了达到与一部分人保持距离的目的而宁愿支付费用或放弃某种收入。

以雇主歧视女性和少数种族劳动者,偏好雇佣白人男性劳动者的现象为例进行分析。首先假设女性和少数种族劳动者与白人男性劳动者具有相同的生产率,并且白人男性雇主对女性和少数种族劳动者有偏见,而顾客和作为潜在同事的其他员工则不存在这种偏见。

用 MRP 代表某一劳动力市场上的所有劳动者的实际边际收益产品,即生产率,对于白人男性劳动者来说,当其工资率 W_M 等于 MRP 的时候,他们的劳动力市场达到均衡状态:

$$\text{MRP} = W_M$$

然而,只有当女性和少数种族劳动者的工资率 W_F 等于雇主认为的主观价值的时候,其劳动力市场均衡才能够实现:

$$\text{MRP} - d = W_F$$

或者

$$\text{MRP} = W_F + d$$

由此,可以看到,W_F 必然小于 W_M:

$$W_M = W_F + d$$

或者

$$W_F = W_M - d$$

上述理论表明,女性和少数种族劳动者在同白人男性竞争工作岗位的时候,其实际生产率价值如果被雇主所贬低，他们必须接受比白人男性低的工资。

　　劳动力市场的供求分析有助于深入理解该理论的思想。分析女性和少数种族劳动者的市场需求曲线，以便理解影响两种工资水平之间差距的决定因素。首先，当所有雇主歧视情感都一致时，假设女性和少数种族劳动者和白人男性劳动者的劳动生产率相同，用图 6.3 来描述这一情形，其中纵轴表示相对工资率 W_F/W_M，横轴表示女性和少数种族劳动者的数量，没有歧视时，用 D_1 代表女性和少数种族劳动者的需求曲线。但是如果所有企业都不喜欢女性和少数种族劳动者，需求曲线则为 D_2，其相对工资（3/4）较低。若相对工资高于这点，雇主就不愿意雇佣他们。对女性和少数种族劳动者的歧视程度越重，需求曲线就越低，如 D_3 所示。

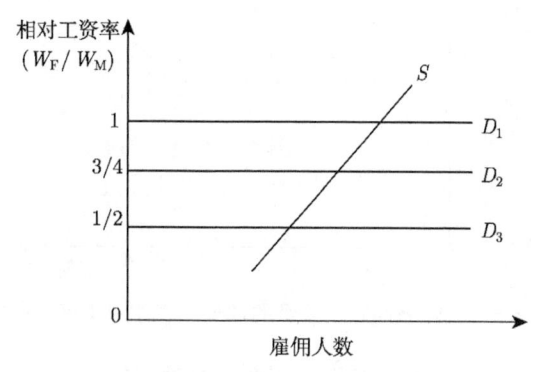

图 6.3　偏好一致的劳动力市场歧视

　　事实上，所有雇主的歧视情感往往是不一致的，这样对女性和少数种族劳动者的市场需求曲线便如图 6.4 所示。在相对工资恰好使企业雇佣女性和少数种族劳动者时，曲线 D 则为每个企业的需求总和。相对工资为 1 时，水平部分表示对女性和少数种族劳动者无偏见的那些企业的总需求，下倾部分则包括有歧视偏好的企业的需求状况，越向下歧视越强。市场上的女性和少数种族劳动者的供给相对较少，如供给曲线 S_2 所示，没有歧视行为的雇主将会雇佣全部的女性和少数种族劳动者。随着女性和少数种族劳动者的供给量从 S_2 增加到 S_1，在供给曲线和需求曲线所产生的共同作用下，相对工资被压低到 1/2，没有歧视偏见的雇主也只能支付 1/2 的工资。

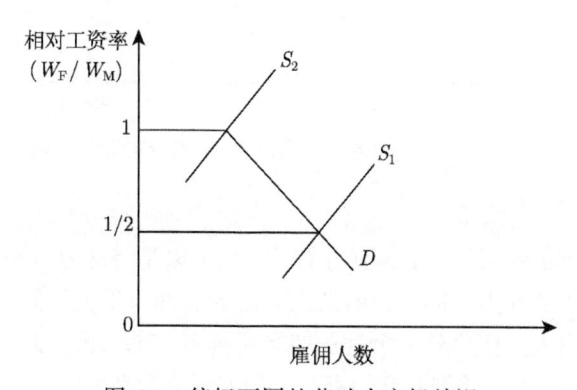

图 6.4　偏好不同的劳动力市场歧视

除了女性和少数种族劳动者的供给曲线所出现的变化之外，还存在两个因素使 W_F 和 W_M 之间的市场工资差别发生变化，这两个因素分别是没有歧视行为的雇主的数量变化和有歧视行为的雇主的歧视偏见强弱变化。

第一，没有歧视行为的雇主的数量出现增加，如图 6.5 所示，需求曲线的水平部分向外延伸至 A'，在劳动力供给曲线不变的情况下，相对工资有所上升（图中表现为由 0.75 上升到 0.85），使得两类劳动者的工资差别有所下降。

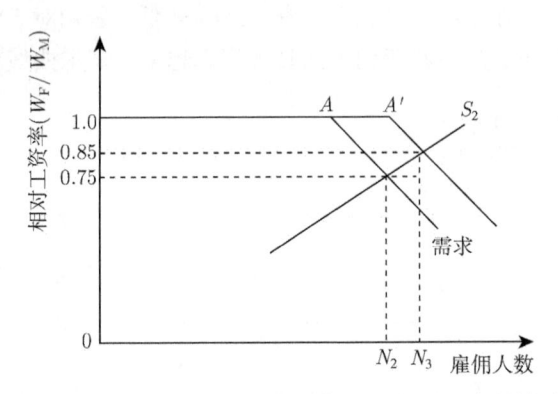

图 6.5 非歧视性雇主数量的增加对于相对工资的影响

第二，没有歧视行为的雇主的数量保持不变，有歧视行为的雇主的歧视偏见降低时，同样会降低两类劳动者的工资差别。在图 6.6 中表现为市场相对需求曲线向下倾斜的那部分变得更加平缓。

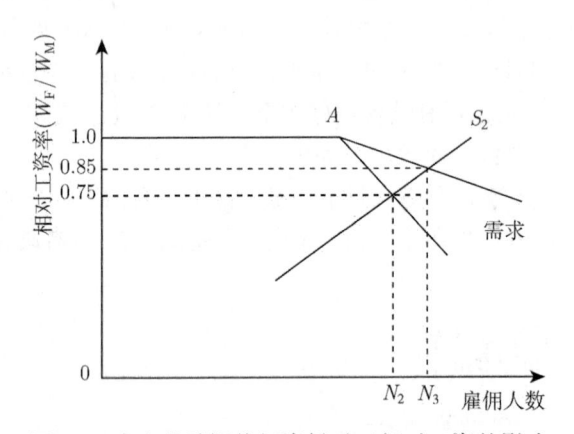

图 6.6 雇主的歧视偏好降低对于相对工资的影响

2. 雇员歧视

劳动力市场中歧视的根源不一定来源于雇主，也可以是劳动力市场的供给方——劳动者。假设一个不喜欢与黑人劳动力一同工作的白人劳动者有两份工资相同的工作供他选择，其中一个企业的员工都是白人，而另外一个企业拥有混合劳动力队伍，其企业员工有白人也有黑人。对白人劳动者而言，由于歧视系数的存在，拥有混合劳动力队伍的企业提供的工资较低，那些按照非歧视性标准来雇佣员工的雇主要想留住白人劳动力，就需要向他们支付一笔额外的工资补贴。因此，雇员歧视是指占优势地位的雇员不喜欢与具有某项特征的同事共事，雇主为了留住这些优势的雇员，必须向其支付更高工资而造成的不平等现象。

雇主不存在歧视偏好，并且追求利润最大化，那么该企业不会选择组建混合劳动力队伍。黑人劳动者和白人劳动者的边际产品价值是相同的，雇主则只会雇佣工资较低的一方，不会为混合劳动力队伍而付出代价。

然而，为什么仍然存在雇主是非歧视性的，并且能够雇佣资格相同、费用更低的黑人劳动者的情况下，还要支付工资补贴来留住白人劳动者呢？原因之一就是白人劳动者占劳动者队伍中的较大比例，而且他们在早些时候就按照一整套与晋升可能性有关的隐含合同被雇佣了。一旦企业改变自己的雇佣实践就意味着对自己过去承诺的反悔，这很可能会使长期雇员士气下降，而导致生产率或者雇员对企业的献身精神下降，这对企业来说无疑是巨大的损失。因此，雇员歧视的存在对于雇主来说成本可能是很高的，但是要想改变这种格局，成本可能更高。因此，利润最大化的企业组织，雇员歧视同样能够存在。企业能做的可能是去适应这些劳动者的歧视性偏好，方法之一就是在隔离的前提下进行雇佣，如可以按照部门或职位名称来对员工进行隔离，这样不同人口群体背景中的雇员就不需要彼此发生联系。

3. 顾客歧视

劳动力市场歧视的来源也可能是顾客。在一些场合，顾客可能偏好于让某一类劳动者提供服务，而在另一些场合让另一类劳动者提供服务。企业为了达到利润最大化，就会迎合歧视性顾客需要，雇佣顾客偏爱雇员群体中的劳动者来工作，导致相互隔离的工作场所出现。雇主向顾客收取更高的价格，向顾客偏好的劳动者支付更高的工资。尽管非歧视性顾客可能会因较高的价格改变自己的消费行为，但是所占比例只要还不够大，顾客歧视就会继续存在下去。

以白人男性劳动者与女性劳动者、少数种族劳动者的例子来说，如果顾客对白人男性劳动者有偏好，而且延伸到负责程度要求较高的工作上去，对妇女和少数种族劳动者的偏好仅仅局限于熟练程度较低的社会服务职业范围，那么就出现了对妇女和少数种族劳动者不利的职业隔离。由于顾客偏见导致妇女和少数种族劳动者比生产率特征相同的白人男性劳动者对企业的价值更低一些。因此，妇女和少数种族劳动力成员坚持在顾客偏好白人男性劳动者的工作岗位上寻求一个职位时，要么必须接受较低的工资，要么拥有更高的生产率特征。

（二）统计性歧视模型

为什么一个理智的雇主本来没有歧视偏好，但在实际中却产生了歧视呢？统计性歧视理论提供了另一种解释。统计性歧视，是指将一个群体的平均特征看成该群体中每一个个体所具有的特征，并利用这个群体的平均特征作为雇佣标准而产生的歧视。这种歧视可能是由统计方法不科学或是信息不完全所造成的。一个很好的例子就是在自行车保险中对十几岁男孩的歧视，即使在这一群体中存在一些人是低风险的，但是平均来说，他们是一个高风险群体，保险公司不可能对他们加以区分——即便要进行甄别，也需要付出高昂的成本。

同样，在劳动力市场中，统计性歧视可以被看成是在员工甄选过程中遇到的问题之一。雇主需要以某种方式获得足够的关于求职者的信息，以便对未来员工的生产率有一个准确的估计，但是获得某些信息是不可能的或者成本是极高的。因此，雇主必须根据个人特征来估计未来雇员的可能生产率。这些个人特征包括受教育年限和资格水平等因素，也包括诸如性别和种族等因素。对雇主来说，在雇佣决策过程中，考虑这些因素可能是更理智的。

当不能通过个人特征对求职者的实际生产率作出准确的预测时，雇主就会同时利用其个人信息和所属群体的群体信息来共同决策。然而，这种方式同样有可能引起市场歧视。

雇主实施统计性歧视不是恶意的，也不会为此而多付出成本，反而会因为使雇佣成本最小化而得益。受到伤害的是那些不具有平均特征的劳动者，如果群体中的平均特征逐渐趋同，则统计歧视将递减。

（三）非竞争性歧视模型

歧视模型说明企业作为工资接受者的一种劳动力市场上，个人偏见或信息问题对劳动者工资和就业所带来的影响。接下来讨论的模型是建立在一个假设的基础上，这个假设是指单个企业对自己支付给劳动者的工资具有某种影响力，这种影响力来自串谋，也可能是来自某种买方独家垄断力量。

1. 拥挤效应

拥挤效应是由受歧视群体就业范围有限，供给过多而形成的，可以将其用图形表示，如图6.7所示。从图（a）中可以看到劳动力供给比较小的时候，工资率相对较高，而在图（b）中由于市场过于拥挤，相对劳动力需求而言，劳动力供给过多，工资率则相对较低。

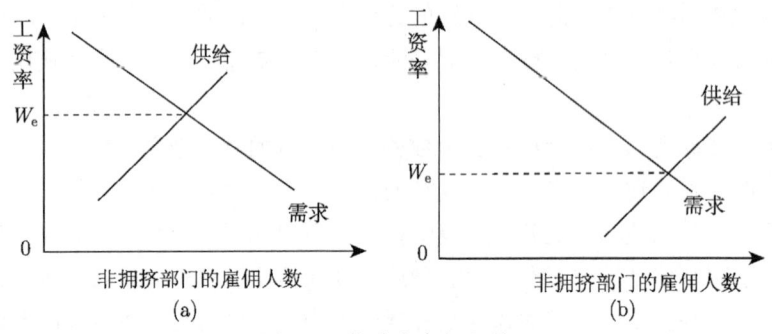

图 6.7　劳动力市场拥挤

拥挤效应的具体表现为某些职业受歧视群体无法进入，人们习惯于把某些工作界定为"男性职业"、"女性职业"等。拥挤所带来的影响很容易被看到，但是很难对拥挤本身进行合理的解释。例如，当黑人和白人具有相同的生产率的时候，由于黑人劳动者被人为地塞进某些特定类型的工作之中，导致他们只能获得较低的工资，那么有人会认为，这种较低的工资会使黑人劳动者对企业更加富有吸引力，从而使雇主为了利润最大化而雇佣成本较低的黑人劳动者。这最终将会逐渐消除任何一种工资差别，但是，拥挤现象并未消除，这表明市场上仍然存在一些彼此之间不能相互竞争的劳动者群体阻碍员工的流动。

2. 双重劳动力市场

关于拥挤假设有一种最新的观点，即双重劳动力市场理论，它将劳动力市场分割成没有竞争关系的两大部门：主要部门和次要部门。主要部门中的工作工资相对较高、就业较为稳定、工作条件及晋升的机会良好；而次要部门中教育和经验的收益率被认为接近于零，其工作的工资较低、工作条件较差、就业不稳定，而且没有职业发展的机会。

从历史上来看，大部分妇女和少数种族劳动者都在次要部门中就业，这是他们受到歧视的一个原因。但是，双重劳动力市场并没有指出引起妇女和少数种族被歧视的根本原因。一些经济学家认为，双重劳动力市场是雇主之间串谋的产物，而另外一些经济学家则认为是对不同类型的劳动者进行监督时需要付出的成本有所差别而造成的。不论是什么原因导致的这种歧视，一开始就存在的这些不能相互竞争的性别群体和种族群体在不断地自我强化。双重劳动力市场假设与前面提到的任何一种歧视模型是一致的，但是它指出因为这种歧视现象本身是由市场力量所导致的，就不能指望依靠市场力量来消除歧视。

3. 与搜寻成本有关的买方独家垄断

关于流动限制的模型是建立在员工的工作搜寻活动需要成本的假设基础之上的，这种模型将关于企业行为的买方独家垄断模型与歧视现象结合在一起。

假定对妇女和少数种族有歧视和无歧视的雇主同时存在，但是都不会拒绝白人男性劳动者。找工作的妇女和少数种族劳动者无法确定哪一位雇主不会拒绝他们，因此，他们为了获得跟白人男性同等数量的工作机会，不得不付出更加艰苦的努力和更长的时间来搜寻。由于搜寻成本的存在，导致企业所面临的劳动力供给曲线向右方倾斜，搜寻成本不断上升，买方独家垄断的后果会越来越明显。

参见图 6.8，图（a）所描述的是搜寻成本较低的劳动者群体（假定是白人男性）的劳动力供给曲线以及劳动力边际收益产品曲线。由于其工作的搜寻成本较低，所以企业稍微削减一点工资，他们就会选择离开这家企业；而稍微增加一点工资，就会把他们从其他厂商那里吸引过来。使得这一群体的劳动力供给曲线 S_M 较为扁平，劳动力边际费用曲线 $(ME_L)_M$ 同样较为扁平。利润最大化雇主将会从这一群体中雇佣 E_M 个劳动者，并向他们支付 W_M 的工资率。

图（b）描述的承担较高搜寻成本的群体（假定为妇女或少数民族成员且与白人男性具有相同的劳动力边际收益产品）的劳动力供给曲线和劳动力边际收益产品曲线。由于他们具有较高的搜寻成本，因此他们的劳动力供给曲线 S_F 和劳动力边际费用曲线 M_F 更为陡峭，劳动力边际费用曲线 $(ME_L)_F$ 及在劳动力边际收益产品和工资率之间的差距则更大。

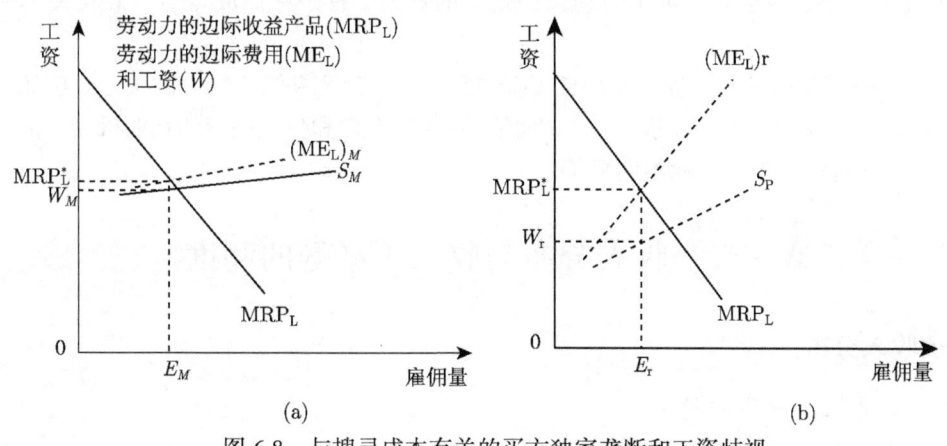

图 6.8 与搜寻成本有关的买方独家垄断和工资歧视

4. 串谋行为

有些理论还建立在雇主们彼此联合起来，合谋对某种劳动力群体进行压制的假设前提下，造成被压制群体不得不接受买方独家垄断工资的局面。串谋理论认为，资本主义社会是服务于资本所有者的利益的，因此偏见及其所导致的冲突是其固有的特征。这种偏见能够得以延续下去，他们自己的利润就会有所增加。这些理论认为：资本所有者是歧视的受益者，而所有的劳动者，尤其是妇女和少数种族劳动群体，都是歧视的受害者。

三、消除歧视的法律与政策

关于消除劳动力市场歧视的政策，一般认为应该从以下几个方面着手：在市场环境方面，推动公平竞争；在法律建设方面，发挥法律维持市场公正和保护弱者权益的作用，及时跟上市场经济发展的步伐；另外，全面加强全社会的文化建设也是十分必要的。

目前，在国际组织有关平等与不歧视的立法体系中，主要有三个国际公约涉及禁止劳动力市场歧视，即联合国的《消除一切形式种族歧视国际公约》、《消除对妇女一切形式歧视公约》以及国际劳工组织（ILO）在1958年国际劳工大会上通过的《（就业和职业）歧视公约》（第111号公约）。

美国联邦政府在消除劳动力歧视现象方面的法律和法规中最重要的是《民权法》和《平等工资法》。1962年通过的《民权法》奠定了联邦政府在就业方面的政策基础，经过1972年修改后，《民权法》授权雇员可以对违法雇主提起诉讼。1963年制定并通过的《平等工资法》明确规定，对使用相同技术并在相同条件下工作的男女劳动者支付不同的工资是非法的。1965年和1968年的美国总统行政令试图通过企业遵守政府合约的方法消除歧视，规定持有50 000美元以上政府合约的厂商必须编制肯定行动计划（affirmative-action programs），即厂商雇佣女性和少数民族工人的比例少于可能达到的比例时厂商必须制订雇佣更多的女性和少数民族劳动者的计划。

日本为了消除男女雇佣机会的差别，在雇佣条件、员工安置和晋升等方面也以立法程序颁布执行了《男女雇佣机会平等法》，该法明确规定，禁止在教育培训、福利卫生、退休退职和解雇等上的差别待遇。该法于1986年4月开始实施，其包括关于就业机会与劳动待遇方面的均等、关于女性员工劳动保护规定的修改、有条件地放宽与产假相关的待遇等要点。

关于政府政策是否缩小了性别和种族工资差距的实证研究并没有统一的结论。例如，美国的肯定行动计划法表面上确实改善了20世纪70年代女性和少数民族的就业机会，但是在20世纪80年代这种改善效果就不明显了。

第三节 收入分布与收入不平等的测度

一、工资收入分布

（一）工资收入分布的特点

工资收入的分布一般表现出两个重要的特征：劳动者之间的工资差异很大、工资分布的两端是不对称的。工资分布正向倾斜，且具有一个很长的右尾。正向倾斜的工资分布隐含着大多数的劳动者得到低工资，而位于分布右尾端的一小部分人，却可以得到总收入中占很大比例的高工资。参见图 6.9。

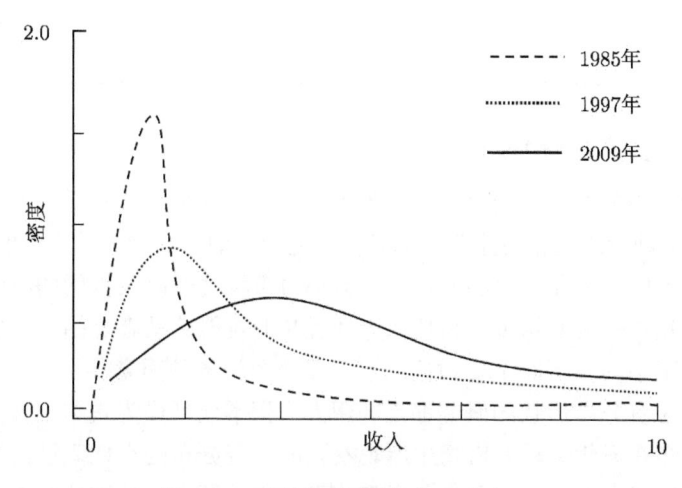

图 6.9　中国城镇居民的收入分布

国家之间的工资收入分布也存在很大的不同。美国最富有的 10%的家庭拥有总收入的 30.5%，相应的统计数据在比利时为 22.6%，德国为 28.0%，墨西哥为 41.6%。类似地，美国最贫困的 10%的劳动者仅拥有全部收入的 1.8%，在加拿大和英国，类似劳动者的收入份额为 2%～3%，而智利仅为 1.1%。参见表 6.1。

表 6.1　收入分布的国际差异

国家	收入最低的 10%的家庭所获得的总收入所占的比例/%	收入最高的 10%的家庭所获得的总收入所占的比例/%
澳大利亚	2.0	25.4
奥地利	2.3	22.4
比利时	2.9	22.6
加拿大	2.7	23.9
智利	1.1	45.4
多米尼加	2.1	37.9
法国	2.0	25.1
德国	3.7	28.0
危地马拉	1.6	46.0
匈牙利	4.1	20.5
印度	3.5	33.5
以色列	2.4	28.2
意大利	1.9	27.4
墨西哥	1.2	41.6
挪威	4.1	21.8

国家	收入最低的 10%的家庭所获得的总收入所占的比例/%	收入最高的 10%的家庭所获得的总收入所占的比例/%
瑞典	3.4	20.1
英国	2.1	27.5
美国	1.8	30.5

（二）对收入分布的解释

工资在劳动者中分配必定会存在某种不平等，产生这种工资不平等的原因大致可以归结为两个：第一，劳动者之间存在生产率的差异。生产率的差异越大，工资的分配就越不平等。第二，随着对技术的需求和供给的变化，在劳动力市场之间以及不同的时间技术的报酬率的变化很大。给予技术的报酬越多，高技能劳动者与低技能劳动者之间的工资差距就越大，收入的分配也就越不平等。下面主要讨论决定工资分布的各种因素。

大多数关于工资分布形状的研究都是利用人力资本模型作为基本出发点，这种方法可以帮助人们理解许多在现代劳动力市场中所观察到的工资分布的有代表性的重要特征。例如，人力资本模型可以帮助人们理解劳动者之间工资差距的源泉。特别地，工资差别的存在不仅因为一些劳动者积累了比别人更多的人力资本，且因为年轻的劳动者仍然在积累技术（同时放弃了收入），而年老的劳动者正在从先前的投资中得到回报。

人力资本模型也提供了一个对工资分布正向倾斜的有趣解释。劳动者会在人力资本方面投资直至投资的边际报酬率等于贴现率，这将产生一个正向倾斜的工资分布。图 6.10 描绘了每个能力群体劳动者的投资决策。假设人口中的能力分布是对称的，假设 1/3 的劳动力由低能力的劳动者组成；1/3 由中等能力的劳动者组成；1/3 由高能力劳动者组成。假设所有的劳动者都具有相同的贴现率。曲线 MRR_L 显示的是低能力劳动者的边际报酬率，他们要求 H_L 效率单位的人力资本；曲线 MRR^* 显示的是中等能力劳动者的边际报酬率，他们要求 H^* 效率单位的人力资本；曲线 MRR_H 显示的是高能力劳动者的边际报酬率，他们要求 H_H 效率单位的人力资本。高能力劳动者因为两个明显的原因，比低能力劳动者获得的工资更高：第一，即使两

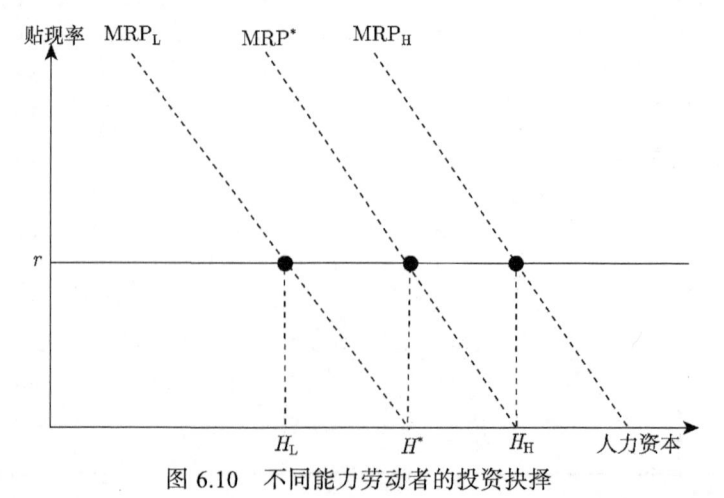

图 6.10 不同能力劳动者的投资抉择

组劳动者拥有相同数量的人力资本，高能力劳动者仍可以比低能力劳动者创造得更多，因为能力自身是一种能够提高生产率和收入的特征；第二，高能力劳动者比低能力劳动者获得的人力资本更多，因此他们的收入更高。也就是说，低能力劳动者面临着 MRR_L 的边际报酬率，要求 H_L 单位的人力资本；高能力劳动者面临着 MRR_H 的边际报酬率，要求 H_H 单位的人力资本。与低能力劳动者相比，高能力劳动者收入更高。能力和人力资本之间的正相关关系"拉长"了人口中的工资，导致工资分布的一个正向倾斜。

二、收入不平等的测度

（一）收入不平等的概念

收入不平等的测量对象为家庭个人收入。要考虑两个因素：一是收入的来源，劳动的收入或者非劳动的收入；二是家庭人口的数量。但是由于收入涵盖的范围难以确定，在这里收入主要指工资。可以用图形来帮助理解工资报酬平等和不平等的概念。简单画出表示获得某一既定工资水平 2 万元的人员数量的简单图形。假设每个人都获得同样的工资，那就不会出现离散性，如图 6.11 所示。

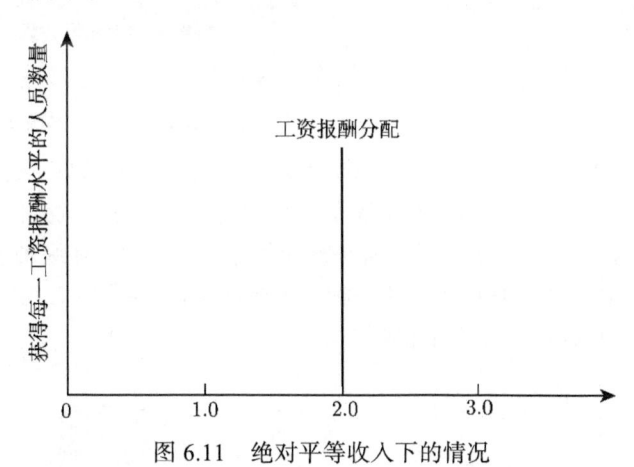

图 6.11 绝对平等收入下的情况

如果让人们获得的工资水平不一致，那么这种不一致可能相差比较小，也可能相差比较大。如果人们的工资都接近平均工资 2 万元，那么工资报酬不平等程度和离散度将会很小。如果一部分人的工资大大超过了平均工资 2 万元，一部分人的工资大大低于平均工资 2 万元，那么工资报酬不平等程度和离散度将会很大。从图 6.11 和图 6.12 可以看出，尽管在这两种情况下，工资报酬都是围绕平均工资 2 万元展开的，但是在前一种分配状况，即 A 情况下的离散度比分配 B 情况的离散度要小。在 B 情况下，离散度越大，工资报酬不平等程度越高。虽然图形可以用来描述离散的概念，但是当人们对不平等进行衡量时，这一工具却无法准确地帮助人们描述收入不平等的程度。下面介绍衡量收入不平等的指标。

（二）收入不平等的衡量

测度收入不平等的方式有若干种，最常用的方法是，将收入分配按照十分位或五分位进行划分，然后对每一个十分位或五分位上的个人或家庭所获得的劳动报酬（或收入）加以对比。除此以外，还可以对位于劳动报酬分配较高百分位上（如第 90 个百分位）的个人（或家庭）与位于劳动报酬分配较低百分位（如第 15 个百分位）上的个人（或家庭）进行对比。然而，一种更为充实和更能充分描述收入分配状况的做法，恐怕还是利用每一个群体所获得的工资报酬在总工资报酬中所占的份额来进行衡量。

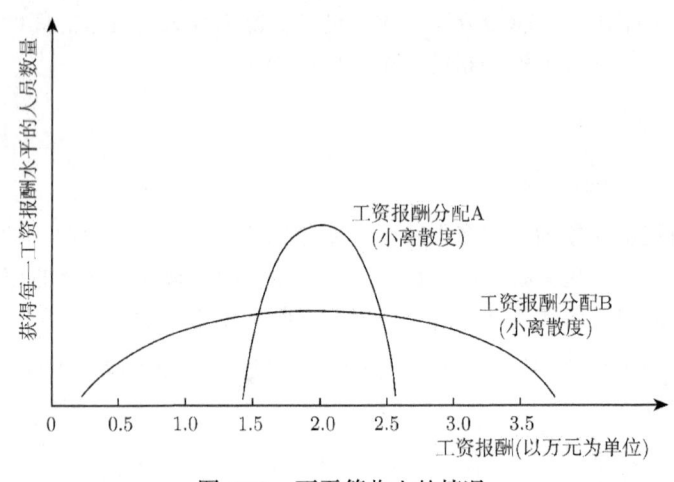

图 6.12　不平等收入的情况

假如总人口中的每一个家庭都有着同样的收入。那么在这种收入分配完全平等的情况下，每个 5% 的家庭所获得的收入都将是总收入的 5%。如果用图形来说明，这种完全平等的收入分配状况就可以用图 6.13 中的直线 AB 来表示，它所代表的是每个五分位上的家庭以及位于其下面百分位上的家庭（在横轴上表示）所获得的累计收入份额（在纵轴上表示）。这样，第一个五分位上的家庭（总家庭中的 20% 的份额）将获得总收入的 20%。第一个和第二个五分位上的家庭将获得总收入的 40%，如此等等。

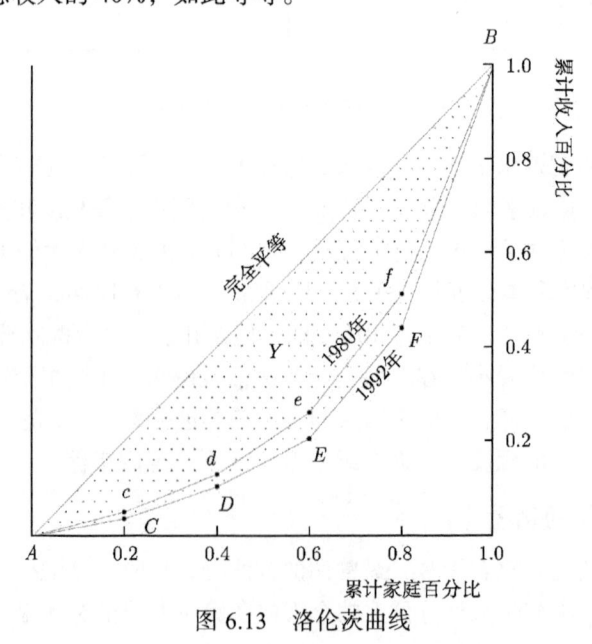

图 6.13　洛伦茨曲线

如果收入分配不是完全平等的，那么代表多个五位上的家庭经过累积所获得的累积收入百分比曲线——洛伦茨曲线，就将呈现出一种凸状，并且位于完全平等收入分配线之下，如图 6.13 所示曲线 *AcdefB* 和曲线 *ACDEFB*。一般的，洛伦茨曲线是在一个总体（国家、地区）内，从最贫穷的人口计算起一直到最富有人口的人口百分比对应各个人口百分比的收入百分比的点组成的曲线。

如图 6.13，如果对洛伦茨曲线 *AcdefB* 和洛伦茨曲线 *ACDEFB* 分配的平等程度进行对比，很快就可以得出一个明确的结论。例如，如果把美国 1980 年和 1992 年时的收入分配状况进行对比，那么将会看到，根据 1980 年的收入分配数据所绘制出来的洛伦茨曲线，即图中的 *AcdefB*，比根据 1992 年的收入分配数据所绘制出来的洛伦茨曲线 *ACDEFB* 更接近于完全平等线。

然而，如果两条洛伦茨曲线是相互交叉的，那么肉眼就不可能准确判断哪一条曲线的不平等程度更高。例如，现在要对图 6.14 中的曲线 *A* 和曲线 *B* 进行对比，可以看到，从位于最左侧的那个 1/5 位上的家庭的收入情况来看，在曲线 *A* 上的家庭比在曲线 *B* 上的家庭所获得的总收入比例要小；但是，从位于最左侧的两个 1/5 位上的家庭所获得的收入情况来看，在曲线 *A* 上的家庭和在曲线 *B* 上的家庭所获得的累积总收入比例是相同的；而从位于最低的三个 1/5 位或四个 1/5 分位上的家庭所获得的收入情况来看，在曲线 *A* 上的家庭又比在曲线 *B* 上的家庭所获得的累积总收入比例要高。这里用洛伦茨曲线已经无法判断收入不平等程度的大小。下面介绍另外一种测度收入不平等的测量方法。

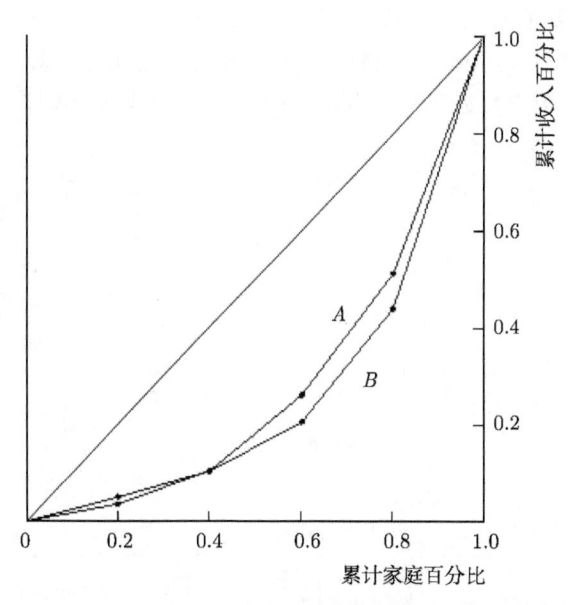

图 6.14 交叉洛伦茨曲线

洛伦茨曲线背后的结构表明，完全平等的洛伦茨曲线与实际洛伦茨曲线之间的面积可以用来测度不平等。下面是基尼系数（Gini coefficient）的定义：

$$基尼系数 = \frac{完全平等洛伦茨曲线与实际洛伦茨曲线之间区域的面积}{完全平等洛伦茨曲线以下全部区域的总面积}$$

就图 6.15 而言，基尼系数是由阴影部分的面积与 ABQ_5 所给定的三角形面积之间的比率所得出的。这一定义隐含着当收入分布完全平等时，基尼系数将为 0；而收入分布完全不平等，最富有的 1/5 家庭占有所有收入时，基尼系数将为 1。即基尼系数越小，收入越平等；基尼系数越大，收入越不平等。

计算基尼系数的方法之一，是将位于洛伦茨曲线之下的区域划分成一系列的三角形和长方形，如图 6.15 所示。每一个三角形的底边都等于每一个 1/5 位的水平距离 0.2；而高则等于相应的那个 1/5 位上的家庭所获得的总收入百分比（累积百分比减去其下面五分位上的家庭所获得的总收入百分比）。由于每一个三角形的底边都是相同的，而它们的高度之和等于单位 1。图 6.15 中的长方形都有一个等于 0.2 的边，并且另外一个边等于前面所有五分位上的家庭所获得的总收入百分比的累积数。因此计算结果如下：

三角形的面积之和=0.5×0.2×1.0=0.1

长方形 $Q_1CC'Q_2$ 的面积=0.2×0.038 = 0.0076

长方形 $Q_2DD'Q_3$ 的面积=0.2×0.132 = 0.0264

类似地，$Q_3EE'Q_4$ 的面积为 0.0580，$Q_4FF'Q_5$ 的面积为 0.1064；最后，这四个长方形的面积总和为 0.1984。

图中位于洛伦茨曲线以下的面积等于 0.1984+0.1=0.2984。由于完全平等线以下区域的总面积为 0.5×1×1=0.5，所以，美国 1992 年的基尼系数可以依照下述公式加以计算。

基尼系数（1992）=（0.5−0.2984）/0.5=0.4032

出于进行比较的目的，对 1980 年的收入分配基尼系数也加以计算，其结果为 0.3768。由于它比 1992 年的基尼系数更接近于零，因此，1980 年时的收入分配平等程度显然比 1992 年时要高。

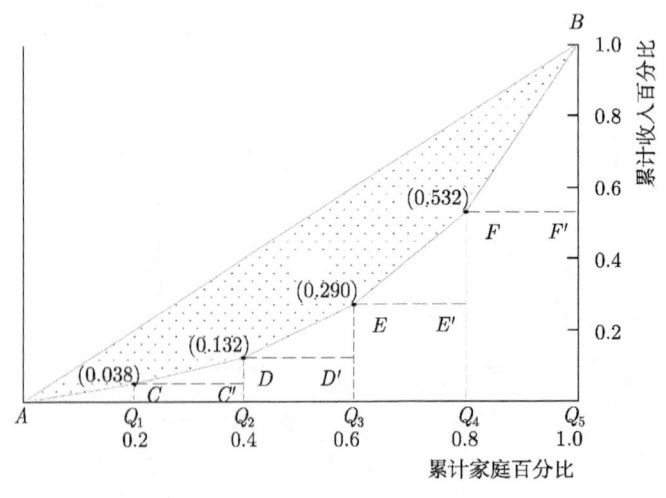

图 6.15 基尼系数的计算方法

虽然基尼系数的提高代表着收入不平等程度的提高，通过把收入分布的全部形状概括为单一的数字，依然存在着被忽略的可能。例如，考虑收入从最底层的 1/5 家庭向着最顶端的 1/5 家庭变动的影响。这一变动显然提高了基尼系数。结果变成，可以通过把来自诸如第 2 个

1/5 家庭和第 3 个 1/5 家庭的某些收入的数额转化为最顶端的 1/5 家庭的方式，来获得基尼系数的类似数字化提高。虽然基尼系数的数字化提高是相同的，但两种再分布（redistribution）则是不相同的。

因为存在着这种模棱两可性，所以许多研究采用了额外的不平等测度方式。两种经常采用的测度方式是 90-10 工资差距与 50-10 工资差距，90-10 工资差距显示的是，位于第 90 个百分位的劳动者与位于 10 个百分位的劳动者之间的工资差距百分比。因此 90-10 工资差距方法是对高收入劳动者与低收入劳动者之间不平等的测度。而 50-10 工资差距提出了以百分比表示的位于第 50 个百分位的劳动者与位于第 10 个百分位的劳动者之间的工资差异。因此，50-10 工资差距测度方式是一种对"中产阶级"与低收入劳动者之间的不平等的测度。

基尼系数被西方经济学家普遍认为是一种反映收入分配平等程度的方法，也被现代国际组织（如联合国）作为衡量各国收入分配的一个尺度。据经济学家钱纳利等在 20 世纪 70 年代初的计算，对收入分配高度不均的国家来说，基尼系数的数值为 0.5~0.7；对于收入分配相对平等的国家，基尼系数的数值为 0.2~0.35。

无论是采用洛伦茨曲线，还是采用基尼系数，都要注意一点，即西方国家的实际财产的分配和实际收入分配之间有所不同。根据美国、英国等资本主义国家的统计资料表明，这些国家的实际财产的分配要比实际收入的分配有较大的不平均程度。这是因为：虽然收入分配与财产分配之间有一定的联系，人们拥有的财产不同，收入状况也会有差异，但是某些人的收入并非来自财产，而是来自劳动，来自经营管理。加之由于各人能力不同，即使拥有同等数量财产的人，也会有不同的财产收入。因此，收入分配与财产分配并不一致。还应当注意到，财产分配不平均有历史的、制度的原因。私有财产制度和私有财产继承权的存在，使得财产分配的不平均这一社会既成事实不可能很快改变。所以财产分配的不平均程度大于收入分配的不平均程度。

第四节　收入不平等加剧的原因

收入不平等加剧的状况有两点理由值得关注：一是收入不平等会导致经济效率的损失，如过大的收入不平等会造成社会不安定，引发社会冲突、导致产权保护薄弱，妨碍经济增长；二是收入不平等会造成社会公平的缺失，而社会公平是构建和谐社会的一个必要条件。那么，究竟为什么收入不平等会加剧呢？这是本节关注的问题。

一、收入不平等的变化趋势

从国际上来看，以美国为例，美国统计局公布的基尼系数显示，2012 年美国的基尼系数继续走高，达到 0.451。众所周知，基尼系数是衡量一个国家收入分配公平程度的指标，越接近 1 表示居民之间的收入分配越不平均。根据美国统计局的历史记录，从开始统计基尼系数的 1947 年起到 1981 年，美国的基尼系数始终在 0.36 左右徘徊。但是在 1981 年里根就任总统之后，基尼系数开始稳步上升，到 1990 年上升到 0.396，2000 年达到 0.433，直到 2012 年突破 0.45。这也说明了美国的贫富差距呈两极分化。

中国的情况参见图 6.16。作为衡量贫富差距的指标,中国的基尼系数从 1981 年的 0.288 上升至 2014 年的 0.469。虽然近几年基尼系数有所下降,在一定程度上表明中国收入分配差距呈现逐步缩小的态势,但是近 15 年中国居民收入基尼系数仍然高于国际警戒线 0.4,从绝对值来看,中国的基尼系数仍然处于较高的水平。

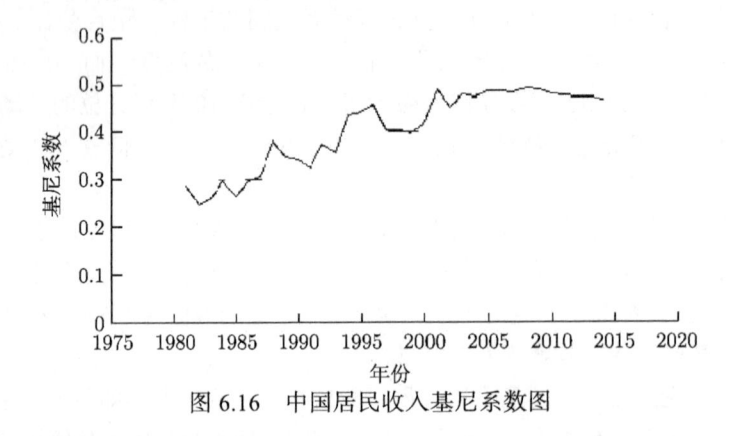

图 6.16 中国居民收入基尼系数图

二、对国际收入不平等加剧的解释

根据库兹涅茨曲线,在经济发展过程开始的时候,尤其是在国民人均收入从最低上升到中等水平时,收入分配状况先趋于恶化,继而随着经济发展,逐步改善,最后达到比较公平的收入分配状况,呈颠倒过来的 U 形。但是在发达国家和地区,随着经济发展,又出现了收入差距扩大的现象。例如,美国自 1968 年以来收入差距从过去的趋势性下降,转变为趋势性上升。男性劳动者收入的基尼系数从 1967 年的 0.314 上升到 1999 年的 0.408,而女性劳动者的基尼系数从 1967 年的 0.298 上升到 1999 年的 0.344。对此,倒 U 形假说难以解释。不仅是发达国家,全球收入差距也在扩大。世界银行基于全球各国居民家庭收入和消费数据进行的测算,发现全球基尼系数从 1988 年的 0.625 上升到 1993 年的 0.659。因此,对 20 世纪 60 年代末到 20 世纪 70 年代初开始的收入不平等加剧的原因的研究,逐渐成为国际经济学界关注的焦点。对收入不平等加剧的原因,有以下几个解释。

(一)产业结构的变化

有两个因素影响产业部门劳动者的工资收入:一是产业的技术特点,资本密集型产业人均资本投资比例高,并且高投资门槛会限制新企业的加入,形成了一定程度的垄断,该产业的工资收入较高,反之,劳动密集型的产业工资收入则一般较低;二是高技能劳动力占该产业部门就业人员的比例。在完全竞争市场中,高技能劳动力获得的工资收入高于低技能劳动力,所以雇佣的劳动者中高技能劳动力占的比例越大,该产业部门的工资收入就会越高。

例如,20 世纪 70 年代以来,发达国家的服务业发展迅速,服务部门的就业人数显著增长,甚至成为占绝对地位的就业部门。另外,与制造业相比,虽然服务业可变工资高于制造部门,但是其平均工资要低于制造部门,因此,服务业就业人数的增加也在一定程度上加剧了收入的不平等。当然,影响收入分配不平等加剧的原因有很多,由服务部门的兴起而带来的收入分配不平等,仅能解释整个收入不平等加剧的一部分。另外,随着现代服务业的发展,发达国家现代商业服务业的比例大幅度增长,许多商业服务部门已成为高收入部门。

(二)全球化与国际贸易

全球化与国际贸易会提高一国丰富要素所有者的实际收入,降低该国稀缺要素所有者的实际收入。只要发生对外贸易,贸易一定会对商品的价格产生影响,只是存在作用大小的问题。国际贸易影响要素收入分配的产品价格机制表现途径为:对外贸易—产品的供需变化—产品的价格发生变化—产量变化—要素重新组合—要素价格变化—要素的收入变化。

例如,美国倾向于出口与进口不同类型的商品。进口产品中雇佣的劳动者通常受教育程度较低,出口产业中雇佣的劳动者往往受过较好教育。由于出口的不断增长和更加迅猛的进口增长,美国经济的全球化对高技能劳动者的需求产生积极影响,而对低技能劳动者的需求产生消极影响,两者的收入差距在拉大。

(三)工会力量削弱

工会被认为是提高低技能劳动者工资的有效机构,工会对调节企业内部收入不平等能够发挥有效作用。然而,从20世纪50年代起,美国的工会力量开始不断被削弱,工会的重要性也经历了一个持续下降的过程,加剧了美国收入不平等。1973年,24%的劳动者加入工会,而在2013年年底,美国加入工会的劳动者的比例下降到了11%。从工会化行业中转移出来的劳动者增加了相对低工资行业的劳动供给,这些行业存在着工资向下的压力。资源的重新配置进一步加大了收入不平等,并且也强化和加剧了工会力量的衰减。有研究称,约10%的大学毕业生和高中毕业生之间的工资差异的增加是工会力量衰减的结果。

(四)技能偏向型技术进步

技能偏向型技术进步的具体含义是这种特殊的技术进步对掌握和使用它的劳动者的技能水平有特定的要求,必须是受过较好教育的高技能的劳动者才能和它匹配。由于这类技术进步的技能偏向性,它的产生将对劳动力市场产生影响,具体表现是对于受过良好教育、有丰富工作经验和知识积累的高技能劳动力的需求增加。对于高技能劳动力需求的增加将扰动劳动力市场,促使高技能型劳动者的就业比例增大,同时使得高低技能型劳动者的收入差距扩大。

20世纪70年代末,美国高技能劳动力供给增加得非常迅速,然而,面对高技能劳动力供给增加,高技能劳动力的工资在这段时间内不但没有下降,反而有上升的趋势。劳动经济学家普遍认为这是由于技能偏向型技术进步导致的。也就是说,由于劳动力市场中技能水平的供给和需求共同决定了均衡的工资水平和具有不同人力资本水平的人群之间的相对工资,而技能偏向型的技术进步导致劳动力市场对高技能劳动力的需求压缩了对低技能劳动力的需求,最终加剧了收入不平等。另外,由于高技能劳动力所决定的技术变迁,持续增加的高技能劳动力供给将会导致更多的技术创新,而技术创新又增加了对高技能劳动力的需求,这会提高高技能劳动力的工资,技能偏向型技术变革会使相对劳动力需求曲线向外移动。

（五）劳动力供给需求曲线移动

针对收入不平等加剧的原因的研究很多，但是没有一个单独的因素可以解释所有的甚至是大部分的工资结构的变化。大部分解释工资不平等程度增加的研究，都试图用一个简单的框架去解释劳动供给和需求曲线的移动是如何引发收入不平等的加剧的。

假设在劳动力市场中存在高技能劳动者和低技能劳动者两种。假设 W 为高技能劳动者与低技能劳动者之间的工资率；P 为高技能劳动者与低技能劳动者之间的数量比率。如图 6.17 所示，向下倾斜的曲线说明了高技能劳动者相对低技能劳动者的需求，W 越大，其工资差距越大，雇主愿意雇佣的高技能劳动者越少，P 越小。假设 P 固定不变，即不管高技能劳动者与低技能劳动者的工资差距多大，劳动者中的一个固定比率是高技能劳动者。

假设相对供给曲线和需求曲线分别由 S_0 和 D_0 表示，竞争性的劳动力市场在 E 点达到均衡。此时，劳动者中高技能劳动者的比例是 P_0，他们的相对工资是 W_0。在 E 点，若供给曲线向左移动，则说明高技能劳动者的相对数目减少，高技能劳动者的相对工资增加；反之，若需求曲线向右移动，说明对高技能劳动者相对需求的增加，也将使高技能劳动者的相对工资增加。假设劳动力市场的其他要素不变，高技能劳动者相对数目大幅增加，由 S_0 外移到 S_1，高技能劳动者的相对工资下降。确实可能存在这种情况，那么，高技能劳动者的相对工资迅速上升的原因则是因为需求也向右移到了 D_1。假设需求足够大，均衡点最终会出现在 G 点，此时，高技能劳动者的比例增加，且高技能劳动者和低技能劳动者之间存在着更大的工资差距。

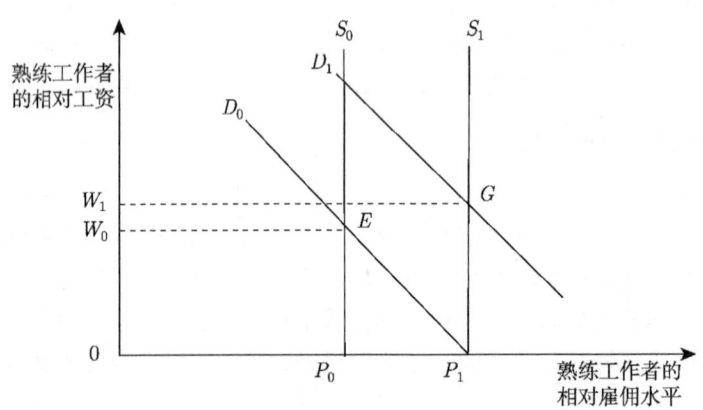

图 6.17　由需求和供给移动造成的工资结构的变化

三、我国收入差距扩大的原因

1978 年以来，在经济发展取得重大成就的同时，中国从计划经济下收入分配最平均的国家之一转化为世界上收入分配显著不平等的经济体之一，并且不平等的程度仍在加剧。据世界银行测算，我国居民个人收入的基尼系数从 1978 年的 0.33 快速上升到 2014 年的 0.469，远超过国际公认的收入不平等警戒线 0.4。这说明，从世界范围来看，我国的收入不平等已经越过了合理的限度。更为严重的是，收入不平等扩大的趋势还在继续，城乡之间、地区之间、行业之间以及社会各阶层之间，贫富差距越来越大。这主要表现为我国较大的城乡居民收入差距、城镇居民内部收入差距、农村居民内部收入差距、地区之间收入差距以及行业之间收入差距等。对此，存在一些不同的解释，总结如下几点。

（一）政策性原因

20 世纪 80 年代初实行的东部地区优先发展战略，使东部地区的经济发展远超过内地，东部地区居民的收入远高于内地居民，而东部收入的资本化又使得它们能够吸引人才和其他资源，加剧了东、西部居民收入差距。例如，沿海开放城市和经济特区都在改革开放的先行政策指引下获得了高速发展，没有相应政策优势的中西部地区不仅发展相对缓慢而且与东部地区收入分配差距明显，尤其长期享受不到政策优惠的地区加之自身条件差变得十分贫困，所以如果用这些贫困地区与我国经济发展较好的上海、深圳来比较，收入分配差距极为明显。

（二）体制性原因

改革开放以前，我国的经济体制是计划经济体制，几乎没有市场成分，改革开放以来，随着市场因素的产生和市场经济体制改革方向的确定，改革中的体制因素促使我国收入分配差距的产生。同时，我国二元的经济结构也是形成收入分配差距的体制因素之一。

在改革开放以来，我国逐渐由计划经济体制向市场经济体制转变，全国上下都致力于建设社会主义市场经济体制。为适应市场经济的要求，社会资源配置方式发生翻天覆地的变化，人们的收入分配方式也发生了改变。中国的收入分配差距正是在社会经济全方位转型过程中逐步形成的，在渐进式改革过程中，尽管旧制度已基本被打破，但尚未完全退出历史舞台，新制度虽已建立，但仍很不完善。收入分配差距的产生和扩大，正是制度变迁过程的一种表象。我国基本经济制度的变革及由此决定的分配制度的变革，改变了生产要素在不同单位和个体间的分配格局，也就导致了生产要素占有的差异，进而带来分配结果的差距。

另外，和很多发展中国家一样，我国的经济增长和发展由二元结构组成。一种是以传统的方式进行生产、劳动生产率极为低下、收入只能够维持劳动者最低生活水平的乡村农业部门；另一种是以现代方式进行生产、劳动生产率较高、劳动者工资水平也相应较高的城市工业部门。经济发展的不均衡所导致的收入分配的失衡加剧，尤其是作为发展中国家显著特征的二元性经济，成为我国现阶段收入分配差距扩大的深刻原因。

（三）制度性原因

改革开放以来，我国的各方面制度进行了改革，收入分配制度改革也促使形成收入分配差距，而户籍制度等新中国成立以来就长期存在的制度性因素也会引起我国收入分配差距的扩大。

第一，合理的收入分配制度也会促使收入分配差距。在按劳分配与按要素分配相结合的新的分配机制下，按照投入生产的要素的贡献来分配收入，不同的要素所有者由于拥有要素的数量、质量不同而获得不同的收入。这对促进经济发展起到了积极的推进作用，在一定程度上提高了居民的收入水平，但由于城乡在市场化等方面的显著差异，城镇居民从中受益较多而农村居民从中受益不大，结果在客观上也起到了扩大城乡居民收入分配差距的作用。

第二，税收制度方面的因素会造成收入分配差距。目前我国的税收制度不规范，税收管理相对比较薄弱，依法治税的水平不高，对于税收的征管不到位等都使税收在调节我国居民之间收入差距扩大中没有发挥应有的作用。例如，个人所得税的起征点低，对中低收入者的收入征了税，而对高收入者的收入征税力度不够，这样居民之间所承担的税负不公平会促使税收对于调节收入分配差距扩大的低效应。

第三，我国法律监督制度层面的不完善。我国法律监督制度的建立和发展相对滞后，许多非市场因素在发挥作用，导致各种违法行为、非法获取利益的活动出现，形成非法收入。这些非法收入，破坏了正常的分配关系，加剧了我国收入分配差距的进一步扩大。

第四，社会保障制度的不健全造成收入分配差距。我国社会保障制度不健全。例如，目前我国农村仍未能建立一套像城市那样的社会保障体系，而且在养老保险方面，绝大多数农民基本上还都是通过家庭自保来实现保障的。同时，进城农民工的合法权利无法得到有效保障，且难以纳入城镇社会保障体系；失地农民的就业和社会保障问题没有系统的解决办法。因此，我国社会保障制度存在的问题，可能会导致农村居民在养老和享受社会的保护方面的压力更大，这样会使我国的城乡居民收入分配差距不断扩大。

（四）劳动力市场因素

劳动力市场因素对居民收入分配的影响主要包括劳动力供求状况、劳动力流动以及教育和人力资本投资收益率这三个方面。

在我国的劳动力市场中，突出的问题是高级管理人才和高级技术人员稀缺，而普通劳动力相对过剩。因此，高级管理人才和高级技术人员的工资水平一路上涨，而普通劳动者的工资却出现下滑的态势，这种现象加剧了劳动力市场上收入的不平等。

劳动力市场化可以促进劳动力要素的自由流动，表现为劳动力在某个固定地区内不同就业岗位的流动和劳动力在不同就业区域内流动。由于价格机制充分发挥作用，劳动力流向报酬更高的行业和地区。农民因为缺少相应的技能，他们流动到高报酬行业就业的可能性几乎为零。另外，高技术劳动者具有高度的流动性，加上全球化的发展，高技术劳动者因为利益的驱使可以流向工资较高、回报率较高的国家。由此拉开了劳动者内部的收入差距，使得劳动效率高的劳动者和劳动效率低的劳动者之间的收入拉开档次。

人力资本投资收益率在劳动力收入中的作用，通常是通过受教育年限和工作经验等来体现的。不同受教育年限的劳动力的工资存在差别，同等学力但是不同工作经验的劳动力的市场工资也存在差别，这说明教育收益率和工作经验的收益率对居民收入分配的影响比较明显。

[小结]

- 完全竞争劳动力市场将劳动看成一种普通商品，市场中所有的商品都是同质的，均衡工资由劳动供给曲线和劳动需求曲线共同决定。
- 工资和效率之间存在双向作用机制，即一方面生产率高的劳动者理应得到高工资，工资依赖于劳动者自身的生产率，而另一方面劳动者的生产率也依赖于工资，劳动者的行为常受到工资的影响，如工资的高低可以影响劳动者的偷懒程度、辞职率、士气和对企业的忠诚度等。
- 工资刚性是指工资对外部环境的变化反应迟钝，不能灵敏地对劳动供求关系的变化

- 作出及时调整。
- 工作的非货币特征会导致工资差别，工作条件恶劣的工作必须支付较多的货币工资，以补偿非货币的损失，即通过工资差别消除非货币特征的不均等，使就业的总体达到均衡。
- 劳动力市场歧视通常可以分为以下四种主要类型：工资歧视、就业歧视、职业歧视和人力资本投资歧视。
- 个人偏见可能导致歧视，这种情况主要是由于雇主、作为同事的雇员以及顾客不喜欢与具有某些特定标志的员工接触而造成的。
- 统计性歧视解释了一个理智的雇主本来没有歧视偏好，但在实际中却产生了歧视的问题。而这种歧视可能是由统计方法不科学，或是信息不完全所造成的。
- 洛伦茨曲线是在一个总体（国家、地区）内，从最贫穷的人口计算起一直到最富有人口的人口百分比对应各个人口百分比的收入百分比的点组成的曲线。
- 基尼系数=完全平等洛伦茨曲线与实际洛伦茨曲线之间区域的面积/完全平等洛伦茨曲线以下全部区域的总面积。
- 当收入分布完全平等时，基尼系数将为 0，而收入分布完全不平等，最富有的 1 个家庭占有所有收入时，基尼系数将为 1。即基尼系数越小，收入越平等；基尼系数越大，收入越不平等。
- 劳动力市场因素对居民收入分配的影响主要包括劳动力供求状况、劳动力流动以及教育和人力资本投资收益率这三个方面。
- 工资结构的某些变化可以用供给移动、经济全球化、劳动力市场的制度变化、技能偏向性的技术进步以及一些政策性等因素来解释，但没有一个因素可以解释工资结构的大部分变化。

[关键概念]

完全竞争劳动力市场　　　　顾客歧视
均衡工资率　　　　　　　　统计性歧视
补偿性工资差别　　　　　　歧视系数
劳动力市场歧视　　　　　　双重劳动力市场
工资歧视　　　　　　　　　拥挤效应
就业歧视　　　　　　　　　洛伦茨曲线
职业歧视　　　　　　　　　基尼系数
人力资本投资歧视　　　　　工会主义
雇主歧视　　　　　　　　　技能偏向型技术进步
雇员歧视

[复习思考题]

1. 完全劳动力竞争市场的特点是什么？

2. 什么是均衡工资率？
3. 怎样理解补偿性工资的含义。
4. 什么是劳动力市场歧视？
5. 在劳动力市场上有哪几种有代表性的歧视模型？
6. 非竞争性歧视模型主要包括哪几种类型？
7. 有哪些消除劳动力市场歧视的政策？
8. 假如美国永久性地采纳这样一种政策，即给予那些雇佣受教育相对较少且缺乏市场所需要的技能的劳动者的雇主工资补助，这种补助是否能消除对这些劳动者的劳动力市场歧视？
9. 收入不平等的分布是怎样的，造成这种分布的原因怎么解释？
10. 什么是洛伦茨曲线和基尼系数？
11. 洛伦茨曲线和基尼系数能够完全反映社会贫富的差距吗？
12. 如何计算基尼系数？
13. 国际贸易如何影响收入不平等？
14. 我国当前社会保障对收入不平等程度有什么影响？
15. 加剧我国收入不平等的影响因素有哪些？

HAPTER 7

第七章 工资激励与内部组织

[内容提要]

围绕着如何监督员工的工作过程和衡量员工的工作绩效以刺激员工努力工作,现实世界产生了各种复杂的工资报酬合同与劳动制度,从简单的计件工资制与计时工资制衍生出了各种复杂的工资制度;由于雇主和员工利益的不完全一致及信息的不完全性,激励报酬合同需要在所有权激励和风险分担之间进行权衡,从而产生出承包制、锦标赛和职位晋升等激励方案;与外部劳动力市场不尽相同,内部劳动力市场通过报酬后置、长期激励(如股票期权)、效率工资,以及工资和福利的灵活组合等方式来吸引、保留和激励员工。

[学习要点]

1. 了解几种常见的工资制度。
2. 理解计件工资制与计时工资制产生的内在原因。
3. 掌握并能运用激励报酬合同设计的基本原理。
4. 掌握承包制、锦标赛和职位晋升等激励方案的性质与运行机理。
5. 了解企业吸引和保留员工队伍的经济理论和具体实践。

本书前面所有章节，都隐含地假定劳动力交易是即期完成的，工资率是由竞争市场决定的。在这样的假设中，劳动力交易像产品市场一样是"一手交钱、一手交货"的，也就没有复杂的工资报酬合同和劳动制度安排。现实中并非如此，几乎所有的企业，都有复杂而烦琐的工资报酬合同和劳动制度。这一切，都与两个问题紧密联系：员工的工作过程并不容易监督，要考核员工的工作业绩也比较困难。复杂的报酬合同设计和烦琐的劳动制度安排，都是为了克服上述问题，充分激励员工努力工作。这是与企业人力资源管理关系非常密切的话题，在过去，这些话题主要由心理学和社会学的理论所主导，但最近半个世纪内部组织经济学逐渐兴起，特别是劳动经济学的新分支——人事经济学（personnel economics）的兴起，为讨论这些话题提供了来自经济学的新视角。

第一节　计件工资制与计时工资制

计件工资制（piece rates），是根据劳动力（由于本章考虑的是企业内的劳动力，故以下均称员工）的产出向其支付报酬，产出越高，得到的报酬也就越多。计时工资制（time rates），是根据员工投入的时间向其支付报酬，员工投入工作时间越多，得到的报酬也就越多，而无论其产出高低。

计件工资和计时工资是两种最基本的工资形式，两者最根本的不同之处在于：计件工资是根据工作成果来支付报酬，是基于产出或业绩的报酬；计时工资是根据工作时间来支付报酬，是基于时间投入的报酬。现实中的工资制度，往往同时关注工作业绩和工作投入两个方面，最终将会是计件工资和计时工资的某种组合。因此，仔细比较计件工资和计时工资，有助于展示薪酬方案与员工工作激励之间的关系。

一、企业应该采用计时工资还是计件工资

上述问题的答案，与信息不完全有关。假设信息是完全的，即企业能够无成本地观察到员工的产出价值，或者企业能够无成本地观察到员工的工作努力程度，生产没有不确定性，那么实施计时工资和实施计件工资将没有差异。因为这种情况下，产出与努力是一一对应的，观察到努力就等于观察到产出，观察到产出就等于观察到员工努力。企业只需要根据边际生产力法则来确定员工的工资，即"劳动力边际产出价值=工资率"。这正是新古典劳动经济学的基本原理，也是由本书前面几章中介绍的外部劳动力市场上的工资率决定方式。

但现实是，信息既不完全，也不对称。这里至少有两种重要的信息不完全。一是产出或业绩的考核信息（measurement information）。员工的产出或业绩究竟是多少？这个信息需要通过考核才能获取到。考核是有成本的，有些工作产出考核成本比较低，如流水线上的生产工人，一周生产了多少个零件，只需简单计量就能考核出来；有些工作产出考核成本比较高，如一个部门经理，一周为企业创造了多少价值，就比较难以量化测度出来。有些工作产出根本就无法考核，如教授的一堂课给学生传授了多少知识，这根本说不清楚。

二是工作投入过程的监督信息（monitoring information）。员工有没有努力工作，可以对其工作过程进行监督来加以判断。与考核会发生成本类似，监督也是一项需要付出代价的工

作。有时候，监督比较容易，监督成本会比较低，如码头的搬运工或果园里采摘果子的工人，他们是在磨洋工还是在努力工作，是很容易识别的；有时候监督比较困难，要实施监督的成本就比较高，如销售员是不是积极拜访客户，教授是不是在认真教学，研究与开发人员是否在全力科研攻关，这些工作监督起来并不容易。

产出考核信息和过程监督信息，如何决定着企业对计件工资和计时工资的选择？按照经济学的基本假设，企业的唯一目标就是最大化其利润。这样看来，在员工的努力和员工的业绩之间，企业最关心的显然是后者，因为员工的业绩与企业利润有直接关联。理解这一点的最好做法是举极端的例子。例如，有两名员工，员工甲可以毫不费力地为公司赚很多钱，而员工乙拼命工作也为公司赚不了多少钱，老板会更喜欢哪个员工呢？答案是很简单，老板只会喜欢能为公司赚更多钱的那一个，而不是更努力的那一个。换言之，企业会偏好采取计件工资制，因为计件工资制下，员工的努力目标与企业的目标完全重合，而这正是企业所希望的。

那么企业在什么时候才会关心员工的努力呢？试想，如果产出考核的成本非常高，甚至几乎无法考核员工的成果，此时实施计件工资要么代价不菲，要么不可能，企业就会尝试去监督员工的工作过程，因为员工的努力与员工的业绩通常是正相关的，保证员工朝着某个方向付出努力将有助于提升其业绩——尽管其业绩并不易于观察。

总而言之，信息不完全导致产出考核和过程监督都是有成本的，这两类成本高低决定着企业是采取计件工资制还是计时工资制。若产出考核成本低而过程监督成本高，企业就选择计件工资制；若产出考核成本高而过程监督成本低，企业就选择计时工资制。在现实生活中大家会看到，产量（如生产衣服的数量、采摘果子的箱数以及销售量）容易被观察到的企业，会选择支付计件工资；而对于产量（如研发人员、项目团队）难以测度的企业，则常常支付计时工作，对工作时间有明确要求，并且会制定各种阶段性工作节点和检查，实际上是在进行工作过程的监督。

当然，现实中的绝大多数工作，并非都可以简单地归类于易于考核或易于监督。业绩的表现，可能是多维的，而不只是一个维度，各维度考核成本是不一样的。例如，工作业绩常常既包括数量维度，也包括质量维度，数量容易考核而质量难以考核。工作的努力程度也是多维的，如不仅是投入的时间，也包括投入的注意力（精力集中程度），投入的时间容易订立标准（易于监督），但注意力水平却无法制定标准。企业完全可能尝试将一些易于观察的成果维度与计件工资绑定，将一些易于监督的过程维度与计时工资绑定，出现多样化的报酬形式。事实上，现实中所能见到的全部的工资报酬合同，总是与产出考核成本和过程监督成本联系在一起，总是在不同程度上包含着计件工资和计时工资的影子。

二、员工努力水平的决定

员工在计件工资下会更努力，还是在计时工资下会更努力？生活的直观经验告诉人们，计件工资制会刺激员工更加努力，因为员工努力越多便有可能获得更多产出（因而赢得更多报酬）；计时工资下员工的报酬与产出无关，员工就会只求把时间耗完，不去努力提高产出。经济分析可以表明，上述直观经验是正确的。

经济学假设人们是好逸恶劳的，闲逸可以带来效用，而工作则带来负效用。毕竟，没有谁愿意没完没了地工作，以至于没有时间从事读书、旅行、社交、健身等各种令人身心愉悦的活动。并且，工作的负效用是随努力水平增加而边际递增的。换言之，如果工作时间越长或付出的努力越多，负效用就越高。

在图 7.1 中，用斜向上方的 MC 曲线表示生产单位产量带给劳动者的边际负效用是递增的。MC 是"边际成本"（marginal cost）的缩写，边际负效用即努力的边际成本。图 7.1 中有两条 MC 曲线，分别以下标 L 和 H 标识，其中，L 代表低级能力，H 代表高级能力。能力越高，生产单位产量需要付出的努力就越少，单位产量上努力的边际成本也越少，这就是为什么 MC_H 要在 MC_L 右下方的原因。计件工资率为 $r>0$，即员工每生产一单位产品就可以得到报酬 r，因此单位产量给劳动者带来的边际收益是常数 r（图形上表现为水平线）。

MR=MC 的边际相等原理在这里仍旧能发挥作用。低能力的员工，其最佳努力程度是使得 $MC_L = MR = r$，对应的产量是 q_L^*；高能力的员工，其最佳努力程度是使得 $MC_H = MR = r$，对应的产量是 q_H^*。因此，可以得到结论，在计件工资下，员工会一直努力，直到单位产量上努力的边际成本和边际收益相等的时候才停止努力；此时，无论高能力员工还是低能力员工，努力的边际成本都是相等的（因为单位产量上他们努力的边际收益是相等的，都是 r），但是高能力员工会生产出更多的产量（即 $q_H^* > q_L^*$）。

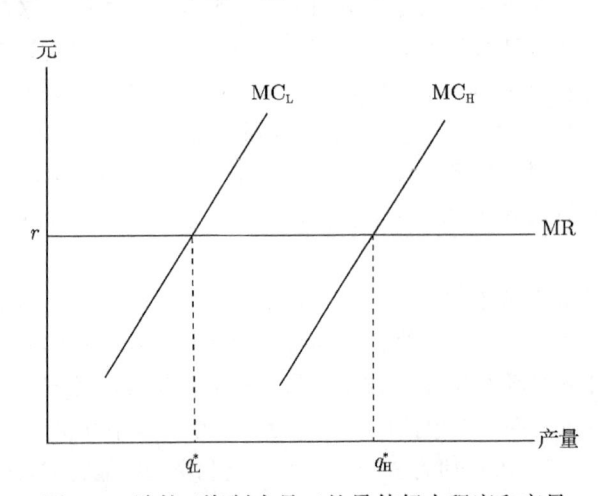

图 7.1 计件工资制中员工的最佳努力程度和产量

计时工资制下，员工又会投入多少努力呢？众所周知，"努力工作"和"看上去在努力工作"是两回事，出现在工作现场并不意味着在工作。当努力水平和出现在工作现场的时间可以分离，计时工资制下员工最佳的努力水平将是零。的确，如果努力和不努力都按照坐在办公桌前的时间支付一笔工资，那么人们都更愿意在办公桌前喝喝茶、看看报，而不是投入工作。当然，事实上没有哪个企业能够容许员工不付出一丝努力，所以计时工资制总是与一定的监督制度联系在一起的。任何监督机制都不可能判断员工是否百分之百努力，但有效的监督机制，还是能在很大程度上识别出完全不努力的员工的。作为理论上的简化，可以假设企业存在有效的监督机制，当员工的产量低于 $\bar{q}$ 是就会被判定为偷懒，那么企业可以实施这样一个强制的计时工资合同：产量达到 $\bar{q}$ 就支付报酬 R，没达到产量 $\bar{q}$ 就支付报酬 0。在这样的报酬合同下，员工的努力会在产量刚刚达到 $\bar{q}$ 时停止，无论高能力员工还是低能力员工，都是如此。

三、求职者或员工的自我选择效应

假设有两家同类的企业，其中一家采用了计件工资制，另一家采用了计时工资制，这两家企业是否会吸引到相同能力的员工呢？或者，谁会吸引到能力更强的员工？

回答这个问题的关键是，要考虑到求职者会自主选择最有利于自己的企业。为分析简便，假设两家企业都要求员工提供 1 单位时间（如 1 周）的劳动。虽然都是提供 1 周时间的劳动，但不同能力的人产量是不一样的，高能力者可生产出产量 q_H^*，低能力者只能生产出产量 q_L^*，这里 $q_H^* > q_L^* > 0$。

实施计时工资制的企业，对员工支付单位时间工资 R，而不论产量如何，图 7.2 中绘制出该企业中员工的工资是一条水平线。计件工资的企业中，员工每生产一件产品将得到计件工资 r，其总的报酬就是 rq，这在图 7.2 中表现为斜率为 r 的射线。此时，低能力者会发现，在计时工资制的企业中，他工作 1 周时间能得到的工资是 $rq_L^* < R$，不如在计时工资制的企业中获得的报酬多，因此他倾向于申请进入计时工资的企业。而高能力者也会发现，自己在计件工资制的企业中工作 1 周时间得到的工资是 $rq_H^* > R$，比在计时的企业中工作同样长的时间有更高的收入，因此他倾向申请进入计件工资的企业。

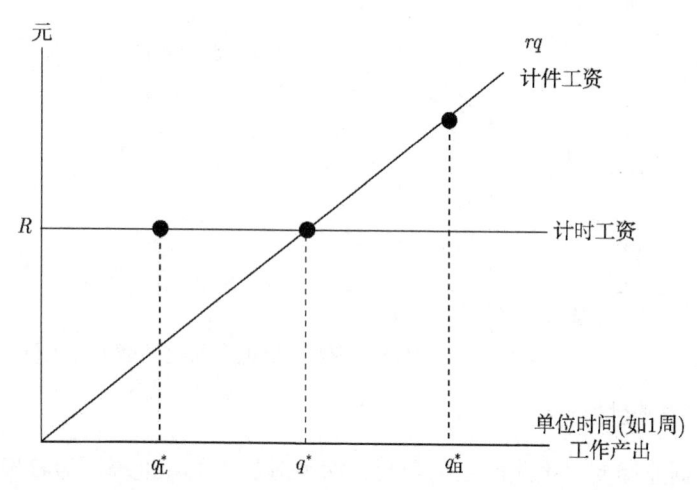

图 7.2 计件工资和计时工资下员能力（单位时间产出）与工资收入

图 7.2 中，如果有一个中等能力的员工，其工作一周的产量正好是 q^*，对应于水平线 R 和射线 rq 的交点。对于这个员工，选择计件工资企业和选择计时工资企业是没有差异的。结果，能力偏低的求职者，以周产量衡量即 $q > q^*$，会选择计时工资企业；能力偏高的求职者，以周产量衡量即 $q > q^*$，会选择计件工资企业。

综上所述，计时工资和计件工资会导致求职者的自我选择效应。如果企业确实有条件实施计件工资,可以比实施计时工资的同类企业吸引到能力更高的员工。一些经验研究也证明了这样的事实:接受计件工资制的工作者具有更高的生产效率,并且比接受计时工资制的工作者得到更高的收入。

上述经济分析还可以扩展:如果两家企业都采取计件工资,但计件工资率不同。考虑两家出租车公司,甲公司的报酬体制是:司机每天将所得的收入上缴50%给公司作为租金,自己留下50%作为报酬,如果司机运气不好当天没能载到客人就没有收入,但也不需要上缴租金。乙公司的报酬体制是:无论司机的生意如何,司机每天都交给出租车公司100元固定租金,剩下的部分全都是自己的报酬,这相当于固定租金加上了100%的分成比例。这两种形式都可视为计件工资的使用,但可能产生不同的人员分类效果。

图7.3反映了这两家出租车公司的报酬体制。可以发现,对于一个每天营业收入可以达到200元的司机来说,选择为甲公司工作还是为乙公司工作,得到的收入都是一样的,两者无差异。但对于一个能力较强的司机,每天的营业收入$q_H^* > 200$元,他选择分成比例更高的乙公司将获得更多;对于一个能力较弱的司机,每天的营业收入$q_L^* < 200$元,他选择分成比例较低的甲公司将获得更多。可以得出结论:不同的计件工资率(或分成比例)下,高能力员工偏好选择较高的计件工资率(分成比例),低能力员工偏好选择较低的计件工资率(分成比例)。一种极端的情况是,能力很低的员工,最希望获得与产出业绩没有关系的固定工资(放弃计件工资率,或分成比例为0)。

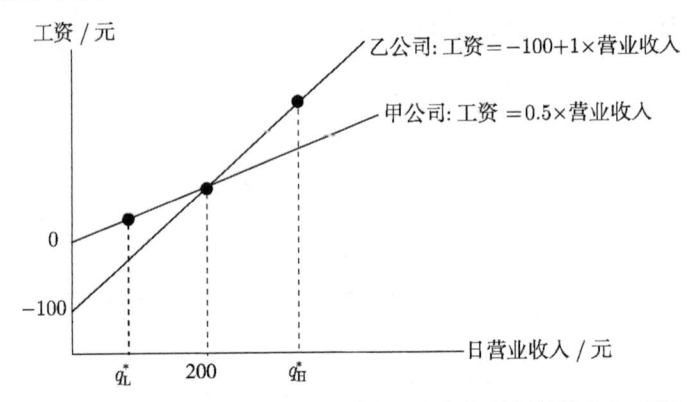

图7.3 不同计件工资率(分成比例)下出租车司机的能力与工资

四、计件工资的局限性

作为完全依据业绩支付报酬的工资合同,如果对员工的"业绩"考核确实综合了与企业绩效关联的所有方面,且对这些重要方面也的确能实施有效的考核,那么计件工资无疑是一种有效的激励性工资制度。但为什么现实中纯粹的计件工资似乎并不普遍呢?答案在于,那些"如果"常常并不成立,计件工资也存在着一些局限性。

计件工资的第一个局限是,它可能强调了产出的数量维度而忽略了质量维度。产出的数量容易考核,但质量就相对不那么容易考核。当考核质量非常困难的时候,就意味着业绩考核就只能主要体现在数量方面,员工就会以数量取代质量。当然,企业也可以对质量作出规定,让员工的收入取决于达到某种质量标准的数量,这就使得员工难以用数量取代质量。但这种做法需要把质量和数量都写进工资合同之中，当考核质量的成本比较高昂时，企业就有可能转向加强过程监督来保证质量，这就提高了企业提供计时工资的可能性，从一开始就减少了企业提供计件工资的可能性。

计件工资的第二个局限是，在团队生产中很难对个人提供计件工资激励。企业是一个联合生产单位，每个人都是与他人在协同生产。团队生产是企业中普遍的生产形态。如果生产取决于团队的努力，对个人实施激励就没有太大的意义。例如，在流水线上生产的一系列工人，需要保持相同的生产节奏，而不能由员工根据自身能力高低选择自己的最佳生产节奏，企业也不需要激励员工这样做。又比如，一个项目团队的运作，需要的是大家的相互配合和协调，实施个人业绩的激励，有可能会破坏团队合作，因为被激励的成员的行为倾向对个人激励作出反应，而不是对团队的需求作出反应。此外，团队生产中以团队衡量业绩相对容易，以个人衡量业绩可能会很困难，这就意味着基于团队业绩实施团队激励应该比基于个人业绩实施个人激励更可取。

计件工资的第三个局限是，它可能诱发"棘轮效应"。棘轮是只能向一个方向转动的齿轮，棘轮效应是说业绩考核标准就像棘轮一样，只能向一个方向运动，只能提高不能降低。计件工资下，员工虽然努力实现了高产量，提高了自己的收入，但是这样的结果却可能让管理者认为实现高产量并没有当初设想得那么困难，并由此认为自己为生产一单位产品支付了过高的工资。在下一时期，计件的工资标准就会被降低。为了保住与上一期相同的工资，员工将不得不更加努力地工作。实施计件工资的企业中，出于对棘轮效应的担心，员工在一开始也可能并不会全力以赴，这使得计件工资的激励效果打上了折扣；员工也可能不会设法创新生产技术，因为创新生产技术带来的高产量，有可能被管理层视为计件工资过高的证据，从而计件工资率可能被削减，员工就不能从创新生产技术中得到额外的收益，他们也就没有动力去创新生产技术或者提高自身的生产技能。

计件工资的第四个局限是，在生产风险较大的时候它既无激励效果也可能不被员工接受。这里生产风险是指产出面临着不确定的结果。如果生产受到较大的随机因素冲击，也就是说产出与员工的努力联系并不是太紧密，需要依赖运气时，员工将没有动机努力。这可以通过假设极端情形来理解：如果你做一件事，无论你多么努力，最后的成功取决于投掷一枚硬币，你还会努力吗？与其费心劳神，不如坐等运气。事实上，生产风险较大的时候，计件工资下运气较差的员工可能会一无所获，既然如此，他们不如另谋高就寻求一份生产确定性相对更高、收入更有保障的工作。因此，生产风险很大的时候很难实施计件工资。在现实生活中，并没有见到一些高风险的生产活动（比如R&D）通过纯粹计件工资来激励员工。事实上在接下来的第二节中会发现，生产风险越高，需要支付给员工的固定补偿（相当于计时工资部分）就越高，因为员工一般都是风险规避的。

第二节　激励报酬设计原理

激励，永远是内部组织最核心的问题之一。几乎企业人力资源管理的所有工作，都与激励有关。劳动经济学的分支——人事经济学（personnel economics）或内部组织经济学

（economics of internal organization）——对此提供了许多深入的见解。计件工资，就是一种典型的激励报酬。但在本节，要更系统、更一般地来分析内部组织中的激励问题。

有必要说明，从经济学视角出发的激励分析，不能取代基于心理学或社会学的激励分析，事实上这些不同的视角是互补的而不是互替的。经济学可能更注重系统层面的有效性，如如何设计报酬合同规范全部员工的行为；由于员工是异质的，针对个别员工如何激励往往需要心理学和社会学的知识。总之，经济分析可以为激励问题和人力资源管理提供一个新的视角。

一、激励问题的由来

为什么需要激励员工？这个问题的答案涉及两个方面：一是利益上的冲突，二是信息的不完全。

雇主和员工的利益冲突是激励问题产生的根源。如果雇主和员工的利益是完全一致的，就不会存在激励问题。但两者的利益通常是不一致的。雇主雇佣员工，来完成生产任务，其目的是实现最大化的利润。为了实现这个目标，雇主将力图控制成本，包括控制人工成本（即工人的工资），同时要求员工努力工作。但是员工来到企业的目的，是为了获得收入，如果能够不付出辛劳就可以得到高工资，对员工来说是再好不过的。因此，雇主和员工之间的利益冲突是客观存在的。这种利益冲突使得员工有动力采取背离雇主利益的行为，如在雇主观察不到自己的时候就偷懒，利用公司的资源干自己的私活，把公司的财物巧妙地放进自己的口袋，等等。

信息不完全是激励问题产生的条件。如果信息是完全的，雇主能够完全监督雇员的生产过程，或者能够完全考核雇员的生产业绩，利益冲突就不会引起什么问题。因为雇主可以通过实施一个强制合同来解决利益冲突问题。强制合同要求员工必须提供一定程度的努力（或达到一定的产出业绩），如果达到了就给予满足刚好使得员工留下来继续工作的工资，如果达不到就不支付工资并且解雇员工。但是，如果信息不完全，雇主无法完全监督或考核员工，就无法采取这样的强制合同。激励冲突问题就会成为一个需要认真对待的问题，一些旨在克服激励问题的各种精心设计的合同就成为雇主必备的法宝。

在买方完全竞争的市场上，许多的企业为雇佣劳动力而竞争，激励问题可能更加凸出。在这样的市场上，凡是要员工作出非必要的行为，都必须给予额外的补偿。原因是，如果没有额外的补偿，他们就没有必要这么做，劳动力市场买方竞争特性决定了员工即使被解雇也很容易在另一个地方拿到同样的报酬。在卖方竞争的市场上，许多劳动力为争取就业岗位而竞争，激励问题可以得到缓解，因为失业的威胁就像劳动纪律一样，对额外的报酬激励形成了替代。上述事实在经济生活中很容易有直观感受，当经济繁荣、找工作非常容易的时候，企业更加注重激励员工以保留员工队伍并刺激他们努力工作；而经济萧条的时候，企业很少去关注如何激励员工，因为员工在外部失业大军的压力下为了保住工作，自然而然会努力工作。

二、激励报酬合同

雇主如何激励员工努力工作？激励问题的本质是什么？为了弄清楚这些问题，先从最简单的问题开始，由浅入深地展开分析，可以发现，激励报酬合同最根本的考虑，就是在所有权激励和风险分担之间进行某种权衡。

（一）所有权激励

员工的行为是不可观察的，但有一个最简单的办法来解决这个问题，即将员工生产出来的产品的所有权，卖给员工自己。利益冲突之所以会出现，主要原因就是生产的努力是由员工来进行的，但雇主却得到了员工努力成果的大部分。现在，让员工得到其全部的努力成果，而雇主则收取一笔固定的租金，员工将有动力努力工作。

举例来说，假设员工每努力 1 单位就会给雇主带来 1 万元的产品价值，员工努力 e 单位产出的价值就是 e 万元。员工努力的负效用，假设也可以表示为货币价值，为 $C=\frac{1}{2}e^2$ 万元。那么，在信息完全的情况下，雇主对员工给予等额的补偿，即给予员工的工资 $W=C$。雇主利润最大化，就是最大化 $\pi=e-W=e-C=e-\frac{1}{2}e^2$。简单的高等数学知识（利用一阶优化条件）可以说明，雇主利润最大化要求员工努力水平为 $e^*=1$ 单位，此时雇主的利润为 $\pi^*=0.5$ 万元，员工的工资 $W^*=0.5$ 万元，这笔工资正好补偿员工努力的负效用 $C^*=0.5$ 万元。如果不运用高等数学知识，也很容易用 Excel 电子表格计算出令雇主利润最大化的 e^*，表 7.1（第①~④栏）就是计算结果。

表 7.1　雇主所有权和员工所有权下员工的最佳努力水平计算表格

①努力水平 (e)	②产量价值/ 万元	雇主对产品有所有权			员工对产品有所有权		
		③员工工资 (W)	④雇主利润 (②-③)	⑤雇主价格收入	⑥员工剩余 (②-⑤)	⑦员工努力负效用	⑧员工净剩余 (⑥-⑦)
0	0	0	0	0.5	−0.5	0	0.5
0.2	0.2	0.02	0.18	0.5	−0.3	0.02	0.32
0.4	0.4	0.08	0.32	0.5	−0.1	0.08	0.18
0.6	0.6	0.18	0.42	0.5	0.1	0.18	0.08
0.8	0.8	0.32	0.48	0.5	0.3	0.32	0.02
1	1	0.5	0.5	0.5	0.5	0.5	0
1.2	1.2	0.72	0.48	0.5	0.7	0.72	0.02
1.4	1.4	0.98	0.42	0.5	0.9	0.98	0.08
1.6	1.6	1.28	0.32	0.5	1.1	1.28	0.18
1.8	1.8	1.62	0.18	0.5	1.3	1.62	0.32
2	2	2	0	0.5	1.5	2	0.5

注：在雇主对产品所有权下，第④栏表明令雇主利润最大化的员工努力水平是 $e=1$，雇主最大利润是 0.5 万元。在员工对产品所有权下，雇主收取一个固定价格 0.5 万元（刚好等于雇主对产品所有权下的最大利润），令员工净剩余最大的员工努力水平 $e=1$，员工净剩余为 0。

现在雇主面临的问题是，他无法观察到员工的努力水平，所以根本观察不到员工的努力是否等于 e^*，也就无法根据 e^* 来支付工资。雇主也许会尝试通过结果来反推员工的努力水平，但大多时候这是不可行的，只要生产存在随机的干扰，就无法从员工的产量确定地反推出员工的努力水平。而且，有时候员工的产量并不好观察。此时，出售所有权可以解决雇主的困境。

仍然是上面这个例子，雇主可以将产品所有权出售给员工，他不需要观察员工的努力情况，只需要索取一个所有权出售价格0.5万元，就会得到与先前一样的收入。而员工此时会选择何种努力水平呢？此时，员工要最大化的是自己的净收益（总产出收益减去支付给雇主的价格，再减去努力的负效用），即 $e - 0.5 - \frac{1}{2}e^2$。同样，利用一点高等数学知识或者Excel表格（表7-1 第⑤~⑧栏），可以发现员工的最佳努力 $e^* = 1$，与先前雇主希望的最佳努力水平完全相同。但此时，雇主不需要再去观察员工的努力水平和最终产量。

现实中有没有这种靠产品所有权转移来解决激励问题的呢？虽然并不多见，但的确是有的。一个典型的例子是某些出租车司机，他们的报酬是交给出租车公司一笔固定的租金（份子钱），然后出租车的全部营业收入都归司机自己所有。另外一个例子并非来自劳动管理领域，而是来自商业零售领域，有不少的商品零售是通过特许经营门市（专卖店）来实现的。在特许经营中，每一个门市（专卖店）未来的潜在利润都卖给了经营者，而经营者作为所有者，有极大的动力去经营好门市（专卖店）。还有一个例子是管理层收购企业，在这些企业中，管理者从雇员身份变为所有者身份。尽管在某些方面，这种收购可能会有不利影响，但管理者变为所有者之后，他们会更有效地经营企业。最近十多年逐渐被中国企业接受的股权激励，也可以算作是转移所有权制造激励的一种方式。

毫无疑问，所有权激励是最强有力的激励，因为这种激励下意味着员工每一分努力，其成果都完全归员工自己所有。但是在劳动管理或人力资源管理领域，将转移所有权作为激励机制的情形并不普遍。为什么会如此？原因在于，对所有权激励的运用，至少受到三个因素的限制。一是财富约束。有限的财富会使得转移所有权变得不可能，即便规模不大的企业，要让员工买下产品的所有权也是很困难的，员工通常没有那么多财富。二是风险规避。即使员工买得起产品的所有权，他们也可能不愿意购买，因为他们无法控制产品的生产量。产量不仅取决于员工的努力，还取决于一些外生的随机冲击，买下产品所有权意味着要承担全部的生产风险，这是员工不愿接受的。三是集体生产。企业的生产通常无法由单个员工完成，而是由众多员工集体完成。如果是单个员工购买下产品所有权，委托给全部员工来生产，这名购买所有权的员工就会面临雇主所遇到的问题。如果是全部员工集体购买所有权，又会存在如何测度每个员工对生产的贡献，以及多个行为主体合作时普遍面临的"搭便车"（free riding）问题[①]。

（二）最优风险分担

将产品所有权转移给员工，可以极大地激励员工努力工作，但这同时也将生产的风险完全转嫁到了员工身上。员工通常是风险规避的，这是造成所有权激励难以实施的重要因素之一。这是否意味着由员工承担生产风险是没有效率的呢？为此，有必要考察不同主体之间的风险分担原理。

---

① 搭便车问题指的是，在群体合作中，每个人的成果将被大家分享，而成本却要由个人承担，对个人来说最有利的行动就是自己不努力但却分享其他人的成果（即搭便车）。如果每个人的行为可以观察，那么对偷懒者实施惩罚可以促进合作。如果每个人的行为无法观察，就无法有效惩罚偷懒者，因为无法识别谁偷懒。在这样的情形下，需要形成合作的组织文化来减少搭便车行为。

风险不相关的两个人若共同分担风险，则每个人都可以受益。举个简单的例子，甲有一张足球彩票，有一半的可能性一无所获，一半的可能性得到 100 元，因此他的期望获益是 50 元。乙有一张赛马彩票，也是一半的可能性一无所获，一半的可能性是得到 100 元，他的期望收益也是 50 元。在没有风险分担的情况下，两个人都是要么得到 0 元，要么得到 100 元。

现在考虑将风险联合起来，收益平均共享、风险共同分担。由于足球彩票和赛马彩票是毫无关系的，因此中奖概率是彼此独立的，最后获得的收入及各种情况的可能性如表 7.2 所示。

表 7.2 风险分担的例子

联合收入/元	概率	收入平分后个人所得/元
（0,0）	0.25	0
（100,0）	0.25	50
（0,100）	0.25	50
（100,100）	0.25	100

与没有风险分担时相比较，甲和乙的期望收入并没有改变，仍然是 50 元，但是风险却得到控制——没有风险分担时，每个人有 50%的机会一无所获，50%的机会得到 100 元；风险分担情况下，每个人有 50%的机会确保得到 50 元，一无所获的机会下降到 25%，得到 100 元的机会也下降到 25%。

如果允许风险不相关的人数量增加，大家收益均享并风险共担，则每个人获得极端值的概率就更小。具体地，比如增加到三个人，则每个人都一无所获(或者得到 100 元)的概率就只有 0.5^3=12.5%，如果增加到 n 个人则每个人一无所获（或者得到 100 元）的概率就是 0.5^n。当 n 足够大，0.5^n 就几乎为 0。换言之，如果风险不相关的群体足够大，则每个人几乎都可以避免极端的情况，每个人的确定性收入都会向期望收益靠拢。这就是现实生活中保险公司得以存在的原因。保险公司积累的风险不相关客户越多，其风险越分散，而人们也就从保险中获得了好处。

讲这个例子，并非是为了解释保险公司何以能够存在，而是想说明一个更普遍的道理：即使个体是风险规避的，成千上万的风险不相关的个体汇集在一起构成的群体，却是风险中立的。因为群体分担了风险，而无惧风险。更进一步可以说明，尽管员工是风险规避的，但企业应该是风险中立的。企业的风险中立可以从两个方面理解：第一，对于股权分散的公司，即使投资者风险规避，但成千上万的股东是风险中立的；第二，对于少数合伙人的公司，如果合伙人拥有巨额的资产并且资产分散投资在不同的渠道，那么合伙人也可视为是风险中立的，因为他有效地分散了其资产的风险，没有特别的动力去关心某一家公司（对他来说，一家公司的风险被另一家公司抵消了）。

现在来讨论企业和员工之间应该如何进行风险分担。企业是风险中立的，即它在风险状态下的期望价值与等额的确定性价值之间是无差异的；员工是风险规避的，即他在风险状态下的期望价值与等额的确定性价值之间会选择后者。此时，如果员工将风险出售给企业，将可以改善双方的处境。举例来说，假设员工持有刚才的赛马彩票，一半机会可得到 100 元，一半机会将一无所获，期望价值为 50 元；由于员工风险规避，宁愿为了 40 元的确定性价值而放弃这张彩票（放弃50元的期望价值）。企业是风险中立的，50元的彩票价值和确定的50元钱价值是一样的。于是，员工和企业之间可以做一个交易，在[40,50]价格区间交易这张彩票，如员工以45元将彩票卖给企业。这笔交易对员工来说是有利的，因为他除了获得彩票的确定性价值40元外，还赚了5元钱；这笔交易对企业也是有利的，因为它花45元就买回了对自己价值50元的彩票，也赚了5元。

上述分析表明，在企业和员工之间，最好是由公司来承担生产风险。其实，企业得以存在的原因之一，就是他具有为员工提供收入保险的功能。员工本来可以自我雇佣生产，但得承担生产的风险，就如同他将赛马彩票卖给企业一样，他放弃自己的一切权利受雇于公司来进行生产，企业支付有保障的工资，这同时改善了员工本人和企业的处境。如果支付给员工的工资跟生产业绩联系在一起，就意味着员工会承担风险，那么在存在风险差别的时候，企业就必须为员工支付额外的补偿（风险补偿）；倘若企业支付固定工资，不让员工承担生产风险，那么即便存在风险差别，企业将无需考虑支付风险补偿的问题。

（三）有效的激励合同

至此，分析表明，工资报酬具有两个重要的功能。一是激励员工。从这一点出发，最好将产品所有权转移给员工（即员工100%地享有其生产业绩），这使得员工承担了全部的生产风险，也使得员工受到了最大的激励。二是为员工提供有保障的收入。从这一点出发，要求企业尽可能承担生产风险，最好给予员工固定工资，以避免向员工支付风险补偿而节约成本。遗憾的是，这两个功能在目标上是冲突的，最优的激励合同最终必须在这两者之间进行权衡取舍。如同在财务上讲的"开源节流"，激励员工努力增加产出是"开源"，有效风险分担降低风险补偿支付是"节流"。合理的报酬方案，通常兼顾了激励和有效风险分担两方面的考虑，在工资中包含了一个固定报酬部分和一个按照业绩变动的部分。

经济学家花了大量的精力来研究如何设计出有效的报酬合同，也提出了很多的理论模型。接下来主要介绍最有代表性的一种理论，即隐蔽行动的委托-代理理论。这种理论侧重考察员工行为不可观察时，如何设计出最优的报酬合同。

假设一名雇主，雇佣一名员工为其工作。员工的产出价值，取决于员工的努力和随机干扰因素，生产函数如下：

$$q = \theta e + \varepsilon \tag{7-1}$$

这里，q是产值（以货币单位度量），e是员工努力，$\theta > 0$是努力的边际产出，$\varepsilon \sim N(0, \sigma^2)$是随机因素。这个函数表明，员工越努力，期望的产值将越高，但真实的产值还得靠一点运气。

雇主支付报酬合同如下：

$$w = a + bq \tag{7-2}$$

其中，w是支付给员工的工资总额，a是固定报酬部分（如果a可以为负就代表员工向雇主支付了租金），$b \in [0,1]$是业绩分成比例。

由此，可以计算雇主的利润是：

$$E(\pi) = E(q - w) \tag{7-3}$$

雇主的决策是，选择合适的 a 和 b 最大化自己的利润。这里的分析需要注意一点：如果雇主非常精明老道，那么他应该想到，自己确定的报酬合同会影响随后员工的努力水平，从而决定自己最终能够得到多少利润。所以，雇主会选择对员工的反应进行预测。员工一定会在给定的报酬合同下选择最大化其净所得的努力水平。假设员工努力的负效用为 $-\frac{1}{2}e^2$（努力边际痛苦递增的常见函数），承担风险的负效用为 $-\rho(b\sigma)^2$，[①]员工会选择：

$$\max E(u) = a + b\theta e - \frac{1}{2}e^2 - \rho(b\sigma)^2 \tag{7-4}$$

寻求上式最大化的一阶条件，有：

$$e^* = b\theta \tag{7-5}$$

这就是员工在给定报酬合同下的最优努力水平。式(7-4)被称为激励兼容（incentive compatible）约束，这是雇主设计报酬合同时需要考虑的第一个重要约束条件。激励兼容的意思是说，雇主考虑到了员工目标与自己目标的不一致，因此在考虑自己的目标时要把员工实现其自身目标的最优行动考虑在内。

但雇主还需要考虑另外一个重要约束，那就是：让员工从接受报酬合同中获得的好处，不低于员工自我雇佣或者接受其他雇主雇佣所得到的好处。因为，如果这一点不成立，员工就会拒绝这个雇主，转向自我雇佣（创业）或者为其他雇主工作。这个约束称作个人理性（individual rationality）约束，是雇主设计报酬合同时需要考虑的第二个重要约束。假设员工自我雇佣或接受他雇的保留效用价值为0，那么个人理性约束就是要求式(7-4)不小于0，即：

$$a + b\theta e - \frac{1}{2}e^2 - \rho(b\sigma)^2 \geq 0 \tag{7-6}$$

由于雇主总是希望支付最少的固定报酬，因此他一定会尽量降低 a，直到式(7-5)中等号成立（此时 a 就无法再降了）。将 $e^* = b\theta$ 代入式(7-6)并取等号计算，可得到雇主支付给员工的最优固定报酬是：

$$a^* = \frac{1}{2}b^2(2\rho\sigma^2 - \theta^2) \tag{7-7}$$

式(7-7)就是雇主报酬合同中最优的固定报酬部分，即个人理性约束条件。

雇主同时考虑激励兼容约束式(7-5)、个人理性约束式(7-7)和最大化期望利润式(7-3)。可以先将式(7-6)代入目标函数，通过一阶条件求出最优的业绩分享比例 b^*，再将 b^* 代入式(7-7)求出 a^*，最后可得到：

$$b^* = \frac{\theta^2}{\theta^2 + 2\rho\sigma^2}; \quad a^* = \frac{(2\rho\sigma^2 - \theta^2)\theta^4}{2(2\rho\sigma^2 + \theta^2)^2} \tag{7-8}$$

式(7-8)列出了雇主最佳报酬合同中的固定报酬 a^* 和员工对业绩的分享比例 b^*，对模型的技术性分析到此结束。接下来进一步的经济意义上的分析，将会有更多发现，下面是从模型

[①] 因为生产风险是由正态分布 $\varepsilon \sim N(0, \sigma^2)$ 中的 σ^2 刻画的，员工分享业绩的比例是 b，使其承担的风险是 $(b\sigma)^2$，显然 b 越大员工承担风险越大，并且承担的风险随 b 加速递增，当 $b=1$ 时员工就承担了全部的生产风险。$\rho>0$ 可以视为反映员工风险规避程度的系数，这里假设员工是常风险规避的。

中得到的一些关于最优报酬合同设计的结论：

第一，对员工的激励，一定来自于报酬的可变部分。式(7-5)表明，员工的努力水平，仅仅与业绩分享比例（b）和员工生产能力（θ）有关，而且与两者都是正相关的，即业绩分享比例越高就越努力，自身能力越高就越努力。现实中，人们普遍认为，获得较高工资的员工会更加努力工作，这个看法并不准确。分析表明，更高的报酬并不一定带来更高的努力水平，除非它与业绩相关联[①]。

第二，风险并不影响员工的最优努力水平，但承担更大风险需要向员工支付更高的风险补偿。从式(7-5)可发现，员工的最优努力水平并未受到风险因素影响。式(7-7)则表明，由于员工风险规避，承担的风险 σ^2 越大就越需要提高固定报酬（a^*）作为补偿，这说明提供更为确定的生产技术有助于节约企业的风险补偿成本；员工风险规避程度越严重（ρ 越大），越需要更高的固定报酬作为补偿，这说明招募到风险规避程度相对较低的员工，也有助于节约风险补偿成本；员工的生产能力越高（即边际产出系数 θ 越大），企业需要支付的固定报酬越低，这说明招募到高能力员工，也有助于节约企业的风险补偿支付。最后一点与在前面对计时工资和计件工资的员工分类效应是呼应的，高能力的员工倾向选择低固定报酬但高计件工资率的企业。

第三，雇主确定的最优报酬合同中，最佳的业绩分享比例 b^* 取决于员工能力 θ、员工风险规避程度，以及生产过程的风险 σ^2。若后两者保持不变，员工能力越高，最佳的业绩分享比例越高，这与高能力员工倾向选择高计件工资率企业的结论是一致的。员工风险规避程度越高，最佳的业绩分享比例越低，这是因为将分享比例少量向上调整，可能会因为员工严重的风险规避而导致必要的风险补偿支付大大提高，甚至远远超过业绩分享比例上调带来的产量增加收益，使得企业上调业绩分享比例反而无利可图。生产过程的风险越高，最佳的分享比例越低，其原因与员工风险规避程度加剧比较类似，员工风险规避使得其承担过高风险是没有效率的，对雇主利润也不利（因为要大大增加风险补偿支付）。由此的确可以看到，激励和风险分担都影响雇主利润，其需要在两者间权衡。

第四，雇主确定的最优报酬合同中，最佳的业绩分享比例 a^* 也取决于员工能力 θ，员工风险规避程度 ρ，以及生产过程的风险 σ^2。不过它们对固定报酬的影响并非线性的（相关的讨论留给读者），也说明在最优报酬合同设计中存在着比较复杂的考量。

三、监督、考核与报酬合同设计

在前一小节，基于行动不可观察，侧重分析了最优报酬合同设计是如何在激励和风险分担之间进权衡取舍的，但这只是丰富的现实世界中的冰山一角。本节在更一般的层面，从监督和考核的可行性角度，探讨报酬合同设计的一般理论。

由于需要在激励和风险分担之间权衡取舍，因此绝大多数报酬合同需要一个变动的部分和一个固定的部分。更一般地，几乎所有的报酬合同，都可以简化成如下形式：

$$w = a + bq \tag{7-9}$$

[①] 当然，这里考虑的是单期雇佣，即只雇佣一个时期。如果雇佣是多期的，存在着解雇的威胁，高工资还是可以起到激励作用的。本章稍后讲到的效率工资理论，就蕴含着这一观点。

其中，w是员工获得的工资报酬总额；a是固定报酬（如果$a<0$则表示一笔固定的租金）；q是业绩，而$b\in[0,1]$是业绩分享比例。由于各参数取值不同，就构成了现实中常见的不同工资合同：

当$a>0,b=0$，这是固定工资合同。例如，流水线的生产工人的工资，大学教师的课酬、政府部门官员的薪水等都是固定工资。

当$a>0,0<b<1$，这是"底薪+提成"的工资合同。工人拿一个与业绩无关的固定部分，再拿一份与业绩关联的报酬。例如，销售人员的工资、码头工人的工资、苹果采摘工人的工资等属于这类工资。

当$a<0,b=1$，这是转移所有权的激励工资。工人拿到其业绩的全部，但是向雇主交纳了一笔固定租金$|a|>0$。这种情况下，最典型的例子是出租车司机拿到的工资。

第二种"底薪+提成"式工资合同，最能反映出激励和风险分担的权衡。而第一种和第三种工资合同，只能说明在激励和风险分担的权衡中，某一方面占绝对的优势。问题是，有没有一般的规律决定着激励和风险分担谁占优势，并可以指导报酬设计实践呢？

问题的答案，要回到在本章第一节曾提到的监督和考核上去。监督，对应于考察投入过程；考核，对应于考察产出结果。不同的生产中，由于投入过程观察和产出结果观察具有不同的难易程度，监督和考核的成本就有很大差异，最终的报酬合同选择，与两者紧密相关。为什么这么说呢？因为激励冲突问题，正如在前面多次提到过的，在信息完全的情况下将不是什么问题，只要一纸强制合同就可以解决。激励冲突之所以成为问题，就是因为信息不完全，存在监督成本、考核成本。

如果监督过程、考核结果都很容易，那么由雇主承担全部的生产风险，再给员工提供固定报酬合同，并规定员工需要投入的努力水平和需要完成的成果数量，就可以了。在现实中看到的固定报酬的岗位的确呈现出这样的特征。例如，流水线上的生产工人，他们通常拿着固定报酬，而他们的工作过程是很好观察和控制的，他们的产出结果也是很容易明确计量的。他们的生产过程，几乎类似完全信息下的生产过程。

如果监督过程比较容易，但考核成果很难，那么就应该实施固定的工资并对生产过程进行监督。考核成果很困难，意味着根本不可能根据成果来支付报酬。例如，公务员的成果就很难考核，他们对社会创造了多大的价值？不容易说清楚。教授的课程效果也不容易考核，便于观察的是教授是否按时进入课堂，是否按照教学大纲进行教学，这些就是过程监督，但教学效果好不好，对学生传授的知识价值几何，这就不容易考核。所以这类人的薪水常常是以时间投入来计量的，是偏向固定薪酬的。

如果过程不好监督，但业绩比较容易考核，这种情况下根据业绩来支付报酬是自然而然的。根据业绩来支付报酬，也有助于将员工的努力方向与企业的业绩目标联系在一起。不过，现实中一般存在有限责任约束（即雇主不能付负工资给员工），这意味着业绩分享的比例并非越高越好。更高的业绩分享比例，在促进员工提升努力水平并因而提升了总产出的同时，也以两种方式稀释着雇主的利润，其一是雇主必须为员工承担更多的生产风险支付更高的风险补偿，其二是员工分享比例越高则雇主分享的比例就会变得越低。雇主的最佳业绩分成比例，需要在激励员工带来的收益和承担的代价之间进行权衡。

如果过程不好监督，业绩也不好考核，这种情况下无论是固定工资，还是"底薪+业绩提成"的工资，都是低效率的。给予固定工资，由于不能监督过程，员工必定会偷懒。而且，无法考核成果，也无法根据业绩来识别偷懒的员工。出租车司机的工作就具有这样的性质，公司无法监督出租车司机是否在努力招徕客人，也不知道司机一天究竟载了多少客人。此时，最好的激励方式就是转移所有权，要么将出租车出售给司机，要么司机给出租车公司缴纳一笔固定租金，然后营业收入全部归司机所有。

总结上述分析，表 7.3 列出了监督和考核难易程度的不同组合对应的报酬设计合同。

表 7.3　监督和考核难易与报酬合同设计

项目		考核结果	
		容易	困难
监督过程	容易	固定报酬	固定报酬（计时工资）
	困难	业绩报酬（计件工资）	所有权激励

所有权激励虽然能实现最大的激励，但却面临着诸多的现实问题而难以实施，其中最突出的一个问题是员工通常并没有完全承受生产风险的能力。假如生产过程无法监督，业绩考核也很困难，生产具有高度风险，有没有办法激励员工努力工作呢？这正是下一节要讨论的问题。

第三节　承包制、锦标赛和职位晋升

考虑这样一种情形：一个从事研发的团队，正在研发某种产品，他们的研发工作具有高度的风险，也就是说失败的可能性比较大。现在，怎么激励这个团队努力研发呢？这个看似简单的问题，对薪酬设计提出的挑战却是巨大的。一方面，研发工作是很难监督的。一个研究员坐在计算机前不代表他在工作，他可能只是在做一些琐事；一个研究员在闭目养神，也不代表他没有工作，可能他的大脑正在飞速运转。另一方面，考核结果也是困难的，一是研发极具偶然性，什么时候能够研发成功在时间上是不确定的，那以什么时间作为考核时间点？二是研发工作所具有的高失败可能性，使得研发失败也是正常现象。当他们最后宣布失败的结果时，并不能指责他们没有尽力。

按照前一节所讲的道理，这正是过程监督和结果考核都比较困难的情况，所有权激励可以发挥最大的功效。但这只是理论上的，由于大型研发是高投入、高风险的工作，任何个人和研发团队都无法承受这种投入和风险。现实中也许可以看到一些小小的研发创新是基于所有权的激励。例如，开发一个计算机软件然后让需求方来收购，但大型的研发创新中从来没有让研发个人或团队来承担投入和风险。更多的情况是，选择了过程监督控制，如通过分解任务、设定阶段目标等，使得过程监督可以在一定程度上进行，然后给予研发人员或团队计时工资。当然，经济学关于组织的研究也提供了一些其他的设计方案，如承包制和锦标赛制。

一、承包制、拍卖、激励讲真话

（一）承包制

承包制是一种类似所有权激励的方案。例如，出租车司机承担了全部的风险，获得全部的收益，对出租车公司支付固定酬金。承包制中，员工不必向企业支付租金，只在有限范围内承担生产的风险。企业可以就一项工作，打包一笔报酬总额给员工，然后员工承担全部的工作成本，弥补成本之后结余的资金全部归员工所有。

承包制既可以解决隐蔽行动问题，也可以解决隐蔽信息问题。隐蔽行动问题是说观察不到员工的努力，隐蔽信息是说观察不到员工生产的成本信息。承包制不需要知道这些信息，它只相当于企业花费一笔固定的资金向员工购买一项有明确结果约定的服务。当然，要明确约定结果，就必须要求结果比较容易考核，或者结果的某些部分比较容易考核。这些明确的部分，才能写进承包合同的条款。

承包制作为一种报酬设计方案，在日常的员工激励中运用得并不多，但是在团队项目激励中却比较常见。例如，企业将某个项目承包给某个团队，或者外包给某个企业。对于研发团队，也可以使用承包制。事实上，许多的科研项目支持，正是一种承包制：项目来源单位给予研发团队一笔固定的课题经费，并与研发团队约定提交成果的形式和时间，然后其余的工作就由研发团队自主决定。政府对于许多公共建设项目和工程，也使用承包制，而不是成本补贴。

承包制能产生激励的重要原因在于，如果承包者（接受工作任务的个人或团队）高效率工作，他就能得到更多的收益，所以他有动力努力或低成本工作。例如，一名员工完成一项工作可以是高成本也可以是低成本的，如果实施成本补贴，假设政府确实知道实际发生的成本，那么员工就没有动力去节约成本，因为节约或不节约他得到的都是一样的结果：补贴刚好能弥补成本，净剩余为零。如果政府并不知道实际成本，那么员工就有动力报告是高成本，拿到高成本补贴，然后实际上采取了低成本，这样就赚取了补贴和成本的差价。当然，政府也可以给予一笔固定的报酬（如刚好可以弥补高成本的报酬），承包者也有动力采取低成本，节约支出，赚取剩余。因此，承包制激发了努力、节约，以及采取创新的技术或更有效率的生产方式等。关于这一点，中国改革开放之初的"联产承保责任制"就是一个成功的例子。

（二）拍卖

承包制可能面临的一个问题是，企业并不太清楚将一项工作或工程承包给特定个人或团队时，应该支付多大一笔经费给对方。如果知道承包者的成本信息，事情就好办很多，但事实上成本常常是承包者的私人信息，作为发包方的企业并不清楚。

如何解决上述问题？关于市场的经济学可以带来很大启示。在产品市场上，消费者也不知道企业的成本信息，但他们也毫不担心这个问题。原因在于，市场的竞争会使得价格趋向生产的成本。同样的道理，如果作为发包方的企业，能够在多个潜在的承包者之间制造竞争，这种竞争就有利于将发包合同的金额推向最低的成本。这种在多个潜在承包者之间制造竞争的机制，实际上就是拍卖。

举例来说，企业有一个项目，希望由团队来承包。如果只有一个团队，企业就难以判断其报价的准确性。如果有两个团队，就可以形成竞争了，谁的报价更低，就将项目给谁。理论上来说，两个团队的竞争会使价格降低为其中成本较高的那个团队的真实成本。要明白这一点，不妨假设有甲和乙两个团队，争夺企业的一个项目，甲团队完成这个项目的真实成本是 10 万元，乙团队完成这个项目的真实成本是 8 万元。但企业并不知道两个团队的真实成本，甲和乙两者也互相不知道对方的真实成本。但是竞争中甲最低会降到 10 万元，而乙最终会以略低于 10 万元的价格获得项目，除去真实的工作成本 8 万元，并最终获得近 2 万元利润。

当然，企业在发包项目给甲或者乙的时候，并不知道最低的成本究竟是多少，它只观察到在价格接近 10 万元时甲退出了，乙得到了项目。企业有没有好办法，进一步压缩乙团队的利润空间呢，如以 9 万元甚至 8 万元将项目卖给乙？如果它使用二级密封价格拍卖机制，那么答案是肯定的。

首先介绍拍卖机制。拍卖有四种机制。一是英式拍卖，就是拍卖人喊一个起拍价格，众买家往上加价，直到某个人喊出的价格再无人超越，这个喊出最高价格的人就获得了拍卖物品。二是荷式拍卖，就是拍卖人喊出一个很高的价格，然后不断降价，直至降到率先有人接受该价格，拍卖物品就属于率先接盘的人。三是一级密封价格拍卖，即众买家将愿意接受工程或项目的价格写好放入信封，同时提交给拍卖者，拍卖者打开信封获得价格后，将拍卖标的卖给出价最高的买家，并收取该最高价格。四是二级密封价格拍卖，前面的操作与一级密封价格拍卖相同，也是最高出价者得到拍卖标的，但最后收取的价格有差异——二级密封价格下，拍卖人向中拍者收取的价格乃是所有买家中出价第二高的那个价格。当然，在工程或项目拍卖中，发包方支付价格，这时就看承包方报送的最低价格而不是最高价格。

在众多承包方对工程或项目的成本评估相互独立时，前面三种拍卖机制的结果差不多。大家可以回到前面的例子，会发现前三种情况都是乙以略低于 10 万元的价格获得工程或项目，而拍卖者并不知道能够承担该项目的最低成本，因为即便是乙也不会按照 8 万元真实成本来申报，会把成本报得高一点。但是，在二级密封价格拍卖下，乙会报告真实成本 8 万元，同时以第二价格（10 万元）获得项目。看起来，二级密封价格拍卖与前三种拍卖机制的结果唯一不同，工程或项目的发包方获得了乙的真实成本价格信息，但发包的价格上却没什么节约，仍是 10 万元。

但实际上，发包方的确可以通过二级密封价格来降低成本，只需要对拍卖的规则做微小的调整。例如，拍卖规则规定，以最低成本报价获得工程或项目的承包方，但发包方只支付第一低价格和所有人的第二低价格的平均值。这个规则下，乙仍然会报告 8 万元，但他从发包方得到的支付金额却是(8+10)/2=9 万元。这样，发包方就节约了支付给承包方的服务购买金额（或成本补偿）。甚至，发包方还可以有更大的节约，如他把规则修订为：承办方将获得的支付金额是最低报价和第二低报价的加权平均，最低报价权重为 90%，第二低报价权重为 10%。此规则下，乙将以 8 万元报价得到工程或项目，但获得的支付只有 90%(8)+10%(10)=8.2 万元，非常逼近其真实成本了。

讨论到这里，大家心中一定有一个疑问：在二级密封价格拍卖下，为什么乙会如实报告真实成本 8 万元，他不会谎报其他价格吗？这是一个好问题。问题的答案是：二级密封价格拍卖下，对于每个人潜在的承包方（无论其成本高低），如实报告自己的成本是最符合自己的利益的。要理解这一点，不妨以上例中的承包方甲来考虑（拿乙来分析也是一样的），他的成本是 10 万元；假设他还有很多竞争对手，全部对手中的成本报价最低的是 x 元。那么对于甲来说：

（1）报出任何低于真实成本10万元的价格，都是对自己不利的。报出低于真实成本10万元的价格，的确增加了甲获得项目的可能性，但此时，如果对手们最低报价x也低于10万元，那么即使甲获得项目也将是亏损的（因为他得到的是x元而要指出的真实成本却是10万元）；如果对手报价$x \geq 10$万元，那么甲报价10万元和报价低于10万元的效果都是一样的，都是得到x并指出10万元真实成本。总结起来：甲报出任何低于其真实成本10万元的价格，都不可能比报价10万元做得更好，反而有可能更糟。

（2）报出任何高于真实成本10万元的价格，对自己也是不利的。如果成本报价高于10万元能获得项目，那么成本报价10万元也就能获得，而此时从发包方获得支付都是$x>10$万元，即如实报出成本价格10万元不会比报出高于10万元差。但是，成本报价高于10万元不能获得的项目，成本报价10万元是有可能获得的（并且此时获得项目显然是有利可图的）。例如，对手们报出的最低成本价是9.5万元，甲报出9万元就不能获得项目，报出9.8万元和报出10万元则没有差异（都能获得项目，且从发包方获得的成本补偿支付都是9.5万元）。总结起来，甲报出任何高于真实成本的价格，对自己也并无额外好处。

上述两条放在一起，结论就是，在二级密封价格下，承包方（或潜在的竞拍者）最佳的报价策略，就是如实地报告自己对标的价值或成本价值的评估。因此前面的例子中，在二级密封价格拍卖下，承包方甲一定会报价10万元，而乙一定会报价8万元。

（三）激励讲真话

二级密封价格机制，实际上就是一个激励讲真话的机制。从中也可以看出，要想人们如实地汇报其掌握的信息，最重要的就是要设计出一种机制，使得人们在讲真话时最符合其利益。当讲真话符合一个人的利益的时候，没有理由认为他会讲谎话。

这个思想在人力资源报酬合同设计中可以有大量应用。不仅可以通过设计激励报酬合同来刺激人们努力工作，也可以通过设计激励报酬合同来刺激人们如实汇报其掌握的私有信息。二级密封价格拍卖就是一种激励讲真话的机制，它揭示：要让人们如实披露真实信息，最重要的就是要形成"激励兼容"的合同。

本书已经是再次提到"激励兼容"这个术语了。激励兼容的意思是说雇主考虑到了员工目标与自己目标的不一致，因此在考虑自己的目标时要把员工实现其自身目标的最优行动考虑在内。这是针对行动不可观察的激励兼容条件。针对员工隐瞒信息、谎报信息的问题，激励兼容使得员工如实汇报信息更符合其利益。

提取和甄别员工信息的激励报酬，通常是设计一个自选择(self-selection)合同让员工自主选择，而这种自主选择就披露了其信息。下面，用一个假想的例子来说明其中的道理。假设某家跨国公司有一个地区销售市场，该市场的潜力可能比较好，也可能比较差。公司总部知道潜力好的市场销售额可以达到100万元，潜力不好的市场销售额只能达到50万元。但公司总部并不知道该市场潜力究竟是好还是差，而该地区销售经理确可以准确地预见当地市场的潜力。公司总部希望地区经理如实汇报当地市场潜力，但问题是地区经理可能不会如实相告：当潜力差时他肯定上报"潜力差"，但潜力好时他也可能报"潜力差"，因为如果公司相信该地区潜力比较差，那么经理就可以因销售量大而被评为业绩优秀。

这个例子中，一个激励兼容的报酬设计可能是这样的：把报酬与经理汇报的信息结合起来，如果上报潜力好，则将按照销售额的 5.2% 的比例支付报酬；如果上报业绩差，则支付固定报酬 5 万元。此时会发现什么呢？

如果一个地区的潜力好，则经理将如实汇报"潜力好"。因为此时，经理如实报告"潜力好"，得到分成报酬合同，他最终的年薪将是 100 万 × 5.2%=5.2 万元。如果他不如实汇报（汇报"潜力差"），则只能拿到 5 万元年薪。

如果一个地区潜力差，则经理将如实汇报"潜力差"。因为此时，经理谎报并无好处，若谎报"潜力好"只能得到 50 万元 × 5.2%=2.6 万元年薪，如实汇报"潜力差"却可得到 5 万元年薪。

这里，看到上述报酬合同实际上甄别出了掌握着不同信息的地区经理。从中也可以加深对"激励兼容"的理解：激励兼容就是要激励那些掌握不同信息的人不去互相模仿。

可能会有人问，为什么上述激励报酬是分享比例 5.2% 和固定报酬 5 万元，不是别的数字？这其实只是一个例子，具体的薪酬水平还得结合经理的个人理性约束来定。例如，一名经理可以在另一家公司拿到 10 万元，公司给他 5 万元就是留不住他的，公司必须至少给他 10 万元（即使在地区市场潜力差的时候）。此时，一个有效的激励兼容合同可以是：如果经理报告地区潜力差，公司就给予年薪 10 万元的固定报酬；如果报告地区潜力好，公司就给他 12% 的分成合同。大家会发现，这种合同下，市场潜力好的时候如实汇报潜力好可得到 12 万元年薪，比谎报潜力差得到 10 万元要好；市场潜力差的时候如实汇报潜力差得到 10 万元，若谎报就只能得到 6 万元了。

当然，公司还可以考虑经理在"底薪+提成"合同之间选择。令 a_i 为固定报酬部分，b_i 为业绩分成，i=50 100，则激励兼容要求：

$$a_{100} + b_{100} \cdot 100 \geq a_{50} + b_{50} \cdot 100 \tag{7-10}$$

$$a_{50} + b_{50} \cdot 50 \geq a_{100} + b_{100} \cdot 50 \tag{7-11}$$

式(7-10)说明，当销售潜力为 100 万元时，如实报告 100 万元（不等式左边）不会比谎报潜力为 50 万元（不等式右边）更好；式(7-11)是说，当销售潜力为 50 万元时，如实报告 50 万元（不等式左边）不会比谎报潜力为 100 万元（不等式右边）更好。这两个式子中有四个待定的变量，其解可以是很多的。而公司选择哪一组解，还要考虑经理的个人理性约束，以及公司的成本最小化。

二、锦标赛与职位晋升

工作努力不可观察，工作业绩不好考核，或者业绩的出现具有很大的不确定性，前面提议以承包制作为一种激励报酬合同管理。并且，通过在承包方之间引入竞争，设计合理的机制，就可以较为有效地解决努力和信息问题。

现在探讨另外一种与此相近的问题。尽管工作努力不可观察，业绩不太容易考核，但是如果业绩比较容易排序，企业就可以采用一种叫做"锦标赛"的机制来提供激励。从锦标赛这个名字，就知道它应该与体育相关。的确，体育比赛是最能说明这类问题的。例如，两只球队进行比赛，很难评价哪只球队表现好，或者好到什么程度（即采用绝对标准考核将非困难），但要比较两只球队谁表现得更好，却相当容易，只需看看比赛中谁获胜就清楚了（因此采用相对业绩考核非常容易）。

公司中也有这样的情况，两个员工或两个研发团队，很难从绝对标准上说谁表现得好或表现得不好，但是把大家放到一起来比较，则优劣立现。当公司希望从某个部门的下级人员中提拔一名部门经理，常常很难说从绝对标准上说哪个人员更适合晋升到该岗位，只有把潜在的候选人逐一比较，才能找到最合适的人选。大学中更是如此，一名教师是否足够优秀或者有多优秀，这个很难用绝对业绩来度量，因为学者优秀不优秀是相对于学者这个群体中的佼佼者来说的，因此教授候选人的晋升虽然也会确定一些绝对标准来界定晋升资格，但最终能否晋升到高级职位主要还是依靠与对手的相对业绩比较来确定的。因此锦标赛理论是具有广泛实用性的一种激励理论。

（一）锦标赛与职位晋升

要理解锦标赛理论，最佳的办法就是以体育比赛做例子。在体育比赛（比如网球锦标赛）中，有几个特性与企业内部层次结构问题紧密相关。

首先，奖金是事先公开并且不取决于绝对绩效的。一个运动员得到冠军，他就会得到事先安排好的冠军奖金，奖金数量并不取决于他超过亚军多少分，也与比赛的激烈程度无关，冠军也不必与亚军或其他选手分享其奖金。这非常类似于企业中的职位晋升。每个职位的报酬是事先固定的一个等级，成功晋升到高级职位的人得到更高的工资，这与晋升的成功者和失败者之间有多大的能力差距没有关系。

其次，冠军并不是因为自己技能更好而得到奖金，而是因为击败对手而赢得奖金。要知道，冠军并不必定比亚军有更高的技能水平，有时可能是他获得了更好的运气。很多时候，冠军和亚军的技能实在是难分伯仲，但必须通过输赢来分出高下。企业中的晋升也一样，一名员工被提拔到更高的职位，并不是因为这名员工的工作干得好，而是因为他比他同一层次的人干得更好。

最后，奖金越高，产生的激励越大。对于运动员，如果冠军的奖金比亚军的奖金没有显著的差异，虽然运动员也会为了声望而竞争，但相对来说冠军的吸引力会在存在高额奖金差异时大大下降。企业中，两个职位之间的待遇差异不明显，人们也就不会那么在意晋升更高的职位。这是锦标赛理论最关键的一点：与既定的晋升相联系的工资增长幅度越大，则候选人争取或晋升的动力就越强。

（二）奖酬结构与努力水平

奖金越大，锦标赛中候选人努力动机越强。那么，企业应该确定多高的奖金（或职位工资）来激励员工呢？在理论分析回答这个问题之前，不妨先看看现实中锦标赛的奖酬结构是如何设计的。表7.4是2015年澳大利亚网球公开赛奖金明细。可以发现，在不同的进阶上，奖金差距的差异是很大的，半决赛奖金大约是1/4决赛奖金的2倍，亚军奖金大约是半决赛的2倍，冠军奖金大约是亚军的2倍。这是指数式增加，而不是等额增加。

公司一般很少向社会公开其薪酬结构，但仅凭日常观察容易发现，与公司职位相联系的报酬与体育比赛的奖金类似：越是靠向组织层级金字塔顶的职位，职位之间的报酬差距越大；

而越是靠向组织层级金字塔底部的职位，职位之间的报酬差距越小。在一些基层的职位，如酒店的领班和服务员之间的职位报酬差异，几乎可以忽略。图7.4描绘了企业中常见的两种报酬结构，其中图（b）的倾斜性报酬结构是更常见的报酬结构。

表7.4　2015年澳大利亚网球公开赛奖金明细　　　　　单位：万澳元

项目	男单和女单	男女双打	混双冠军
冠军	310	575	142
亚军	155	285	71
半决赛	65	142	35
1/4决赛	34	71	16

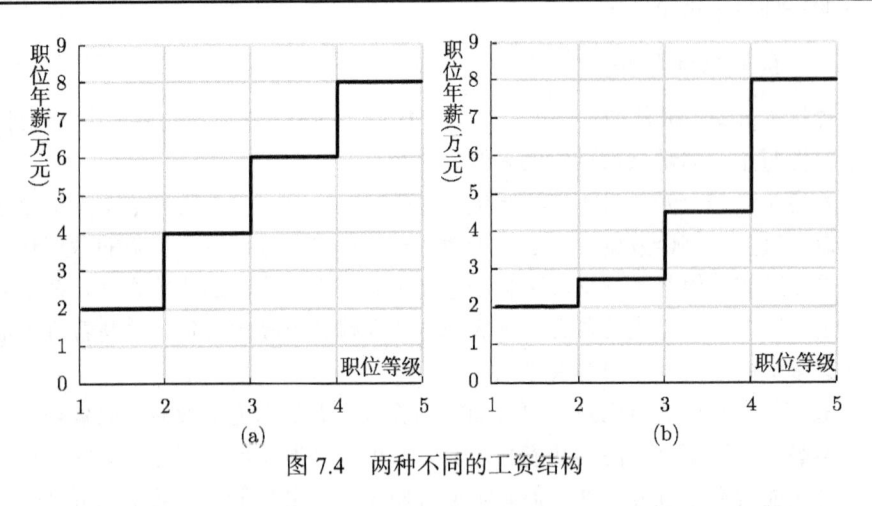

图7.4　两种不同的工资结构

为什么会形成这样的倾斜性报酬结构呢？锦标赛理论认为，这与晋升的可能性（晋升概率）有关。在任何一个组织中，都只有极少数人能晋升到高层位置，越靠近金字塔顶端晋升越困难。到了总裁的位置，在组织内部就没什么晋升空间了。候选人愿意付出多少努力去争取晋升，与奖金的数额和晋升的可能性有关，当晋升的可能性越低，就需要更高的奖金来刺激候选人。一些基层的上下级职位之间，报酬差距并不显著，一个重要的原因是在组织的基层中，晋升是相对容易的，而且在未来还有巨大的晋升空间，因此并不需要高额的奖金就可激励候选人努力。譬如，酒店服务员晋升到领班，难度上相对容易，一旦晋升就获得了继续向更高级职位晋升的机会，因此并不需要高额的奖金也可产生激励效应。

（三）能力差异的影响

一场体育比赛中，如果双方实力相当，胜败充满悬念，这一定是一场精彩的比赛；如果一方实力远远超越另一方，胜负毫无悬念，比赛进程是一方压倒式的推进，双方打得有心无力，这样的比赛就无趣得多了。

上述现象说明，竞赛双方的能力对于竞赛的效果会产生很大的影响。的确，从理论分析来说，如果双方实力悬殊，弱者一方即使努力也难以提高胜率，这时他的最优选择就是不付出努力；但是一旦弱者不付出努力，强者也就不必付出太大的努力，他只要稍微努力就可以获胜。结果是，实力相差悬殊，导致竞赛的双方努力水平下降。实力悬殊越大，努力水平就下降得越厉害。

所以，为了保证锦标赛的激励效果，有必要使得双方的实力尽可能地接近。而组织中确实也是这样做的，当竞赛的候选人实力相差太大，它们就会"扶弱抑强"，向弱者倾斜性地配置资源或予以扶持政策，以增进激励效果。譬如，围棋、象棋等游戏中有让子对弈的规矩；组织的考核体系中，对新员工或弱势员工常常配以更多的辅助资源，甚至降低业绩标准，给予扶持和照顾；在产业组织中，政府对弱小的产业常常给予税收减免甚至直接的生产补贴；甚至在国家的政治经济体系中，贫困地区任职的官员更容易向上级申请到各种财力支持；国家对欠发达的弱势地区往往扶持有加，除了追求公平外，一个重要的目的就是促进机会平等，平衡参赛选手的实力差距以促进竞争，提高努力水平。

歧视性的工资奖励也可以对能力悬殊导致的竞赛努力扭曲作出一定的修正。如果可以给予显性的身份进行歧视，那么在弱者胜利时给予更高的奖励，而在强者胜利时给予更低的奖励，这样就可以激励弱者更加努力——因为激励努力的是获胜可能性和奖金大小两者形成的期望奖酬水平。这种显性的奖励歧视，一方面可以适当压低强者的努力水平，另一方面增进弱者的努力水平，这样使得总的努力水平能够提高。不过，在公司雇佣中，很多国家的法律禁止基于身份的显性歧视的存在，因此显在的歧视性工资奖励似乎很少被真正采用。

（四）运气的影响

在竞赛或晋升过程中，运气或随机干扰会对努力水平产生影响，因而也会影响最优的报酬结构。干扰可以由一系列因素所导致，但最常见的是生产不确定性和考核误差。生产不确定性是生产过程受到干扰，比如一个工作能力很强的员工，也可能偶然生病而影响了当天的工作效率和效果，员工生病就是对生产的一种随机干扰，因为它无法被预测也无法被事先控制。干扰也可能是正面的，如员工某一天刚好见了一个老同学，老同学无意提到的信息促成了员工拿到一笔大的订单，这就是突然降临的运气。考核误差，是由于业绩难以精确度量，从而可能出现业绩被高估、低估或误判。例如，一名员工，看起来比较干练，另一名员工，看起来比较懒散，某一天两人的真实业绩就算一样，负责对两者业绩进行主观评价的经理也可能会认为前一名员工的业绩更好。

如果竞赛或晋升的结果，越来越少地依赖于努力水平，而越来越多地依赖于运气，参赛选手的努力水平就会下降。这个道理以体育比赛为例很容易说清楚。例如，像林丹一样的羽坛高手，有实力问鼎世界冠军，因此他会在冠军决赛中全力以赴。但是，假设比赛现场忽然狂风大作，这时林丹会发现自己的努力没什么意义，不如交给老天爷来决定，参赛选手的努力水平因此下降，在组织中晋升也是一样。明朝官员孙丕扬，曾创造一种奇特的考核晋升官员的方法，叫"掣签法"。官员的业绩和晋升，通过摇签来决定。可想而知，在这种情况下，官员与其努力工作，还不如摇到一只上上签。

运气或干扰会影响努力水平，但并非否定运气或干扰。在候选人能力差异悬殊的时候，适当地增加干扰（增加运气成分），反而可能导致努力水平增加。当候选人能力差异悬殊，弱者就不会努力，强者也就只需要轻微努力。但是，如果竞赛或晋升结果不完全取决于能力，还取决于运气，运气好的弱者也可能愿意放手一搏。例如，让业余选手与林丹来一场羽毛球赛，业余选手几乎毫无胜算；但是，如果让业余选手在一个狂风大作的场地跟林丹来对阵一场，好运可能会降临到业余选手的头上。当然，竞赛和晋升也不能完全依赖于运气，如果那样的话无论强者还是弱者都不会努力。因此，存在能力差异是应该有最优的"运气"成分，组织可操控这种运气成分来激励组织所希望的最优努力水平。从事同样生产活动的组织，对业绩考核的标准常常有差异，有些更精确，有些更模糊，实际上考核标准的模糊和精确就是对运气的操控，它对应于组织中成员的能力差异。

（五）过度竞争和破坏

在讨论拍卖机制的时候，忽略了对一个重要问题的讨论，这个问题就是"赢家之殇"（winner's cause）。它指的是，竞拍者虽然战胜对手赢得了拍卖品，但实际上却付出了比拍卖品价值更高的代价而得不偿失。在石油和天然气拍卖中，赢家之殇是一种并不鲜见的现象。其成因主要在于，众多竞拍者并不知道拍卖品的具体价值，而是根据其他人的出价来修正拍卖品的价值，结果出现了过度高估拍卖品价值的情况。用拍卖理论的术语讲，这种共同价值拍卖中每个人的估计是相关的，这种情形极易出现赢家之殇。

锦标赛晋升可以看成另一种形式的拍卖，即企业将更高的职位拍卖给该潜在的晋升候选人。候选人竞标的支付，就是努力水平。赢家之殇同样可能出现在锦标赛晋升中。特别地，越是更多人竞争的职位，看上去越是有价值，这就导致类似共同价值拍卖中众多竞标者的价值估计出现相关的情况，职位的价值可能被高估，而候选人为竞争职位会付出过度的努力。不幸的是，现实生活中的确常常如此，人们具有跟风心理和行为，结果过度竞争成为一种普遍现象。这或许可以解释社会中的"过劳"现象。

锦标赛中的过度竞争并不仅仅表现为投入过多的努力，另一种表现是破坏。在锦标赛晋升中，晋升的概率并不取决于绝对业绩，而取决于相对业绩，如果难以提高自己的业绩，那么就去降低对手的业绩，也有助于提高自己晋升的概率。员工的行为，不仅有生产性的一面，也有破坏生产的一面，在激励的竞标赛竞争中，对破坏行为并不罕见。竞赛的奖金越是巨大，提升自己的业绩越是困难，候选人越是倾向于破坏对手的业绩。基于此，要削弱候选人破坏的动机，就有必要压缩奖金的差距。对破坏行为进行监督并严厉惩处，也有助于减少破坏行为。

在奖金无比巨大的时候，破坏行为可能变得无以复加。例如，激烈的皇位之争。历史上为了争夺皇位上演了一出出臣弑君、子弑父、兄弟相残的惨剧。历史上皇位继承制度的演进和变迁，都是为了取消这场锦标赛，比如事先明确太子，或者事先拟定遗诏等，都是试图向潜在的候选人宣布：谁会晋升为皇帝已经确定，无须再做争夺皇位的努力。在独裁政治体制中，通常会事先确定政治接班次序，也是为了遏制抢班夺权。前面提及的孙丕扬创"掣签法"，一个重要的原因就是明万历年间官员为求晋升互相倾轧，"掣签法"打击了搞破坏的动机。

（六）合谋威胁

锦标赛激励面临的另一个潜在威胁是，候选人可能合谋。两个旗鼓相当的运动员，谁获胜就可以得到 100 万美元，失败就一无所获。他们会发现，无论自己多么努力，最后的结果都是靠运气来决定的，每个人的期望收益是 50 万元，但收益很不确定。如果他们在比赛之间

174

聚会，达成协议，在比赛中装出认真拼搏的样子，最后无论谁胜谁负，大家都平分这 100 万元奖金，那么他们会发现自己不必那么努力，却得到了确定的 50 万美元。对于风险规避的运动员，确定的 50 万美元显然比有风险的期望价值 50 万美元要好，何况这样还不用那么拼命努力。因此，运动员之间的合谋在理论上是完全可以成立的。当然，运动员合谋也毫无疑问地存在于现实生活中。芝加哥大学的列为特（Levitt）教授曾经研究发现，足球、相扑比赛中都存在合谋的舞弊现象。媒体上关于打假球、吹黑哨的新闻也并不少见。

晋升中的合谋也同样存在。无论是公司还是官僚体系，派系合谋都是一个常见的现象，在晋升竞争中也比较常见。此类竞争中往往给组织的人才资源带来巨大伤害。防止晋升中的合谋行为的一个策略是引入外部候选人。这就是为什么有时候组织在考虑晋升人选时，并不从内部考虑，而是挑选了外部候选人。

第四节　吸引和保留员工

本书前面各章的分析都集中在企业外部的劳动力市场上，在外部劳动力市场上，假设劳动者是同质的，信息是完备的，竞争确定劳动者的报酬。市场均衡工资率将取决于劳动力的边际产出。在这样的市场上，无须考虑吸引和保留员工的问题，因为所有员工都是一样的，失去一名员工可以立即找到另一名新人来替代。当然，员工也不担心失去工作，因为被企业解雇之后他们可以立即到另一家企业得到另一份待遇相同的工作。

但现实完全不是这样的。与外部市场竞争模型的结果相反，许多公司很少去压低员工的报酬，而且也会对员工进行培训，并且想方设法把受过培训的员工留在企业中。换言之，企业建立了内部的劳动力市场，在这个市场上，企业通过一系列合同和制度安排，来吸引、保留和激励员工。当然，这并不是说本书前面各章对外部劳动力市场的分析是错误的或者没有价值的，那些分析是为了确立一个基准。就像在介绍力学基本定律时假设物体处于真空状态，忽略了摩擦力等，而在工程设计中运用力学定律时，却不可避免地要考虑空气浮力和摩擦力等，并不能因为考虑了空气浮力和摩擦力就否认力学定律的价值。同样，在内部组织和人力资源管理中，需要考虑员工队伍的异质性、信息的不完备等，但这并不否认同质性假设和完全信息假设下劳动力市场分析的价值。

一、内部劳动力市场

内部劳动力市场实际上是企业内部劳动力合同安排的总和，它对劳动力的调节并不完全依赖于价格机制，关于劳动力的交易从来不是按照现货市场的"一手交钱、一手交货"来进行的，而是基于一系列复杂的合同来进行的。许多企业都具有内部劳动力市场的特征，在这些企业中，外部招聘仅限于入门水平，而绝大多数工作职位是通过公司内部提升来填补的。建立内部劳动力市场的公司，相当于与员工建立了长期合作关系，由此可以设计更加灵活、多样、有效的激励机制。

在建立了内部劳动力市场的企业中，职业发展空间、路径和未来晋升的希望发挥了非常重要的作用。与完全取决于价格（即工资率）调节的外部市场条件不同，内部劳动力市场中，工资率和工作分配经常是由内部管理规定和内部的相互理解来确定的。一个企业也可能有不止一个内部劳动力市场，如企业中专业技术人员的内部劳动力市场与蓝领工人的内部劳动力市场可能互不想干，两类人员有着完全不同的劳动合同和晋升轨迹。

雇主和员工之间的劳动合同，在这里要做广义的理解。狭义的劳动合同主要是指法律意义上的劳动合同文本。广义的劳动合同，被定义为雇主和员工之间有关报酬和责任的全部协议。这些协议可以是显性的，写成书面文字得到法律确定的，如劳动法律合同、工作岗位职责等，这是"显性合同"；也可以是隐性的，即并未明文规定的一些权利和责任，如口头协议。员工认为自己努力工作雇主就应该给予更多发展空间或晋升机会，而雇主也理解员工这种想法并可能向员工暗示了这样的意图，这些被视为"隐含合同"。隐含合同在企业运行中非常重要，因为，正式的显性合同并不可能穷尽所有的权利和责任，也无法规定各种可能事件以及在该事件下的合理反应，在这些现行合同力所不能及的地方，隐含合同发挥着非常重要的作用。

显性的合同，可以通过第三方（如法庭）来强制实施。但隐含合同其违约信息往往无法由第三方验证，因此隐含合同需要能够自我实施，其实施无需依赖任何第三方。如何保证一个合同能够自我实施呢？经济学提出的答案很简单：如果合同的每一方，在给定对方遵守合同时，自己遵守合同也是最佳选择（或者自己背叛合同会承担额外的代价），那么合同的每一方都有动力遵守合同，该合同就是自我实施的。雇佣关系中的所有激励合同，都必须能够自我实施才能起到激励的作用，否则就会激励与效果南辕北辙。

二、报酬后置

由于员工与雇主建立了长期关系，企业在设计报酬时就更具有灵活性。例如，企业可以将报酬在时间上进行调整，达到激励员工的目的。报酬后置，或者延期报酬，即"先减额支付，后超额支付"，就是这样一种机制。

延期报酬理论并不复杂。举例来说，假设雇主雇佣员工两天，每天支付一次工资。员工每天给雇主创造 100 元价值。按照外部劳动力市场上边际生产力决定工资率的法则，雇主应该每天支付给员工 100 元工资。但是，这样的一种支付可能无法激励员工也无助于保留员工。如果员工偷懒，即便被开除，无非是换个地方再找一份每天挣 100 元的工作。

如果雇主改变报酬支付方式，第一天只给员工 50 元（虽然员工给雇主创造了 100 元价值），第二天给员工 150 元。在整个雇佣期间，员工得到的工资与每天领取 100 元工资是一样的，但是，这种情况下，一是可以激励员工努力，因为偷懒的员工在第一天结束后被开除，就损失了第二天 150 元的报酬（他在其他地方只能得到 100 元）；二是有助于留住员工，员工在第一天结束时离职，就相当于白白捐献了 50 元给雇主（而雇主本来要在第二天将这 50 元还给他的）。

看起来报酬后置是一种不错的机制，企业当然也会偏好这种报酬机制。但它会遭遇一个问题：员工会不会同意这样的报酬后置呢？尽管报酬后置给员工带来的雇佣期间的总的收益并不比报酬不后置少，但员工可能会担心自己在第一天末被解雇而遭受损失。麻烦在于，员工相信企业确实有动机在第一天末将其解雇，因为这样相当于雇主从员工身上占了 50 元的便宜。所以，如果企业要实施报酬后置，必须先让员工相信，企业并不会轻易地解雇员工。那么员工如何确定企业不会轻易解雇员工呢？一个便捷的观察指标就是，员工会观察企业中有多少老员工，他们已经工作了多长时间。实施报酬后置的企业中，雇佣合同通常是长期的，并且员工流动率很低。现实中的典型例子是：大学教师的流动性比企业员工的流动性要低很多、合同期也长很多，而大学教师的报酬也是典型的报酬后置。一名讲师所承担的工作及其业绩可能并不输给一名教授，但后者的工资比前者要高得多。而这名讲师之所以接受这样的现实而没有离开大学，因为他也很清楚当自己成为教授之后，也会拿到高额的报酬。

细心的读者可能会追问：明天的 1 元和今天的 1 元并不相等，今天扣走 50 元明天归还 50 元，这对工人来说将会有亏损。的确，今天扣 50 元，明天可能需要 55 元来归还（如果利率为 10%的话）。但没有关系，即便考虑个人的贴现率，延期报酬理论也是成立的。因为始终可以改变两天的支付额，令员工得到的现值与每天得到 100 元的限制相等。为什么呢？假设日利率为 $r>0$，假如雇主第一天支付员工 $x<100$ 元，那么剩下的 $(100-x)$ 到二天就会变成 $(100-x)(1+r)$，雇主将这笔剩余的钱连同第二天的 100 元一起给员工，则员工第二天获得工资为 $[(100-x)(1+r)+100]$，两天员工的工资总额的现值就是 $x+[(100-x)(1+r)+100]/(1+r)=100+100/(1+r)$，这刚好与员工每天领取 100 元的现值是完全一样的。由此，可以发现，即使考虑货币的贴现影响，报酬后置也是可行的，是满足雇主和雇员的预算约束的。

也有读者会说，雇佣两天时间太短了，不可能出现这样的雇佣。没有关系，这里的"天"可以换成"月"、"年"，换成任何一个时间单位，或者干脆就称为"时期"，雇主雇佣员工两个时期。所有的结论，均不会因为时间计量单位发生改变。

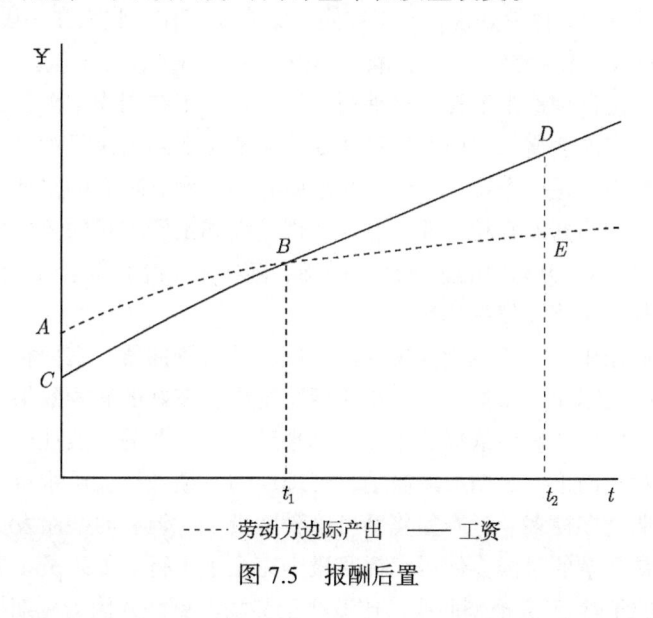

图 7.5 报酬后置

图 7.5 是报酬后置机制的几何示意图。员工的劳动力边际产出随时间呈现为图中的虚线，竞争的外部劳动力市场上员工得到的工资也会是这一条曲线。但具有内部劳动力市场的企业，可以将报酬后置，按照图中的实线来支付工资，即在员工职业生涯早期支付低于其贡献的工

资,在其职业晚期则支付高于其贡献的工资来补偿员工早期的损失。只要 ABC 面积所代表的货币价值的现值,与 BDE 面积所代表的货币价值之现值相等,则对于员工和企业来说谁都没有占谁的便宜。只要能够确定企业并不会在时刻 t_2 之前解雇员工(在 t_1 之前企业肯定不会解雇员工,但 t_1 之后企业有动机解雇该员工,请读者自己想想是为什么),员工应该会接受这样的报酬后置。

报酬后置是一种面向职业生涯激励的报酬机制。在组织中,晋升可以激励员工,但能够晋升到高层的员工毕竟是少数。当一个员工再没有晋升希望的时候,他可能会变得懈怠。或者,当一个员工即将永远离开企业的时候,他也可能变得懈怠——我国国有企业领导人的"59岁现象"就是例子。实施报酬后置,可以一定程度上解决这些问题。以 59 岁现象为例,假设 t_2 就是 60 岁,如果 50 岁懈怠而被企业解雇,员工的损失其实是蛮大的(因为他得到的工资是远超过其贡献的),即使重新找一份工作也于事无补(新找的工作最多得到与其贡献等同的工资)。这时,他可能愿意站好最后一班岗。

报酬后置也可以解释为什么许多组织会要求强制退休,原因在于人工成本。从图 7.5 容易看到,在 t_2 时刻,员工是愿意继续工作的,因为此时员工拿到的工资是远超过其劳动贡献的。但是,支付超过员工贡献的工资对企业是不利的。特别地,当面积 ABC 和面积 BDE 的货币价值现值相等,将员工的雇佣期限延迟到时刻 t_2 之后,那就意味着员工已经拿回了职业早期损失的全部补偿,现在得到了额外的补偿,而这必然以企业的额外人工成本为代价。所以,企业会要求员工必须在时刻 t_2 退休。

值得注意的是,报酬后置或者延期报酬模型,解释了某一工作岗位内部的"年龄-收入曲线"为什么是向上倾斜的。也就是说,员工在同一家企业工作,收入在一段时间之后会增长,因为延期报酬可以激发工作者努力工作,减少消极怠工。不过,向上倾斜的"年龄-收入"曲线也可以由人力资本投资理论来解释,这种观点认为,员工在工作中会积累越来越多的人力资本,其劳动力边际产出会增加,因而工资便随着年龄(实际上是经验等人力资本)增长。究竟哪一种观点更准确,是一个要靠实证研究来回答的问题。现有的实证研究文献中,有些发现培训和工资增长之间并没有相关性,有些发现培训和工资增长的相关性很大。很可能的情况是,如同图 7.5 所示,劳动力的边际产出的确会随年龄(经验)增长,但报酬增长比它更加陡峭,也就是两种力量都在发挥作用。

在实际的商业应用中,运用延期报酬或向上倾斜的工资曲线,在两种情形下最有价值。一是直接考核产量的成本比较昂贵,二是竞赛型奖励难有较好的激励效果。如果产量很容易考核,就可以直接支付以产量为依据的业绩报酬来激励。企业的一般性操作员工业绩相对容易考察,因此很少对他们采取延期报酬激励;管理层的业绩考核就困难得多,对管理层使用延期报酬激励的现象就多得多。竞赛型奖励可以激励员工,但有时会激发员工的合谋或破坏行为,这些行为非常严重的时候会使得锦标赛激励完全不可行。如果员工之间的合作非常重要,采用倾斜向上的年龄-工资报酬曲线,比竞赛型奖励会更好,因为延期报酬是根据某一固定标准而不是同事的绩效来决定员工的报酬的,员工之间不必互相争斗。

当然,开除员工的威胁仍然需要存在。图 7.5 中,如果企业承诺在 t_2 之前的任何时刻都不会开除员工,员工也就没有必要努力了。但是,如果企业随意开除员工,那么员工就不会接受这样一个延期报酬合同。因此，延期报酬体系中，仍然需要必要的监督，并且对于确实有证据表明在偷懒或犯错误的员工，需要实施惩罚甚至开除。

三、长期激励

员工的行为，有时候会对企业的短期绩效和长期绩效产生不同的影响。例如，销售员可能会过度地加大在本地的销售力度，而这实际上损害了长期的市场增长。一个即将离职的销售员愿意这样做。同样，一名经理，假如他的报酬跟企业的业绩是关联的，那么到他快要离任的时候，可能会削减企业的研发投入，因为这样做就可以提高企业的当期利润，从而他自己也得到更多报酬，但是研发投入下降将对企业的长期发展造成不利影响。

延期报酬可以在一定程度上遏制员工偷懒和即将卸任时刻的机会主义行为，前提是将一份远期激励放在员工的报酬合同中。实践中被经常采用的一种长期激励形式（也是一种特殊的报酬后置）就是股票期权。股票期权是一种允许买进或卖出股票的选择权，它允许股票期权持有者在将来特定的时刻（即行权日）以某种价格（即行权价）买进或卖出一定数额的股票。无论是买进期权还是卖出期权，他都使得期权持有者的利益与企业未来价值相关，因此他们在采取行动时就不得不考虑企业的长期绩效。在现实生活中，企业底层员工的行为一般很少面临现在与未来的冲突和权衡，但高层员工常常会面临这样的情况（他们的决策常常需要在现在和未来之间权衡），因此股票期权几乎不会授予底层员工，但常常会授予给高层员工，以便激励他们更加负责任地面向未来作出决策。

现在通过一个假想的例子来说明股票期权的激励原理。假设一名总裁本年度即将离任，其报酬除了固定工资外，还有与公司利润相联系的分成比例，如1%。他现在需要做一个决定，是否投入研发费用1000万元。如果投入这1000万元研发经费，公司在接下来的三年中将获益，股票价格有望上涨5元。对于这个即将离任的总裁，他的选择将是不投入这笔研发经费，这样就可以使本年度的利润增加1000万元，而他自己的报酬就会增加10万元。为了诱导总裁作出符合企业长期利益的决策，公司可以考虑授予他一定数量（如4万份）的股票期权，允许他在三年后以现在的估价购买。这时总裁会发现，如果他投入这笔研发经费，三年后再以现在的价格买进3万份股票然后以当时的价格卖出（这意味着他在每份股票上将赚取差价5元），他就可以赚到20万元，即便扣除利息也比现在得到10万元要好。于是，他会选择投入这笔研发经费。

买进股票期权是现实中更常见的。买进期权会激励经理更加冒险。要明白这一点，不妨看这样一个例子。假设经理现在对两个投资方案作出选择，两个方案的投入都是1000万元，但是收益和风险不同。方案一相对稳健，会使得企业的股票价格在一年后有一半的可能性上涨10元，也有一半的可能性维持在现在的价格（无增长）；方案二相对风险较大，会使得企业的股票在一年后有一半的可能性上涨15元，也有一半的可能性下降5元（负增长）。从期望收益来说，两个方案是以等同的投入换来股价预期上涨5元。风险规避的经理可能会倾向选择稳健的方案一。但股东作为风险中立者，是更愿意接受风险方案二的。如何激励经理作出符合股东利益的选择呢，一个办法就是给予经理买进股票期权。允许经理在一年后用10元的每股价格，购买n万股企业的股票。那么一年后，企业股票价格高于10元经理就会行权，低于 10 元经理就不会行权。如果选方案二，行权的收益就是 $0.5n(15-10) = 2.5n$ 万元，不行权的收益是 0。如果选方案一，即使在高价位 10 元时经理也不会行权。n 越大，经理就越有动机选择方案二。当然，n 也不能无限大，因为 n 越大，就越会稀释掉股东的价值（极端地想一下，如果 n 为企业全部的股份，那么企业的全部价值增值都被经理拿走了，股东得不到什么好处）。事实上，给予经理多少股份，是通过综合考虑激励度、行权价格高低等来确定的。

有时候，长期激励也要求已经持股的管理层在一定时间内不出售其股份。因为管理层持股代表着管理层对企业发展的信心。管理层抛售股票常常被视为企业的发展出问题的信号。此外，企业也常常要求管理层离开公司时，在一定时期内不能出售公司的股票，这种禁止也有助于即将离任的管理层采取对长期负责的行为。倘若他采取短期行为损害企业长期利益，那么其还没出售的股票就会受损。

四、效率工资

迄今为止，与工作努力和补偿相关的各种模型都建立在由竞争性市场强加的经济约束内努力工作是有利可图的。这里，竞争施加的约束很重要：员工赚到的工资，必然是他为企业创造的价值。企业赚到了什么呢？企业赚到了正常利润。在竞争市场上，各种要素的报酬（包括员工的工资和企业所有者的利润）加起来刚好把企业产出消耗完毕，这就是耗竭性分配定理。竞争时间的约束意味着，尽管企业可以改变支付员工工资的时间和空间，但能够支付给员工的工资最大额度就是员工为企业创造的价值，如果超过这个约束，只有一种可能，即企业愿意牺牲自己的正常利润（把属于所有者的利润拱手让给员工）。

但现实中，企业确实有可能支付了高于市场竞争均衡的工资，这是为什么呢？经济学上，把高于竞争均衡的工资称为效率工资。毫无疑问，效率工资是有助于保留和激励员工的，原因在于，高于市场均衡工资的效率工资，至少会产生两个激励效果：其一，员工工资高了，意味着离职的机会成本高了，因为离开企业重新进入竞争性劳动力市场上将得不到如此高的工资，换言之员工更加珍惜当前的工作；其二，员工受到的威胁变大了，企业给出的工资高于竞争均衡的工资，劳动力市场就无法出清，必然导致失业的增加，失业劳动力的存在对在职员工工资会形成替代威胁，他们需要努力工作来保住饭碗。除此之外，异质性的劳动力市场上，效率工资还有另外一种效果：得到更优秀的员工。支付效率工资会得到一个可供选择的员工储备池，并且高工资足以吸引高质量的劳动者前来求职，从而有助于改善员工队伍。

但是，约束批判始终是理论家们心头的疑问。企业为何能够支付得起效率工资？一种解释是，效率工资是有效劳动供给下的均衡结果；换言之，存在效率工资本身就是劳动力市场均衡的结果，是满足竞争约束的结果。图 7.6 刻画了这种解释。市场上名义的劳动力供给（数量）可视为固定的（垂直线）。工资越高，员工越努力，提供的有效劳动越多，因此有效劳动力供给曲线无穷逼近名义劳动力供给曲线。竞争市场上，劳动力需求曲线和名义的劳动力供给曲线相交，形成的就业和工资率为 (L_e, W_e)，但是企业根据有效劳动力供给来支付薪酬，结果形成的真实就业和工资率为 (L^*, W^*)。此时，将存在着 $(L_e - L^*)$ 的失业劳动力。这个图形分析表明，企业仍然是以边际产出和工资率相等的法则来确定雇佣的，只不过它是按照有效劳动力供给而不是名义劳动力供给来决定的。

图 7.6 效率工资图示

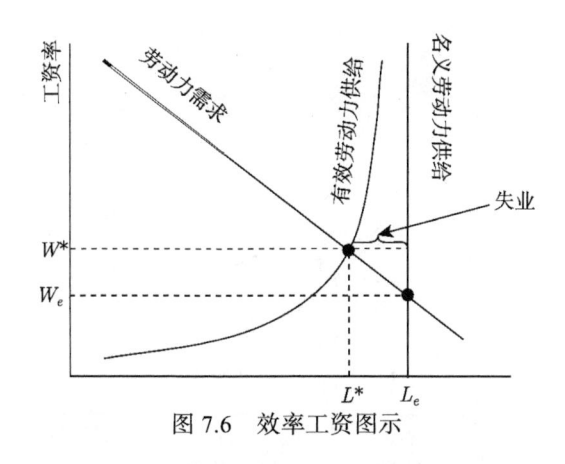

另一种解释来自行为经济学。行为经济学认为，员工和雇主的关系之中可以存在礼物交换：雇主支付额外的工资给员工，员工就付出额外的劳动来投桃报李。结果，员工得到了更高的工资，而雇主也得到了更高的利润。方兴未艾的行为和实验经济学已经对此提供了丰富的证据。一个著名的实验来自苏黎世大学菲尔（Ernst Fehr）教授等，他们将 141 个受试者群体分为"雇主"和"雇员"两组，这些受试者是为赚钱而同意参加实验的大学生。实验规则如下：雇主向雇员支付工资 $W \in [0,100]$，员工选择努力水平 $e \in [0.1,1]$；雇主的利润函数为 $\pi = 100e - W$，雇员的努力成本为边际递增函数 $c(e)$，$c(0.1) = 0$，$c' > 0$，$c'' > 0$。由于雇主先支付工资，员工后付出努力，因此自利的员工总可以选择 $e = 0.1$，而预计到这一点，雇主就只会支付比 0 多一点点的工资（假设为 1）。于是雇员得到的报酬将是 $u = W - c(e) = 1$，雇主的利润将是 $\pi = 0.1 \times 100 - 1 = 9$。但这种标准的经济博弈结果并未出现，实验中雇员的净报酬为 35。说明雇主的确支付了效率工资，同时雇主也从员工的额外努力中获得了好处。

五、工资与福利的组合

企业应该如何设计工资和福利？经济学中的消费者选择理论为这一问题提供了基本的分析框架。对于企业来说，一笔钱是以工资支付给员工，还是以福利支付给员工，在成本上是没有差异的，因此企业不会在乎支出的形式。而对于员工，他们既希望获得高工资，但也希望能得到高福利，工资和福利之间是不完全的替代关系。如果企业希望通过组合工资和福利提高员工的效用，那么工资-福利组合决策问题就成为一个标准的类似消费者选择的问题。

图 7.7 描述了企业如何选择最佳的工资和福利组合。向下倾斜的直线是企业的等成本线，在这条线上所有的工资和福利组合成本都是一样的。凸向原点的曲线，即 U_1、U_2、U_3 是员工的偏好无差异曲线，这样的无差异曲线可以有无数条，填充在整个平面上，在此只画出了三条。每条无差异曲线上的任意两个工资和福利组合，给员工的感觉将是无差异的。在成本给定的情况下，令员工效用最大化的点是 E 点，因为不可能找到比 E 点带来更高效用的组合但又在成本负担得起的范围内（如 U_3 上的组合的确比 E 点效用高，但现有的成本约束下却不可能实现），成本能够负担得起的其他组合（如 U_1 上的一些组合）实现效用又不如 E 点高。对应于 E 点的 F^* 和 W^*，就是企业给定成本下最佳的福利支出和最佳的工资支出。

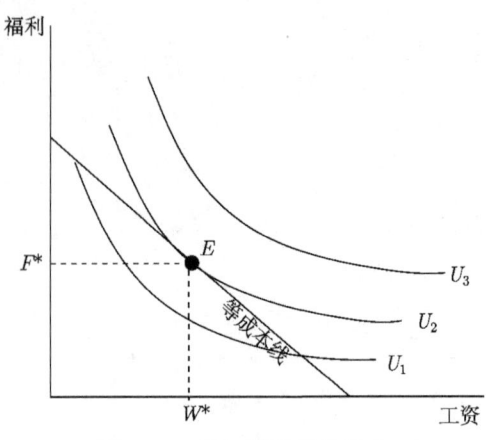

图 7.7 工资–福利最佳组合

福利和工资的组合，会吸引到不同的员工。例如，高工资低福利通常吸引到年轻员工，低工资高福利则吸引到更年长的员工。如果企业的福利是给予员工的配偶，则更容易吸引到的是已婚员工而不利于吸引未婚员工。提供教育培训等福利，就对注重未来发展机会和能力提升机会的员工更有吸引力。

特定的福利，会吸引特定的员工。单一的福利，会造成单一的员工队伍。这对企业的生产不利。例如，如果为员工的孩子提供健康保险，就可能吸引到有孩子（甚至孩子体弱多病的）员工。如果太多员工的孩子体弱多病，就会造成太多员工因孩子突然生病而临时旷工，企业的生产会受到影响。因此，从有利于企业正常运作来看，员工队伍应当适当多元化，这要求采取多元化的福利来吸引多种多样的员工。但多元化的福利管理起来成本也更高，另外如果提供多元化的福利菜单也容易导致逆向选择问题，从而增加福利的成本（这在医疗、人寿或伤残保险中最可能发生）。因此，每个企业仍需要根据自身的实际情况来制定福利政策。

[小结]
- 信息不完全导致产出考核和过程监督都是有成本的，这两类成本高低决定着企业是采取计件工资制还是计时工资制。若产出考核成本低而过程监督成本高，企业就选择计件工资制；若产出考核成本高而过程监督成本低，企业就选择计时工资制。
- 计时工资和计件工资会导致求职者的自我选择效应。如果企业确实有条件实施计件工资，可以比同类企业中实施计时工资的企业吸引到能力更高的员工。
- 合理的报酬方案，通常都兼顾了激励和有效风险分担两方面的考虑，在工资中包含了一个固定报酬部分和一个按照业绩变动的部分。
- 设计最优的激励报酬合同，需要考虑两个重要的约束：激励兼容约束和个人理性约束。对员工的激励，一定来自报酬的可变部分。
- 承包制能产生激励的重要原因在于，如果承包者（接受工作任务的个人或团队）高效率工作，他就能得到更多的好处，因为任何节约都归自己所有，所以他有动力努力或低成本工作。
- 在二级密封价格下，承包方（或潜在的竞拍者）最佳的报价策略，就是如实地报告

- 自己对标的价值或成本价值的评估。
- 如果工作努力不可观察，业绩不太容易考核，但是业绩比较容易排序，那么企业就可以采用一种叫做"锦标赛"的机制来提供激励。
- 建立内部劳动力市场的公司，相当于与员工建立了长期合作关系，由此可以设计更加灵活、多样、有效的激励机制。在建立了内部劳动力市场的企业中，职业发展空间、路径和未来晋升的希望发挥了非常重要的作用。
- 报酬后置是一种面向职业生涯激励的报酬机制，可以在一定程度上提供职业生涯内的激励，并遏制诸如"59岁现象"之类的雇佣合同即将结束时的机会主义行为。
- 报酬后置和效率工资都有助于保留员工队伍。
- 利用工资和福利的不同组合，可以吸引到不同类型的员工。

[关键概念]

信息不完全	锦标赛
道德风险	晋升
逆向选择	工资结构
棘轮效应	外部晋升
所有权激励	内部劳动力市场
风险补偿	雇佣合同
激励兼容约束	显性合同
个人理性约束	隐性合同
承包制	报酬后置/延期报酬
拍卖	效率工资
二级密封价格拍卖	股票期权
自选择合同	

[复习思考题]

1. 计件工资和计时工资有什么区别？企业在何时使用计件工资，何时使用计时工资？
2. 为什么说计件工资具有筛选员工的作用？能力更强的员工会选择计件工资合同还是计时工资合同？
3. 既然计件工资能够极大地激励员工，为什么现实中计件工资并不是最普遍的工资合同形式？
4. 企业为什么需要激励员工？或者说，激励问题为什么会存在？
5. 什么是所有权激励？所有权激励会受到哪些因素的制约？
6. 企业和员工之间的最优风险分担应该如何安排？
7. 激励报酬合同设计需要考虑哪两个重要约束？这套理论为薪酬设计提供了哪些洞见？
8. 监督和考核的难易程度如何影响报酬合同设计？

9. 什么是承包制？它为什么能激励员工？
10. 竞拍者在二级密封价格拍卖机制的最优报价策略是什么？为什么？
11. 锦标赛的哪几个特性与企业内部层次结构问题紧密相关？
12. 为什么很多组织的工资结构是倾斜的，即越到高等职位，上下级职位之间的差距越大？
13. 能力差异会如何影响锦标赛激励效果？
14. 运气会如何影响锦标赛激励效果？
15. 如何对付职位晋升中的合谋？
16. 什么是内部劳动力市场？
17. 什么是报酬后置？它有什么激励功能？它适用于何种情形？
18. 股票期权为什么能激励经理冒险？
19. 效率工资为什么能激励员工？
20. 企业的福利多元化有什么利弊？

CHAPTER 8
第八章 工会与党组织

【内容提要】

劳动者通常根据加入工会后自身效用的变化来决定是否加入工会；工会对工资率、总薪酬、就业水平、劳动生产率以及利润等均会产生重要影响；工会为其会员争取劳动权益往往通过与企业进行集体谈判，进而签订集体协议来达成；一旦集体谈判中劳资双方无法达成和解协议，罢工就有可能产生——尽管罢工对于劳资双方而言成本高昂，但由于企业财务的信息对于劳资双方来说并不对称，当工会不清楚其希望分配的企业利润的具体数额时，罢工可以迫使企业表达其真实的利润水平。在中国情境下，工会具有自身的特点，它与党组织共同决定了企业员工的福利水平。

【学习要点】

1. 了解工会的行为及其经济影响。
2. 了解工会会员的决定因素。
3. 理解集体谈判的主要模型。
4. 掌握若干解释罢工行为的理论模型。
5. 了解中国工会与企业党组织在劳动关系中的作用。

本书对劳动力市场的运行状况进行分析时，并没有考虑工会制度和工会的作用。工会的支持者认为工会作为劳动力市场中唯一代表工人的组织，在提高工人待遇方面发挥着重要的作用；持反对意见的人则认为工会是一种垄断形式，虽然它会提高工会会员的福利，但是却将巨大的社会成本强加到其他社会成员身上。

事实上，工会提供了一种让劳资双方通过谈判分享经济利润的制度。进行经济分析时，将工会成员类比成最大化自身效用的个人，同时，将工会类比成一个最大化自身利润的企业，使他们在一定的约束条件下，作出对自身最有利的选择。本章将首先在经济理论背景下对工会的作用及其具体的行为方式进行分析；其次，再分析工会最大化其收益的具体手段——集体谈判和罢工；最后，将对中国的工会的发展情况及其与党组织在劳资关系中的作用进行简要的介绍。

第一节　工会的行为

一、工会的定义

工会（labor unions 或 trade unions）是劳动者的组织，其主要目标是提高工会成员的福利水平。工会一般可以划分为两类：一类是产业工会（industrial union），其会员一般来自同一企业（行业）不同职业的劳动者，如加拿大汽车工人协会、德国钢铁工人联合会；另一类是同业工会（craft union），其会员基本由从事同一职业的劳动者构成，如美国导演工会、法国飞行员工会。作为一个较大的集体组织，工会通常还代表一种政治力量。条件允许的情况下，工会还可以利用政治手段来实现更大利益，如影响法律的制定；或者直接掌握政权，如英国的两大执政党之一的工党。

工会受会员委托代表会员就雇佣合同中的各类条款与企业进行集体谈判，这些条款主要涉及劳动者的福利与劳资争议的处理方式。集体谈判覆盖的层次非常广，可以是整个产业的劳动者代表与多位雇主共同协商雇佣条款，也可以发生在一个工会和一个雇主之间，甚至可以发生在一个车间的工人与管理者之间。

二、工会会员的决定因子

对于某一个劳动者而言，是否加入工会取决于加入工会后是否会增加他的福利水平，如果工会向他提供的福利水平能够超过非工会雇主所提供的福利水平，他就会加入工会。利用劳动力闲暇选择模型分析劳动者在此决策中的权衡取舍（图8.1）。

预算线 E_1T 上劳动者选择点 P_1，工作 h_1 小时以实现自身效用最大化。工会提供的工资水平提高（从 W^* 上升至 W）会将预算线移动到 E_2T。如果企业对劳动时间的需求下降至 h_2，劳动者的福利水平会降低（效用从 U_1 下降到 U_2）；如果企业对劳动时间的需求下降至 h_3，劳动者的福利将会提高。

假设劳动者的初始选择是在点 P_1，此时其接受企业提供给非工会会员的竞争性薪酬 W^*，预算线由 E_1T 给定，劳动者选择离原点最远的消费-闲暇无差异曲线以实现效用最大化，与 E_1T 相切的无差异曲线 U_1 满足效用最大化条件。非工会会员的劳动者选择工作 h_1 小时，享受 L_1

（$L_n=T-h_n$）小时的闲暇。

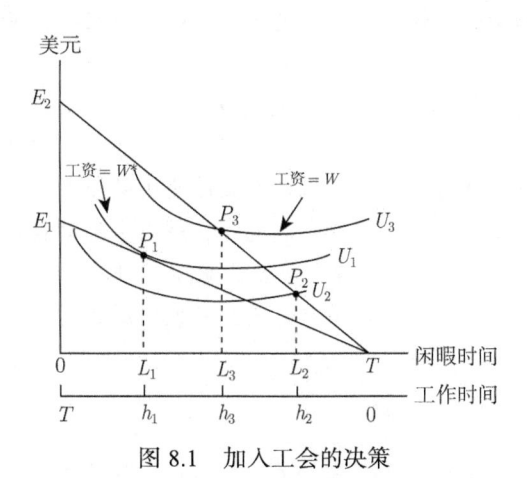

图 8.1 加入工会的决策

当工会组织者承诺可以为劳动者争取到 $W(W>W^*)$ 的薪酬时，劳动者的预算约束线调整为 E_2T。但是，劳动力成本上升会降低企业对劳动力的需求，因为企业对劳动力的需求曲线是向下倾斜的。当企业对劳动力的需求弹性较大时，工会强行增加劳动者的工资会大幅减少企业对劳动者的需求，具体表现为劳动者的劳动时间降为 h_2，使劳动者处于 E_2T 预算线的点 P_2 上。由于 P_2 所处的无差异曲线 U_2 要低于无差异曲线 U_1，劳动者的效用水平有所下降，此时劳动者如果加入工会，那么他的处境将变得更差。当企业对劳动力的需求弹性较小时，工资的增长只会些许降低企业对劳动力的需求，具体而言，使劳动者的劳动时间降为 h_3，使劳动者处于 E_2T 预算线的点 P_3。由于点 P_3 所处的无差异曲线 U_3 要高于无差异曲线 U_1，劳动者的效用水平得到提升，此时加入工会是劳动者效用最大化的选择。

三、工会的需求与供给

当工会能够提高劳动者福利，即制定高工资后企业对劳动力的需求量减少较小时，劳动者对工会的"需求"就会增加，更倾向于支持工会、加入工会。考虑到加入工会还存在会费等额外成本，当额外成本较小时，劳动者对工会的"需求"也会增加。当加入工会的工人增多时，社会的工会化程度（工会化率）便会提高。

劳动者对工会的需求并非工会化程度的唯一决定因素，工会化程度还取决于工会会员的"供给"。工会"供给"的会员数量不仅取决于组织劳动者队伍的成本、容许工会活动的法律环境、企业对引入集体议价的反对情绪，还取决于企业有多少可以向劳动者转移的经济利润。工会化程度由以下两种势力相互作用决定的——想通过加入工会提升自身福利的劳动者越多，工会化程度就越高；成为工会会员越困难，工会化率就越低。这一"成本-收益"分析方法有助于理解跨越不同人口群体、不同产业和不同时间段的工会化程度差异。

一般而言，男性的工会化率明显高于女性。工会化率的性别差异之所以存在，是因为女性更有可能选择非全日制的工作岗位。从事这种类型工作的劳动者依赖程度较小，被工会化的概率较低。此外，黑人的工会化率比白人要高得多，黑人历来饱受歧视，从事的工作也较为辛苦，彼此之间的依赖程度更高，因此黑人更倾向于依靠工会来维护自身权益。通常而言，外来劳动人口的工会参与率相较于本土人口要更低一些，外来人口所从事的职业往往位于劳动力市场的边缘，这些工作不太可能被工会化。

工会化程度在产业之间的差异非常大。建筑业、制造业、交通运输业的劳动者更有可能被工会化，而农业、金融业的从业者被工会化的可能性较小。以往的研究也表明，在高度集中产业从业的劳动者更有可能被工会化，毕竟在高度集中的企业，资本方拥有更为强大的垄断实力，可以获得超额利润，而更多超额利润的存在就给了劳动者更坚定的理由加入工会分享企业的经济利润。蓝领劳动者的同质化程度要普遍高于白领，因而更容易进行组织，此外，蓝领劳动者的工作条件相较于白领而言更差，因此蓝领劳动者的工会化率通常比白领劳动者的要高。

四、工会的影响

工会对工资率的影响一直是经济学家们关注的重点，除此之外，工会对总薪酬、就业水平、生产率以及利润等方面都有着较大的影响。本节中将考察工会所产生的这些影响。

（一）工会对工资率的影响

工会使得工会会员的工资率提高多少？假设能够同时观测到工会会员与非工会会员的两组工资率数据，假设工会会员和非工会会员的其他个人特质都是相同的。W_u代表观测到的工会会员的工资率，W_n表示支付给非工会会员的工资率。如果这两组劳动者之间的工资率差别完全是由是否加入工会所造成，那么可以得到工会为其会员争取到的相对工资优势（relative wage advantage）（R）。R_1可以表述为：

$$R_1 = (W_u^1 - W_n^1)/W_n^1 \tag{8-1}$$

然而，这种相对工资优势并不能完全表示为工会为其会员争取到的绝对福利，这是因为工会还会通过各种渠道对非工会会员的工资率产生影响。由于工会对非工会会员的工资率的影响方向并不确定，因此还不能十分肯定R的估计值到底是会高估还是低估工会为其会员争取的福利水平（图8.2）。

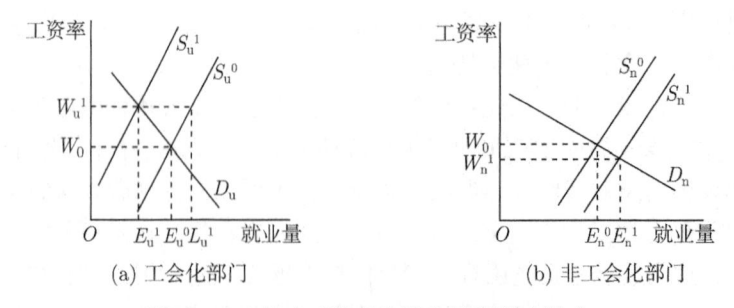

(a) 工会化部门　　(b) 非工会化部门

图8.2　工会对工资率和就业量的溢出效应

开始时工会化部门与非工会化部门的工资率并没有区别，均为W_0。当工会化部门的工资率提高到W_u^1时，工会化部门的就业量从E_u^0下将至E_u^1，工会化部门的剩余劳动力溢出至非工会化部门，使得非工会化部门的劳动供给曲线从S_n^0右移至S_n^1，就业量也从E_n^0上升至E_n^1，由于劳动力的需求曲线向右下方倾斜，因此非工会化部门的工资率也随之从 W_0 下降至 W_n^1。因此溢出效应会降低非工会化部门的工资率水平。

图 8.2 展示了劳动力市场上的两大部门，工会化部门（a）和非工会化部门（b），两部门雇佣同质的劳动者。最初，两大部门都是非工会化部门，并且劳动力可以无成本自由流动，可以得知两部门的工资率相等，如果不相等，劳动力就会从低工资部门向高工资部门转移（尽管此时两大部门都没有工会），直到工资率相等后劳动力才不会流动。在两大部门的需求曲线分别是 D_u 和 D_n 的情况下，两部门的供给曲线是 S_u^0 和 S_n^0，因为此时两部门的工资率才都是 W_0，雇佣量将分别是 E_u^0 和 E_u^1。

一旦其中有一个部门开始出现工会，成为工会化部门，它的工资率就会上升至 W_u^1，另一个部门的工资率是否会发生变化并不能确定。接下来将对可能发生的情况进行分别讨论。

1. 溢出效应

如果工会将工会化部门的工资率提升到 W_u^1，在供给、需求曲线不变的情形下工会部门的就业量会下降到 E_u^1，这意味着将会有 L_u^1- E_u^1 位劳动者面临失业。如果这些失业的劳动者都溢出（spill over）到非工会化部门之中，则两部门的劳动力工资曲线将会变为 S_u^1 和 S_n^1，在工会化部门，S_u^1 与 D_u 的相交点上工资率正好为 W_u^1、就业量正好为 E_u^1，工会化部门维持了 W_u^1 的工资水平，失业也全部消失。然而在非工会化部门，出现了超额劳动力供给，供给曲线 S_n^1 与劳动力需求曲线 D_n 的相交点上工资率下降为 W_n^1，就业上升至 E_n^1。

在这一效应背景下，工会成功地提高且保持了工会会员的工资水平，也将一部分劳动者转移到了非工会化部门。因此，通过溢出效应，工会在提升工会化企业工资率的同时还降低了非工会化部门的工资率。此时的相对工资优势（R_1）可以表示为

$$R_1 = (W_u^1 - W_n^1)/W_n^1 \tag{8-2}$$

如果用百分比形式来表示绝对工资优势（A），则有

$$A = (W_u^1 - W_0)/W_0 \tag{8-3}$$

很显然，由于工会降低了非工会化部门的工资率，它对工会会员实际工资产生的相对工资优势比绝对工资优势要大。

2. 威胁效应

如果工会将工会化部门的工资率提高，那么非工会会员就会希望有一个工会来提高他们的工资。而非工会化企业的雇主会害怕工会化提高企业的劳动力成本，有动力让一部分利润给劳动者以安抚他们，使得他们对工会的需求不那么强烈。由于工会会员在获得高工资时也需要付出一定的成本，因此，存在一个位于 W_0 与 W_u^1 之间的工资率 W_n^*，使得雇主可以非常有把握地确保自己的大多数员工不会选择成立工会。

当工会化部门的工资率从 W_0 提高到 W_u^1 时，工会化部门的剩余劳动力溢出使得非工会化部门的劳动供给曲线从 S_n^0 右移至 S_n^1，由于劳动力的需求曲线向右下方倾斜，因此非工会化部门的工资率会因为溢出效应出现下降。但是当威胁效应存在时，企业担心自己的企业被工会化，由于预期到工会化后企业经营成本的大幅上升，非工会化部门的雇主会在工会化之前制定一个较高的工资率来减少自身企业被工会化的概率。由于加入工会后劳动者也要付出一定的成本，因此企业最终制定的工资率 W_n^* 会低于工会化企业的工资率 W_u^1，并且高于 W_0。

付出的代价就是 $L_n^* - E_n^*$ 数量的劳动者失业。

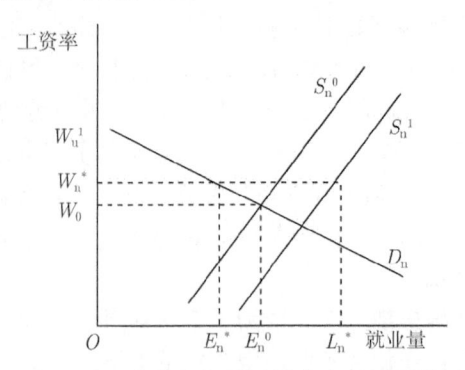

图 8.3　工会对非工会化部门的工资率和就业量的威胁效应

这种威胁效应意味着由于工会的存在，非工会会员可以施加进入工会的威胁导致非工会化部门的工资率上升（图 8.3）。其他条件不变的情况下，工会化部门工资升高，劳动力雇佣量下降，继而导致劳动力溢出使得非工会化部门的劳动供给曲线移动到 S_n^1 处。由于存在威胁效应，非工会化部门的雇主将工资率定位于 W_0 与 W_u^1 之间的 W_n^*，与此同时就业量下降到 E_n^*，过剩的劳动力 $L_n^* - E_n^*$ 的存在将导致失业的产生。最后，由于非工会化部门的工资率也比原来高，所以可以观察到工会相对工资优势就成为

$$R_2 = (W_u^1 - W_n^*)/W_n^* \tag{8-4}$$

显然，此时工会的相对工资优势要比工会对其会员的实际工资水平产生的影响小。

（二）工会对总薪酬的影响

在估计工会对工资率的影响时，很可能出现忽略工资仅仅是总薪酬的一个组成部分这一事实，这会使对工会作用的影响的认识产生偏差。在工会化企业中，像带薪休假、病假以及退休金等员工福利要比非工会化企业高得多。由于不同员工对各种福利的偏好不同，而非工会化企业没有一个简单的方法将员工的福利传达给雇主，所以非工会化企业会倾向于将总薪酬的较大部分以货币形式发放给员工。许多研究也证实了上述观点。因此，在不考虑员工总福利的情况下，进行的有关工会对工资率影响的研究都是不全面的。

在估计工会对工资率的影响时还有可能忽略就业条件，在此情况下人们会高估工会为会员争取的相对总福利。因为一般而言，工会化的企业往往生产环境较为恶劣，劳动者工作压力大、节奏快，劳动者彼此之间的依赖程度较高，这些因素都促使了工会的成立。换言之，劳动者之所以选择成立（加入）工会很大程度上受到非货币形式的就业条件的影响。尽管劳动者成立工会是为了改善这些坏的就业条件，但是他们并不会每次都成功。在工会和非工会企业之间的薪酬差距有一部分是来自于对工会企业恶劣生产环境的补贴。一项研究估计，工会和非工会劳动者之间存在的差距中有 40%由这一类补贴因素导致，这意味着观测到的工资差别可能夸大了工会劳动者与非工会劳动者总体福利的真实差距。

（三）工会对就业的影响

如果工会提高了工会会员的工资水平和福利水平，并且对于资方的特权构成了一种约束，

那么从经济理论的角度来说，工会的出现对于就业将会产生一种负面的影响。最近几年，已经有几项研究对这一理论预期进行调查取证，结果表明，工会确实会降低就业增长率。例如，一项对20世纪70年代末加利福尼亚州的多家工厂所做的研究显示，与非工会化企业相比，工会化企业的就业增长率每年要低2~4个百分点。事实上，工会化企业和非工会化企业之间的就业增长率差别是如此悬殊，在加利福尼亚州出现工会化比例的下降，主要原因之一是工会化企业中的就业增长缓慢。另外一些以美国、加拿大和英国的整体状况为对象进行的研究也发现，工会对就业确实具有类似的影响。最后，即使是在就业没有因工会化的出现而发生太大改变的情况下，也有可能会出现年度总工时数量的下降。

（四）退出-呼吁假说

上面讨论了工会对工资和就业的影响，现实中工会还会影响到雇佣关系中的生产率、劳动力的转换率等。工会之所以能够对它们产生影响，是因为存在一个重要的中间渠道——退出-呼吁假说（exit-voice hypothesis）扩展其影响。如果没有工会存在，劳动者与企业之间不能就生产方式、管理模式等具体的生产环节进行有效沟通，尤其不能对工作中存在的苦衷与不满进行申诉，最终劳动者将会选择离开企业。另外，如果某个工作者抱怨雇主，那么企业很可能通过解雇该员工来清除掉生产中可能存在的异常因素。因此，非工会化劳动者表现不满的唯一方式就是"退出"。工会的存在向劳动者提供一个与企业进行沟通的正式渠道。工会作为劳动者的代理人可以为劳动者进行"呼吁"提供条件，对工作岗位不满的工作者能够让雇主清晰、明了地接受他所传递的信息而不用担心丢掉工作。

呼吁模型有许多有趣的经济含义。例如，劳动者不再需要动不动就离开企业之后，企业的劳动力流动性应该更低。数据表明，非工会化企业两年期工作岗位的分离率比工会化企业两年期工作岗位的为利率低50%。退出-呼吁机制会影响工会会员对工作岗位的满意程度。理论上而言，工会化企业的会员由于存在"呼吁"机制，其应该对工作岗位的满意度更高。事实却并非如此，许多研究表明非工会员工对工作岗位的满意度更高。这一发现与退出-呼吁假说相矛盾，毕竟"呼吁"渠道可以有效消除劳动者对工作的积怨。然而，为了使得"呼吁"机制更为有效，工会会员被期望表达对工作岗位的不满，工会会员因此会夸大自己对工作的不满程度。这种不真实的反馈不仅不会引来辞退，还会使企业"听到"他们的员工需要更多利益。

（五）工会对生产率和利润的影响

学界就工会对生产率的影响一直难以达成共识，主要存在以下两种观点。一种观点认为工会的存在会提高劳动者的生产效率，这是因为工会的存在为劳动者提供了一种"发言机制"，即退出-呼吁假说,通过这个"发言机制"劳动者可以将他们的意见和建议传达给企业的管理者。如果劳动者和企业管理者之间能够就生产方式、管理模式等具体的生产环节进行有效沟通，劳动者的生产积极性会得到提高，劳动效率会有所上升。在劳动者生产积极性较高的情况下，辞职率就会较低，企业愿意花费更多的资源来培训员工，而这也会提高劳动者的生产效率。从另一个角度来说，不应该对工会化企业拥有更高的生产效率感到惊讶。回想一下企业面临的向右下方倾斜的劳动力需求曲线，如果工资上升，就业量就会随之下降，而劳动的边际生产率也会随之上升。此外，工会对工资的高要求会对企业管理层造成压力，迫使他们使用更为先进的生产技术和管理模式。第二种观点认为工会会对企业的生产决策造成干扰，尤其是对企业运用成本最小化劳动力的投入给予限制。这会使得企业的生产经营偏离最优渠道，从而使得工会对劳动生产率的提升作用有限，甚至降低劳动生产率。

由于工会对生产率存在两种不同的影响，因此工会对企业利润率的具体影响就取决于两种力量的角逐。如果工会提高了工资水平，但没有同时提高劳动者的生产效率，或者工会对生产率产生的有利影响并没有大到足以补偿企业的庞大工资成本，那么工会的出现就降低了企业的利润水平。对于工会企业和非工会企业的利润的详细研究表明，工会使得企业的资本回报率减少了19%。

第二节　集体谈判

一、集体谈判的定义

集体谈判是一种工会或个人的组织与企业就雇佣关系和问题进行交涉的一种形式。工资和福利，是集体谈判的主要问题之一。企业是雇主方的代表，而雇员方的代表则是工会或职工代表大会等团体和组织。早期的集体谈判主要是就劳动条件、劳动报酬和劳资关系等问题的处理进行谈判和交涉。当今集体谈判的内容有所扩大，许多与企业发展和企业管理有关的内容如企业内的人事改革、录用标准、人员流动、劳动合同的签订与解除等也通过劳资磋商的方式解决。

劳动合同的谈判可以在个体层面也可以在集体层面。个体层面是指个体劳动者与企业之间确定单份劳动合同，而集体层面是指劳动者群体代表与企业的组织之间确定劳动者的集体合同。工资是缔约双方讨价还价的结果，而具体的分配结果取决于双方讨价还价的实力。在绝大多数的工业化国家，大部分的劳资合同是由集体协议来制定的。

二、集体协议的特征与重要性

集体协议由若干在一个或一个以上的企业与劳动者代表之间商定的条款所组成。衡量集体协议重要性的两个指标是工会参与率与集体谈判覆盖率。达成集体协议的层次和目的在不同国家存在较大的差异。

（一）集体谈判覆盖率与工会参与率

工会参与率必须与集体谈判覆盖率区分开来。在对它们进行展开之前，先做一个简单的国际对比。表8.1显示的是一些国家在集体谈判覆盖率与工会参与率两方面的情况。第一，可以发现集体谈判覆盖率在美国和日本明显相对较低，说明类似国家的集体谈判结果很少扩展到非工会成员的劳动协议中。第二，集体谈判覆盖率在欧洲国家相对较高，表明在这些国家的集体谈判结果已经被扩展到了非工会成员身上。以法国为例，该国的集体谈判覆盖率高达95%，集体谈判达成的协议基本适用于全国。集体谈判覆盖率越高并不意味着其工会参与率越高。例如，法国的集体谈判覆盖率远远高于瑞士，但是法国的工会参与率却比瑞士的工会参与率低。很明显，不同国家的工会所处的历史和法律背景是不同的，这一点对于理解不同国家工会的会员发展水平是非常关键的。各国之间的法律背景不同还意味着在工会会员比例和工会力量之间并不存在必然的相关性。例如，瑞典的工会参与率高达 91%，但是有些工会的谈判力量较弱。

表 8.1　若干国家的工会会员发展水平及集体谈判协议覆盖情况（1994 年）

国家	工会会员所占比例/%	集体协议覆盖的劳动者比例/%
奥地利		98
法国	9	95
德国	29	92
意大利	39	82
荷兰	26	81
瑞典	91	89
瑞士	27	50
澳大利亚	35	80
英国	34	4
加拿大	38	36
日本	24	21
美国	16	18

资料来源：OECD. Employment Outlook, July 1997[M]. OECD, 1997.

（二）集体谈判涵盖的内容

集体谈判涵盖的范围极其广泛，包括工资、工作时间、假期、退休、培训、申诉仲裁、健康保险等。各国在集体谈判涵盖的范围也存在一定差异。在美国，集体协议事实上是一种州政府在健康和退休等领域低水平介入的补偿方式。传统上，美国州政府在这些领域的作用大于其他发达国家尤其是欧洲国家的政府。因此，在其他发达国家集体协议只涉及为数较少的问题。尽管如此，这些国家的集体谈判通常不仅仅涉及工资问题，也包括工作时间、工作条件与职业培训等相关的问题。不过，就业水平是任何一个发达国家集体谈判都很少提及的内容。

三、集体谈判约束条件

工会的目的是为会员争取更多的福利，集体谈判是工会实现目标的重要手段。福利既包括工资也包括养老金、保险等其他项目。然而工会希望争取更多的福利是在一定约束条件下发生的。工会和企业就就业协议达成一致必须使企业方面认为企业能够在与劳动者和平相处的同时获得经营利润。提高劳动者的总福利会使得企业产生很强的劳动力替代激励，此外，较高的劳动力成本还会迫使企业缩小生产规模。简言之，工会面临着一条向下倾斜的劳动力需求曲线，所以，这条曲线的位置与弹性大小对工会达成其最大化会员福利的目标形成约束。

接下来，将把分析个体是否加入工会的分析方法应用到整体中来（图 8.4）。暂时忽略其他因素，关注图中的两条需求曲线 D_e 和 D_i^0，它们在工资率水平 W_0 和就业率 E_0 上相交。此时工会将工资率提高到 W_1，由于劳动力需求曲线向右下方倾斜，工资率的提升必然带来就业量的下降,此时就业水平下降至 E_i^1,如果工会面临的需求曲线的弹性增大,如 D_e,那么它的就业水平将下降至 E_e^1。在其他条件不变的情况下,劳动力需求曲线弹性越大,工资率上升带来的就业量的下降幅度就越大。

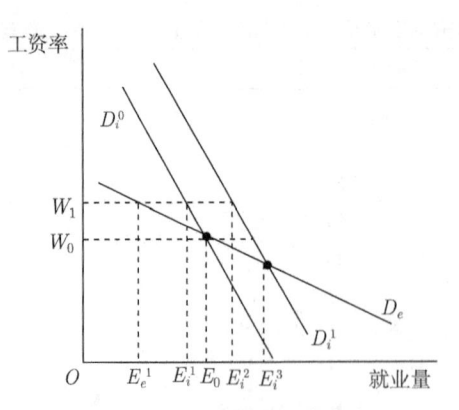

图 8.4 集体谈判的约束条件

集体谈判的效果受到劳动力需求曲线弹性的约束,当劳动力需求曲线弹性较小时(D_i^0),工会使工资率从 W_0 上升至 W_1 时,就业量从 E_0 下降为 E_i^1。当劳动力需求曲线弹性较大时(D_e),工资率同样上升至 W_1 时,就业量下降至 E_e^1,就业量的下降大大增加。工会面临的这一约束条件很大程度上阻碍了工会会员整体福利的提高,因此工会会致力于提升劳动力需求的弹性。假设企业对劳动力的需求增加导致需求曲线从 D_i^0 右移到 D_i^1,如果工会将工资率提高到 W_1,此时劳动力需求变化为 E_i^2,就业人数不存在绝对数量的减少,只不过工会没有使得就业保持在原本可以达到的 E_i^3 而已。

工会面临的这一约束条件很大程度上阻碍了工会会员整体福利的提高,因此工会会致力于提升劳动力需求的弹性。现在假定谈判过程中,企业对劳动者的需求增加导致劳动力需求曲线从 D_i^0 右移到 D_i^1,如果工会将工资率提高到 W_1,此时劳动力需求变化为 E_i^2,就业人数不存在绝对数量的减少,只不过工会没有使得就业保持在原本可以达到的 E_i^3 而已。因此,在其他条件相同的情况下,劳动力需求曲线右(左)平移的速度越快,则工资率水平的上升会使得就业量的下降程度越小(越大)。可以推断,在劳动力需求曲线缺乏弹性的快速增长产业中,工会的提高工资率的能力是最强的。相反,在劳动力需求的工资弹性极高的产业以及劳动力需求曲线向左平移的产业中,工会提高会员工资的能力是最弱的。

本章将具体论述两种集体谈判的模型,这两种模型描述了在既定市场约束的情况下,工会和雇主在集体谈判过程中将会采取什么样的策略。这两个模型都分析了工资和就业的相互作用以及它们之间的替代关系。

四、垄断工会模型

对工会影响均衡工资的模型最终可以归结为两个更为一般性的模型,即管理权模型和效率谈判模型。管理权模型的基本特点是,它假定在工会可能进行工资率谈判的同时,企业保留了单方面决定雇佣工人数量的权利。在管理权模型中,工资由工会和企业之间谈判的结果决定。一旦工资由谈判所决定，企业就通过单方面选择使其利润最大化的工人数来行使其"管理权"。这样做的结果就是，雇佣量总是位于劳动力需求曲线上。管理权模型的一种特例便是垄断工会模型。

对工会和和雇主之间的关系进行描述的最简单模型被称为垄断工会主义（monopoly unionism）模型。顾名思义，在该模型中工会具有决定劳动力价格的绝对权力，企业只能在既有的工资率下通过调整雇佣量来实现自身的利润最大化。图 8.5 表明劳动者所面临的劳动力需求曲线是工资率的简单函数。

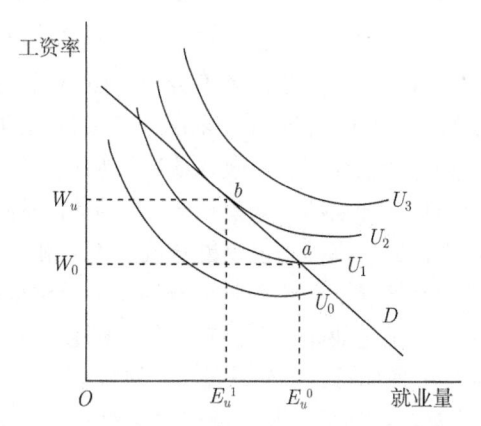

图 8.5　在劳动力需求曲线约束之下的工会效用最大化

垄断工会是通过选择需求曲线 D 上的与无差异曲线相切的那一点来实现效用的最大化。工会选择 W_u 的工资，而企业在审视需求曲线的情况下选择最优的雇佣数量 E_u。如果需求曲线是缺乏弹性的（更为陡峭），工会则可能获得更多的效用。

在图 8.5 中，假定工会对工资率和就业量的价值评价相同，并且工会的效用就是其会员偏好的加总，这样就可以得到以工资和就业量为自变量的工会效应函数。图中无差异曲线 U_0、U_1、U_2、U_3 表示工会的效用函数，无差异曲线具有负的斜率，在该图形中具体解释为要维持某一既定水平的效用，工会就必须用一种变量（就业量或工资）的增加来补偿另外一种变量的减少。它们还表现出边际替代率递减的特性，这是因为假定随着就业量的下降，工会为了换取既定幅度的工资增长所能忍受的就业量损失会越来越小。最后，较高的无差异曲线代表着较高的工会效用水平。

如果没有工会，市场均衡点为工资率 W_0 和就业率 E_0 相交的点 a。如果引入工会和集体谈判，工会通过集体谈判将怎样影响工资率和就业量呢？在垄断工会模型下，企业要在工资率确定的情况下根据劳动力需求曲线来选择利润最大化的雇佣量。工会在知道企业通过劳动力需求曲线确定雇佣量的情况下，知晓最终的工资-就业量组合必然处于劳动力需求曲线上。因此工会也会在劳动力需求曲线上寻求自身效用最大化的点。根据图 8.5 所示，工会将会把工资率定在 W_u，企业随即决定的最优雇佣量为 E_u，它们的交点 b 便是无差异曲线 U_2 与劳动力需求曲线 D 的切点。在劳动力需求曲线这一约束条件下，b 点就是工会能够达到的最高效用水平。

垄断工会模型意味着，工资率的提升必然会带来就业量的降低，因此当劳动力需求曲线缺乏弹性时，工会能够获得更多的效用。因为随着工资的增加，缺乏弹性的劳动力需求曲线意味着雇佣量的减少幅度较小，因而工会所争取的总福利会更大。可以推断，工会会想方设法地操作劳动需求弹性，使得企业在工会劳动力与非工会劳动力之间的替代变得困难，或者消费者在工会企业生产的产品与非工会企业生产的产品之间的替代变得困难。

五、效率谈判模型

简单的垄断工会模型是没有效率的。如果不是首先由工会确定工资率，再由雇主在固定的工资率上决定雇佣量，而是由双方共同决定工资率和雇佣量，双方的福利就都能够得到改善。也就是说，存在一组至少可以使得企业或者工会受益而不损害另外一方的工资率和雇佣量的组合，这些组合就是效率合约（efficient contracts）。需要说明的是，此处对效率合约的论述类似于帕雷托效率，相较于垄断工会模型，效率谈判模型也类似于帕雷托改进。但是两者并不相同，帕雷托效率所指的是社会福利，帕雷托改进也是指一种交换能够使得全社会中有人收益无人受损。而在本章论述的效率模型仅仅能够改善工会和企业的福利，它并不意味着全社会都会获利。甚至，在通常情况下，这些效率合约还会导致全社会劳动力资源的浪费。

开始分析前，有必要回顾一下企业是如何确定最优雇佣量的。企业针对每一个工资率来选择能够使得自己利润最大化的雇佣量，首先从图8.5的劳动力需求曲线上找一点，如 a 点，对应的工资率为 W_0，就业量为 E_0，如果企业准备扩大或者缩减雇佣量，那么利润就会下滑，因为最优的雇佣量就是 E_0，所有偏离 E_0 的雇佣量都会导致利润下降。为了使得利润下降，企业就不得不制定一个较低的工资率，而随着雇佣量的继续扩大或缩小，工资率也必然随之进一步缩小。

引入等利润线进行规范化的描述。如图8.6，等利润线是一条由工资率和就业量的组合形成的轨迹，沿着这条轨迹运动的企业获得的利润是相等的。图中描述的是一条以 D 线为劳动力需求曲线的企业面临的三条等利润线。每一条曲线都在它与劳动力需求曲线的焦点取得工资率的最大值。当沿着等利润线远离劳动力需求曲线与等利润线的交点时，为了维持一个不变的利润，工资率就必须下降。较高的等利润线所代表的利润水平较低，这是因为在较高的等利润线上，与每一个雇佣水平相联系的工资水平更高。因此，相对于 I_2 曲线上的任意一点，

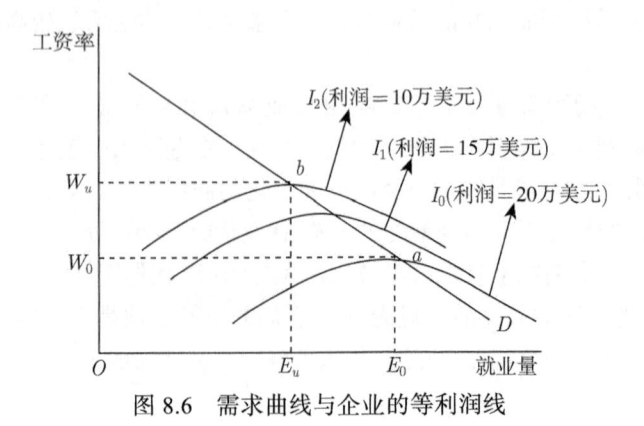

图8.6　需求曲线与企业的等利润线

企业更加偏好 I_0 上的所有点。显然，最初的工资率-雇佣量组合（点 a）处于等利润线 I_0 上，而等利润线 I_2 上则涵盖了垄断性工会所得出的工资率-雇佣量组合（点 b）。

如果工资率为 W_0，企业就会选择 E_0 的雇佣量来最大化其利润。如果企业决定的雇佣量多余或者少于 E_0，那么它最终的等利润曲线就会高于 I_0，利润水平也会小于 20 万美元。如果企业决定的雇佣量大于或者小于 E_0，又希望利润保持不变，那么就只能降低工资率。因此等利润曲线呈倒 U 形，较低的等利润线创造更多的利润。

图 8.7 是将图 8.6 中的企业的一组等利润线放到图 8.5 中的工会无差异曲线上得到的一幅图，它描述了为什么垄断性工会所得出的工资与雇佣量的组合（点 b）并不是一种效率合约。假如不是将决策定在点 b 上，双方经过谈判确定的合约要求停留在点 d 上，这时的工资（W_d）将会更低，并且工会会员的就业量（E_d）将会更高。在点 d 上，工会的总体福利水平将会更高，因为现在它将处在一个更高水平的无差异曲线 U_3 上，而企业却并未遭受任何损失，因为它还在等利润线 I_2 上。

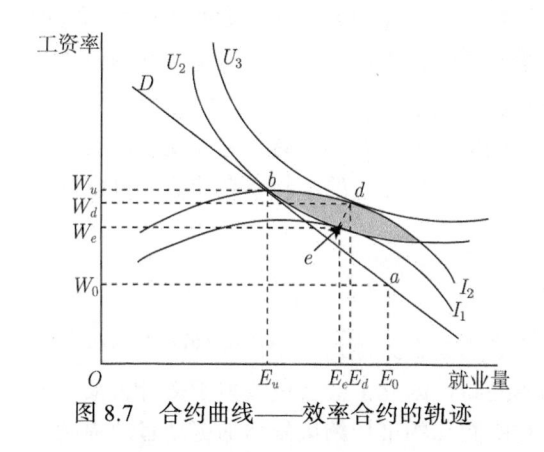

图 8.7 合约曲线——效率合约的轨迹

没有工会的工资率为 W_0，就业量为 E_0，两者相交于点 a。引入工会后，在垄断工会模型下，工会要求工资率达到 W_u，企业在此基础上选择利润最大化的就业量 E_u，两者相交于点 b，垄断工会模型是无效率的。假如工会和企业经过集体谈判的结果并不在点 b，而是在点 e，即工资率为 W_e，雇佣量为 E_e。与垄断性工会的决策点 b 相比，工会的福利状况没有改变，因为点 e 与点 b 同在无差异曲线 U_2 上，而企业的福利状况却得到了改善，因为企业的等利润线已经达到了 I_1 的水平，相较于 I_2，I_1 代表着更高的利润水平。同理推导，工会和企业双方能够找到一系列好于点 b 的合约，这些合约中企业和工会的总福利会得到提高，同时没有一方的福利会受到损害。这些合约的组合可以用图中的阴影部分来表示。在这些组合中，企业的等利润线和工会的无差异曲线相切的那些点被称为效率合约。实际上，还存在一条代表这些点的完整轨迹，可以用图中的曲线 ed 来代表。

同理，假如工会和企业经过集体谈判的结果并不在 b 点，而是在 e 点，即工资率为 W_e，雇佣量为 E_e。与垄断性工会的决策点 b 相比，工会的福利状况没有改变，因为点 e 与点 b 同在 U_2 上，而企业的福利状况却得到了改善，因为企业的等利润线已经达到了 I_1 的水平，相较于 I_2，I_1 代表着更高的利润水平。

同理推导，工会和企业双方能够找到一系列好于点 b 的合约，这些合约中企业和工会的总福利会得到提高，同时没有一方的福利会受到损害。这些合租的组合可以用图 8.7 中的阴影部分来表示。在这些组合中，企业的等利润线和工会的无差异曲线相切的那些点被称为效率合约。实际上，还存在着一条代表这些点的完整轨迹，它们可以用图 8.7 中的曲线 ed 来代表。曲线 ed 就被称为合约曲线（contract curve），它上面的每一个点都代表着企业的等利润线和工会的无差异曲线的一个切点；在这些点上，雇主和工会都处在愿意用工资率来替代雇佣量的边际上。虽然在 ed 线上企业和工会的处境都会变好（最差也是维持不变），但是双方并不是无差异的。工会显然更为偏好接近 d 的点，而企业则更为偏好接近 e 的点。而最终的合约将确定在合约曲线的哪个点上则取决于双方谈判力量的大小。

对于合约曲线，必须认识到如下两点。第一，正如图 8.7 所示，它右偏离企业的劳动力需求曲线，这意味着与企业单方面决定雇佣人数相比，企业在既定工资率会招募更多的劳动力，这说明集体谈判合约中将会包含一些迫使企业雇佣剩余劳动力的条款，如最低雇佣规模条款、不解雇条款等。尽管企业可能会因这些条款而获得福利方面的改善——这是因为这些条款能够诱使工会同意企业支付较低的工资率，但是对社会而言，它却没有能够实现成本最小化而造成了极大的浪费。

第二，合约曲线向上倾斜，但这并不意味着它一定是向右上方倾斜。它倾斜的方向取决于企业的等利润线和工会的无差异曲线的形状，合约曲线可以朝左上方倾斜，也可以垂直向上。

六、改变市场约束的方法

本章第二节集中讨论了工会在集体谈判中面临的约束条件，这些约束条件很大程度上阻碍了工会会员整体福利的提高，因此工会会员致力于提升劳动力需求的弹性。接下来将详细讨论工会如何通过改变它所面临的市场约束来增加劳动者的福利。工会在平时一般通过政治渠道来改变它们所面临的市场约束，在集体谈判过程中还可以使用罢工这一威胁手段，还可以将未决的争议交由中立第三方进行仲裁。仲裁与罢工将会在本章的后几节做详细说明，本小节将重点介绍工会使用的政治手段。

工会所做的所有一切都是为了放松其所面临的市场约束，换句话说，工会会想方设法地提高社会对工会劳动力的需求或者降低工会提供的工会会员服务的需求工资弹性。这些目标并不一定能够在集体谈判中直接实现，相反，是由工会主导的一系列公共关系活动实现的。这些公关活动的直接目的有如下两条：① 增加工会会员产品的需求；② 削弱工会会员的可替代性。

以美国工会为例，美国工会可以要求国际贸易政策限制进口产品的种类和数量或者直接要求进口产品中必须包含美国制造的成分，这样就能够增加美国社会对美国本土产品的需求，进而扩大市场美国本土工会会员的需求。美国工会还通过游说政府，使其反对某些自由贸易法案，因为这些自由贸易法案会促进商品进口从而降低社会对美国本土商品的需求。有些工会可以直接影响社会成员对工会会员产品的偏好，如鼓励购买国货。

工会还试图增加企业替代工会会员的难度，如工会会支持政府制定较高的最低工资水平。

虽然表面上这可以看成是工会对底层劳动者的关心，但是，最低工资的上升会导致非工会会员工资的普遍上涨，进而提高非工会会员产品的生产成本，削弱了企业使用非工会会员替代工会会员的动机。此外，工会往往还会支持限制外来人口的政策，因为外来人口会降低本地劳动者的工资，增加本地劳动者的可替代性。

七、公共部门的集体谈判

尽管许多国家赋予了公共部门员工以某种形式举行罢工的权利，但是在大多数国家，政府雇员和地方政府雇员的罢工活动仍然是被禁止的。然而，在罢工被禁止的情况下，法律提供了另外的解决机制。

当公共部门的集体谈判陷入僵局时，法律通常允许第三方进行调解（mediation）。中立的调解方在分别听取双方意见的基础上，应当就以下问题提出一个中立性建议，即谈判双方应如何妥协，直到对方更容易接受己方的条件，同时还要采取各种措施来努力使双方实现争议的自愿解决。如果第三方调解失败，则进入事实查证（fact-finding）阶段。在这一步骤中，中立的第三方会在听取完争议双方的陈述并完成信息的搜集后，出具一个建议性的解决方案。这份报告对双方都没有约束力，但是可以作为双方让步和妥协的参考文件。如果非强制手段无法达成自愿解决的结果，仲裁（arbitration）就成了解决争议的最后一道程序。

第三节　罢　工　行　为

一、罢工的发生与社会成本

集体谈判在企业方面看来是工人联合起来强制分配企业的经济利润。工会如何说服雇主同意作出这些改变，从而降低工会会员的需求工资弹性或者将工会会员的需求虚线向右移动，以保证工会会员整体福利的提高呢？通常而言，企业如果同意提高实际工资水平，工会会同意通过修改某些规则提高生产效率，这样与生产效率联系在一起的集体谈判过程通常被称为生产率谈判（productivity bargaining）。然而更为典型的情况却是工会会对资方施加成本压力，迫使企业作出让步而不涉及生产效率问题。工会通过消极怠工来给企业制造额外的生产成本，而罢工则更为激烈，是所有工会会员都拒绝为企业提供服务。以上传递的信息可以用图 8.8 简单地概括。

企业在点 R_f 妥协，获得 85% 的经济利润，工会获得 15% 的经济利润。工会希望能够达到 R_i 点，自身获得 85% 的经济利润，分给企业 15% 的经济利润。双方不能妥协，发生罢工。罢工成本高昂，双方都有损失。最后争端妥协点出现在点 S，企业获得 40% 的经济利润的同时工会获得 40% 的经济利润。双方总利润相较于原来的经济利润少了 20%。如果双方能在罢工前就选定 R_0 为妥协点，则双方的情况都会得到改善。

图 8.8 中向下倾斜的线描绘了这些租金可以划分的多种方式。R_f 是企业指定的经济利润划分点，其中企业获得 85%，工会获得 15%。R_i 点是工会代表劳动者提出的分配诉求，工会得到 85%，企业获得 15%。双方无法达成协议，于是罢工出现。罢工的成本高昂，企业在罢工时不仅会面临利润下降而且有可能永久性地失去客户；劳动者不仅会失去收入，甚至会失去

工作岗位。作为成本高昂的后果，企业可供分配的经济利润会减小，最终双方在 S 点达成妥协，企业获得原有经济利润的 40%，工会也获得原有经济利润 40%。双方都作出了妥协，双方也都获得了比对方安排得更高的收入分成，然而这个胜利却是空洞的，因为全社会共损失了 20%的原有经济利润。劳资双方本可能存在更有效的分配利润的方法，如 R_0 点，该点双方都能获得原有经济利润的 50%，都要好于罢工妥协点 S。也就是说，罢工并非帕雷托最优。当各方对罢工的成本和后果有良好有效的估计时，举行罢工就并不理性。企业与工会可以提前就罢工的后果达成协议，以节约和分享罢工成本，于是双方的处境就都会高于罢工妥协点。罢工的非理性被称为希克斯悖论（Hicks paradox）。

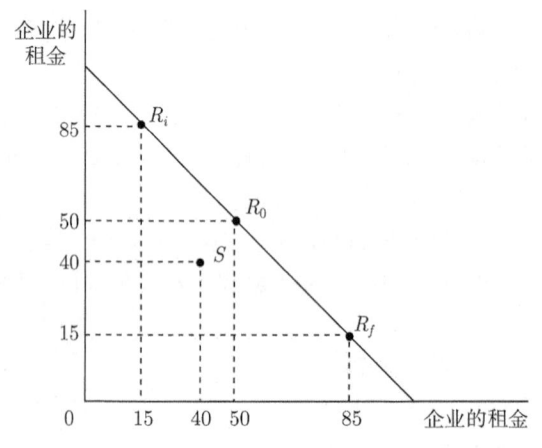

图 8.8　希克斯悖论：罢工不是帕雷托最优

罢工的社会成本如此之高，以 20 世纪 70 年代的美国为例，人数超过 1000 人的罢工一共有 381 起，给美国当年的经济造成了 0.25%的损失。尽管罢工发生的频率并不高，但在每一次的集体谈判过程中，罢工威胁一直存在，不容忽略。

二、罢工的一个简单模型

约翰·希克斯（John Hicks）建立了第一个罢工模型。假如企业和劳动者就加薪问题进行谈判，劳动者通过工会提出要求的加薪比例会如何随罢工的预期时间长短而发生变化呢？希克斯用图 8.9 中所示的图形对这一问题进行了分析，其中，W 是劳资双方正在谈判中的那个工资增长比率。

随着罢工时间的延长，工会会更有意愿降低它对工资增长比率的要求，因此工会抵制曲线会向右下方倾斜。另外，罢工持续的时间越长，企业就越有意愿接受更高的工资增长比率，因此企业让步曲线会向右上方倾斜。而罢工最终持续的时间与最终确定的工资增长率决定于工会抵制曲线与企业让步曲线的焦点，在该点上，罢工持续时间 S_0，最终工资增长比率为 W_0。

接下来，从企业和劳动者两个方面来论述罢工期间的行为变化。站在企业角度，W_f 是企业在罢工前的最高工资支付水平，如果企业支付的工资水平 W_f 被工会拒绝而引发罢工，那么在一个相对较短的时间内，工会抵制曲线会上升。原因是企业能够通过原来积累的库存来应对罢工时顾客的需求，这使得企业的让步意愿并不明显。随着罢工时间的延长，企业为了应对业务丧失或者顾客不满所带来的成本增加，很可能会提高它的支付意愿。企业支付意愿的变化趋势如图中企业让步曲线 EC 所示。

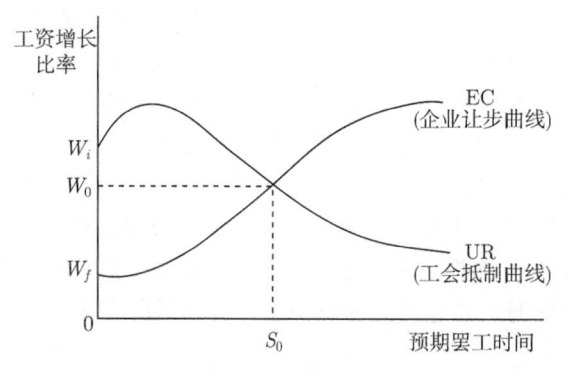

图 8.9　希克斯的集体谈判模型和预期的罢工持续时间

从工会角度来说，W_i 是其最开始愿意接受的工资增长比率而不进行罢工，由于 W_i 与 W_f 差距较大，工会决定罢工。当罢工开始后，劳动者的态度更为强硬了，于是工会实际上所提出的工资增长幅度可能会比它当初本来愿意接受的工资要求还高。然而，当罢工时间延长，劳动者长时间没有收入来源，其遭受的损失会使得劳动者的态度开始转变，于是工会开始降低其对工资增长的要求。这一变化过程体现在图 8.9 中就是工会抵制曲线 UR。随着罢工进程的继续，工会的工资需求将会下降，而企业愿意提供的工资则会逐渐上升，直到罢工进行到 S_0 点时，双方达成妥协。在这一点上，谈判的解决方案是工资提高到 W_0，而罢工也在此结束。这个简单的罢工模型实际包含了以下几层含义。

第一，假定 EC 曲线不变，则任何可以将 UR 曲线向上移动（增强工会的力量）的因素，都可以延长预期的罢工时间，且提高预期工资的上升幅度。而工会抵制力量的增强则可能表现为以下两种方式：一是在未罢工时的工资要求更高；二是越来越不愿意对自己的工资需求进行修正。例如，如果失业率很低，罢工者很容易找到临时性的替代工作，或者工会会员能够在罢工过程中获得某种形式的失业保险，那么，他们决定罢工以及将罢工继续下去的意愿就会更高。事实上，罢工在经济繁荣时期发生的可能性更大，持续时间也更长；而罢工者获得失业保险的可能性对于罢工活动也产生了大致相似的影响。

第二，任何强化企业拒绝能力的因素都会导致 EC 曲线的下降，从而拉长预期的罢工时间，同时降低预期的妥协工资水平。因此，在下面这些情况下，企业抵制工会要求的可能性会更大，并且在罢工继续进行的情况下，提高自己愿意提供的工资水平的可能性也会更小：它们的盈利水平较低；所面临的是一个富有弹性的产品需求曲线；在罢工之前囤积了大批的产品库存；能够很容易地找到替代劳动者。

第三，罢工似乎是一种不必要的浪费。如果在不出现罢工或者只经历一个较短时间罢工的情况下，双方有可能会同意提前达成某种谈判议定书，以避免将来出现的罢工。实际上确实有证据表明罢工给双方造成的共同成本越高，罢工发生率越低，持续时间也会越短。

三、罢工与信息不对称

如果罢工存在较大的成本，而又是可以提前避免的，那么为什么罢工还会发生呢？有人认为工会为了巩固他们的谈判地位以及保持罢工威胁的可信度，必须阶段性地运用罢工手段，以期望罢工行为对未来的谈判施加影响。此外，罢工可能还会被作为一种加强工会内部团结、对付共同的对手的手段来发挥作用。然而，从根本上来说，罢工之所以会出现，是由于劳资双方所掌握的关于对方的目标和抵制意愿的信息是不完善的。

近年来关于罢工的经济分析在某种程度上都是建立在信息不对称（asymmetric information）的假设基础上。因为劳动者加入工会的本质原因是分享企业的经济利润，但是劳动者对企业的经济利润的相关信息并不了解，而企业又没有动力完整而诚实地提供企业的财务信息和利润情况。相反，企业有动力让员工相信企业的盈利情况不太好，以降低在集体谈判时工会对工资的预期要求。

在工会看来，企业有信息方面的优势，又有低报利润的动机，因此它们就会试图从企业那里获得真实的利润信息。获得这个真实信息的有效途径之一就是罢工。如果企业在说谎，企业的真实利润水平高于它所宣称的水平，企业就不大可能与工会进行谈判。然而，如果企业反映的低利润水平是真实的，那么罢工中资方就不可能妥协，即资方宁愿选择"罢工"也不愿意选择损失更大的高工资率，从而释放出一种真实的企业利润水平的信号。

工会与企业关于经济利润的信息不对称程度越大，发生罢工的可能性就越大，持续时间也会越长。事实表明，企业的盈利能力随时间变化的可能性越大，工会与企业之间就经济利润的信息不对称程度也就会越大，罢工发生的可能性也就会越大。然而，如果双方都能认识到这一点并且拥有一个能够快速表达自己真实意图的良好声誉，罢工发生的概率就会小很多。

第四节　中国企业的工会和党组织

一、中国的工会

中国的工会是中国共产党领导的职工自愿结合的工人阶级群众组织，是党联系职工群众的桥梁和纽带，是国家政权的重要社会支柱，是会员和职工利益的代表。中国工会以宪法为根本活动准则，按照《中华人民共和国工会法》（简称《工会法》）和《中国工会章程》（简称《工会章程》）独立自主地开展工作，依法行使权利和履行义务。中国工会的基本职责是维护职工合法权益。中国工会除代表最广大人民群众的根本利益外，没有自己的特殊利益。

（一）中国工会的历史

中华全国总工会于1925年成立，一度几近消亡，但在中国共产党和中国工人阶级的努力下，中华全国总工会于1948年在哈尔滨举行的第六次全国劳动大会上恢复，并在中国共产党领导下得到蓬勃发展。

从中华人民共和国成立到1956年年底，我国初步建立起社会主义制度。在此期间，中国工会始终围绕党的工作重心，以生产为中心，组织动员职工开展了多种形式的劳动竞赛，参与《工会法》等有关工会组织和工人工资、劳动保护、群众生产等劳动政策、法规的制定与监督；开始对新的历史条件下的工会理论和工会工作进行探索。1957年年底召开的中国工会第八次全国代表大会，根据党的八大精神，提出发挥工会积极作用，扩大和健全企业民主管理，发挥群众的监督作用。但"文化大革命"期间，工会组织完全瘫痪。

1978年9月召开的中国工会第九次全国代表大会是中国工会开始第二次历史性转变的新起点。在这次大会上，邓小平代表中共中央所作的致词指明了工会工作的方向。他指出，中国工人阶级和工会运动新的历史任务是推动改革，建设四化，进行新的长征；工会必须成为"工人信得过的、能替工人说话和办事的组织"，"必须是民主的模范"。从此，中国进入了社会主义事业发展的新时期。经过近五年的发展，中国工会实现了工会工作的全面恢复，并且在企业民主管理、职工政治思想教育及工会自身建设等方面有了新的发展。

从1987年10月到1993年年底中国工会召开了两次全国代表大会，特别是第十二次全国代表大会，强调工会要在维护全国人民总体利益的同时，更好地表达和维护职工群众的具体利益，全面履行好工会的各项职能，强调通过维护职工的合法权益，在改革、发展、稳定的大局中更好地发挥工会作用。

1998年10月，中国工会召开了第十三次全国代表大会，提出用邓小平理论指导工人运动和工会工作，明确了今后一个时期工会的指导方针和任务。之后工会各项工作都不断向前推进：集体合同制度特别是劳动关系三方协调机制建设取得明显进展；职工民主管理在新的形势下继续得到发展；"送温暖"活动基本实现了经常化、制度化、社会化，并向帮扶困难职工群体拓展；源头参与和宏观维护工作得到加强。

2003年9月，中国工会召开了第十四次全国代表大会。会议提出了"组织起来，切实维权"的工作方针。2008年10月，召开了第十五次全国代表大会，对《工会章程》修改28处，为更多农民工入会创造了条件，扩大了覆盖面；会员权利得到更多保障，民主监督作用得到强化；保障工会干部依法履行职责。时至今日，中华全国总工会同过往一样领导着全国各级工会在维护劳动者权益，协调劳动关系中发挥着它的光和热。

（二）中国工会的组织体制

中国工会的组织体制，是在中华全国总工会的统一领导下，分别建立地方工会和产业工会两大组织系统。中华全国总工会是中国工会的最高领导机关，在国际活动中代表中国工会组织。中华全国总工会执行委员会由中国工会全国代表大会选举产生，是中国工会全国代表大会执行机构。

中国各级地方工会组织分为三级：省、直辖市、自治区总工会；省辖市、自治州总工会或省、自治区地区工会办事处；县（市）、旗总工会。在一些经济发达地区，已经出现了乡镇工会、城市街道工会。而产业工会是按照产业系统建立起来的工会组织。产业工会的设置主要分为全国产业工会和地方各级产业工会。全国产业工会的设置是由中华全国总工会根据需要确定，目前共有19个全国产业工会。

根据中国工会组织和工会工作发展状况统计公报，截至2011年9月底，全国基层工会有232.0万个。其中企业工会170.6万个，占73.5%；事业单位工会29.8万个，占12.9%；机关工会17.3万个，占7.4%；其他工会14.3万个，占6.2%。

（三）中国工会的职能

《中国工会章程》规定，中国工会主要有四项社会职能：第一，中国工会在维护工人阶级领导的、以工农联盟为基础的人民民主专政的社会主义国家政权，维护全国人民总体利益的同时，更好地表达和维护职工的具体利益，坚持以职工为本，主动依法科学维权的维权观，维护职工的经济、政治、文化和社会权利，保障职工的合法权益。第二，团结和动员职工积极参加建设和改革，自力更生，艰苦创业，调动职工的积极性，促进企业、事业的发展，促进经济发展和社会的长期稳定，为全面建设小康社会、构建社会主义和谐社会努力工作，为把我国建设成为富强民主文明和谐的社会主义现代化国家而奋斗。第三，代表和组织职工参与国家和社会事务管理，参与协调劳动关系和社会利益关系，努力构建和谐劳动关系；协助人民政府开展工作，依法发挥民主参与和社会监督作用；在企业、事业单位中，按照促进企事业发展、维护职工权益的原则，支持行政依法行使管理权力，组织职工参加民主管理和民主监督。第四，教育职工不断提高思想道德素质和科学文化素质，建设有理想、有道德、有文化、有纪律的职工队伍。上述四项职能简称为维护、建设、参与和教育职能。

但是，目前中国地方基层工会还是一种比较行政化的组织。工会的机关化、行政化比较严重，从而导致工会的日常工作运转没有真正以广大职工群体的利益为中心。工会领导层大多为企业管理者或直接由上级工会委派，而非通过企业内全体职工选举产生。因而造成工会的民主参与性大量缺失。工会在企业中所扮演的角色，更加趋向于企业内部的福利机构，具体工作包括对职工活动的筹办、节假日分发福利物品。工会会员与非会员相比，只是会员福利稍好一些，在其他方面，并无明显区别，这也是导致我国工会组织率没有达到非常理想的原因之一。然而随着近年来我国体制改革的进一步深入，工会在维护职工权利方面的作用已经越来越大。

二、企业的党组织

党组织在我国企业治理结构中占有特殊地位，由于它可以作为资方权利的一个平衡力量，因此可以给劳动者带来更多的保护。在实践中，企业党组织承担着领导工会、共青团等群众组织和依法维护企业职工合法权益，协调各方利益关系的重要职能。

企业党组织要依靠工人阶级积极参与企业重大问题的决策，充分发挥政治核心作用。发挥政治核心作用就是要搞好企业党组织的建设，领导精神文明建设，保证、监督党和国家方针政策的贯彻执行，坚持企业的社会主义方向。企业党组织政治核心作用的内涵包括以下几个方面。

（1）对企业的发展和经营把关定向。这一点规定了企业党组织要对企业的发展和经营方向负责。对企业的发展和经营方向把关主要是指：企业必须坚持以公有制为主体的经济成分，必须坚持以按劳分配为主体的分配形式，必须坚持社会主义市场经济，必须坚持不断满足人民日益增长的物质和文化生活需要等方面。对此，企业党组织要以邓小平"三个有利于"为判断是非得失的标准，加强领导，以保证企业的社会主义方向。

（2）对企业精神文明建设实行领导。作为社会主义的企业，不仅是一个经济组织，同时还肩负着培育人才的重任。一要出效益，二要出人才。而要保证效益的完成和人才的培养就必须加强精神文明建设，必须坚持党中央所确定的社会主义物质文明、政治文明、精神文明一起抓的基本方针，要加强思想政治工作，进行爱国主义、集体主义、社会主义和国际主义、艰苦奋斗的思想教育以及革命传统教育，要用马克思主义和社会主义占领思想文化阵地。对此，企业党政工团各个组织都要抓，而党组织则应实行统一规划，统一领导。

（3）对企业贯彻执行党和国家方针政策的情况进行监督。一般来讲，企业的发展和经营方向是靠党和国家的方针政策来规范的。对企业的发展和经营方向的把关，实际上也是对贯彻执行方针政策的一种保证监督。但这里又有不同于前者的两种情况：一是由于把关不严或变化了的原因而发生了不符合党和国家现行方针政策的问题；二是虽不直接涉及企业方向性问题而必须贯彻执行的党和国家的具体政策，如税收政策、计划生育政策、职工合法的民主权益的保障、干部的"四化"(革命化、年轻化、知识化和专业化)方针，国家、集体和职工个人三者利益关系的处理等。对此，企业党组织既有对贯彻执行党和国家方针政策的保证责任，又有对贯彻执行不好、不力，甚至违背方针政策问题的监督权利。

（4）对企业工会、共青团等群众组织实行领导。企业党组织的一项重要工作是对职工代表大会和工会等群众组织实行思想政治领导，领导、关心共青团的工作和团组织的建设，协调总经理与职工代表大会等群众组织之间的关系，这也是正确发挥企业党组织政治核心作用的重要内容。

另外，要完整地体现党组织的政治核心作用，理所当然地还应包括另一个方面，即党务工作干部队伍的自身建设。没有一支精干的党务干部队伍，党组织对企业的思想、政治领导就无法实施。因此，必须按照中央的有关要求，本着精干、高效和有利于党的工作的原则，尽快配齐配好专职政工干部，从而为发挥党组织的政治核心作用提供坚实的组织基础。

三、工会与党组织

企业工会作为党领导的工人阶级群众组织，在构建和谐社会中责无旁贷，只有坚持全心全意依靠工人阶级的指导方针，才能在和谐企业、和谐社会建设中发挥其独特作用。在新形势下，要以党的十七大、工会十五大精神为指导，认真践行科学发展观，以创建和谐企业、和谐社会为切入点，积极维护职工合法权益，加强企业民主管理，实行厂务公开，全面提高职工综合素质，充分发挥工会组织在建设和谐企业中的作用，不断创新，促进社会和谐。

国有企业和集体企业的由于直接受到党的领导，工会参与率较高。此外，根据2008年第八次全国民营企业抽样调查的结果，我国民营企业中有30.6%的企业已经建立了党委、党总支、党支部等党的基层组织，不仅企业中建立的党组织数量不断增多，由党组织领导的工会数量也逐年增长，私营企业工会参与率也逐渐提高。我国《工会法》第四条明确规定："坚持中国共产党的领导，工会必须遵守和维护宪法，以宪法为根本的活动准则，以经济建设为中心，坚持社会主义道路、坚持人民民主专政、坚持中国共产党的领导、坚持马克思列宁主义毛泽东思想邓小平理论，坚持改革开放，依照工会章程独立自主地开展工作。"

在维护职工合法权益的实践中，中国工会的职能受到了一些学者的质疑。他们认为中国工会作为中国共产党领导下的群众组织，工作的首要任务是严格执行党的方针路线。从这个角度上讲，中国工会的独立性相对较弱，必须兼顾企业利益和国家利益、社会利益，从而对职工利益的维护力度就减弱了。从经济学角度来看,存在一个公平与效率的问题,企业经济效益与员工工资之间是成反比的,而在当前劳动力市场供过于求的现状下,企业是主导者,占据着劳动力市场上的绝对优势,工会在保障会员提高工资、减少工时、改善工作环境上必然和企业雇主产生矛盾。而中国工会在社会公平和效率之间的权衡上,无法像西方工会那样,主要以追求本工会会员的最大利益为目标,因而不能满足社会对公平的诉求,往往为了维护社会稳定,加快经济增长,迁就于企业的效率,从而在一定程度上无法满足工会会员的公平要求。

如前所述,虽然工会与党组织在某种程度上代表了普通劳动者,但是由于受到党的领导,其在维护职工权益方面,并不能单纯地以工会会员为核心来处理问题,因为还要考虑国家利益和集体利益。此外,在1992年《工会法》的修订中,基层工会脱产专职工作人员的工资被列入了企事业单位行政开支。笔者认为,这就直接造成了企业工会工作人员"捧企业饭碗,难以履职"的普遍困境。要改变这种困境,中国工会首先要独立于企业,需要切断工会干部和企业在经济、人事任命上的联系,逐步建立起基层工会干部工资由工会发放的管理体制。

四、中美工会的比较

在发展历史方面,无论美国还是中国,其发展历程都是一部血泪史,中国工会的发展与运动始终是与中国人民的革命斗争紧密结合在一起的,而美国工会经历了一个从某一单个工会组织到全国企业工会联合会的发展过程。在法律体系方面,中国工会有一部《工会法》作为基本法来统领其他工会法律及相关文件,任何在法律框架之外的工会行为都不被法律承认,是没有法律依据的。自20世纪30年代以来,美国制定并颁布了一系列有利于劳工的法律,如《诺里斯-拉瓜迪亚法》、《国家劳资关系法》等,这些法律构成了对劳工权利的法律保护体系,但是美国工会并没有以工会法命名的法律文件,很多工会的权利还来自于判例和工会的实践。在工会组织成立程序方面,中国工会在中华全国总工会的统一领导下,由政府鼓励推动,成立各级地方工会,而非由工人通过自己组织成立。美国工会组建制度比较民主,一个工会只要有30%以上符合条件的成员同意签订授权卡,全国各地的劳动关系委员会就可以筹备工会选举,只要有50%的成员投票公决同意,工会即可成立。

在工会组织率方面,截至2011年,中国3.2亿职工中有工会会员近2.6亿人,覆盖面达80.6%;在美国,工会入会率在1955年一度达到历史最高的34%,但是自20世纪60年代开始,美国工会组织不断萎缩,工会组织的影响力日益衰退,工会入会率逐年下降,1980年降至22%,2005年降至12.5%,2011年已经低于12%。

在工会职能方面,中国工会四项职能简称为维护、建设、参与和教育,但其职能弱化,机关化、行政化比较严重。而美国工会恰好相反,在维护职工权益方面,有着非常强大的力量。我国工会的领导层大多为企业管理者或直接由上级工会委派,而非通过企业内全体职工选举产生,企业工会会员与非会员相比,只是福利稍微好些,在其他方面并无明显区别。而在美国,工会领导均由工会会员自由选举产生,并且工会会员工资普遍比非会员高。这些方面对于我国今后工会的建设有着很好的借鉴作用。在独立性方面,中国工会一直饱受诟病,这也导致了其职能的弱化,不能成为真正代表工人利益的组织,甚至沦为行政化的机构。而美国工会独立性非常强，因而具有非常大的力量，能够干预政府政策的制定与实施，它有独立的经费、进行独立经验。中国工会的建设在一定程度上，要学习美国工会在独立性方面的经验，这对我国工会的转型和改革非常重要。最后，在劳资关系处理手段方面，中国工会主要是起到参与、沟通、协调、纽带、促进等重要作用，运用协商、行政干预、法律诉讼等手段，而美国工会手段众多，诸如协商、罢工、示威、联合抵制、游说、法律诉讼等，而且很强硬，在处理劳资关系时，这些手段都能起到非常好的作用。

[小结]

- 劳动者根据加入工会后自身效用的变化来决定是否加入工会，而劳动力需求弹性对劳动者加入工会前后效用的变化起决定性作用。劳动者加入工会后效用的提高主要来自于工资率的提高，而工资率的提高并不能简单地拿工会会员的工资与非工会会员的工资比较得出。当工会对工资率的绝对影响一定的情况下，威胁效应会减小工会对相对工资率的提升程度，而溢出效应则会扩大工会对相对工资率的提升效果。
- 垄断工会模型下企业没有议价能力，只能根据工会要求的工资率来选择自身利润最大化的雇佣数量，由于垄断性工会模型的工资率和雇佣数量并不是由双方协商确定的，是低效的，因为工会会减少劳动力为国民收入的贡献价值。而效率谈判模型由于是双方共同决定的，因此有可能使得双方的福利水平都得到改善。
- 当集体谈判进入僵局，罢工就有可能产生。罢工对于劳资双方来说都是成本高昂的，其并非帕雷托最优，罢工的非理性被称为希克斯悖论。为了反对希克斯悖论，经济学家提出罢工之所以出现的原因是企业财务的信息对于劳资双方来说属于不对称信息，当工会不清楚它们希望分配的企业利润具体有多少时，罢工可以迫使企业表达其真实的经济利润水平。
- 中国的工会具有自身的特点，它与党组织共同决定了企业员工的福利水平。

[关键概念]

不对称信息　　　　　　　　　契约曲线
希克斯悖论　　　　　　　　　效率谈判模型
溢出效应　　　　　　　　　　管理权模型
退出呼吁假说　　　　　　　　威胁效应
集体谈判　　　　　　　　　　罢工
契约曲线

[复习思考题]

1. 一个劳动者是怎么作出是否加入工会的决策的？与劳动力的需求弹性有何关系？
2. 工会对工资率、总薪酬、总就业的影响如何？
3. 什么是威胁效应和溢出效应？它们是否会使人们对工会工资效应的估计发生偏差？
4. 什么是退出-呼吁假说？该假说对非工会化企业中劳动者的生产率有什么隐含的意

义?

5. 工会在进行集体谈判时面临着怎样的约束条件？

6. 描述一个垄断工会模型是如何决定最终的工资率和雇佣数量。解释为什么该结果是无效的。

7. 描述一个效率合约模型是如何决定最终的工资率和雇佣数量。解释为什么该结果是有效的？

8. 什么是效率合约？画图说明效率合约曲线。

9. 利用图形解释说明罢工不是帕雷托最优。

10. 利用图形解释说明希克斯的集体谈判模型和预期的罢工持续时间，什么是希克斯悖论？

11. 中国工会的职能是什么？简要说明中国工会与党组织的关系。

HAPTER 9

第九章 失业及其治理

【内容提要】

本章介绍了失业的概念及有关的事实。失业一般有周期性失业、摩擦性失业、自然失业率、结构性失业等类型,每种类型的失业又有各自的原因。失业是经济社会中不可避免的一个问题,政府会对失业人员的生活以及再就业作出制度安排。

【学习要点】

1. 了解周期性失业、摩擦性失业、自然失业率、结构性失业、工资曲线、失业补偿等概念。
2. 掌握失业的统计口径,能够解读有关失业的宏观数据。
3. 区别各种失业类型的不同成因,并结合现实分析中国的失业问题。

失业是经济社会中最为常见的一种现象,失业人员不仅收入减少甚至因为失业而失去收入来源,他们在精神上也承受着很大的压力。就业与失业问题不仅关系劳动者个人的境况,也影响千千万万家庭的生活质量,因而,就业问题是最大的民生问题。各国政府对宏观经济进行调控的四大目标之一就是增加就业。鉴于就业问题在我国经济社会生活中的重要性,近年来,我国政府提出要实施"就业优先"战略和更加积极的就业政策。

本章主要介绍失业的概念、失业的类型与成因,以及治理失业的基本政策。

第一节　失业:概念、事实和趋势

一、失业的概念

失业有广义和狭义两种定义。广义的失业是指劳动者与生产资料分离的一种状态。狭义的失业是指达到就业年龄,具备就业能力,想工作但没有得到工作的一种状态。一般地,人们所说的失业是从狭义的角度来说的。

狭义的失业有以下几个条件:

(1)满足劳动年龄条件。必须在法定的最低劳动年龄和退休年龄范围内。各个国家对最低劳动年龄的规定不一致。我国劳动法规定一般情况下"禁止用人单位招用未满16岁的未成年人。"这意味着我国劳动年龄的下限是16周岁。国际劳工组织《准予就业最低年龄公约》规定:"准予从事按其性质或其工作环境很可能有害年轻人健康、安全或道德的任何职业或工作类别、其最低年龄不得小于18岁。"在法定退休年龄的规定上,各个国家的规定也不尽相同,欧美许多国家的法定退休年龄为63~65岁,我国当前规定普通男性劳动者的退休年龄为60周岁,女性为55周岁。

(2)具备就业能力。虽然劳动年龄达到了标准,但由于生病、残疾等原因失去就业能力者不能算做失业人员。

(3)有工作意愿。有一些人虽然具备了上面两个条件,但由于一些原因不愿意工作,如嫌工资低、工作累等,宁愿待在家里也不愿意出去找工作,这类人也不能算做失业人员。

二、失业率

失业率是反映劳动力市场的一个重要指标,其计算公式如下:

$$失业率 = \frac{失业人数}{从业人数 + 失业人数}$$

一般来说失业率增加,经济就不景气,政府部门可能放松银根,刺激经济增长;反之失业率下降则有可能导致通货膨胀,政府有可能减少货币投放。

失业率的统计一般有两种方法,登记失业率和调查失业率。登记失业率要求失业人员到公共就业服务机构登记,登记失业率往往低于实际水平。由于各个国家公共服务就业水平不同,失业人员登记率也不一样,国家之间失业率的比较一般不用登记失业率。调查失业率是通过劳动力市场抽样调查取得就业人数和失业人数,然后按照上述公式计算失业率。如果调查采用科学抽样方法,调查失业率能够比较客观地反映真实的失业水平。

目前国家统计局公布的主要是城镇登记失业率。按照国家统计局的统计口径，城镇登记失业人员是指有非农业户口，在一定的劳动年龄内（16周岁至退休年龄），有劳动能力，无业而要求就业，并在当地劳动保障部门进行失业登记的人员。城镇登记失业率是指城镇登记失业人员与城镇单位就业人员（扣除使用的农村劳动力、聘用的离退休人员、港澳台地区及外方人员）、城镇单位中的不在岗职工、城镇私营业主、个体户主、城镇私营企业和个体就业人员、城镇登记失业人员之和的比。

我国城镇登记失业率一般在4%左右波动，城镇领取失业保险金人数占失业人数的比率近年来在22%左右波动(图9.1)。即使是城镇户籍人口，失业后领取失业保证金的比率也不高。我国有大量的农村劳动力到城市务工，《2013年全国农民工监测调查报告》显示当年全国农民工总量26 894万人。如果农民工失业，由于没有城镇户口他们就没有纳入城镇登记失业率。另外，城镇也有相当一部分失业人员没有到劳动保障部门登记。显然，城镇登记失业率并不能准确反映我国失业情况。

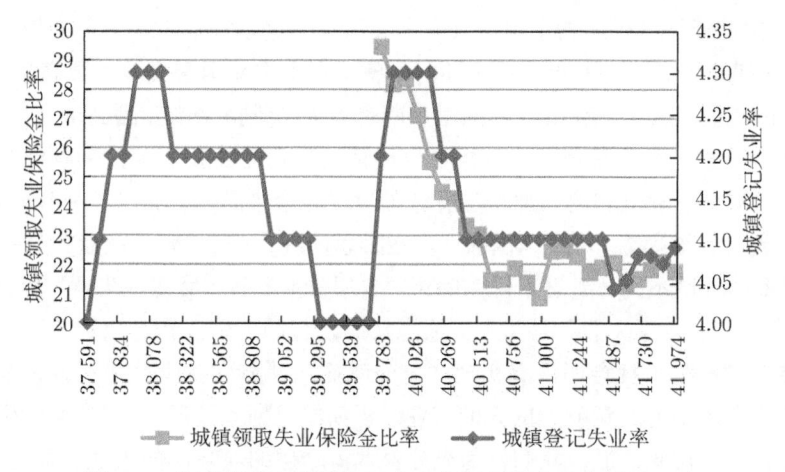

图 9.1 我国分季度城镇登记失业率与领取失业保险金比率
资料来源：Wind 数据库

目前世界主要国家公布的失业率数据基本上是调查失业率。向国际劳工数据报告失业率的116个国家中，只报告调查失业率的国家有76个；既报告调查失业率也报告登记失业率的国家与32个；只报告登记失业率的国家有8个，中国是其中之一[①]。

国家统计局从2005年开始每年调查两次全国失业率。从2009年开始，国家统计局在31个省份建立了失业率月度调查制度。从2013年4月开始，失业率月度调查城市增加到65个，全国失业率调查也改为了每年一次。2013年国务院总理李克强在第八届夏季达沃斯论坛致辞中说，当年1~8月，我国31个省份调查失业率保持在5%左右，这是我国首次公布城市调查失业率。之前国家统计局得到的调查失业率数据只报送中华人民共和国国家发展与改革委员会、中华人民共和国人力资源和社会保障部等相关部门内部使用。2014年国家统计局公布的城镇调查失业率为5.1%。向公众公布主要城市的调查失业率将成为我国统计工作的新常态。

[①] 王飞. 2008. 我国失业率统计的现状和发展趋势分析. 中国劳动, 第9期.

三、自愿失业

"自愿失业"这一概念是由庇古提出来的。庇古认为自由竞争不会出现大规模的失业问题。如果工人觉得现行的工资过低而不去就业就会导致自愿失业。庇古说:"如果工人要求的工资率人为地高于经济力量自由发挥作用时所得出的工资率,那么纵使在完全静止的情形下也会存在失业现象。"[1]

自愿失业人员并非找不到工作,而是找不到合适的工作。例如,近年来,我国一些大学毕业生因为工资低、工作辛苦等原因主动放弃就业,赋闲在家,衣食住行全靠父母。

四、凯恩斯的"非自愿失业"

凯恩斯之前的经济学家认为自由竞争的市场经济不会发生大规模失业,通过工资的上涨和下降,劳动力供求自发维持平衡。在这种市场经济中,如果还有失业,那就是"自愿失业"和"摩擦性失业",不存在"非自愿失业"。

1929年美国的经济危机席卷了整个资本主义国家,这是资本主义历史上最深刻、最持久的一次危机,一直延续到1933年。危机期间,整个资本主义国家失业人数高达3500万人以上,在业工人的工资也大大减少。与此同时垄断资本为了维持垄断商品高价,大量销毁商品。传统的以市场调节理论无法解释这一现象。这种情况迫切需要新的理论来解释并提出对策。

凯恩斯的《就业、利息和货币通论》适应了当时的形势需要,提出了一套新的就业理论,引起了世界的轰动,被称为"凯恩斯革命"。在凯恩斯理论中,"充分就业"是一个非常重要的概念。与之前的理论不同,凯恩斯认为除了"自愿失业"和"摩擦性失业"以外,还有"非自愿失业"。所谓"非自愿失业"是指工人愿意按照现行的工资工作却仍然找不到工作。如果这种情况存在,说明整个社会还没有实现"充分就业"。"充分就业"并不意味着人人就业,而是指在某一工资水平上愿意就业的人的就业。正如凯恩斯本人所说:"在实际生活中,没有不自愿失业之存在,在此情形,我们称为充分就业。摩擦的与自愿的失业,都与'充分就业'不悖。"[2]

凯恩斯指出"非自愿失业"是有效需求不足的结果。按照凯恩斯本人的解释,有效需求就是商品的总供给价格和总需求价格达到均衡时的社会总需求。总供给价格就是全体资本家在生产中耗费的总成本加上预期利润之和,总需求价格就是人们在购买商品和服务时愿意支付的价格之和。总需求价格与总供给价格之间会出现以下三种情况:①总需求价格大于总供给价格。这种情况下,资本家为了多赚取利润会扩大生产,就业增加,失业减少。②总需求价格小于总供给价格。这种情况下,存货增加,资本家会缩减生产,就业减少,失业增加。③总需求价格等于总供给价格,资本家既不扩大也不缩减生产,就业量不变,失业量也不变。第三种情况下的就业量就对应于有效需求的就业量。

有效需求不足是社会的常态,这往往使就业量小于充分就业水平。有效需求为什么总是不足?凯恩斯用消费倾向、资本边际效率和灵活偏好三个心理规律来解释。

---

[1] 庇古. 1959. 论失业问题. 北京:商务印书馆.
[2] 凯恩斯. 1963. 就业、利息和货币通论. 北京:商务印书馆.

1. 消费倾向递减

消费倾向是表示消费占收入的百分比，如一个国家某年收入 1000 亿元，如果消费 600 亿元，则当年该国的消费倾向为 60%。消费倾向又分为平均消费倾向和边际消费倾向。平均消费倾向是指总消费量占总收入的比例，边际消费倾向指消费增量与收入增量之比。

一般地，收入增加会导致消费也增加，但是增加多少就取决于消费倾向。凯恩斯总结了影响消费倾向的主客观因素。其中客观因素主要有以下几项[①]：

① 工资单位的改变；
② 收入和净收入之间的差额的改变；
③ 在计算净收入时没有计入的资本价值的意外变动；
④ 对时间折算的贴现率的改变；
⑤ 财政政策的改变；
⑥ 人们改变其现在和将来的收入水平的差距的期望。

在凯恩斯看来，在上述客观因素中，财政政策最重要。其他因素也会影响消费倾向，但作用远不如财政政策。另外，凯恩斯认为影响消费倾向的主观因素有谨慎、远虑、筹划、改善、独立、进取、骄傲和贪婪，具体如下[②]：

⑦ 为了不时之需而积攒一笔准备金；
⑧ 为了事先料到的个人（或其家庭）所需要的开支与其收入之间的关系的改变而作出储备，如为了养老、家庭成员的教育或抚养无自理能力的人；
⑨ 为了获得利息和财产增值，因为以后的较大量的消费被认为是优于现在的较小量的消费；
⑩ 为了取得能逐渐增加的生活开支，因为这可以满足一个普通人使生活水平逐渐改善的要求，尽管人们的享受能力可以是日益减退的；
⑪ 为了获得具有独立生活能力以及事业的成功，对具体的行动并没有明确的想法；
⑫ 为了进行投机或开展业务项目而积累本钱；
⑬ 为了能留下遗产；
⑭ 为了满足纯粹做守财奴的欲望，禁止消费的行为。

这些主观动机虽然受种族、教育、成规、宗教和社会风气的影响，但在一个社会中可以被认为是长期变动缓慢的因素。

凯恩斯认为当一个社会的实际收入增加或减少时，该社会的消费也会增加或减少，但由于上述主客观因素的影响，后者增加或减少的数量不如前者那样多。也就是说，边际消费倾向大于 0 但小于 1。在凯恩斯看来，一个社会越富裕，它的消费倾向越低，反之越高。在总收入一定的情况下增加消费需求才能增加就业量。"非自愿失业"的存在在一定程度上是社会消费倾向过低所导致的。因此，要增加就业，必须刺激消费。

2. 资本边际效率递减

由于边际消费倾向低于 1，消费需求往往不够旺盛，总需求与总供给之间的差距会增加。

---

① 凯恩斯. 2002. 就业、利息和货币通论. 北京：商务印书馆.
② 凯恩斯. 2002. 就业、利息和货币通论. 北京：商务印书馆.

在这种情况下，只有靠增加投资来弥补差距，否则就业量不会增加。

决定投资需求的因素有两个：资本边际效率和利息率。资本边际效率是一种贴现率，资本资产在其寿命期间的预期收益的现在值。例如，某项资产的供给价格是 33 101 元，预期寿命是 3 年，预期第 1 年收益是 10 500 元，第 2 年收益是 11 025 元，第 3 年收益是 11 576 元。则该项资产的边际效率就是 5%。计算过程如下：

$$资本资产现价 = \frac{10\ 500}{(1+5\%)} + \frac{11\ 025}{(1+5\%)^2} + \frac{11\ 576}{(1+5\%)^3}$$

此时，折现后的资本资产价格恰好等于它的供给价格。凯恩斯认为在任何时期随着对某类资本资产投资的增加，该类资本资产的边际效率会递减。主要原因有两条：第一，这类资本资产的供给增加后，未来收益会下降；第二，投资的增加会导致资本品供给价格上升，这会导致成本上升，预期利润率下降。

凯恩斯认为资本家投资除了要看资本边际效率外，还要看利率的高低。如果资本边际效率低于利率，资本家不如把钱存入银行或者购买有价证券。只有当资本边际效率高于银行利率，资本家才会增加投资，一直到资本边际效率等于利率为止。在现行利率不变的情况下，资本边际效率越高，投资额就越大，越容易增加就业。

3. 灵活偏好

凯恩斯认为利率取决于货币的供求。如果人们对货币的需求大于货币的供给，利率会上升；反之则下降。人们对货币的需求取决于人们愿意用货币形式来保持财富的心态。当人们把收入的一部分用于消费，另外一部分是以货币形式留在手边，还是交给他人使用？凯恩斯把人们愿意以货币形式保存收入的心理状态称为灵活偏好。

人们之所以有灵活偏好，动机大体上有以下三个原因：①交易动机。日常生活中人们需要持有一定数量现金购买个人、家庭需要的物品。②谨慎动机。就是保留一定数量货币以备不时之需。③投机动机。由于股票和债券等有价证券市场价格波动，看涨的人会用货币买进有价证券，看跌的人则会保存一定货币在手中，等有价证券跌到一定程度再买进，上涨后再卖出。这就是投机动机。投机动机的强弱与利率高低相关，如果利率高从而预测它会下降，则债券价格上涨，人们会放弃灵活偏好用货币购买债券，对货币需求减少；反之，人们卖出债券，保存货币，对货币需求增加。

在上述三大心理规律的作用下，一个社会的有效需求总是低于总供给水平，使就业总是处于非充分状态。由于市场机制不能使国民经济保持在充分就业状态，政府对市场的干预就很重要。凯恩斯提出了以下抑制有效需求不足的政策：①摈弃放任自由的市场经济，让政府干预经济，把私人垄断资本主义转变为国家垄断资本主义。②放弃节约，鼓励消费。③投资有乘数效应，当私人投资不足时，增加政府开支和公共投资就非常有必要。④实行赤字财政和温和的通货膨胀政策，刺激经济发展，增加有效需求。⑤扩大出口和资本输出。

五、菲利普斯曲线

按照凯恩斯的理论，失业和通货膨胀不会在同一时间发生，只有超过充分就业的总需求才会导致通货膨胀。凯恩斯并没有讨论失业存在条件下的通货膨胀问题。

菲利普斯曲线是用来描述物价上涨率与失业率存在反比的曲线。1958 年伦敦经济学院经济学家菲利普斯在《经济学报》发表了《英国的失业和货币工资变动率之间的关系：1862—1975》。该文对 100 多年来英国的失业率和货币工资变动率的数据进行了统计分析，绘制了一条表示失业率和货币工资变动率的曲线，该曲线显示：失业减少，工资增长就快；失业增加，工资增长就慢。这条曲线就是菲利普斯曲线。失业率低意味着劳动力短缺，企业争相雇佣劳动力，工资就增长；失业率高意味着劳动力过剩，企业雇佣劳动力减少，工资增长慢。失业率与工资增长率之间的关系也可以表述为失业率与通货膨胀率之间的关系，失业率与通货膨胀率之间存在着此涨彼消、此起彼落的关系。

不管是从就业理论还是从通货膨胀理论来看，菲利普斯曲线是对凯恩斯理论的一次较大的修正。只要失业率与通货膨胀理论之间存在交替关系，要减少失业，就必然出现较高的通货膨胀率；反过来，要降低物价，必然以增加失业为代价。菲利普斯曲线为国家宏观经济管理提供了思路，不要求同时消除通货膨胀和降低失业率，只要把两者同时控制在"可以接受"的范围之内。例如，5% 的失业率和 5% 的通货膨胀率可以并存，而且是社会可以接受的范围。如果某个时候，通货膨胀率为 4%，但失业率为 6%，这时政府可以通过需求管理宁愿让通货膨胀率上升到 5%，也要让失业率降到 5%；如果某个时候，失业率为 4%，但通货膨胀率为 6%，这时政府可以通过需求管理宁愿让失业率上升到 5%，也要让通货膨胀率降到 5%。这样，失业和通货膨胀率都在社会可以接受范围之内了。

以城市居民消费价格指数（CPI）来反映通货膨胀水平，以城镇登记失业率来反映失业率。从图 9.2 中可以看出，CPI 变化率与城镇登记失业变化率大致呈现出此消彼长的关系。进一步统计分析发现，这两者之间相关系数为 –0.4380，负相关。

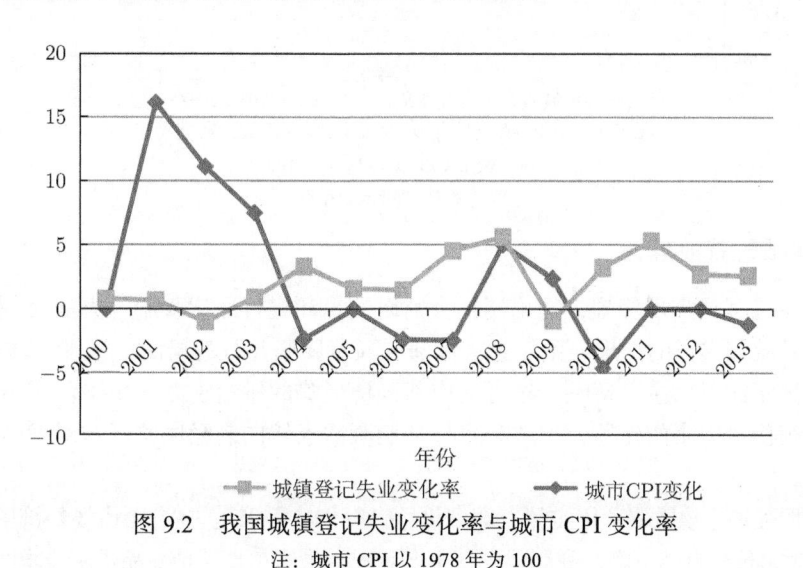

图 9.2 我国城镇登记失业变化率与城市 CPI 变化率

注：城市 CPI 以 1978 年为 100
资料来源：Wind 数据库

六、奥肯定律

失业意味着劳动力没有被充分利用，经济增长没有到达应有的水平。美国经济学家阿瑟·奥肯发现在当时美国经济中失业率每降低 1%，实际国民生产总值（GNP）将大约增加 3%，失业率与经济增长存在着此消彼长的交替关系。这也被称为奥肯定律。由于奥肯定律将产出和失业率这两个宏观经济变量连接在一起，因此具有重要理论价值，成为宏观经济学重要内容。奥肯定律和菲利普斯曲线一起构成了凯恩斯主义总供给曲线的基础。通过奥肯定律，菲利普斯曲线关于通货膨胀率和失业率之间的关系可以转化为总产出和价格总水平之间的关系。奥肯定律为失业的福利成本计算提供了理论指导，具有实际意义。

图 9.3 描述了城镇登记失业变化率与实际 GDP 变化之间的关系。变化率是用后一年的数值减去前一年的差值再除以前一年的数值。从图形看，GDP 变化率的高点对应于城镇登记失业率的低点，如 1984 年的数值。而 GDP 变化率的低点对应于城镇登记失业率的高点，如 1989 年的数值。从 1979～2013 年，我国城镇登记失业变化率与 GDP 变化率的相关系数为–0.1331，两者是负相关关系。这说明奥肯定律在我国也适用。

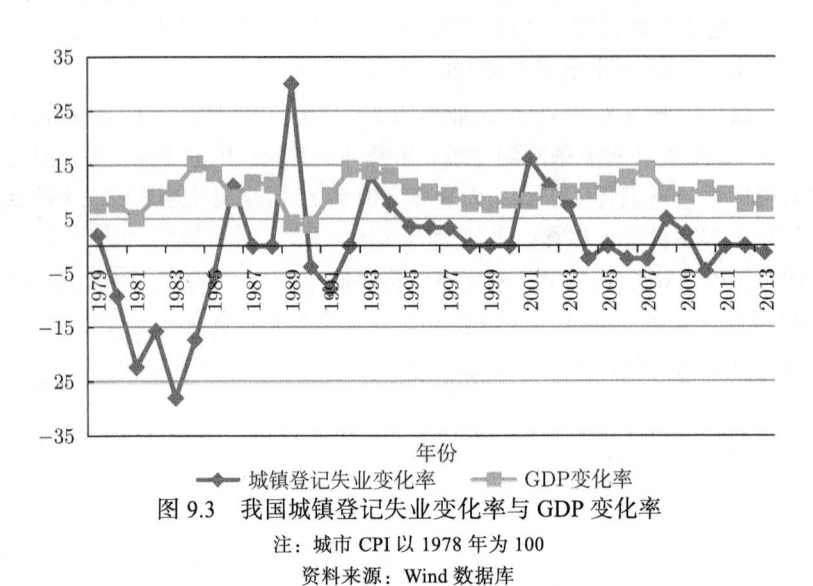

图 9.3 我国城镇登记失业变化率与 GDP 变化率

注：城市 CPI 以 1978 年为 100

资料来源：Wind 数据库

七、供给学派的就业理论

凯恩斯主义强调需求管理，提出用扩大财政支出和实行通货膨胀等方法来刺激需求和增加就业。但是政策实行的结果导致了经济停滞和通货膨胀并行的局面。20 世纪 70 年代，"滞胀"严重动摇了凯恩斯主义理论，这时适应新经济形势的供给学派诞生了。供给学派批评凯恩斯主义忽视供给因素的作用，把政策目标从刺激需求转向刺激供给，这对发展宏观经济学有积极意义。

供给学派强调应该重视萨伊定律，即"供给自行创造需求"。在自由市场经济中，当某种商品供过于求时，价格自然下降，利润减少，生产者减少供给；当某种商品供不应求时，价格自然上升，利润增加，生产者增加供给。在完全自由竞争条件下，供给与需求是一个事物的两个方面，买就是卖，卖也是买，供给本身就给自己创造了需求，并且供给必然等于需求。按照萨伊定律，只要让市场充分发挥作用，就可以避免生产过剩，这样一来，国家对经济的干预就没有必要。如果工资可以随劳动力供求的变化而变化,而劳动力愿意接受市场化的工资,就不存在失业问题。

供给学派指出,20世纪70年代美国经济面临的主要问题是税率过高,这导致投资者缺乏积极性,技术变革速度也减慢。这些问题是供给方面的问题,如果采取凯恩斯主义的政策主张从需求角度调整经济只会使经济变得更差。换句话说,美国经济不是需求方面出了问题,而是供给方面出了问题。供给学派认为,凯恩斯主义隐含了一个假定,就是"需求自行创造供给"。这个假定忽略了较低生产率和较高通货膨胀的影响。凯恩斯主义主张用通货膨胀方式来解决当时美国的经济问题。政策实施的后果是实际税率增加、投资减少、经济增长减速、失业增加。

供给学派认为要解决通货膨胀和失业问题应该大幅度减税。近期内减税虽然使财政收入降低,但长远来看能够刺激人们更多地投资,更加努力工作,从而增加总产量和就业量,财政收入还是会增加。1962年和1964年美国肯尼迪政府的减税政策为此提供了经验。有人对比了减税以前(1961年)和减税以后(1966年)的宏观经济情况。失业率由6.7%降到3.8%,设备能力的利用从77.3%上升到90.9%,期间实际国民生产总值每年平均增长7.5%,联邦政府开支每年增长6.2%[①]。供给学派把它作为减税的就业效应和经济增长的有力证据。

1974年,阿瑟·拉弗用一条曲线来说明减税的好处。税收收入开始随着税率的增加而增加,但过了某一点之后,税收收入随着税率增加而减少,这就是拉弗曲线。拉弗曲线把人们的积极性、收入和税收联系在一起。供给学派认为减税不是解决经济问题的唯一措施,开始减税时往往伴随着政府财政收入的减少,这就要求缩减政府支出。

第二节　失业类型及其成因

经济学家对失业的类型及其成因进行了长时期、广泛而深入的讨论。摩擦性失业、结构性失业、周期性失业、自然失业和隐性失业被大多数经济学家广泛接受。

一、摩擦性失业

一方面,随着经济社会结构和产业结构的不断变化,用人单位对劳动力的素质要求也发生变化,需要能适应与产业结构和技术变化的劳动力。另一方面,劳动力本身也在寻求适合自己的岗位,以便充分发挥自身的才能,体现自己的价值。例如,大中专院校毕业生首次进入劳动力市场寻找工作;有的人不满意当前的工作,辞职后寻找新的工作;有的人被动失去工作后又开始寻找新的工作;有的人离开劳动力市场后又重返劳动力市场,等等。每个时期都有人进入和退出劳动力市场,劳动力市场本身流动性就很强。人们在寻找岗位和就业之间往往存在时间差,这就会导致摩擦性失业。

另外,季节性或技术性原因也会引起摩擦性失业。季节性原因造成的失业是指因为气候变化造成一些人失业。例如,夏天来临会使一些供暖业、滑雪场从业人员失业,反过来冬天来临又会使一些制冷业、游泳场从业人员失业。技术性原因造成失业的例子有原料缺乏、

[①] 维克托·A.坎托,阿瑟·拉弗等.1984.税率、生产要素之运用以及市场生产 // 现代国外经济学论文选.北京:商务印书馆.

机器设备维修、市场对产品需求减少等。摩擦性失业有两个重要决定因素：劳动力流动的数量和寻找工作时间的长短。流动中劳动力数量越大，寻找工作时间越长，摩擦性失业人数就越多。增加就业信息可以有效降低摩擦性失业。

摩擦性失业有以下特点：

（1）涉及行业广。劳动力市场中各行各业都存在摩擦性失业，现在高速发展的高新技术产业也具有这种特点。中国人力资源市场信息监测中心发布的《2015年第一季度部分城市公共就业服务机构市场供求状况分析》显示，与2014年第一季度相比，用人需求减少人数较多的行业有制造业（−17.1%）、批发和零售业（−12.0%）、住宿和餐饮业（−14.0%）、建筑业（−24.4%）、居民服务和其他服务业（−11.0%）、租赁和商务服务业（−13.4%）、信息传输计算机服务和软件业（−21.7%）、农林牧渔业（−26.7%）、房地产业（−13.6%）、金融业（−18.7%）等。

（2）青年人摩擦性失业率较高。年轻人在就业过程中要不断选择以找到适合自己的岗位，而且由于刚进入劳动力市场转换工作的成本相对较低。《2015年第一季度部分城市公共就业服务机构市场供求状况分析》显示，在所有求职人员中，失业人员所占比例为51.7%，其中，新成长失业青年占23.1%（在新成长失业青年中应届高校毕业生占44.9%），就业转失业人员占17.9%，其他失业人员占10.7%；外来务工人员的比例为36.4%（外来务工人员由本市农村人员和外埠人员组成，其所占比例分别为18.9%和17.5%）。

（3）失业时间比较短。摩擦性失业对技能转换要求不高，只要就业信息足够顺畅，失业时间一般不会太长。2007年11月劳动力调查数据显示，我国城镇失业人员平均失业时间为18.39个月。其中，失业时间在一年以上的城镇失业人员占40%，失业时间在半年以内的占33.33%，失业时间在半年至一年的占26.68%。图9.4描绘出了分年龄组城镇失业人员平均失业时间。总体来看，随着年龄组的增加，失业时间也增加。在失业人员中，平均失业时间最长的是50～54岁组，达到23.11个月，最短的是16～19岁组，为10.44个月[①]。一般地，青年人摩擦性失业率高，失业时间相对比较短。有一些已经有工作岗位的人，一边工作一边寻找新的岗位，一旦时机成熟，就会马上进入新的工作岗位。此时，失业时间几乎为零。

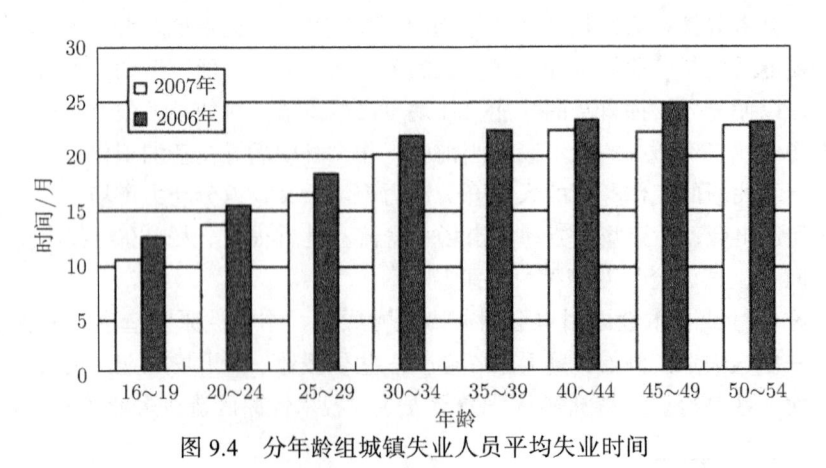

图9.4 分年龄组城镇失业人员平均失业时间

---

① 吴珊. 2008-06-26. 我国城镇失业人员平均失业时间缩短. 中国信息报，第001版.

二、结构性失业

结构性失业一般是指由于产业结构、经济体制、增长方式等的变动,使劳动力在包括技能、经验、工种、知识、年龄、性别、主观意愿、地区等方面的供给结构与需求结构不一致而导致的失业。

(一)结构性失业的类型与特点

结构性失业的一个突出特点是失业与空位并存,一些岗位招不到人,另一些岗位又不需要太多的人。结构性失业并不是劳动力需求不足,在总量上结构性失业并不一定表现为劳动力总量的供大于求。结构性失业的根源在于劳动力的供给结构不能适应劳动力需求结构的变动。结构性失业有以下几种类型:

(1)结构调整型失业。由于经济结构的调整导致对劳动力的需求发生了变化,但劳动力供给结构不能适应需求变化而导致的失业。例如,产业结构调整使第一产业劳动力向第二产业和第三产业转移,但不同的产业对劳动力的要求不一样,一些人由于能力、技术、和文化等方面的原因而失业。

(2)技术进步型失业。由于新的技术出现而导致的失业,通过使用办公软件,可以精简大量公司的文职人员,软件设计就业增加但造成大批公司文职人员失业。相对于减少的岗位而言,增加的岗位微不足道。

(3)教育发展滞后型失业。由于教育体制落后、教育结构不合理导致劳动者素质不能及时得到提高,或劳动者学非所用使劳动力供给结构满足不了需求结构的要求而引起的失业。当前我国高等教育专业设置不合理,培养模式千篇一律,培养的人才与社会用人单位的实际需求脱节,高等教育滞后于社会经济发展的需要,培养的大学生在文化素质和综合能力方面不能适应社会需要导致失业。

结构性失业有如下特点:

(1)结构性失业具有明显的群体性。结构性失业往往与某个群体相关,如受教育程度低的群体,女性40岁以上、男性50岁以上的群体,资源枯竭地区的群体,等等。摩擦性失业更多地表现为个体特征,但结构性失业更多地表现为群体特征。

(2)失业周期长。正是因为结构性失业的群体性,涉及人员多,解决难度大。从劳动者的角度来说,提升自己的能力素质也不是短时间内就能完成的。这两方面的因素都决定了结构性失业的周期长。

(二)我国当前的结构性失业风险

根据国家统计局数据显示,截至2013年,制造业平均工资由1994年的4 283元上升至46 431元,年均增长率达到13%,与东南亚各国相比,我国目前月平均工资为4 631元,分别是吉隆坡的1.15倍,曼谷的1.88倍,孟买的2.38倍。扣除价格上涨的因素,2006~2012年,农民工实际工资年复合增长率达到12.7%,超过了同期GDP的增长速度的8%[①]。全国范围内最低工资标准的不断提升同样推升劳动力成本,以北京为例,2015年月最低工

---

① 都阳. 2014. 警惕结构性失业风险. 财经国家周刊,第4期.

资标准为 1 720 元，是 1994 年的 8.2 倍。我国制造业除了劳动力成本外，产业在东部地区的集聚推升土地成本，中低端制造业红利正在逐步丧失，产业升级成为必然。

在这种大背景下，机器人技术和产业链逐渐成型不断发展，需求潜能显现。2015 年国务院发布的《中国制造 2015》明确指出："围绕汽车、机械、电子、危险品制造、国防军工、化工、轻工等工业机器人，特种机器人，以及医疗健康、家庭服务、教育娱乐等服务机器人应用需求，积极研发新产品，促进机器人标准化、模块化发展，扩大市场应用。"国家在政策方面大力支持，引发智能装备替换劳动力投入的"机器换人"热潮，推动机器人产业发展。

浙江省政府早在 2012 年年底就作出"全面推进机器换人"的决策部署，全省 3.6 万家规模以上工业企业争取在 2017 年内全面完成"机器换人"的现代化技术改造，每年投入不少于 3000 亿元。2013 年 5 月，浙江省正式提出"555"推进计划，计划在未来 5 年每年实施 5000 个机器换人项目，实现 5000 亿元机器换人投资，推动工业生产方式由"制造"向"智造"转变。

2014 年 7 月广东省首份"机器换人"计划在顺德发布以来，随后东莞、佛山、广州也相继出台了"机器换人"鼓励措施。2015 年 4 月，广东省政府下发《广东省工业转型升级攻坚战三年行动计划（2015~2017 年）》，该计划显示 2015 ~ 2017 年，广东省将累计推动 1950 家规模以上工业企业开展"机器换人"，并挑选龙头企业开展"智能工厂培育建设试点"，准备 3 年内投入 9430 亿元用于工业技术改造。

我国"机器换人"战略是大势所趋，这也是提高劳动生产率、实现工业企业转型的必然选择。国际经验表明，从中等收入向高收入的过渡，不仅意味着劳动生产率的显著提升，也会伴随着产业结构的多元化和不断升级。可是一旦劳动者的人力资本水平和结构与未来经济结构的需求不相适应，结构性失业风险将会大大增加。

近年来，我国劳动力市场上低技能劳动者工资的上涨主要是因为劳动力供给下降。普通劳动者工资大幅度增长隐含着巨大的结构性失业风险。低技能劳动者无须提高自身的生产率就能获得较高的收入，这会挫伤人们接收教育和培训的积极性。

中国目前所处的时代，是新一轮科技革命和产业变革与我国加快转变经济发展方式历史性交汇的时代。而新一代信息技术与制造业深度融合，正在引发影响深远的产业变革，形成新的生产方式、产业形态、商业模式和经济增长点。人力资源和社会保障部副部长信长星在 2015 年《关于进一步做好新形势下就业创业工作的意见》中指出："结构调整不可避免地会伴随着结构性的失业，所以在当前深入推进结构调整、转型升级的背景下，结构性矛盾越来越复杂。而且今后一个时期，仍将面临这个问题，它不是一时半会儿就能彻底解决的问题。"

三、周期性失业

一个完整的经济周期可以划分为四个阶段：复苏、繁荣、衰退、萧条，其中，经济的复苏和繁荣阶段构成了一个经济周期中的扩张期，而经济的衰退和萧条阶段则构成了经济周期中的收缩期。周期性失业又称总需求不足引起的失业，一般出现在经济周期的萧条阶段。在经济发展的复苏和繁荣阶段，厂商扩大生产，就业人数普遍增加；在衰退和萧条阶段，有效需求不足，厂商缩减生产，这两个阶段往往会有大批劳动者失业。

(一)周期性失业的特点

（1）与经济增长周期紧密相关。由于就业是派生性需求，经济繁荣时期就业增加，失业减少；经济萧条时就业减少，失业增加。周期性失业随经济的涨落循环而周期性地出现。但经济繁荣和萧条对就业的影响程度是非对称的。萧条时期，经济的下滑很容易摧毁就业，使失业率在短时期内快速上升；相反，经济繁荣却不能使失业率快速下降，它拉动就业的力度要小得多。

（2）周期性失业减少的就业量较大。与摩擦性失业相比，结构性失业和周期性失业减少的就业量要大得多。周期性失业人数较多的时候经济往往面临着最严峻的局面，通常需要较长时间才能恢复。

（3）治理周期性失业的政策主要是政府的宏观经济政策。按照凯恩斯相关理论，治理周期性失业的主要措施是增加有效需求，政府应该采取扩张性的财政政策和宽松的货币政策。具体措施有增加政府开支、降低税率和增加货币供给等。

(二)经济周期与我国就业情况

图 9.5 描述了 1953~2013 年我国经济增长的情况，可以清晰地看出我国的经济经历了多个周期。经济从一个顶峰到另一个顶峰，或者从一个谷底到另一个谷底，就是一轮完整的经济周期。

我国经济增长经历了三个阶段八个周期。1953~1976 年为第一个阶段，这阶段实行的是计划经济，经济增长波动较大，包含了三个比较明显的周期：1953~1961 年为第一个周期；1962~1967 年为第二个周期；1968~1976 年为第三个周期。1977~1990 年为第二个阶段，该阶段是我国经济改革的开始时期，经济体制由计划经济向有计划的市场经济转变，经济增长都是正增长，经济波动减小，该阶段也包含比较明显的三个周期：1977~1981 年为第一个周期；1982~1986 年为第二个周期；1987~1990 年为第三个周期。从 1991 年为到现在是第三个阶段，该阶段是我国深化经济社会改革时期，经济增长总体较快，该阶段也包括三个周期：1991~1999 年为第一个周期；2000~2010 年为第二个周期；2011 年至今为第三个周期。

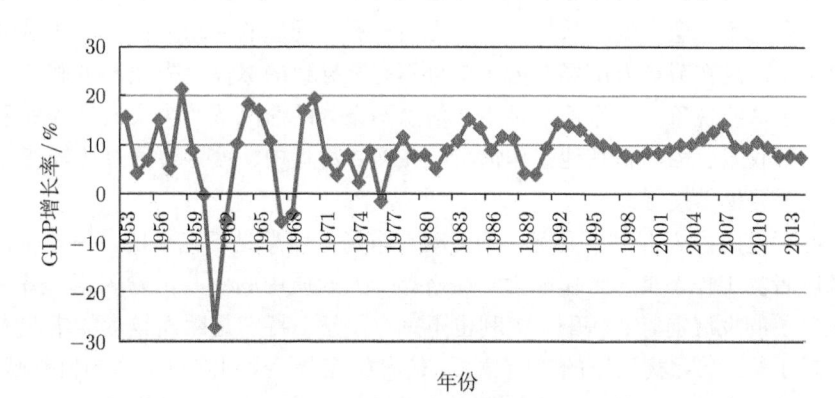

图 9.5 我国的经济增长情况

在最新的一个周期中，我国经济增长进入了"新常态"。经济新常态有三个特征：一是经济从高速增长转为中高速增长，2015年政府工作报告将国内生产总值增长目标设为7%左右；二是经济结构不断优化升级，第三产业消费需求逐步成为主体，城乡区域差距逐步缩小，居民收入占比上升；三是从要素驱动、投资驱动转向创新驱动。

图9.3描述了城镇登记失业率与GDP变化率的关系，虽然得出了两者存在负相关的结论。但城镇登记失业率不能反映失业的全貌。我国农民工的就业市场化特征非常显著，农民工的就业与经济增长的关系更为密切。图9.6显示我国农民工就业增长率与GDP增长率走势基本一致。

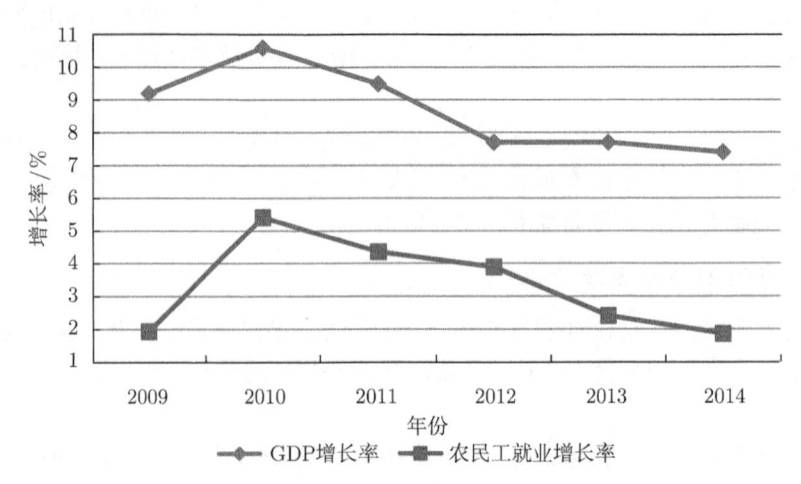

图9.6 我国GDP增长率与农民工就业增长率

第三节 工作搜寻与失业

一、工作搜寻理论

现实的经济社会中，不同就业单位的情况千差万别，即使是相同行业，它们的企业文化、薪酬水平和福利也不完全一致。从另外一个方面来看，同质的劳动力由于就业单位的不同，收入差距悬殊。而且在劳动力市场上由于信息不完全导致的摩擦性失业不可避免。工作搜寻理论主要解释了这些现象。工作搜寻是指在信息不充分的情况下，个人通过各种手段来搜寻就业信息，了解收入、福利和其他工作情况。在搜寻过程中，搜寻者通过比较搜寻成本与搜寻收益来决定是否继续搜寻。

工作搜寻理论的内容有以下几点：①劳动力市场上信息是不完全的。一方面，用人单位难以了解求职者的工作态度、工作能力、性格等个人素质中的一些内隐因素。另一方面，求职者对用人单位的发展前景、薪酬、福利也不完全了解，特别是距离较远的求职人员，对相关信息更缺乏了解。②寻找工作的时间越长，信息越充分，找到满意工作的概率越大。但是，时间越长失业的机会成本就越高，而且随着搜寻时间延长，搜寻的工作满意度提高幅度呈下降趋势。③搜寻需要成本。工作搜寻会产生一些直接成本和间接成本。直接成本有交通费、电话费、住宿费等。间接费用则包括两个方面：一是用于工作搜寻的时间也可以从事有报酬的工作；二是当一个人决定放弃当前工作寻找新的工作时会放弃当前收入。④工作搜寻的成本收益分析。当搜寻成本大于搜寻收益时，搜寻就有价值。当搜寻的边际收益大于边际成本时，搜寻应该继续，直到边际收益等于边际成本为止。

二、工作搜寻的影响因素

求职人员的工作搜寻受到个人、家庭、文化、劳动力市场制度、经济社会发展水平等诸多因素的影响。本章仅从求职者的个人层面讨论影响工作搜寻的因素。

（一）求职者的个人特征

求职者的工作搜寻受到个人性别、年龄、学历和性格等个人特征的影响。就性别而言，女性在劳动力市场上经常遭遇性别歧视，这增加了女性的就业难度。相对于男性而言，女性工作搜寻的时间更长，搜寻成本更高。就年龄而言，我国很多单位招聘将年龄限定为"35岁以下"，大多数公务员招考公告也把年龄限制在"35岁以下"。年龄歧视缩小了求职者的求职范围，增加了工作搜寻的难度。就学历而言，学历是一个人能力大小的信号，绝大多数用人单位都对学历提出了明确要求。高学历一般来说容易就业，但也带来另外一个问题：学历歧视，很多用人部门存在人才的高消费。我国教育部明文规定："严禁发布含有限定'985高校'、'211高校'等字样的招聘信息。"

（二）求职者的家庭因素

父母亲的教育、收入和社会资本等因素对子女的就业有比较大的影响，"前人栽树，后人乘凉"是这种代际效应的生动写照。首先，父母的教育方式、收入等对子女的成长有直接的影响。其次，在子女的就业问题上，父母都是不遗余力。求职者的工作搜寻，不是求职者单个人的行为，而是与其家庭背景与社会关系紧密相连。亲属关系、社会网络是传递就业信息的重要渠道。通过对应届大学毕业生就业的分析，"官二代"的第一份工资比非"官二代"高13%，并且家庭收入、父母的教育程度、毕业生的高考成绩和就读大学都不能对这一差异作出较好的解释，但父母的政治资本对这一差异有显著的解释力[①]。

（三）保留工资

保留工资是求职者能接受的最低工资。劳动力市场信息不完全，求职者不可能知道所有职位的工资分布情况，但他们有意或者无意地都会给自己定一个心理价位。工作搜寻时工资低于这个价位就继续搜寻，直到工资高于这个心理价位。当然，在工作搜寻过程中，保留工资也会根据求职的情况进行调整。工作越难找，保留工资会下调，否则会上调。

（四）工作搜寻方式

求职者有多种工作搜寻方式，不同的搜寻方式所花的时间和成本也不一样，效果也不一样。工作搜寻方式大致有以下几种：

（1）校园招聘会。校园招聘会是用人单位到学校的招聘活动，专门针对应届大中专毕业

---

① 李宏彬，孟岭生，施新政，等. 2012. 父母的政治资本如何影响大学生在劳动力市场中的表现：基于中国高校应届毕业生就业调查的经验研究. 经济学(季刊)，第4期.

生。经过几年的专业学习，高校毕业生具备了系统的专业理论知识，尽管没有实际经验，但他们学习能力强，容易接受用人单位的管理理念和文化。这些都是吸引用人单位采用校园招聘方式的原因。校园招聘有专场招聘、校园宣讲、实习招募和管理培训等方式。校园招聘的时间一般9月中旬就开始启动，主要集中在每年的9～11月和次年的3～4月。10月份则是目前校园招聘最繁忙的旺季，高潮会一直持续到11月底。春节前后则迎来了校园招聘的淡季，节后3～4月份会再现一次小高潮。对于大中专毕业生来说，校园招聘成本低，很多大学毕业生通过这种方式找到了第一份工作。

（2）社会关系。通过亲朋好友介绍是寻找工作的有效方式。亲戚朋友的介绍减少了信息的不对称性，而且用人单位可以多一份保障，很多单位都乐于接受员工推荐来的求职者。大量研究表明农民工找工作主要是通过社会关系，相当多的大学的毕业生也认为社会关系对找工作有帮助。

（3）网络。网络招聘也被称为电子招聘，是指通过技术手段的运用，帮助企业人事经理完成招聘的过程。即企业通过公司自己的网站、第三方招聘网站等机构，使用简历数据库或搜索引擎等工具来完成招聘过程。网络招聘有两种主要方式：一是注册成为人才网站的会员，在人才网站上发布招聘信息，收集求职者资料，查询合适人才；二是在企业的网站上发布招聘信息，吸引人才。网络招聘特点如下：覆盖面广、时效性强、成本低。

（4）职业介绍机构。我国职业介绍机构由以下四个部分组成：人力资源和社会保障部门主办、管理的劳动力市场；社团组织与民办的职业中介；中资、外资机构主办的猎头公司和一些挂靠的"游击队"型职业介绍机构。各级人力与社会保障行政部门主办的职业介绍机构承担公共就业服务职能，其特征是非营利性。表9.1列出了近年来我国公共就业服务机构执业介绍的情况，登记招聘人数和登记求职人数都在增加，但介绍成功人数和介绍成功率先增加后减少。值得注意的是，公共就业服务机构开始为创业提供服务，这有利于"大众创业、万众创新"。

表9.1　公共就业服务机构职业介绍情况　　　　　　　　　　　　　　单位：人

指标名称	登记招聘人数	登记求职人数	创业服务人数	介绍成功人数	介绍成功率/%
2002	22 502 000	26 842 000	n	13 543 000	50.45
2003	38 320 000	30 602 000	n	15 860 000	51.83
2004	35 652 000	35 828 000	n	18 377 000	51.29
2005	40 388 652	41 289 328	n	21 652 549	52.44
2006	49 512 099	47 358 965	n	24 929 878	52.64
2007	54 406 091	49 385 556	n	26 486 284	53.63
2008	55 070 174	55 319 666	n	27 643 376	49.97
2009	60 457 081	58 056 986	n	28 397 942	48.91
2010	67 544 645	53 885 373	2 112 476	25 519 990	47.36
2011	71 157 112	51 252 980	2 354 324	23 667 842	46.18
2012	73 192 017	57 359 918	2 512 729	25 921 905	45.19

资料来源：Wind数据库

（5）工作搜寻成本。工作搜寻的时间越长，强度越大，搜寻的成本也越高。而搜寻的边际收益开始时是随着搜寻时间的增加而增加，但后来则是减少。只有搜寻收益高于搜寻成本时，搜寻才会继续下去。一般地，工作搜寻成本越高，搜寻的时间越短。工作搜寻还受到个人收入状况以及对搜寻成本的忍受程度的影响。

三、工作搜寻与失业

工作搜寻理论认为，正是由于大量人员在劳动力市场上寻找工作，才会有大量失业者。失业不是由于劳动力市场不完善造成的，而是由于劳动力市场发挥其功能时出现的。当然，工作搜寻理论认为即使劳动力市场非常完善也会出现失业问题。

工作搜寻导致的失业一般是摩擦性失业或结构性失业。1944 年英国经济学家贝弗里奇发现失业（unemployment）和空缺岗位（vacancy）之间存在着稳定的相互关系，并用一条曲线来描述这种关系，这就是贝弗里奇曲线。贝弗里奇曲线也叫 U-V 曲线。

图 9.7 显示，劳动力市场中失业率与岗位空缺率存在负相关关系。当失业率高时，进行工作搜寻的收益就会下降，很少有人在这个时候辞职去寻找新的工作，岗位空缺率低；当失业率低时，工作容易找了，很多人辞职试图找到更好的工作，这时岗位空缺率高。

图 9.7 中贝弗里奇曲线与 45°线相交之处对应的失业率与岗位空缺率相等。如果失业率超过空缺率，失业率减去空缺率后剩下的失业率就是其他原因导致的失业率。一些实证研究发现，劳动力市场中失业率与岗位空缺率的负相关确实存在，而且随着时间的推移，贝弗里奇曲线还会向上移动，这意味着结构性失业或者摩擦性失业越来越严重。

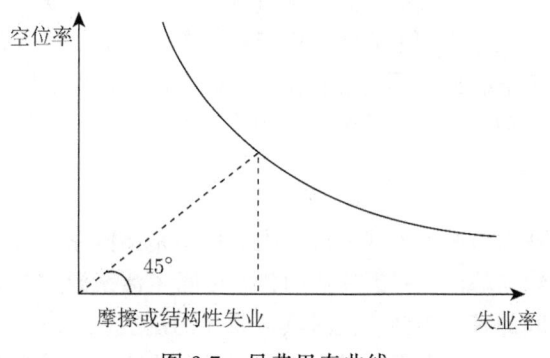

图 9.7　贝弗里奇曲线

贝弗里奇曲线与菲利普斯曲线一起被经济学家用作研究失业与劳动力市场问题，两者有着明显的区别。前者在分析劳动力市场的结构性问题方面有独到的作用，后者主要用于分析劳动力市场总量问题。过去几十年，经济学家主要关注失业的总量问题，对贝弗里奇曲线不太重视。然而，以菲利普斯曲线为代表的失业理论并不能很好地解释西方国家持久性的失业现象。新古典经济学理论将劳动力假设为同质的，并把劳动力市场抽象为无摩擦的，这显然与现实不符。即使在最严重的失业时期，劳动力市场上也有空缺岗位。20 世纪 80 年代为了弥补总量分析的缺陷并对新古典经济学进行修正，贝弗里奇曲线越来越引起人们的重视。2010 年，戴蒙德、莫藤森和皮萨利德斯因为在工作搜寻和匹配理论上的贡献荣获诺贝尔经济学奖。

第四节　失业补偿和失业治理

失业给失业者本人、家庭带来经济压力和精神压力，失业又是经济社会中不可避免的一个问题，政府有必要对失业人员的生活以及再就业作出制度安排。

一、失业的影响

失业对社会经济和劳动力市场既有正面影响，也有负面影响。一方面，失业的压力迫使劳动者认真工作，努力提高自身素质。另一方面，劳动者只有通过不断尝试和搜寻才能找到最适合自己的工作，失业会带来劳动力的优化配置。但是，失业给社会和个人带来的影响主要还是负面的，具体如下：

（1）失业是劳动力资源的低效率配置。失业是劳动力资源的浪费，它意味着生产达不到充分就业时的水平，实际上降低了整个社会的产出。

（2）失业人员收入减少。就业是绝大多数劳动者的主要收入来源，劳动者失业后收入都明显下降。参与了失业保险的劳动者失业后虽然可以领取一定数额的失业补偿，但没有工资高。我国失业保险条例规定失业保险金的标准，"按照低于当地最低工资标准、高于城市居民最低生活保障标准的水平"。没有参与失业保险的劳动者，他们失业后则很难得到补偿。

（3）失业人员精神压力大。就业不仅是谋生的手段，还是发挥个人聪明才智、实现自我价值的手段，也是社会交往的一个平台。失业后，生活质量下降，无法实现自我价值，缺乏安全感，思想压力大。研究表明，失业的压力仅仅排在死亡和入狱之后。许多失业者形成了一些变异的心态：不满、自卑、失落、悲观厌世等。

（4）影响社会稳定。失业率的上升往往引起犯罪率的上升。当人们不能从工作中获取收入时，他们就会铤而走险采取犯罪手段获取收入，如盗窃、诈骗、贩毒等。当一个社会中的失业人员过多时还会引起动乱，危及整个社会的稳定。

二、失业的补偿

失业补偿主要以失业保险金的形式发放。失业保险是指国家通过立法强制实行的，主要由个人、用人单位缴纳建立基金，对因失业而暂时中断生活来源的劳动者提供物质帮助，进而保障失业人员失业期间的基本生活，促进其再就业的制度。

《失业保险条例》规定：失业保险基金由下列各项构成：①城镇企业事业单位、城镇企业事业单位职工缴纳的失业保险费；②失业保险基金的利息；③财政补贴；④依法纳入失业保险基金的其他资金。城镇企业事业单位应按照本单位工资总额的2%缴纳失业保险费，单位职工按照本人工资的1%缴纳失业保险费。城镇企业事业单位招用的农民合同制工人本人不缴纳失业保险费。缴费单位职工月平均工资低于当地上年全部职工月平均工资 60%的，按当地上年全部职工月平均工资的 60%和单位职工人数确定缴费基数。2015年我国失业保险费率由 3%统一降至 2%，单位和个人缴费具体比例由各地在充分考虑提高失业保险待遇、促进失业人员再就业、落实失业保险补贴政策等因素的基础上确定。

在我国，失业人员要领取失业保险待遇需要满足以下条件：非因本人意愿中断就业；已办理失业登记，并有求职要求；按照规定参加失业保险，所在单位和本人已按照规定履行缴费义务满 1 年。失业保险待遇主要包括以下几个方面：①按月领取的失业保险金，即失业保险经办机构按照规定支付给符合条件的失业人员的基本生活费用；②领取失业保险金期间的医疗补助金，即支付给失业人员领取失业保险金期间发生的医疗费用的补助；③失业人员在领取失业保险金期间死亡的丧葬补助金和供养其配偶直系亲属的抚恤金；④为失业人员在领取失业保险金期间开展职业培训，帮助其再就业。

《失业保险条例》对保险领取时间也作出规定：失业保险累计缴费时间满 1 年不满 5 年的，最长可领取 12 个月的失业保险金；累计缴费时间满 5 年不满 10 年的，领取失业保险金的期限为 18 个月；累计缴费时间满 10 年以上的，领取失业保险金的期限为 24 个月。

表 9.2　我国失业保险参与人数与基金收支情况

年月	期末参保人数/万人	失业保险基金收入累计值/亿元	失业保险基金支出累计值/亿元
2013-01	15 729.94	94.93	39.65
2013-02	15 719.90	179.39	73.76
2013-03	15 734.84	277.03	107.63
2013-04	15 818.69	374.40	144.25
2013-05	15 890.83	470.63	178.59
2013-06	16 002.06	579.18	216.74
2013-07	16 052.43	688.31	259.16
2013-08	16 131.68	786.83	298.95
2013-09	16 195.24	893.84	348.35
2013-10	16 285.83	1 003.97	399.51
2013-11	16 350.45	1 111.64	447.76
2013-12	16 416.83	1 267.56	541.28
2014-01	16 320.90	93.79	39.27
2014-02	16 327.06	190.99	76.28
2014-03	16 386.55	296.47	115.25
2014-04	16 435.57	396.87	158.77
2014-05	16 510.21	497.26	199.47
2014-06	16 595.03	612.21	245.09
2014-07	16 673.02	727.94	289.33
2014-08	16 726.37	840.59	347.47
2014-09	16 795.97	958.51	404.33
2014-10	16 874.87	1 075.17	457.62
2014-11	16 960.53	1 191.68	529.00
2014-12	17 042.57	1 374.60	634.83
2015-02	16 848.73	214.46	94.93
2015-03	16 918.13	325.60	136.48
2015-04	16 964.43	436.12	180.05
2015-05	17 018.87	536.44	232.24

注：2015 年 1 月份数据缺失

资料来源：Wind 数据库

表 9.2 列出了 2013~2015 年我国每月事业保险参保人数以及失业保险基金累计收入和支出情况。参保人数一直在增加，失业保险基金收入每到 10~12 月就大幅度上升，失业保险支出在 1~2 月较少，随后逐步增加。

农民工的失业保险参与情况不太乐观。图 9.8 为近年来我国农民工参与失业保险的情况。总体来看，农民工失业保险参与率在不断增加，但是直到 2014 年也只有 10%左右。国家统计局发布的《2014 年全国农民工监测调查报告》显示，2014 年全国农民工总量为 27 395 万人，这意味着约 24 519 万农民工没有参与失业保险。失业保险覆盖率还有待于进一步提高。

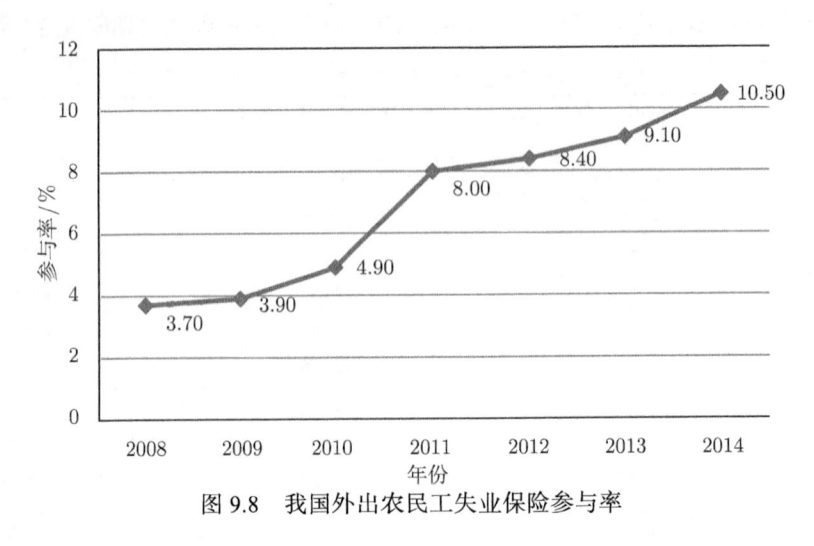

图 9.8 我国外出农民工失业保险参与率

三、失业的治理

失业产生的原因有三个方面：一是劳动力的素质、结构不适应经济发展的需要；二是劳动力市场出现了功能性障碍，劳动力市场信息不能有效传达；三是宏观经济状况不佳，无法吸收现有的劳动力。失业治理的政策大致如下。

（1）把促进就业作为经济和社会发展的优先目标。就业是最大的民生，就业关乎个人生存和尊严。就业是一个人生存、发展和自我实现的重要前提和基本途径。而且就业关乎社会和谐稳定。充分就业也有利于减少贫困，缩小收入差距，促进社会公平，增进人际关系的和谐。古人说："无恒业者无恒产，无恒产者无恒志。"2001 年国际劳工组织的《全球就业议程》提出经济增长和社会繁荣的基本条件是：生产性就业被置于经济和社会政策的核心位置，使充分的、生产性的和自由选择的就业成为宏观经济战略和国家政策的总目标。

（2）促进经济增长，扩大劳动力需求。劳动力需求是派生性需求，只有保持经济增长，就业才有可靠的保证。正如骑自行车一样，太快了危险，太慢了自行车也会倒。促进经济增长的措施一般有增加投资、促进商品和劳务出口以及改善消费等。

（3）对劳动力进行培训等人力资本投资。技术进步和产业结构的调整对劳动力的素质要求越来越高，只有对劳动力进行培训才能适应这一变化。未来一段时间我国产业结构调整的力度将空前加大，这将给低素质劳动力的就业带来较大的风险。目前我国农民工平均受教育年限为 9.6 年，而资本密集型的第二产业和技术密集型的第三产业分别需要 10.4 年和 13.3 年，农民工目前的受教育程度过低[①]。全国农民工监测调查报告显示，2013 年农民工接受技能培训的比率是 32.7%，2014 年接受过技能培训的农民工占 34.8%，总体来看接受培训的比率偏低。从政府层面来看，我国应该大力发展和完善职业培训，尤其是正规的职业培训；从企业层面来讲，按现行政策规定企业可以在成本费用中按工资总额 1.5%的比例提取"职工教育经费"，用于职工技术培训和文化素质培训等方面的支出。而且，按照《中华人民共和国企业所得税法实施条例》，企业发生的职工教育经费支出，工资薪金总额 2.5%以内部分属于免税范围；超过部分也可以在以后纳税年度结转扣除。企业应该用好这项政策，以提升员工的职业技能。

（4）加强职业指导和职业介绍。职业指导和职业介绍可以为劳动力市场供给和需求双方搭建平台，提供准确、迅速、权威和完善的信息，方便求职者找到空缺职位，也方便用人单位更好地了解求职人员。职业介绍工作的好坏，关键靠信息。在劳动力供求信息方面,要着力做好三项工作：一是建立健全劳动力供求信息的收集机制，这是整个信息工作的基础；二是要做好劳动力供求信息的分析、评估工作，这是信息质量的保证；三是做好劳动力供求信息的服务，这是职业介绍的根本目的；四是加快劳动力市场信息网络化建设，劳动力市场信息网是把现代化、信息化手段融入职业介绍工作，提高职业介绍服务质量、规模和档次的关键。

（5）扩大失业保险覆盖面。失业保险金不仅要满足失业人员的基本生活需求，更重要的是为失业保险人员再就业提供必要的支持。当前我国失业保险覆盖面还不够，很多人没有参与失业保险。广大的劳动者要积极参加失业保险，人力资源和社会保障部门也要加强管理。

[小结]

- 本章主要介绍了失业的概念，失业统计的两种方法以及失业理论。失业一般有摩擦性失业、结构性失业和周期性失业三种类型。工作搜寻理论能够解释一部分摩擦性失业和结构性失业。失业人员不仅生活水平下降，还承受着巨大的精神压力。失业保险是保障失业人员失业期间的基本生活，促进其再就业的一种制度安排。

[关键概念]

失业	摩擦性失业
失业率	结构性失业
登记失业率	周期性失业
调查失业率	工作搜寻
菲利普斯曲线	失业保险
贝弗里奇曲线	奥肯定律
自愿失业	萨伊定律

[复习思考题]

1. 登记失业率和调查失业率有什么差异？
2. 凯恩斯就业理论的基本内容是什么？

[①] 蔡昉. 2013. 农民工就业面临各种风险. 农村工作通讯, 第 9 期.

3. 菲利普斯曲线和贝弗里奇曲线有什么差异？
4. 什么是摩擦性失业？它的特点是什么？
5. 什么是结构性失业？它的特点是什么？
6. 什么是周期性失业？它的特点是什么？
7. 工作搜寻理论的内容是什么？
8. 影响工作搜寻的因素有哪些？
9. 失业对个人和社会有哪些影响？
10. 如何对失业进行治理？

参 考 文 献

鲍哈斯 G J. 2010. 劳动经济学. 孙劲悦译. 大连：东北财经大学出版社.
贝克尔 G S. 1987. 人力资本. 北京：北京大学出版社.
博斯沃思 D, 道金斯 P, 斯特龙巴克 T. 2003. 劳动市场经济学. 何璋, 张晓丽译. 北京：中国经济出版社.
布雷克利 J A, 等. 管理经济学与组织架构. 张志强, 王春香译. 北京：华夏出版社.
蔡昉, 都阳, 高文书, 等. 2009. 劳动经济学：理论与中国现实. 北京：北京师范大学出版社.
陈万思. 2001. 中国企业家人力资本投资体系研究. 厦门大学硕士学位论文.
董福荣, 陶跃良. 2006. 广东省教育投资状况及其对经济增长贡献率的实证分析. 珠江经济, (2).
董克用, 刘昕. 2011. 劳动经济学. 北京：中国人民大学出版社.
董志强. 2001. 延期报酬理论及其在我国的应用. 经济管理, (18).
董志强. 2004. 人员管理的经济方法. 北京：中国经济出版社.
董志强, 蒲勇健. 2006. 人员管理的经济方法：过去的成就与未来的方向. 管理工程学报, (1).
高鸿业. 2014. 西方经济学（微观部分）. 第六版. 北京：中国人民大学出版社.
韩培江, 等. 2008. 加大投资力度完善投资环境发展高等职业教育. 职业技术, (10).
何承金. 2002. 劳动经济学. 大连：东北财经大学出版社.
贺尊. 2006. 教育信号的经济解析. 华中科技大学博士学位论文.
卡赫克 P, 齐尔贝尔伯格 A. 2007. 劳动经济学. 沈文恺译. 上海：上海财经大学出版社.
拉齐尔 E P. 2000. 人事管理经济学. 刘昕译. 上海：上海三联书店, 北京大学出版社.
李放. 2007. 劳动经济学. 北京：科学出版社.
李颖. 2006. 我国企业培训现状、问题及对策研究. 天津大学硕士学位论文.
李忠民. 1999. 人力资本：一个理论框架及其对中国一些问题的解释. 北京：经济科学出版社.
联合国人口署. 2013. 世界移民报告（2013）. 由中国与全球化智库（CCG）翻译.
刘迎秋. 1997. 人力资本投资及其对中国经济成长的意义. 管理世界, (3).
龙小宁, 杨进. 2014. 党组织, 工人福利和企业绩效：来自中国民营企业的证据. 经济学报, 2.
陆根尧. 2008. 人力资本对产业集群竞争力影响的研究. 2011. 北京：经济科学出版社.
骆品亮, 司春林. 2008. 专用性人力资本投资激励研究. 管理科学学报, (2).
马歇尔. 1965. 经济学原理（下卷）. 北京：商务印书馆.
麦克南 C R, 布鲁 S L, 麦克菲逊 D A. 2006. 当代劳动经济学. 刘文, 赵成美, 等译. 北京：人民邮电出版社.
彭婕. 2008. 我国教育投资的现状分析与建议. 内蒙古统计, (6).
曲延志. 2012. 中国特色社会主义工会发展道路的探索与经验. 中国劳动关系学院学报, 25(5).
斯密 A. 1972. 国民财富的性质和原因研究（上卷）. 北京：商务印书馆.
汤灿晴, 董志强. 2009. 组织中的派系斗争及其控制. 中国人力资源开发, (5).
王金营. 2001. 中国和印度人力资本投资在经济增长中作用的比较研究. 教育经济, (2).
王亚峰. 2012. 中国1985～2009年城乡居民收入分布的估计. 数量经济技术经济研究, (2).
徐国成, 徐充. 2008. 我国教育投资的现状与投资战略分析. 人口学刊, (5).
徐小洪. 2010. 中国工会的双重角色定位. 人文杂志, 6.
杨河清. 2002. 劳动经济学. 北京：中国人民大学出版社.
姚先国, 翁杰. 2005a. 工资结构、雇佣关系稳定性和企业的人力资本投资. 石油大学学报（社科版）, (6).
姚先国, 翁杰. 2005b. 企业对员工的人力资本投资研究. 中国工业经济, (2).
伊兰伯格 R G, 史密斯 R S. 2011. 现代劳动经济学：理论与公共政策. 北京：中国人民大学出版社.
易定红. 2004. 劳动经济学在工会理论上的新发展. 工会理论与实践, 18(5): 10-13.

袁伦渠. 2002. 劳动经济学. 大连：东北财经大学出版社.
曾湘泉. 2003. 劳动经济学. 上海：复旦大学出版社.
张凤林. 2006. 人力资本理论及其应用研究. 北京：商务印书馆.
赵领娣. 2004. 劳动经济学：理论、工具、制度、操作. 北京：企业管理出版社.
赵善庆. 2008. 我国高等教育财政投资问题探讨. 青海社会科学, (6).
赵曙明，陈天渔. 1998. 经济增长方式转型与人力资本投资. 江苏社会科学，（1）.
朱明秀，吴中春. 2005. 人力资本价值计量方法探讨. 中央财经大学学报, (12).
Borjas G J. 2013. Labor Economics. Boston：McGraw-Hill.
Brickley J A. Clifford W S, Jerold L Z. 2009. Managerial Economics and Organizational Architecture .5th Edition ed. Boston：McGraw-Hill.
Demsetz R S. 1993. Voting behavior in union representation elections: The influence of skill homogeneity and skill group size. Industrial & Labor Relations Review, 47(1).
Duncan G M, Leigh D E. 1980. Wage determination in the union and nonunion sectors: a sample selectivity approach. Industrial & Labor Relations Review, 34(1).
Farber H S. 1978. Individual preferences and union wage determination: the case of the united mine workers. The Journal of Political Economy.
Farber H. 1978. The Analysis of Union Behavior. Chapter 18 in Ashenfelter and Layard. Handbook of Labor Economics.
Farber H S, Saks D H. 1980. Why workers want unions: the role of relative wages and job characteristics. The Journal of Political Economy.
Fehr E, Gächter S, Kirchsteiger G. 1997. Reciprocity as a contract enforcement device: Experimental evidence, Econometrica.Journal of the Econometric Society.
Freeman R B, Medoff J L. 1981. The impact of the percentage organized on union and nonunion wages. The Review of Economics and Statistics.
Freeman R B, Medoff J L. 1982. Substitution between production Labor and other inputs in unionzed and nonunionized Manufacturing. The Review of Economics and Statistics.
Freeman R B, Kleiner M M. 1990. Employer behavior in the face of union organizing drives. Industrial & Labor Relations Review, 43(4).
Heckman J. 1974. Shadow prices, market wages and labor supply. Econometrica, 42(4).
Heckman J. 1976. A life cycle model of earnings, learning and consumption. Journal of Politial Economy,84.
Hirsch B T. 2004. Reconsidering union wage effects: surveying new evidence on an old topic. Journal of Labor Research, 25(2).
Hirsch B T, Berger M C. 1984. Union membership determination and industry characteristics. Southern Economic Journal.
Kaplan R. 1985.Lottery winners and work commitment: a behavioral test of the American work ethic .Journal of the Institute for Socioeconomic Studies,10.
Lazear E P, Gibbs M. 2014. Personnel Economics in Practice. John Wiley & Sons.
Leontief W. 1946. The pure theory of the guaranteed annual wage contract. The Journal of Political Economy.
MaCurdy T E, Pencavel J H. 1986. Testing between competing models of wage and employment determination in unionized markets. The Journal of Political Economy.
McDonald I M, Solow R M. 1981. Wage bargaining and employment. The American Economic Review.
Rees A. 1963. The effects of unions on resource allocation. Journal of Law and Economics.
Svejnar J. 1986. Bargaining power, fear of disagreement, and wage settlements: theory and evidence from US industry. Econometrica: Journal of the Econometric Society.

后　　记

本书定位于劳动经济、人力资源管理等专业本科生的教材，由华南师范大学经济与管理学院董志强教授和广东金融学院劳动经济与人力资源管理系何亦名教授共同主编。参加本书写作的专家有：

华南师范大学董志强教授（第一章）

广东金融学院何亦名教授（第二章、第三章）

华南师范大学王鸣博士（第四章）

华南师范大学朱琪教授（第五章）

华南师范大学王忠教授（第六章）

广东商学院汤灿晴博士（第七章、第八章）

华南师范大学张华初教授（第九章）

中山大学博士研究生马晶（第八章初稿）

本书编写过程中，参阅了大量文献，在此对这些文章的作者谨致谢忱。华南师范大学经济与管理学院李永杰教授、彭璧玉院长、李强副院长，广东金融学院校长雍和明教授、科研处处长李华民教授对本书编写工作给予了极大的支持，科学出版社张宁编辑对本书出版付出了辛勤的劳动，一并致谢。

本书编者已努力尝试既反映劳动经济学成熟理论和新进展，又结合中国劳动力市场现实，力图贡献给读者一本简明、实用、保证质量的初级教科书。但由于编写任务重、时间紧，难免存在不足，望读者在使用中不吝赐教，以便将来改进。

编　者

2015 年 12 月